唐文治集

唐文治　著　鄧國光　輯釋

上海古籍出版社

歐陽艷華　何潔瑩　輯校

選堂

唐文治文章學論著集

第三册

國文經緯貫通大義

整理說明

唐先生《國文經緯貫通大義》八卷四册，一九二五年草成，一九二六年無錫國學專修館刊出。一九八四年臺北文史哲出版社據陳以鴻先生藏本排印出版，此排印本，僅標句讀，未作標點校勘。此次整理，據香港學海書樓所藏初刊本爲準，現緘庋於香港中央圖書館。整理自二〇〇五年開始，歐陽艷華博士辛勤輸入電腦，精審細校，默默耕耘，晃眼已過十年。多年來，香港中央圖書館香港文學館館長梁科慶博士無私協助，始得借閲初刊本。對兩位年輕學者，謹致以衷心謝意。書後附録唐先生文章講義七篇及《修辭學大義》，以保存先生思考之影迹。

本書特點，在以聲音之道駕馭文理義脈與感情，而分類作文之法乃其系統之表徵，孔子「翕純皦繹」之樂論乃理論核心。「翕純皦繹」投入文章寫法，即起承轉合，是先生古文批評之核心意識。據此可以「孔子文法」一詞概括之，而其精神實質與其經學所堅持之「孔子家法」，一以貫之。此唐先生文論之基本精神，必須爲表出者。梓本列出四十四法，全部劃一之五字專名，精思細密，匠心獨運。唯此四十四法並非唐先生筆法論之全體。於書前「例言」説明原編有「精探理奥法」，選入周敦頤《太極圖説》、張載《西銘》、朱熹《仁説》《觀心説》四篇；又有「條陳事理法」，選入孫嘉淦《三習一弊疏》、林則徐《燒鴉片煙疏》、李鴻章《請減蘇淞太浮糧疏》、曾紀澤《收回伊犂辦事艱難情形疏》等四篇，但因篇幅過巨，而學子又須先讀先生《性理學大義》《政治學大義》爲基礎，故將是二目删去。在本書跋文中，唐先生明確交代，原稿尚有「意義明顯法」，選有李翶《高愍女碑》、蘇軾《伊尹論》《宋襄公論》《留侯論》《賈誼論》五篇，因念及開導大學生，故删除此較爲顯淺之法。則可斷言原稿列四十七法。至於先生在跋文中又强調尚有「旋氣内轉法」「操縱離合法」「神光離合法」「斬關直入法」「針鋒相對法」「欲吐仍吞法」「按而不斷法」「移步换形法」「避實擊虚法」「夾叙夾議法」等十法名目，皆可推類旁通，不必徒事羅列細分而添煩。若綜本書所提及之筆法名目，實爲五十七法之多也。合此五十七法，皆屬文章作法，可稱綜古文書寫表達之大成。

書中四十四法，並非隨意羅列，而是以其相輔相成之内在關係爲依據。就本書所收録之法而言，順序是卷一「局度整齊法」「轆轤旋轉法」「格律謹嚴法」「鷹隼盤空法」「奇峰突起法」五法，焦點在論説文之謀篇布局；卷二「兩扇開闔法」「段落變化法」「一唱三歎法」「逐層駁難法」「空中樓閣法」五法，焦點在篇中意義段落之安排；卷三「匣劍帷燈法」「萬馬奔騰法」「淒入心脾法」「説經鏗鏗法」「逸趣横生法」五法，焦點在行文風格之處理；卷四「短兵相接法」「光怪離奇法」「倒捲珠簾法」「布局神化法」「響遏行雲法」五法，焦點在叙述句段之安排；卷五「摹繪炎涼法」「摹繪英鷙法」「摹繪激昂法」「摹繪旖旎法」「刻畫物理法」「鐘鼓鏗鏘法」六法，焦點在聲情之描繪與韻文寫作之基本原則；卷六「俯仰進退法」「皎潔無塵法」「心境兩閑法」「畫龍點睛法」「風雲變態法」「典綴華藻法」六法，焦點在修辭方式之運用；卷七「層波疊浪法」「典重喬皇法」「追魂攝魄法」「洸洋詼詭法」四法乃叙事風格之處理，「高瞻遠矚法」爲樞紐，「翕純皦繹法」以孔子樂論爲基礎，以聲音之道開拓文境，層層遞進；至卷八「叙事精鍊法」「硬語聱牙法」「選韻精純法」「議論錯綜法」「鍊氣歸神法」「神光離合法」等六法，屬於高階之成熟筆法，直至最高階位之神品。若從唐先生整體設計言，此最高層位尚有「精探理奥法」「條陳事理法」兩法，只因篇幅考慮删除而已。此一套文法系統，皆重在作文之法，而以義脈通貫其中，以活化音樂本位之文學傳統，絶非零碎湊集者所可擬其萬一。

讀者通過讀文，心領神會，涵濡體會，以清晰之理解與豐沛之讀書涵養，發而爲文辭，自足上追古人而廣闢户牖，充分彰顯才情於明道救世之書寫。故唐先生之精別文理法度，即同時導引學子或讀者體會把握作者情志，此乃以意逆志之正途，致盡良知爲本位，煉氣歸神以極其至，則神無方而易無體，盡攝一切法，自然天成，不復斧鑿之迹；高瞻遠矚，天人一體，理氣流行，神應無方，是爲集大成。唐先生統攝諸法於「經緯貫通」之名，徹上徹下，可致光明洞達之聖人境界，則文章亦足成聖。此唐先生一生整理與傳揚文章作法與讀法之重旨也。本書諸法之説明與文章評論，皆圍繞文體、題材、用途、寫作法，具體而明確，皆出於因時立教之原則者也。

至於先生在無錫國專及上海交大之國文講義，涉及本書内容者，則以「編者謹按」形式逐載當篇之下，庶一目了然，以見先生學問與體會之進境。需説明者，《歷代文話》收入唐先生一種講義，題《文學講義》，張海鷗先生整理。該講義講解「壁壘森嚴法」「匣劍帷燈法」「陰陽離合法」「養氣歸神法」四大高層位之法，所選範文與《國文經緯貫通大義》稍異。此《文學講義》本書未予附録，讀者可參《歷代文話》。編者自知綆短汲深，本書之整理，其任何不當之處，期盼大雅方家指正。

歲次丁酉立秋　鄧國光　學

國文經緯貫通大義目録

燈彩，至結處一閃爍，方爲神妙；有竟體不露者亦高。

「萬馬奔騰法」：適用於議論之文，以衆意紛紜，縱横馳驟爲主；貴在鍊氣，切忌囂張凌亂。

「淒入心脾法」：適用於哀感、弔祭並銘誌之文，以發於真性情爲主，用白描亦可，惟忌寒儉俚俗。

「説經鏗鏘法」：適用於釋經解字之文，貴簡鍊精當，宜明古經師家法，忌凌雜無序。

〔一〕王世貞《題有光遺像贊》文。

國文經緯貫通大義敘

往者余詢桐城吴摯甫先生：「公交游遍天下，今世作者共有幾人？」先生憮然有間曰：「凡握管爲文者夥矣，以云内家，吾未之見也。」余訝其言之過高，且意所謂「内家」者：審命意爾、辨性質爾、析理與氣爾。厥後課徒二十年，稍有閲歷，忽豁然有悟，知吴先生之言啓我。乃編讀文數十法，名曰《國文經緯貫通大義》，用以開示諸生，指撝奥義云。

聖人既竭目力焉，繼之以規矩準繩，以爲方圓平直，不可勝用也；既竭耳力焉，繼之以六律，正五音，不可勝用也。此政治學之大原也，而文學亦荄滋於此。蓋規矩者，形也，通於形之變化離奇，則進於神矣；音律者，聲也，通於聲之抑揚徐疾，則斂於氣矣。

吾曰：文字者，經天而緯地者也。

求古文之綫索，則知古書之經緯，與其命意。於是我之精神與古人之精神訢合而無間，乃借古人之精神，發揮我之精神。舉並世之孝子忠臣、義夫烈婦，一切可驚可駭、可喜可悲之事，宇宙間形形色色、怪怪奇奇，壹見之於文章。於是我之精神更有以歆動後人之精神，不相謀而適相感，奮乎百世之上，百世之下，聞者莫不興起也，而況於親炙之者乎！質諸鬼神而無疑，俟諸後聖而不惑，吾道一以貫之，無非求之經緯而已。文之所重於人間世，豈非以其然哉！

且夫人之居處適其宜，而築室始有結構之法：「迺左迺右，迺疆迺理」〔一〕，執事之法度也；「殖殖其庭，有覺其楹」〔二〕，匠氏之秩序也。入其門，堂奥顯於前，餘屋廞於外，其不知法度可知也；登其堂，非三楹，非五軒，茅茨以爲牆，几筵以爲户，其不知秩序可知也。惟一區一徑、一庭一壺、一草一木，皆得其所，而後謂之胸有丘壑。若是者何也？經緯而已矣。

如是而推之於文，則讀《易》可以悟《書》也，如是而讀《書》可以悟《詩》也，如是而讀《詩》《禮》可以悟《春秋》也。孔子五十學《易》，作《十翼》，傳法無一同者，經緯之變化也。《論語》二十篇，都凡數百章，篇法章法，無一同者，經緯之變化也。《左傳》《史

〔一〕《詩·大雅·緜》文。
〔二〕《詩·小雅·斯干》文。

記》之文，經緯千端，牢籠萬有，而每篇體製面貌，亦無一同者，變化多也。韓、柳、歐、蘇諸子，則具體而微，下焉者當以經緯之多寡，辨其所造之等次。晉以下之史書，宋以後之文集，幾於千篇一律，覽其前而即知其末者，變化少也。近世以來，桐城、陽湖，號爲宗派者，頗能學古人之經緯，稍稍運用於其間。而其氣體或苶弱而不能振，天資耶？人事耶？抑時代爲之耶？

學者欲窮理以究萬事，必讀文以求萬法；又必先潛研乎規矩之中，然後能超出乎規矩之外；而又扶之以浩然之氣、正大之音。格物致知，所以充其用也；閱世考情，所以廣其識也；至於化而裁之，從心所欲不逾矩，所謂「過此以往未之或知也」〔一〕。由是而成經成史、成子成集，成訓詁家、成性理家、成政治家、成大文學家，豈非通乎經緯之道而然哉？

然而更有其本焉。天下惟謹守規矩之人，乃能爲謹守規矩之文；惟胸羅經緯之人，乃能爲胸羅經緯之文。繄古作者，吐辭爲經，行爲世法，表裏交正。子思子曰：

〔一〕《易·繫辭下傳》文。

「惟天下至誠，爲能經綸天下之大經、立天下之大本。」〔一〕《禮記·月令篇》曰：「無變天之道，無絶地之理，無亂人之紀。」天道、地理、人紀者，造化之文章、天下之大本，變之、絶之、亂之而國以傾。嗚呼！宣教明化，觀乎人文。陰消陽息，蠖屈龍伸，雲雷屯難之會，天造草昧，君子以經綸，盛德大業至矣哉！

乙丑（一九二五）夏五月　唐文治自序

〔一〕《禮記·中庸》文。

例言

一、孔子有言：「知之者不如好之者，好之者不如樂之者。」〔一〕學道如此，學文亦然。所以少樂趣者，由於不知門徑耳。苟得門徑，自然駸駸日上矣。是編所録，專在開示門徑；惟須程度較高者讀之，方能獲益。至「讀文之法」，柳子厚所謂：「激而發之欲其清，固而存之欲其重。」〔二〕曾文正所謂：「字字若履危石而下。」〔三〕「而其氣則翔翥於虚無之表。」〔四〕二説盡之矣。任意亂讀，徒費時光；甚或襲庸俗之調，卑陋不

〔一〕《論語·雍也》文。
〔二〕柳宗元《答韋中立論師道書》文。
〔三〕曾國藩《覆吴南屏書》文曰：「大集古文，敬讀一過，視昔年僅見零篇斷幅者，尤爲卓絶。大抵節節頓挫，不矜奇辭奥句；而字字若履危石而下，落紙乃遲重絶倫。」
〔四〕曾國藩《復陳右銘太守書》文曰：「明兹數者，持守勿失，然後下筆造次，皆有法度，乃可專精以理吾之氣，深求韓公所謂與相如、子雲同工者。熟讀而强探，長吟而反覆，使其氣若翔翥於虚無之表，其辭跌宕俊邁，而不可以方物。」

能自拔，惜哉！

一、學者讀文，務以精熟背誦，不差一字爲主。其要法，每讀一文，先以三十遍爲度。前十遍求其綫索之所在，劃分段落，最爲重要。次十遍，求其命意之所在，有虛意，有實意，有旁意，有正意，有言中之意，有言外之意。再十遍，考其聲音，以求其神氣，細玩其長短疾徐、抑揚頓挫之致。以三十遍後，自不知手之舞之、足之蹈之，雖讀百遍而不厭矣。能得斯境，方能作文。然實各有其性之所近，至易而無難也。

一、圈點之學，始於謝叠山，盛於歸震川、鍾伯敬、孫月峰，而大昌於方望溪、曾文正。圈點者，精神之所寄，學者閱之，如親聆教者之告語也。惟昔人圈點所注意者，多在説理、鍊氣、叙事三端。方、曾兩家，乃漸重章法句法。近時講家多循文教授，或炫博矜奇，難獲實益。是編精意，專在綫索，而綫索專在於圈點。如「局度整齊法」則專圈整齊處，「鷹隼盤空法」專圈騰空處，「段落變化法」專圈變化處。學者得此指點，並詳玩評語，舉一反三，畢業後可得無數法門矣。

一、余嘗教學生讀文作文，必須辨陰陽、剛柔性質之異。惟辨性質尚易，而得用法較難。是編於每法下，注明適用於某種之文。學者用心潛玩，觸類旁通，自有因時制宜之妙。嘗謂文人作十數題，倘能俱有精采，各極其勝，此神手也；次焉者，十得八九，或十得六七；至程度卑淺者，十題中，不過能作一二題，其餘不足觀矣。今得是編讀之，盡得應用之法，豈復有難題乎！

一、讀是編者，要在按照編目，循序漸進，由淺入深。而尤要者，在推廣諸法。譬如讀《詩經》，即可悟《詩經》各篇之文法；讀《左傳》《史記》，即可悟《左傳》《史記》各篇之文法；讀韓、歐文，即可悟韓、歐集中各篇之文法。則是編所選雖不多，而推類以及其餘，則靈通諸書，無難矣。善弈棋者，悟得路路皆通，方成國手。善讀文者，悟得篇篇有法，方成能手。進而益上，則行乎其所不得不行，止乎其所不得不止，神於法而不拘於法，則成文中之聖手矣！

一、原編有「精探理奥法」，選目爲周子《太極圖説》、張子《西銘》、朱子《仁説》《觀心説》等篇。又有「條陳事理法」，選目爲孫文定《三習一弊疏》、林文忠《燒鴉片煙疏》、李文忠《請減蘇淞太浮糧疏》、曾惠敏《收回伊犂辦事艱難情形疏》等，編後因篇幅過多，且學者必須讀余所編《性理學大義》《政治學大義》，方爲得窺全豹，故將是二目删去。然若謂法盡於此，則大謬矣。又余前編《讀文法》十品，係爲程度較淺者而設；是編則程度甚深，宜俟十品讀畢，再從事於斯。選文偶有一二重複者，講法亦截然不同也。

國文經緯貫通大義卷一

局度整齊法

普通適用，以意義分明，不板滯爲主。

《書·無逸篇》

周公曰：「嗚呼！君子所其無逸。先知稼穡之艱難，乃逸，則知小人之依。相小人，厥父母勤勞稼穡，厥子乃不知稼穡之艱難，乃逸，乃諺，既誕。否則侮厥父母，曰：『昔之人無聞知。』」

周公曰：「嗚呼！我聞曰：昔在殷王中宗，嚴恭寅畏，天命自度，治民祗懼，不敢荒寧。肆中宗之享國七十有五年。其在高宗時，舊勞于外，爰暨小人。作其即位，乃或亮陰，三年不言。其惟不言，言乃雍，不敢荒寧。嘉靖殷邦，至于小大，無時或怨。肆高宗之享國五十有九年。其在祖甲，不義惟王，舊爲小人。作其即位，爰知小人之依。能保惠于庶民，不敢侮鰥寡。肆祖甲之享國三十有三年。自時厥後立王，生則逸。生則逸，不知稼穡之艱難，不聞小人之勞，惟耽樂之從。自時厥後，亦罔或克壽。或十年，或七八年，或五六年，或四三年。」

周公曰：「嗚呼！厥亦惟我周大王、王季，克自抑畏。文王卑服，即康功、田功，徽柔懿恭，懷保小民，惠鮮鰥寡。自朝至于日中昃，不遑暇食，用咸和萬民。文王不敢盤于遊田，以庶邦惟正之供。文王受命惟中身，厥享國五十年。」

周公曰：「嗚呼！繼自今嗣王，則其無淫于觀、于逸、于遊、于田，以萬民惟正之供。無皇曰『今日耽樂』，乃非民攸訓，非天攸若，時人丕則有愆。無若殷王受之迷亂，酗于酒德哉！」

周公曰：「嗚呼！我聞曰：古之人猶胥訓告、胥保惠、胥教誨，民無或胥，譸張爲幻。此厥不聽，人乃訓之，乃變亂先王之正刑，至于小大。民否則厥心違怨，否則厥口詛祝。」

周公曰：「嗚呼！自殷王中宗，及高宗，及祖甲，及我周文王，茲四人迪哲。厥或告之曰『小人怨汝、詈汝』，則皇自敬德厥愆，曰『朕之愆』。允若時，不啻不敢含怒。此厥不聽，人乃或譸張爲幻。曰『小人怨汝詈汝』，則信之。則若時，不永念厥辟，不寬綽厥心。亂罰無辠，殺無辜，怨有同，是叢于厥身。」

周公曰：「嗚呼！嗣王其監於茲。」

《尚書》文中之整齊者，如《堯典篇》「咨十有二牧」以下是也。此篇則一變其面貌，以「周公曰嗚呼」五字作綫索，叙事錯落，而其意愈轉愈深，亦愈轉愈緊。前言無逸則天命歸，逸則天命不永；後言無逸則人心順，逸則人心怨詛。深嗟永嘆，反復丁寧，學者宜日三復也。余嘗謂讀《書》讀《詩》，務宜留心周公之著作。如此篇可師可法，尤宜注意。

「君子所其無逸」一段，是「翕如法」。「殷王中宗」以下數段，是「純如皦如法」。末段是「繹如法」。「嗣王其監于兹」一段，爲總結束，醒出「命意法」。

「自時厥後立王」一段，爲小結束。「厥亦惟我周」一段，是「提筆法」。「無皇曰今日耽樂」數語，爲「抑揚響亮法」。

篇中五「不敢」字，亦係綫索，所謂敬畏天命也。王伯厚先生曰：「《無逸》多言『不敢』，《孝經》亦多言『不敢』。堯舜之兢業、曾子之戰兢，皆所以存此心也。」〔一〕

《詩·蕩篇》

蕩蕩上帝，下民之辟；疾威上帝，其命多辟；天生烝民，其命匪諶；靡不有初，鮮克有終。

〔一〕王應麟《困學紀聞》卷二文。

文王曰咨，咨女殷商；曾是彊禦，曾是掊克；曾是在位，曾是在服；天降滔德，女興是力。
文王曰咨，咨女殷商；而秉義類，彊禦多懟；流言以對，寇攘式内；侯作侯祝，靡届靡究。
文王曰咨，咨女殷商；女炰烋于中國，斂怨以爲德；不明爾德，時無背無側；爾德不明，以無陪無卿。
文王曰咨，咨女殷商；天不湎爾以酒，不義從式；既愆爾止，靡明靡晦；式號式呼，俾晝作夜。
文王曰咨，咨女殷商；如蜩如螗，如沸如羹；小大近喪，人尚乎由行；内奰于中國，覃及鬼方。
文王曰咨，咨女殷商；匪上帝不時，殷不用舊；雖無老成人，尚有典刑；曾是莫聽，大命以傾。
文王曰咨，咨女殷商；人亦有言，顛沛之揭；枝葉未有害，本實先撥：殷鑒不遠，在夏后之世。

《詩經》有以一語作全篇綫索者，如《皇矣篇》之「帝謂文王」是也。此篇以「文王曰咨，咨女殷商」作全篇綫索，其意愈轉愈深，亦愈轉愈緊。音調鏗鏘，亦千古無匹。命意固在末章結二句，而實在一「命」字。玩首章「其命多辟」「其命匪諶」，及第七章「大命以傾」可見。

《左傳·長勺之戰》（莊公十年）

十年春，齊師伐我。公將戰，曹劌請見。其鄉人曰：「肉食者謀之，又何間焉。」劌曰：「肉食者鄙，未能遠謀。」乃入見，問何以戰。公曰：「衣食所安，弗敢專也，必以分人。」對曰：「小惠未徧，民弗從也。」公曰：「犧牲玉帛，弗敢加也，必以信。」對曰：「小信未孚，神弗福也。」公曰：「大小之獄，雖不能察，必以情。」對曰：「忠之屬也，可以一戰。戰則請從。」

公與之乘，戰于長勺。公將鼓之，劌曰：「未可。」齊人三鼓，劌曰：「可矣。」齊師敗績。公將馳之，劌曰：「未可。」下視其轍，登軾而望之，曰：「可矣。」遂逐齊師。

既克，公問其故，對曰：「夫戰，勇氣也。一鼓作氣，再而衰，三而竭。彼竭我盈，故克之。夫大國難測也，懼有伏焉。吾視其轍亂，望其旗靡，故逐之。」

凡文局度之整齊者，妙在天然綰合，若以斧鑿爲之，則呆滯不靈矣。此文以「公曰」「對曰」三段，爲第一整齊法；以「公將鼓之，劌曰未可」「公將馳之，劌曰未可」，爲第二整齊法；以「故克之」「故逐之」爲第三整齊法。皆天然綰合，非出人爲。然非得「肉食者謀之」一段點綴在前，則此文便索然無味。此等處，學者宜善自領會。

韓退之《進學解》

國子先生晨入太學，招諸生立館下，誨之曰：「業精於勤，荒於嬉；行成於思，毁於隨。方今聖賢相逢，治具畢張。拔去凶邪，登崇畯良。占小善者率以録，名一藝者無不庸。爬羅剔抉，刮垢磨光，蓋有幸而獲選，孰云多而不揚？諸生業患不能精，無患有司之不明；行患不能成，無患有司之不公。」

言未既，有笑於列者，曰：「先生欺予哉！弟子事先生，於兹有年矣。先生口不絶吟於六藝之文，手不停披於百家之編。記事者必提其要，纂言者必鉤其玄；貪多務得，細大不捐；焚膏油以繼晷，恒兀兀以窮年；先生之業，可謂勤矣！觝排異端，攘斥佛老；補苴罅漏，張皇幽眇；尋墜緒之茫茫，獨旁搜而遠紹；障百川而東之，迴狂瀾於既倒；先生之於儒，可謂有勞矣！沈浸醲郁，含英咀華；作爲文章，其書滿家；上規姚姒，渾渾無涯；周《誥》殷《盤》，佶屈聱牙；《春秋》謹嚴，《左氏》浮誇；《易》奇而法，《詩》正而葩；下逮《莊》《騷》，太史所録；子雲、相如，同工異曲；先生之於文，可謂閎其中而肆其外矣！少始知學，勇於敢爲；長通於方，左右具宜；先生之於爲人，可謂成矣！然而公不見信於人，私不見助於友。跋前疐後，動輒得咎。暫爲御史，遂竄南夷。三年博士，冗不見治。命與仇謀，取敗幾時。冬暖而兒號寒，年豐而妻啼飢。頭童齒豁，竟死何裨。不知慮此，而反教人爲？」

先生曰：「吁！子來前。夫大木爲宗，細木爲桷，欂櫨、侏儒，椳、闑、扂、楔；各得其宜，施以成室者，匠氏之工也。玉札、丹砂、赤箭、青芝、牛溲、馬勃，敗鼓之皮，俱收並蓄，待用無遺者，醫師之良也。登明選公，雜進巧拙，紆餘爲妍，卓犖爲傑，校短量長，惟器是適者，宰相之方也。昔者孟軻好辯，孔道以明，轍環天下，卒老於行；荀卿守正，大論是弘，逃讒於楚，廢死蘭陵。是二儒者，吐辭爲經，舉足爲法，絶類離倫，優入聖域，其遇於世何如也？今先生學雖勤而不繇其統，言雖多而不要其中，文雖奇而不濟於用，行雖修而不顯於衆；猶且月費俸錢，歲靡廩粟；子不知耕，婦不知織；乘馬從徒，安坐而食。踵常途之促促，窺陳編以盜竊。然而聖主不加誅，宰臣不見斥，兹非其幸與？動而得謗，名亦隨之；投閑置散，乃分之宜。

「若夫商財賄之有亡，計班資之崇庳，忘己量之所稱，指前人之瑕疵，是所謂詰匠氏之不以杙爲楹，而訾醫師，以昌陽引年，欲進其豨苓也。」

何謂「進學解」？言進學而解嘲也，與《獲麟解》不同。先解明題旨，方知文之妙藴。

或問：「此篇宜入『洸洋詼詭法』，兹編入『局度整齊法』何也？」曰：東方朔《答客難》所以不及子雲《解嘲》者，以《解嘲》文局度較爲整齊也。子雲《解嘲》又不如《進學解》者，以《進學解》局更爲整齊也。昌黎此文，實從《客難》《解嘲》脱胎而來，而能一變其面貌者，惟其整齊也。前半以「先生之業可謂勤矣」四段作整齊法，後幅以「先生學雖勤而不繇其統」四句作呼應。後半以匠氏、醫師、宰相三段作整齊法，後路以

「宰臣不見斥」結處，以匠氏、醫師作呼應。人但覺其參差錯落，而不覺其整齊。要知惟其整齊，所以更覺詼詭。如《孟子·矢人豈不仁於函人章》，上言矢人、函人，後又言「弓人而耻爲弓」「矢人而耻爲矢」，逸趣横生。昌黎即隱用此法。

「記事者必提其要」二句，爲讀書要法，「沈浸醲郁」二句，爲用功要法，此蓋昌黎精言其心得處。

玩「上規姚姒」一段，可見昌黎平日所學，在《易》《書》《詩》《春秋左氏傳》《莊子》《離騷》《史記》、子雲、相如共九家，此蓋昌黎精言其師法處。吾輩欲學昌黎，求之於是數書足矣。

選韻極精，且在有意無意之間。此法余別有論。

編者謹按：唐先生《交通大學演講録》第一集下卷文學類第九期有《韓退之〈進學解〉（少陽趣味）》講義，具録其論云：

余編《國文經緯貫通大義》有「兩扇開闔法」，退之《原毁篇》布局，前兩大扇爲二正，後兩小扇爲二奇，此易知者也。本篇亦係兩扇法，首段總冒以「先生之業，可謂勤矣」四小段作正法，後半以「匠氏」「醫師」「宰相」三小段作三奇法，而以「先生學雖勤而不由其統」四句呼應前四正，前後兩段俱用「然而」二字爲大轉筆，又以「宰臣不見斥」與「匠氏」「醫師」呼應作結。人第覺其參差錯落，而不覺其綫業之整齊。要知惟其整齊，所以更覺詼詭。如《孟子・矢人豈不仁於函人章》，上言矢人、函人，後又言「弓人恥爲弓」「矢人恥爲矢」，逸趣横生。退之即隱用此法，穿插變化，神乎技矣。至詼詭文必須莊諧相間，首段文極莊重，實從《史記・滑稽傳》脱胎而來。

何謂「進學解」？言進大學而解嘲也，與《獲麟解》不同，先解明題旨，方知文之妙蘊。揚子雲《解嘲》脱胎於東方朔《客難》，而其文勝於《客難》；退之《進學解》脱胎於《解嘲》，而其文亦勝於《解嘲》（班孟堅《答賓戲》並不及《解嘲》）。蓋作詼詭文有二法，一曰瑰麗，二曰閎肆。《解嘲》閎肆極矣，而本篇更居其上者，精采多而瑰麗勝也。瑰麗非堆垛字面之謂。其法在略加著色，宋玉《對楚王問》、莊辛《説楚王》、李斯《諫逐客書》皆有絢爛之致。如《解嘲篇》之「矯翼厲翮，恣意所存」，「乘雁集不爲之多，雙鳧飛不爲之少」，亦是著色。至本篇如「爬羅剔抉」二句、「沈浸醲郁」二句，與後半篇匠氏、醫師、宰相數段，則著色更形絢爛矣。若夫「商財賄之有亡」以下，則純系漢文氣息，非六朝人所能幾及。而選韻精審，尤在有意無意之間。故讀此篇，當先究其格律，再研其聲色，始能曲盡其妙。（以《送窮文》與本篇相較，其著色亦不逮本篇。）

余嘗論退之《送孟東野序》，自其在「唐、虞、臯陶、禹其善鳴者也」以下，至「漢之司馬遷、相如、揚雄最其善鳴者也」，皆昌黎自言平日之所學，然「細大不捐」，未免太煩。玩本篇「上規姚姒」一段，可見退之所沈浸者，其主要曰《易》、曰《書》、曰《詩》、曰《春秋左氏傳》、曰《莊子》、曰《離騷》、曰《史記》、曰相如、子雲，凡九家，此蓋退之精言師法處。學者學古文，必知學古人之所學，始能與古人頡頏。若僅步趨其後塵，則祇能望其項背耳。近代曾文正規定有讀書七種，曰《史記》、曰《漢書》、曰《文選》、曰《莊子》、曰韓文、曰《説文》、曰《通鑒》，謂學者通此七書，迺成文學大家。余謂現今學生精研科學，豈能殫力於斯！第就性之所近，通一二部足矣，其尤要者，《史記》、韓文也。

王紫翔先生《李傅相六十壽序》

聖天子改元之八年，玄黓敦牂之歲，宫太傅伯相合肥李公年六十矣。海内縉紳士庶，人人頌公功，僉謂公歷仕四朝，位極將相，以爲明良之盛，際遇之隆，亘古莫竝，不可無一言以獻。而某忝公一日之知，竊有感於公之所以獨處其難者。

衆曰：「屬同治初元，東南糜爛於寇。公以詞臣投筆從戎，率偏師數千，浮江東下。羣寇鴟張豕突，致死於我。公鏖戰無前，擣其巢穴，羣酋面縛，大憝授首。此不亦難矣乎？」某曰：「未也。」

衆曰：「流寇蹂躪齊、魯、宋、衛，蕩摇我畿輔。遙午之衆，蔓延十數載。時則名王喪師，元戎左次。天子倚公長城，命爲元帥。公電掣風馳，師不逾時，三方底定。此不亦難矣乎？」某曰：「未也。」

衆又曰：「瑪加利之事，西人狡焉思逞。公單烔浮海，駐旌之罘，慴之以威，懷之以德。使者計窮，束手受約。子儀免胄，回紇自退；仲淹居邊，西夏寢謀。此不亦尤難矣乎？」某曰：「猶未也。」

衆又曰：「伊犂疆埸之事，行人失辭。皇太后疇咨羣臣，僉謂和終無成，戰則必勝。公以元老壯猷，獨持慎重之説。蓋我與俄人，非宋金不共戴天之憾，而天方授我，知呼韓終有臣漢之年。敵亦悔禍之延，言尋舊盟，卒如公指。此不亦尤難矣乎？」

某曰：「猶未也。天下知公之難，而不知公之所以難。國家養士二百年，名臣魁儒輩出，百姓安樂富庶，窮泰極侈，而天下生民之禍亟矣。仰賴列聖七葉重光，重以先皇帝聰明首出，神武不殺，嵩嶽效靈，人物獻瑞，天生宏濟艱難之臣，以翊輔中興之運。自咸豐、同治以來，將相重臣，可以圖雲臺、繪凌煙者，不可一二數。而海内喁喁仰望，若日星河漢，必首曾文正公與公。公受知文正公，遂荷穆廟簡畀之重，殄掃羣寇，而黔首謐如。蓋文正實創業於艱難辛苦中，而俟公以成之。此文正獨爲其難，而公猶爲其易也。洎繼文正躋首輔，比年中外事益煩劇，天下延頸舉踵而望公。公不恤以一身任勞怨，此文正猶爲其易，而公獨爲其難也。然某竊窺公之所以獨任其難者，則尤非天下淺嘗公者之所及知。

「某侍公二載，見公未明而起，讀書如諸生。夫書莫粹於六經，而《春秋》經尼山筆削，實爲萬世治世之書。《春秋》之義：善善惡惡，興滅繼絶，内諸夏、外夷狄，貴王賤霸而已。

「軍興以來，天下多故，網羅海内人材，兼收並蓄。或乃賢不肖雜糅其間，公必有以《春秋》『善善惡惡』之義治之。

「昔年日本襲我琉球，夷其宗社，以輔車之共轂，而鬩牆以尋仇，公必有以《春秋》『興滅繼絶』之義治之。

「西人恃其機械，有蔑視中國之心，然攘夷狄先修政事，公必有以《春秋》『内諸夏、外夷狄』之義治之。

「漢、唐、宋、明之盛，皆雜霸之遺。獨我朝重道崇儒，比隆唐、虞、三代。然天下士大夫功利之見，浸淫於心，牢不可破，公必有以《春秋》『貴王賤霸』之義治之。

「夫處其難而忽其難，自古持禄保位者，所以泄泄沓沓也。知其難而畏其難，而益思讀書以闢其難，公之所以爲公也。伊訓之告太甲曰：『其難其慎。』孔子之對定公曰：『爲君難，爲臣不易。』公其知之矣。」

衆皆曰善。退而叙次其説，而郵獻於公，以爲爾日舉觴之侑云。

此文爲「四整四奇法」，余於《國文大義》中已詳論之。前半「衆曰」四段，已隱括李公生平事實，此爲叙事最要之法。中段乃「化實爲虚法」。後半《春秋》四段，乃將來希望於李公者。而以「衆皆曰善」結之，則堆垛皆化爲煙雲矣，是「布局法」之最易學步者。

轆轤旋轉法

適用於意義繁雜、由淺入深之文，以善變化爲主。

《詩·文王篇》

文王在上，於昭于天。周雖舊邦，其命維新。有周不顯，帝命不時。文王陟降，在帝左右。亹亹文王，令聞不已。陳錫哉周，侯文王孫子。文王孫子，本支百世。凡周之士，不顯亦世。世之不顯，厥猶翼翼。思皇多士，生此王國。王國克生，維周之楨。濟濟多士，文王以寧。穆穆文王，於緝熙敬止。假哉天命！有商孫子。商之孫子，其麗不億。上帝既命，侯于周服。侯服于周，天命靡常。殷士膚敏，祼將于京。厥作祼將，常服黼冔。王之藎臣，無念爾祖。無念爾祖，聿修厥德。永言配命，自求多福。殷之未喪師，克配上帝。宜鑒于殷，駿命不易。命之不易，無遏爾躬。宣昭義問，有虞殷自天。上天之載，無聲無臭。儀刑文王，萬邦作孚。

《孝經》云：「宗祀文王於明堂，以配上帝。」此詩之作，當在其時，蓋周公所作也。

首章言天命之維新作總冒。第二、第三章述文王之所以興。第四、第五章言商孫子之誠服。第六、第七章申儆成王。中以「天命」作綫索，而以「轆轤旋轉法」出之，用意愈轉愈緊。於此可悟「潛氣内轉」之法，實自周公創之也。

首章言「於昭于天」「在帝左右」者，非徒以神道設教，蓋言配天、配帝之義。下文言「殷之未喪師，克配上帝」，則言殷亦配天，宜鑒於殷，用以申儆成王也。

《詩・既醉篇》

既醉以酒，既飽以德。君子萬年，介爾景福。
既醉以酒，爾殽既將。君子萬年，介爾昭明。
昭明有融，高朗令終。令終有俶，公尸嘉告。
其告維何？籩豆静嘉。朋友攸攝，攝以威儀。
威儀孔時，君子有孝子。孝子不匱，永錫爾類。
其類維何？室家之壼。君子萬年，永錫祚胤。
其胤維何？天被爾禄。君子萬年，景命有僕。
其僕維何？釐爾女士。釐爾女士，從以孫子。

此篇與《下武篇》略異，蓋《下武篇》用旋轉法，兼用提筆法，此篇則純用旋轉法也。亦與《文王篇》略異，蓋《文王篇》以「天命」作主，愈轉愈深，結出命意，此篇則以頌禱作主，以「君子萬年」（壽）、「天被爾禄」（富）、「室家之壺」（康寧）、「昭明有融」（攸好德）、「景命有僕」（考終命），五福平列，無淺深之可分也。於此可悟法同意異之妙。

《莊子·繕性篇》

繕性於俗，學以求復其初；滑欲於俗，思以求致其明，謂之蔽蒙之民。

古之治道者，以恬養知。生而無以知爲也，謂之以知養恬。知與恬交相養，而和理出其性。夫德，和也；道，理也。德無不容，仁也；道無不理，義也；義明而物親，忠也；中純實而反乎情，樂也；信行容體而順乎文，禮也。禮樂徧行，則天下亂矣。彼正而蒙己德，德則不冒。冒則物必失其性也。

古之人，在混芒之中，與一世而得澹漠焉。當是時也，陰陽和静，鬼神不擾，四時得節，萬物不傷，羣生不夭。人雖有知，無所用之，此之謂至一。當是時也，莫之爲而常自然。逮德下衰，及燧人、伏羲始爲天下，是故順而不一。德又下衰，及神農、黄帝始爲天下，是故安而不順。德又下衰，及唐、虞始爲天下，興治化之流，澆淳散朴，離道以善，險德以行，然後去性而從於心。心與心識，知而不足以定天下。然後附之以文，益之以博。文滅質，博溺心，然後民始惑亂，無以反其性情而復其初。由是觀之，世喪道矣，道喪世矣。世與道交相喪也，道之人何由興乎世，世亦何由興乎道哉！道無以興乎世，世無以興乎道，雖聖人不在山林之中，其德隱矣。隱故不自隱。

古之所謂隱士者，非伏其身而弗見也，非閉其言而不出也，非藏其知而不發也。時命大謬也。當時命而大行乎天下，則反一無迹；不當時命而大窮乎天下，則深根寧極而待，此存身之道也。

古之存身者，不以辯飾知，不以知窮天下，不以知窮德，危然處其所而反其性，已又何爲哉！道固不小行，德固不小識。小識傷德，小行傷道。故曰：正己而已矣。樂全之謂得志。

古之所謂得志者，非軒冕之謂也，謂其無以益其樂而已矣。今之所謂得志者，軒冕之謂也。軒冕在身，非性命也，物之儻來，寄也。寄之，其來不可圉，其去不可止。故不爲軒冕肆志，不爲窮約趨俗，其樂彼與此同，故無憂而已矣。今寄去則不樂，由是觀之，雖樂未嘗不荒也。

故曰：喪己於物，失性於俗者，謂之倒置之民。

此篇前後兩小段相應，中間一氣滚下，包無數小段。其每小段住處，皆官止神行，似住非住。起處皆用提筆，司馬子長及韓昌黎文妙處皆出於此。

首段言講學，而不善治性者。

二段言繕性宜知與恬交相養。迨枝葉多則天下亂，由於己之蒙冒，故物失其性。

三段徵實二段之意，古之人混芒澹漠，是最善治性者。迨燧人、伏羲後，民智日開，民性日失。心性識知，民益惑亂。然在上者導民以文博，而士君子在下者，宜求所以繕性之方。於是以「世喪道」「道喪世」，潛氣内轉至隱士。「隱故不自隱」句，收束特奇。此爲似頓非頓之法。

四段「時命大謬」句，接得尤奇。要知世人之迷亂其性，皆由不安時命。「反一無迹」，「深根寧極而待」，與上「至一」遥應。繕性至此，乃能存身。《易傳》：「龍蛇之蟄，以存身也。」

五段「不以辯飾知」三句，是繕性功夫。「反其性」三字，與上「反其性情」相應，是繕性宗旨。「反其性」者，反其混芒、澹漠、無有之天也。「正己」與上「彼正而蒙己德」相應。夫人「正己」，物正而後樂全。「樂全之謂得志」句，神氣直射至末「倒置之民」句。

六段「軒冕」之樂，與上「正己」之樂相反。樂而荒則性益迷，故古之繕性者，先在不以儻來之物動其心。

末段以「己性」二字雙結，與首段句法呼應。然而「倒置之民」尤不如「蔽蒙之民」。蔽蒙者，以講學而失其性；倒置者，以軒冕而失其性也。

以上皆就此文之迹象言，而神氣之妙，學者須處處善自領會。姑舉一二處言之：如「文滅質，博溺心」「世喪道，道喪世」等句，唯神氣奇故句法益奇。又如三段「其德隱矣。隱故不自隱」、六段「今寄去則不樂，由是觀之，雖樂未嘗不荒也」，皆虛頓法。而「其德隱矣」下，疾速以「隱故不自隱」一折；「去則不樂」下，疾速以「雖樂未嘗不荒也」一挽；一折一挽中，包無限餘意，此皆文之神髓。凡學古者，務於此等處學步。

《國策・莊辛諷楚王》

莊辛謂楚襄王曰：「君王左州侯，右夏侯，輦從鄢陵君與壽陵君，專淫佚侈靡，不顧國政，郢都必危矣。」

襄王曰：「先生老悖乎？將以爲楚國妖祥乎？」

莊辛曰：「臣誠見其必然者也，非敢以爲國妖祥也。君王卒幸四子者不衰，楚國必亡矣。臣請避於趙，淹留以觀之。」

莊辛去之趙。留五月，秦果舉鄢、郢、巫、上蔡、陳之地。襄王流揜於城陽，於是使人發騶，徵莊辛於趙。莊辛曰：「諾。」

莊辛至，襄王曰：「寡人不能用先生之言，今事至於此，爲之奈何？」

莊辛對曰：「臣聞鄙語曰：『見兔而顧犬，未爲晚也；亡羊而補牢，未爲遲也。』臣聞昔湯、武以百里昌，桀、紂以天下亡。今楚國雖小，絶長續短，猶以數千里，豈特百里哉！

「王獨不見夫蜻蛉乎？六足四翼，飛翔乎天地之間，俛啄蚊虻而食之，仰承甘露而飲之，自以爲無患，與人無争也。不知夫五尺童子，方將調飴膠絲，加己乎四仞之上，而下爲螻蟻食也。

「夫蜻蛉其小者也，黄雀因是以俯噣白粒，仰棲茂樹，鼓翅奮翼，自以爲無患，與人無争也。不知夫公子王孫左挾彈，右攝丸，將加己乎十仞之上，以其類爲招。晝遊乎茂樹，夕調乎酸鹹，倏忽之間，墜於公子之手。

「夫黄雀其小者也，黄鵠因是以游於江海，淹乎大沼，俯噣鱔鯉，仰嚙菱衡，奮其六翮，而凌清風，飄揺乎高翔，自以爲無患，與人無争也。不知夫射者方將修其碆盧，治其矰繳，將加己乎百仞之上。被劙磻，引微繳，折清風而抎矣。故晝遊乎江湖，夕調乎鼎鼐。

「夫黄鵠其小者也，蔡靈侯之事因是以南游乎高陂，北陵乎巫山，飲茹溪之流，食湘波之魚，左抱幼妾，右擁嬖女，與之馳騁乎高蔡之中，而不以國家爲事。不知夫子發方受命乎靈王，繫己以朱絲而見之也。

「蔡靈侯之事其小者也，君王之事因是以左州侯，右夏侯，輦從鄢陵君與壽陵君，飯封禄之粟，而載方府之金，與之馳騁乎雲夢之中，而不以天下國家爲事。不知夫穰侯方受命乎秦王，填黽塞之内，而投己乎黽塞之外。」

襄王聞之，顔色變作，身體戰慄。於是乃以執圭而授之爲陽陵君，與淮北之地。

此文因家弦户誦，讀者疑爲程度較低，不甚措意。不知此文每段均有綫索呼應，且段末句法無不變化，是分段中之最應學步者。末兩段結語，筆鋒尤生辣可畏。起處「見兔顧犬」「亡羊補牢」，點綴最有趣味。若將此段删去，即從蜻蛉説起，便索然無味。

曾子固《寄歐陽舍人書》

鞏頓首載拜舍人先生：

去秋人還，蒙賜書，及所撰先大夫墓碑銘，反覆觀誦，感與慚并。夫銘誌之著於世，義近於史，而亦有與史異者。蓋史之善惡無所不書，而銘者，蓋古之人有功德、材行、志義之美者，懼後世之不知，則必銘而見之。或納於廟，或存於墓，一也。苟其人之惡，則於銘乎何有？此其所以與史異也。其辭之作，所以使死者無有所憾，生者得致其嚴。而善人喜於見傳，則勇於自立；惡人無有所紀，則以愧而懼。至於通材達識、義烈節士、嘉言善狀，皆見於篇，則足爲後法。警勸之道，非近乎史，其將安近？

及世之衰，人之子孫者，一欲褒揚其親，而不本乎理。故雖惡人，皆務勒銘，以誇後世。立言者既莫之拒而不爲，又以其子孫之請也，書其惡焉，則人情之所不得，於是乎銘始不實。後之作銘者，當觀其人：苟託之非人，則書之非公與是，則不足以行世而傳後。故千百年來，公卿大夫至於里巷之士，莫不有銘，而傳者蓋少，其故非他，託之非人，書之非公與是故也。

然則孰爲其人，而能盡公與是歟？非蓄道德而能文章者，無以爲也。蓋有道德者之於惡人，則不受而銘之，於衆人則能辨焉。而人之行，有情善而迹非，有意奸而外淑，有善惡相懸，而不可以實指，有實大於名，有名侈於實。猶之用人，非蓄道德者，惡能辨之不惑、議之不徇？不惑不徇，則公且是矣。而其辭之不工，則世猶不傳，於是又在其文章兼勝焉。故曰非蓄道德而能文章者，無以爲也。豈非然哉？

然蓄道德而能文章者，雖或並世而有，亦或數十年或一二百年而有之。其傳之難如此，其遇之難又如此。若先生之道德文章，固所謂數百年而有者也。先祖之言行卓卓，幸遇而得銘，其公與是，其傳世行後，無疑也。而世之學者，每觀傳記所書古人之事，至其所可感，則往往衋然不知涕之流落也，況其子孫也哉！況鞏也哉！其追晞祖德而思所以傳之之繇，則知先生推一賜於鞏，而及其三世，其感與報，宜若何而圖之？

抑又思之，若鞏之淺薄滯拙，而先生進之；先祖之屯蹶否塞以死，而先生顯之。則世之魁閎豪傑、不世出之士，其誰不願進於門？潛遁幽抑之士，其誰不有望於世？善誰不爲？而惡誰不愧以懼？爲人之父祖者，孰不欲教其子孫？爲人之子孫者，孰不欲寵榮其父祖？此數美者，一歸於先生。既拜賜之辱，且敢進其所以然。所諭世族之次，敢不承教而加詳焉。愧甚。不宣。

本法又兼兩法，一曰「逐層脱卸法」。如《莊辛諷楚王篇》，每段脱去上一層，直接下一層是也。一曰「剥繭抽蕉法」。意義紬繹之而不窮是也。孟子曰：「不成章不達。」〔一〕子固先生文，其妙全在曲折而達，逶迤周至，既逐層脱卸，復兼剥繭抽蕉之趣。其態度之從容鎮静，自朱子而外，殆無有能及之者。

末段萬壑千巖，神迴氣合，全篇意義作一總結束，所謂「繹如以成」也。凡文之結束處，俱應如此。

格律謹嚴法

適用於論古及説理之文，條陳事理亦用之，以莊重爲主。

〔一〕《孟子·盡心上》文。

《左傳・取郜大鼎于宋》（桓公二年）

夏四月，取郜大鼎于宋。戊申，納于大廟。非禮也。臧哀伯諫曰：「君人者，將昭德塞違，以臨照百官，猶懼或失之，故昭令德，以示子孫。是以清廟茅屋，大路越席，大羹不致，粢食不鑿，昭其儉也。衮冕黻珽，帶裳幅舄，衡紞紘綖，昭其度也。藻率鞞鞛，鞶厲游纓，昭其數也。火龍黼黻，昭其文也。五色比象，昭其物也。鍚鸞和鈴，昭其聲也。三辰旂旗，昭其明也。夫德，儉而有度，登降有數，文、物以紀之，聲、明以發之，以臨照百官，百官於是乎戒懼，而不敢易紀律。

「今滅德，立違，而寘其賂器於大廟，以明示百官，百官象之，其又何誅焉？國家之敗，由官邪也。官之失德，寵賂章也。郜鼎在廟，章孰甚焉！武王克商，遷九鼎于雒邑，義士猶或非之，而況將昭違亂之賂器於大廟，其若之何？」公不聽。

周内史聞之曰：「臧孫達其有後於魯乎！君違，不忘諫之以德。」

左氏文長篇多出以雄奇，小品多出以詼詭，至周規折矩者頗不多見。此篇以「德」「違」二字作主。上半篇言「德」，下半篇言「違」。中間以「今滅德，立違」五字作轉關，末又以「君違，不忘諫之以德」作封鎖，文法周密之至。

凡文之格律謹嚴者，一反一正，一曲一折，最易板滯，要須出於自然。如本書所選，皆自然之法也。

歐陽永叔《五代史·伶官傳序》

嗚呼！盛衰之理，雖曰天命，豈非人事哉！原莊宗之所以得天下，與其所以失之者，可以知之矣。

世言晉王之將終也，以三矢賜莊宗，而告之曰：「梁，吾仇也。燕王吾所立，契丹與吾約爲兄弟，而皆背晉以歸梁。此三者，吾遺恨也。與爾三矢，爾其無忘乃父之志。」莊宗受而藏之於廟。其後用兵，則遣從事以一少牢告廟，請其矢，盛以錦囊，負而前驅，及凱旋而納之。

方其係燕父子以組，函梁君臣之首，入於太廟，還矢先王，而告以成功，其意氣之盛，可謂壯哉！及仇讎已滅，天下已定，一夫夜呼，亂者四應。倉皇東出，未及見賊，而士卒離散，君臣相顧，不知所歸，至於誓天斷髮，泣下沾襟，何其衰也！豈得之難而失之易歟？抑本其成敗之迹而皆自於人歟？

《書》曰：「滿招損，謙受益。」憂勞可以興國，逸豫可以忘身，自然之理也。故方其盛也，舉天下之豪傑，莫能與之争；及其衰也，數十伶人困之，而身死國滅，爲天下笑。夫禍患常積於忽微，而智勇多困於所溺，豈獨伶人也哉！

此文以「盛」「衰」二字作主。首段總冒，中間一段「盛」，一段「衰」，末段以「方其盛也」「及其衰也」作封鎖。所以不覺板滯者，由歐公丰神妙絶千古，一唱三嘆，皆出於天籟，臨時隨意點綴，故能化板爲活耳。

編者謹按：唐先生《交通大學演講録》第二集下卷（文學類）第五期《歐陽永叔〈五代史·伶官傳序〉（少陰沈雄之韻）》，詳述研究法，謹具録如下：

此文以「盛」「衰」二字作主。首段以「盛衰之理」三句作總冒，中間一段「盛」，一段「衰」，末段以「方其盛也」「及其衰也」作封鎖，文法縝密。所以不覺板滯者，由歐公丰神妙絶千古，一唱三嘆，皆出於天籟，臨時隨意點綴，故能化板爲活耳。

此篇余編《國文經緯貫通大義》，列入「格律謹嚴法」。凡文章中有柱意者，必須前後呼應。如《左氏傳·桓三年》「取郜大鼎於宋」，以「德」「違」二字作柱意，結云「君違不忘諫之以德」；范文正《岳陽樓記》中間一段「憂」，一段「樂」，末以「先憂後樂」作結；歐公《瀧岡阡表》，中間一段「能養」，一段「有後」，以「養不必豐」四句作結。此文作法，與以上數篇相同。然老斲輪手，或結處別有命意，不拘於前呼後應者，此則神明變化之方，初學未易學步也。

歐陽永叔《瀧岡阡表》

嗚呼！惟我皇考崇公，卜吉於瀧岡之六十年，其子脩始克表於其阡。非敢緩也，蓋有待也。

脩不幸，生四歲而孤。太夫人守節自誓。居貧，自力於衣食，以長以教，俾至於成人。太夫人告之曰：「汝父爲吏廉，而好施與。喜賓客，其俸禄雖薄，常不使有餘，曰：『毋以是爲我累。』故其亡也，無一瓦之覆、一壠之植，以庇而爲生。吾何恃而能自守邪？吾於汝父，知其一二，以有待於汝也。自我爲汝家婦，不及事吾姑，然知汝父之能養也。汝孤而幼，吾不能知汝之必有立，然知汝父之必將有後也。

「吾之始歸也，汝父免於母喪方逾年。歲時祭祀，則必涕泣曰：『祭而豐，不如養之薄也。』間御酒食，則又涕泣曰：『昔常不足，而今有餘，其何及也！』吾始一二見之，以爲新免於喪適然耳。既而其後常然，至其終身未嘗不然。吾雖不及事姑，而以此知汝父之能養也。

「汝父爲吏，常夜燭治官書，屢廢而歎。吾問之，則曰：『此死獄也，我求其生不得耳。』吾曰：『生可求乎？』曰：『求其生而不得，則死者與我皆無恨也，矧求而有得邪！以其有得，則知不求而死者有恨也。夫常求其生，猶失之死，而世常求其死也！』回顧乳者抱汝而立於旁，因指而歎曰：『術者謂我歲行在戌將死，使其言然，吾不及見兒之立也，後當以我語告之。』其平居教他子弟，常用此語，吾耳熟焉，故能詳也。其施於外事，吾不能知。其居於家，無所矜飾，而所爲如此，是真發於中者邪！嗚呼！其心厚於仁者邪！此吾知汝父之必將有後也。汝其勉之！

「夫養不必豐，要於孝；利雖不得溥於物，要其心之厚於仁。吾不能教汝，此汝父之志也。」脩泣而志之，不敢忘。

此文首段總冒以「吾於汝父，知其一二，以有待於汝」一句，引起「能養」「有後」二意。中間一段「能養」，一段「有後」，後以「養不必豐」四句作封鎖。天性肫摯，字字血淚，更不可以法繩之，而法度自然精密。至哉文乎！首段「非敢緩也，蓋有待也」八字，丰神最宜細玩，當與《出師表》「親賢臣，遠小人」一段同讀。倘改去「也」字，即失神氣矣。

編者謹按：唐先生《交通大學演講録》第一集下卷（文學類）第三期《歐陽永叔〈瀧岡阡表〉（節録，少陰情韻）》，詳論義法，謹録如下：

古人稱「六一丰神」，永叔先生以丰神勝者，全在虚字宕漾得法。如首段「非敢緩也，蓋有待也」八字，最宜細玩。蓋從《衛風・旄丘》詩「何其處也」四句、《蝃蝀詩》「乃如之人也」四句脱胎而出。下文諸「也」字，更覺有神，當與諸葛武侯《出師表》「親賢臣，遠小人，先漢所以興隆也」一段並讀。若改去「也」字，即失神氣。先生《醉翁亭記》亦同此例。古人並有以「矣」字作慨歎法者，如《衛風・氓》詩「三歲爲婦，靡室勞矣」一章、《小雅》「漸漸之石，維其高矣」三章，皆連用「矣」字。《論語・季氏篇》「天下有道」章「十世希不失矣」「禄之去公室五世矣」，俱神味無窮，可推類而悟也。

凡子孫頌祖宗功德，最難著筆，因不可自己誇獎也。此文因少孤，述太夫人之語，讚揚何等得體。可見呆叙事實，不如借語言中叙出。首段總冒，以「吾於汝父，知其一二，以有待於汝」一句，引起「能養」「有後」二意；中間一段「能養」，一段「有後」；後以「養不必豐」四句作封鎖；與范文正《岳陽樓記》一總冒，一憂一樂一結束；先生所作《五代史·伶官傳序》一總冒，一盛一衰一結束，佈局相同。而此文更天性沈摯，字字血淚，不可以法繩之，而法度自然精密，後代惟歸震川《先妣事略》可步武斯文。

「祭而豐，不如養之薄」二句，實本於古書所載曾子之言曰：「椎牛而祭墓，不如雞豚之逮存也。」〔一〕至爲沈痛。蔡邕《琴操》載曾子《歸耕歌》曰：「往而不反者年也，不可得而再事者親也。歔欷歸耕，來日安所耕？歷山盤兮欽崟。遂歸。」可見爲人子者，與其豐祭於親歿之後，毋寧潔養於逮存之時。乃近人於親在時未能奉養，歿後並祭祀而廢之。漢韓信於漂母一飯之恩，尚感激圖報。人於父母，畢生受飲食教誨，而漠然罔知所報，天下何貴有此忘恩無義之徒乎？嗚呼痛已！

爲民之長，要在「學道愛人」。宋程子謂：「一命之士，苟存心利物於人，必有所濟。」〔二〕余

〔一〕韓嬰《韓詩外傳》卷七引曾子語。

〔二〕朱熹《近思録》卷一〇引程明道曰：「一命之士，苟存心於愛物，於人必有所濟。」

謂不必一命之士，凡屬人類，皆當互相救濟。死獄求生，歐陽公之存心，仁之至矣。而「耳熟能詳」四字，尤見其言語之時，隨時以救人命爲急，厥後所以克昌也。後世爲民上者，專務剥民脂膏，《孟子·鄒與魯鬨章》曰「上慢殘下，出乎爾者反乎爾」〔一〕者也。悖入悖出，殺人者無不報。嗚呼！可以鑒矣。

范希文《岳陽樓記》

慶曆四年春，滕子京謫守巴陵郡。越明年，政通人和，百廢俱興。乃重修岳陽樓，增其舊制，刻唐賢今人詩賦於其上，屬予作文以記之。

予觀夫巴陵勝狀，在洞庭一湖。銜遠山，吞長江，浩浩湯湯，横無際涯；朝暉夕陰，氣象萬千。此則岳陽樓之大觀也，前人之述備矣。然則北通巫峽，南極瀟湘，遷客騷人，多會於此，覽物之情，得無異乎？

若夫霪雨霏霏，連月不開，陰風怒號，濁浪排空；日星隱曜，山岳潛形；商旅不行，檣傾楫摧；薄暮冥冥，虎嘯猿啼。登斯樓也，則有去國懷鄉，憂讒畏譏，滿目蕭然，感極而悲者矣。

至若春和景明，波瀾不驚，上下天光，一碧萬頃；沙鷗翔集，錦鱗游泳；岸芷汀蘭，郁郁青青。

〔一〕《孟子·梁惠王下》文。

而或長煙一空，皓月千里，浮光耀金，静影沈璧，漁歌互答，此樂何極！登斯樓也，則有心曠神怡，寵辱皆忘，把酒臨風，其喜洋洋者矣。

嗟夫！余嘗求古仁人之心，或異二者之爲何哉？不以物喜，不以己悲。居廟堂之高，則憂其民；處江湖之遠，則憂其君。是進亦憂，退亦憂。然則何時而樂耶？其必曰「先天下之憂而憂，後天下之樂而樂」歟。噫！微斯人，吾誰與歸？

凡端人正士之文，必周規而折矩，所謂誠也。此文與前數篇同一格局。首段以「覽物之情，得無異乎」開出「憂」「樂」二意，中間一段「憂」，一段「樂」，末段以「先天下之憂而憂，後天下之樂而樂」作封鎖。浩然正大之氣，隱躍行間，而才鋒絶不外露。格局自然謹嚴，望而知爲端人正士之文。雖不能至，心嚮往之矣。

「先天下之憂」二句，實隱用《孟子》「樂以天下、憂以天下」〔一〕之意，而造語則更深一層，此可悟襲古變化之法。

〔一〕《孟子・梁惠王下》文。

鷹隼盤空法

普通適用，辯論文尤宜，以善學到題法爲主。

《孟子》「齊桓晉文之事」章

齊宣王問曰：「齊桓、晉文之事，可得聞乎？」

孟子對曰：「仲尼之徒，無道桓、文之事者，是以後世無傳焉。臣未之聞也。無以，則王乎？」

曰：「德何如，則可以王矣？」

曰：「保民而王，莫之能禦也。」

曰：「若寡人者，可以保民乎哉？」

曰：「可。」

曰：「何由知吾可也？」

曰：「臣聞之胡齕曰：『王坐於堂上，有牽牛而過堂下者。王見之，曰：「牛何之？」對曰：「將以釁鍾。」王曰：「舍之。吾不忍其觳觫，若無罪而就死地。」對曰：「然則廢釁鍾與？」曰：「何可廢也。以羊易之。」』不識有諸?」

曰:「有之。」

曰:「是心足以王矣。百姓皆以王爲愛也,臣固知王之不忍也。」

王曰:「然。誠有百姓者。齊國雖褊小,吾何愛一牛?即不忍其觳觫,若無罪而就死地,故以羊易之也。」

曰:「王無異於百姓之以王爲愛也。以小易大,彼惡知之?王若隱其無罪而就死地,則牛羊何擇焉?」

王笑曰:「是誠何心哉?我非愛其財而易之以羊也,宜乎百姓之謂我愛也。」

曰:「無傷也,是乃仁術也,見牛未見羊也。君子之於禽獸也,見其生不忍見其死,聞其聲不忍食其肉,是以君子遠庖廚也。」

王説曰:「詩云:『他人有心,予忖度之。』夫子之謂也。夫我乃行之,反而求之,不得吾心。夫子言之,於我心有戚戚焉。此心之所以合於王者,何也?」

曰:「有復於王者曰:『吾力足以舉百鈞而不足以舉一羽,明足以察秋毫之末而不見輿薪。』則王許之乎?」

曰:「否。」

「今恩足以及禽獸，而功不至於百姓者獨何與？然則一羽之不舉，爲不用力焉；輿薪之不見，爲不用明焉；百姓之不見保，爲不用恩焉。故王之不王，不爲也，非不能也。」

曰：「不爲者與不能者之形何以異？」

曰：「挾太山以超北海，語人曰『我不能』，是誠不能也。爲長者折枝，語人曰『我不能』，是不爲也，非不能也。故王之不王，非挾太山以超北海之類也。王之不王，是折枝之類也。老吾老，以及人之老；幼吾幼，以及人之幼。天下可運於掌。《詩》云：『刑于寡妻，至于兄弟，以御于家邦。』言舉斯心加諸彼而已。故推恩足以保四海，不推恩無以保妻子。古之人所以大過人者無他焉，善推其所爲而已矣。今恩足以及禽獸，而功不至於百姓者獨何與？權，然後知輕重；度，然後知長短。物皆然，心爲甚。王請度之。抑王興甲兵，危士臣，構怨於諸侯，然後快於心與？」

王曰：「否。吾何快於是？將以求吾所大欲也。」

曰：「王之所大欲，可得聞與？」

王笑而不言。

曰：「爲肥甘不足於口與？輕煖不足於體與？抑爲采色不足視於目與？聲音不足聽於耳與？便嬖不足使令於前與？王之諸臣，皆足以供之。而王豈爲是哉？」

曰：「否。吾不爲是也。」

曰：「然則王之所大欲可知已。欲辟土地，朝秦、楚，莅中國而撫四夷也。以若所爲，求若所欲，猶緣木而求魚也。」

王曰：「若是其甚與？」

曰：「殆有甚焉。緣木求魚，雖不得魚，無後災。以若所爲，求若所欲，盡心力而爲之，後必有災。」

曰：「可得聞與？」

曰：「鄒人與楚人戰，則王以爲孰勝？」

曰：「楚人勝。」

曰：「然則小固不可以敵大，寡固不可以敵衆，弱固不可以敵强。海内之地方千里者九，齊集有其一。以一服八，何以異於鄒敵楚哉？蓋亦反其本矣。今王發政施仁，使天下仕者皆欲立於王之朝，耕者皆欲耕於王之野，商賈皆欲藏於王之市，行旅皆欲出於王之塗，天下之欲疾其君者，皆欲赴愬於王。其若是，孰能禦之？」

王曰：「吾惛，不能進於是矣。願夫子輔吾志，明以教我。我雖不敏，請嘗試之。」

曰：「無恒産而有恒心者，惟士爲能。若民，則無恒産，因無恒心。苟無恒心，放辟邪侈，無不爲已。及陷於罪，然後從而刑之，是罔民也。焉有仁人在位，罔民而可爲也？是故明君制民之産，必使仰足以事父母，俯足以畜妻子，樂歲終身飽，凶年免於死亡。然後驅而之善，故民之從之也輕。今也制民之産，仰不足以事父母，俯不足以畜妻子，樂歲終身苦，凶年不免於死亡。此惟救死而恐不贍，奚暇治禮義哉！王欲行之，則盍反其本矣。五畝之宅，樹之以桑，五十者可以衣帛矣；雞豚狗彘之畜，無失其時，七十者可以食肉矣；百畝之田，勿奪其時，八口之家可以無飢矣；謹庠序之教，申之以孝悌之義，頒白者不負戴於道路矣。老者衣帛食肉，黎民不飢不寒，然而不王者，未之有也。」

凡文之當擒題而不遽擒者，必先盤旋作勢，左右縈繞，所謂鷹隼盤空法也。《孟子》最善用此法。如此篇「是心足以王矣」下，本可直接「是乃仁術也」節，乃偏以「百姓皆以王爲愛也」，推開作盤空法。「此心之合於王者，何也」下，本可直接「老吾老」節，乃偏以「有復於王者」兩節作盤空法。「王請度之」下，本可直接「制民之産」，乃偏以「抑王興甲兵」節一跌作盤空法；内又以「肥甘不足於口」「鄒人與楚人戰」作小盤空法，「今王發政施仁」節作大盤空法，然後結出「恒産」，便格外有力矣。善用心者覓此等綫索，自能領悟。

一經一緯，即一縱一横也。孟子熟於縱横學，故其文特妙。此章以「王」字作主。第一段泛言不忍之心，第二段言省察擴充不忍之心，第三段言行不忍人之政之效驗，第四段言行不忍人之政之實際。皆係直下，所謂經也。其他譬喻盤空，皆係横放，所謂緯也。古人有言：「經天緯地謂之文。」〔一〕如孟子者始足以當之。而其所以異於策士者，在道理之純正耳。故學文之本，尤在學道。

《孟子》「許行」章（節録）

有爲神農之言者許行，自楚之滕，踵門而告文公曰：「遠方之人，聞君行仁政，願受一廛而爲氓。」文公與之處。其徒數十人，皆衣褐，捆屨、織席以爲食。

陳良之徒陳相，與其弟辛，負耒耜而自宋之滕，曰：「聞君行聖人之政，是亦聖人也，願爲聖人氓。」陳相見許行而大悦，盡棄其學而學焉。

陳相見孟子，道許行之言，曰：「滕君則誠賢君也。雖然，未聞道也。賢者與民並耕而食，饔飧而治。今也滕有倉廩府庫，則是厲民而以自養也，惡得賢？」

孟子曰：「許子必種粟而後食乎？」曰：「然。」

〔一〕陸德明《經典釋文·尚書·堯典》引馬融注「欽明文思」曰：「威儀表備之欽，照臨四方謂之明，經緯天地謂之文，道德純備謂之思。」《尚書正義·堯典》引鄭玄注亦云：「敬事節用謂之欽，昭臨四方謂之明，經緯天地謂之文，慮深通敏謂之思。」馬、鄭皆就唐堯之聖功立義，孟子言必稱堯、舜，乃取義之本，唐先生故云。

「許子必織布而後衣乎？」曰：「否。許子衣褐。」
「許子冠乎？」曰：「冠。」
曰：「奚冠？」曰：「冠素。」
曰：「自織之與？」曰：「否。以粟易之。」
曰：「許子奚爲不自織？」曰：「害於耕。」
曰：「許子以釜甑爨，以鐵耕乎？」曰：「然。」
「自爲之與？」曰：「否。以粟易之。」
「以粟易械器者，不爲厲陶冶；陶冶亦以其械器易粟者，豈爲厲農夫哉？且許子何不爲陶冶舍，皆取諸其宫中而用之？何爲紛紛然與百工交易？何許子之不憚煩？」曰：「百工之事，固不可耕且爲也。」
「然則治天下獨可耕且爲與？有大人之事，有小人之事。且一人之身，而百工之所爲備。如必自爲而後用之，是率天下而路也。故曰：或勞心，或勞力。勞心者治人，勞力者治於人。治於人者食人，治人者食於人：天下之通義也。」

此文比前篇更緊。「許子必種粟」節不倫不類，是盤空法之最奇者，《國策》中亦多此法，此游説學也。下節「豈爲厲農夫哉」下，本可直接「治天下不可耕且爲」，乃又以「許子何不爲陶冶舍」推開，作盤空法。陳相一答，極爲呆鈍。「然則治天下」句，便直接擒題，有千鈞之力，下文便如千弩齊發矣。故文之善者，莫過於蓄勢。能善蓄勢，自無迂緩空泛之弊。

以上兩章均係設喻盤空法。此外尚有「魚我所欲」章，以「生亦我所欲」數節，盤出「非獨賢者有是心也」；以「一簞食」數節，盤出「此之謂失其本心」，則純以清空之義理，曲折盤旋，宜參考之。

蘇子瞻《韓非論》

聖人之所爲惡乎異端，盡力而排之者，非異端之能亂天下，而天下之亂所由出也。昔周之衰，有老聃、莊周、列禦寇之徒，更爲虛無淡泊之言，而治其猖狂浮游之説，紛紜顛倒，而卒歸於無有。由其道者，蕩然莫得其當，是以忘乎富貴之樂，而齊乎死生之分。此不得志於天下、高世遠舉之人，所以放心而無憂。雖非聖人之道，而其用意固亦無惡於天下。自老聃之死百餘年，有商鞅、韓非著書，言治天下無若刑名之賢。及秦用之，終於勝、廣之亂。教化不足而法有餘，秦以不祀，而天下被其毒。後世之學者，知申、韓之罪，而不知老聃、莊周之使然。

何者？仁義之道，起於夫婦、父子、兄弟相愛之間；而禮法刑政之原，出於君臣上下相忌之際。

相愛則有所不忍，相忌則有所不敢。不敢與不忍之心合，而後聖人之道，得存乎其中。今老聃、莊周論君臣父子之間，汎汎乎若萍浮於江湖而適相值也。夫是以父不足愛，而君不足忌。不忌其君，不愛其父，則仁不足以懷，義不足以勸，禮樂不足以化。此四者皆不足用，而欲置天下於無有。夫無有豈誠足以治天下哉！商鞅、韓非求爲其説而不得，得其所以輕天下而齊萬物之術，是以敢爲殘忍而無疑。

今夫不忍殺人而不足以爲仁，而仁亦不足以治民，則是殺人不足以爲不仁，而不仁亦不足以亂天下。如此，則舉天下唯吾之所爲，刀鋸斧鉞，何施而不可！昔者夫子未嘗一日敢易其言，雖天下之小物，亦莫不有所畏。今其視天下，眇然若不足爲者，此其所以輕殺人歟！太史遷曰：「申子卑卑，施於名實。韓子引繩墨，切事情，明是非，其極慘覈少恩，皆原於道德之意。」嘗讀而思之，事固有不相謀而相感者，老、莊之後，其禍爲申、韓。

由三代之衰至於今，凡所以亂聖人之道者，其弊固已多矣，而未知其所終。奈何其不爲之所也！

此文祇是言「刑名」原於「道德」。首段言「聖人之所爲惡乎異端」，用盤空法；落到「而不知老聃、莊周之使然」，爲擒題法。第二段申言精義，以「仁義之道」「禮法刑政之原」作盤空法；落到「是以敢爲殘忍而無疑」，爲擒題法。第三段暢餘意，以「今夫不忍殺人」作盤空法，落到「老、莊之後，其禍爲申、韓」，爲擒題法。用意一層深一層，筆陣縱横，而秩序絲毫不亂。子瞻自道其文謂如萬斛泉隨地湧出，此乃英雄欺人之論，實則其文自有法度也。

蘇子瞻《論始皇、漢宣、李斯》

秦始皇時，趙高有罪，蒙毅案之當死，始皇赦而用之。長子扶蘇好直諫，上怒，使監蒙恬兵於上郡。始皇東游會稽，並海走瑯琊；少子胡亥、李斯、蒙毅、趙高從。道病，使蒙毅還禱山川。未及還，上崩。李斯、趙高矯詔立胡亥，殺扶蘇、蒙恬、蒙毅，卒以亡秦。蘇子曰：始皇制天下輕重之勢，使内外相形，以禁奸備亂，可謂密矣。蒙恬將三十萬人，威震北方；扶蘇監其軍，而蒙毅侍帷幄爲謀臣，雖有大奸賊，敢睥睨其間哉！不幸道病，禱祠山川，尚有人也；而遣蒙毅，故高、斯得成其謀。始皇之遺毅，毅見始皇病，太子未立而去左右，皆不可以言智。

然天之亡人國，其禍敗必出於智所不及。聖人爲天下，不恃智以防亂，恃吾無致亂之道耳。始皇致亂之道，在用趙高。夫閹尹之禍，如毒藥猛獸，未有不裂肝碎首者也。自書契以來，惟東漢吕彊、後唐張承業，二人號良善，豈可望一二於千萬，以徼必亡之禍哉？然世主皆甘心而不悔，如漢桓、靈，唐肅、代，猶不足深怪。始皇、漢宣皆英主，亦湛於趙高、恭、顯之禍。彼自以爲聰明人傑也，奴僕薰腐之餘何能爲。及其亡國亂朝，乃與庸主不異。吾故表而出之，以戒後世人主如始皇、漢宣者。

或曰：「李斯佐始皇定天下，不可謂不智。扶蘇親始皇子，秦人戴之久矣，陳勝假其名，猶足以亂天下，而蒙恬持重兵在外，使二人不即就誅，而復請之，則斯、高無遺類矣。以斯之智而不慮此，何哉？」蘇子曰：嗚呼！秦之失道有自來矣，豈獨始皇之罪。自商鞅變法，以殊死爲輕典，以參夷爲常法，人臣狼顧脅息，以得死爲幸，何暇復請？方其法之行也，求無不獲，禁無不止，鞅自以爲軼堯、舜而駕湯、武矣。及其出亡，而無所舍，然後知爲法之弊。夫豈獨鞅悔之，秦亦悔之矣。荆軻之變，持兵者熟視始皇環柱而走，莫之救者，以秦法重故也。李斯之立胡亥，不復忌二人者，知法令之素行，而臣子之不敢復請也。二人之不敢復請，亦知始皇之鷙悍而不可回也，豈料其僞也哉！周公曰：「平易近民，民必歸之。」孔子曰：「有一言而可以終身行之，其恕矣乎！」夫以忠恕爲心，而以平易爲政，則上易知而下易達。雖有賣國之奸，無所投其隙；倉卒之變，無自發焉。其令行禁止，蓋有不及商鞅者矣，而聖人終不以彼易此。鞅立信於徙木，立威於棄灰，刑其親戚師傅，積威信之極。以至始皇，秦人視其君如雷電鬼神，不可測也。古者，公族有罪，三宥然後寘刑。今至使人矯殺其太子而不忌，太子亦不敢請，則威信之過也。故夫以法毒天下者，未有不反中其身及其子孫者也。漢武、始皇皆果於殺者也，故其子如扶蘇之仁，則寧死而不請；如戾太子之悍，則寧反而不訴，知訴之必不察也。戾太子豈欲反者哉！計出於無聊也。故爲二君之子者，有死與反而已。李斯之智，蓋足以知扶蘇之必不反也。吾又表而出之，以戒後世人主之果於殺者。

此文祇是論始皇之不智。首段叙事即揭出命意。第二段以「然天之亡人國」一折作盤空法，以漢宣陪始皇之不智。第三段以「或曰」推開作盤空法，以商鞅作主，推論秦之不智；又以「忠恕」「平易」作盤空法，以漢武陪始皇之不智。縱横捭闔，變化無方，學者熟讀此文，於操縱離合之法，可以思過半矣。

惲子居《辨微論》

有天下之實，人之所樂居也；簒天下之名，人之所不樂居也。可以居有天下之實矣，不居簒天下之名可也。可以居其實，而幾幾乎不能居，則進不足以取萬乘，而退且至於覆全宗。於是乎名有所不顧，而簒隨之。

建安十五年十二月，曹操下令曰：「孤始舉孝廉。」欲好作政教以立名譽。徵爲典軍校尉，意更爲國家討賊立功。使題墓道曰「漢故征西將軍曹侯之墓」，此其志也。明年正月，即以子丕副丞相，去下令止數十日耳。十七年而加殊禮，十八年而受九錫。是故操之爲簒，決於下令之時。

夫簒已決矣，而其令如是，豈譽言與？非也。凡人之志，皆自小而之大，積漸成之。方曹操入仕之初，漢祚雖衰，羣雄未起，度其心亦不過望中外二千石而已。及遇亂離，則忠主救民，策勳拜爵之心，人人所同。奸人之雄亦人也，何必不同乎人情？以是觀之，曹操之令，皆由中之言也。如是則破黄巾，討董卓，豈常有篡之説在其計中哉！迨至邀袁術、逼陶謙，而事一變。朝雒陽、遷許下，而事又一變。東縛吕布，北并袁紹，南下劉表，而天下大半歸曹氏矣。

然謂操之篡決於此時，則大不可。何也？操之强，固天下莫當者也。提數十萬之衆，乘數百戰之威，使一旦孫、劉順命，吴、楚内降，孔明、公瑾諸人，不敢一舉手抗拒。軍威遐暢，訖於嶺海。固可下視秦、項，追迹高、光。即不然，而赤壁之役，絶江破敵，窮追而豫州走死，疾下而討虜而縛，於是收江表之豪傑，規山南之形勢；巴蜀效圖而納士，關隴送質而入朝。操即北而逡巡，再三退讓，天下誰居操之右者？何必害荀彧、殺崔琰、弑皇后皇子，至梟獍狗彘之不若哉？

不幸水師被燬，陸路解散，鼎足之形已成，席卷之勢已壞。又況兵敗之後，内權動摇，肘腋之間，悉成機械。於是而曹操所處，非前日之勢矣。其令曰：「誠恐離兵爲人所禍，既爲子孫計。又己敗，則國家傾危，是以不得慕虚名而受實禍。」亦由中之言也。蓋未敗之前，曹操有有天下之志，而不必有篡天下之心。既敗之後，曹操有失天下之疑，而不得不爲篡天下之舉。善取不得則惡求，緩圖不得則急攫。慕義不若貪利之急，求福不如避禍之周。故篡之事，起於喪師，而篡之局，成於下令，斷斷然也。

夫王莽無功，故東郡平而即真，其勢定也。桓温有功，故枋頭敗而廢立，其勢不定也。勢不定者，必求所以定之。曹操才大，故既敗之後，尚伐吴以作其氣；桓温力薄，故既敗之後，即徙鎮以蓄其威，皆所以求其定也。求定而後篡成，篡成而後身固。然自是而畢生之行，盡爲逆資；蓋世之功，悉成盜道矣。若是者勢也，而其中有至微之機焉。伊尹歸政數十年，周公歸政亦數十年，無纖微之嫌可疑，無毫髪之患可避，人人之所知也。曹操輔政，自比伊尹；削平僭亂，自比周公。赤壁之事，勝則以禮制諸侯，敗則必以威劫共主，而終於不勝而敗者，何哉？

天下爲仁義之言，而心懷彼此，其言未嘗不仁義也；爲忠孝之事，而心懷彼此，其事未嘗不忠孝也。然天道人事，必不能使終身爲仁義忠孝之人，故必有以激動之，使自覆之而自露之。如劉裕，秦未定而旋師；李存勖，梁未滅而改號，皆是故也。是以君子慎於内則防私，慎於外則戒僞。動四海、振千古之事，其上至於媲聖賢，其下極於儕盜賊，皆於心之至微形之。作《辨微論》。

《易傳》曰：「臣弑其君，子弑其父，非一朝一夕之故，其所由來者漸矣。」〔一〕此文祇是論曹操之篡，非一朝一夕之故，乃抉其心術之隱，命題曰《辨微論》，用無數盤空法，落到「若是者勢也，而其中有至微之機焉」；又用伊尹、周公兩層作盤空法，折到「皆於心之至微形之」，曲折愈多則盤旋之勢愈遠。然其文勢雖極騰空，而其命意極爲緊醒。若不善學之，則成一片荒塲矣。

〔一〕《易·坤·文言傳》文。

凡文到題處，最宜注意。即如《史記·伯夷列傳》，用無數盤空法，落到「伯夷、叔齊雖賢，得夫子而名益彰」。《平淮西碑》用兩段盤空法，落到「蔡人立其子，元濟以請」。此文一起「有天下之實」「篡天下之名」，盤空法也。惟空論不宜多糾纏，學者不可不知。

文氣雄駿，可與《過秦論》並讀，而先正多不道之者，殆以其多用排比偶語，且措詞有欠穩處耳。然其鍊氣之法，專在空際盤旋，如天下雷行，擒題處有「霹靂應手神珠馳」〔一〕之妙，豈可以小疵而忽之。

惲子居《續辨微論》

周恭帝元年正月辛丑朔，遣檢校大尉領歸德軍節度使趙匡胤率師禦北漢。癸卯，次陳橋驛，將士謀立匡胤爲天子。李處耘以事白匡胤弟匡義及趙普，部分將士環立待旦，遣郭延贇入京報石守信、王審琦。甲辰黎明，將士逼匡胤寢所。匡胤被酒卧，徐起，將士擁還汴。乙巳，即皇帝位。惲子居曰：宋之受命，太祖蓋授謀於太宗，非一日矣。不然，以太祖之英武，豈有軍中大指揮四出，而主

〔一〕句出韓愈詩《汴泗交流贈張僕射》。

將獨被酒臥，至亂兵入寢，尚徐起之事耶！是故太祖之有天下，太宗之力也；而秦王廷美無勳焉，此趙普所親與也。

宋太祖建隆二年夏六月，宋太后杜氏殂，召趙普入受遺命，謂太祖曰：「周有長君，汝安得至此？汝百歲傳光義，光義傳光美，光美傳德昭。」普即榻前爲誓書，於尾署曰「臣普記」。惲子居曰：此飾説也。夫太祖之傳位太宗，以太宗與聞乎禪代也。與聞禪代不可以示後世，則飾爲遞傳之説。遞傳之説不可以示後世，則飾爲長君之説。不然，授受大事，太后何至真冷時始及之耶？蓋此議之定也，亦非一日矣。是故廷美以無勳之人，亦得列于誓書，此亦趙普所親與也。

開寶九年十月帝崩，晉王光義即位。太宗太平興國四年五月，平太原，劉繼元降。六月，圍幽州，與契丹戰，敗績。軍中常夜驚不知帝所在，有謀立德昭者。八月師還，久不行太原之賞，德昭以爲言。帝怒曰：「汝自爲之，賞未晚也。」德昭退自刎。六年春，皇子德芳卒。九月，柴禹錫、趙鎔、楊守一告秦王廷美驕恣，將有陰謀，以趙普爲司徒兼侍中，察之。帝以傳國訪普。普曰：「太祖已誤，陛下豈可再誤。」廷美遂得罪。七年三月，罷秦王廷美開封尹，爲西京留守，勒就第。五月，貶爲涪陵縣公，安置房州。雍熙元年，涪陵公廷美以憂卒。惲子居曰：人之生未有不愛其兄及其弟者也，下愚且然，況於上智乎！太宗以絶人之資，好學深思，明于治亂，斷無有處心積慮，上負其兄，下殺其弟者也。而至如此者何也？蓋先王之所以治天下也：曰是曰非，是非明而褒者知榮，貶者知辱矣；曰功曰罪，功罪明而賞者不驕，罰者不怨矣；曰利曰害，利害明而趨者得生，避者免死矣。庸人計利害而不計功罪，聖人以功罪制之；豪傑計功罪而不計是非，聖人以是非權之；拘儒計是非而不計利害，聖人以利害濟之；愚民無所知也，聖人就其所知之是非、功罪、利害以導安之，此天下之大防也。

至聖人之治一家，則曰親疏而已。夫親疏者，不可以是非較，雖大舜、曾參之爲子，不能自言其理也；不可以功罪衡，雖周公、召公之爲臣，不能自名其勞也；不可以利害惑，雖累鉅刀至富有四海，積鄉秩至貴爲天子，皆不足敵吾天屬之愛也：此人之所同然也。而其壞也，庸愚問家庭以利害，拘儒薄骨肉以是非，而爲豪傑者，皆陷于計功罪。是故如太宗者，其心以爲吾有有天下之功，吾受天下于吾兄，吾固無愧于天下者也；吾兄有一天下之功，吾受天下于吾兄，而傳之以至于吾兄之子，吾尤無愧于吾兄者也。觀其怒德昭之言，其始念必傳之德昭瞭然矣。不意德昭自殺，德芳旋即夭亡。於是以爲彼廷美者，無尺寸之功，何德干之。且恐干之而不致之太祖之子孫也，于是功罪之念勝，而利害益明，是非益晦，趙普之邪説，遂得而入之矣。

夫兄弟之友愛，未有如太祖、太宗、廷美者也。重之以太后之命、宗臣之書，其要結不可謂不至也。而計功一念，遂潰裂之。如唐太宗之于建成、元吉，明代宗之于英宗，其始亦必無相排之意也。太宗讓太子而計化家爲國之功，故有玄武門之戕；代宗迎上皇而計易危爲安之功，故有南内之錮。彼數君者，何常無孝子悌弟之説在性分中哉？勢奪其外，理敗其中也。夫宋太宗者，精敏亞于唐太宗，宏豁勝于明代宗，未嘗不欲歸國于太祖之子孫，以成家世之美談、朝廷之盛事也。是故太祖即位，即以太宗爲都虞侯，趙普爲樞密直學士，賞開國之功也。太宗即位，即以廷美爲開封尹、德昭爲武功郡王，明傳國之次也。其事若成，豈非超漢軼唐千載未有之統緒哉！而惜乎其不遂也。惟唐明皇有功，宋王成器能讓，兄弟乃終身無間言。蓋人之功不可忘，己之功不可不忘，此又不可不知也夫！

此文一變前篇格局，用兩小段、一大段法，以是非、功罪、利害、親疏互相穿插，作大盤空法。後又以唐太宗、明代宗陪襯，作盤空法。結處又以「唐明皇有功，宋王成器能讓」作小盤空法。自「先王之所以治天下」起，文氣純在空際，夭矯震盪。而計功之念，則心術之微也，並不點題，尤見高老。

奇峰突起法

普通適用，紀事尤宜，以緊切本題、有關人心世道爲主。

《易·繫辭傳下》（節録）

八卦成列，象在其中矣。因而重之，爻在其中矣。剛柔相推，變在其中矣。繫辭焉而命之，動在其中矣。吉凶悔吝者，生乎動者也。剛柔者，立本者也。變通者，趣時者也。吉凶者，貞勝者也。天地之道，貞觀者也。日月之道，貞明者也。天下之動，貞夫一者也。夫乾確然示人易矣，夫坤隤然示人簡矣。爻也者，效此者也。象也者，像此者也。爻象動乎内，吉凶見乎外，功業見乎變，聖人之情見乎辭。天地之大德曰生，聖人之大寶曰位。何以守位曰仁，何以聚人曰財。理財正辭禁民爲非曰義。

韓子云：「《易》奇而法。」〔一〕此文自「八卦成列」起至「吉凶者，貞勝者也」，皆言《易》之原理。而下文忽以「天地之道」一節奇峰突起，實則言《乾》《坤》《坎》《離》歸於《既濟》定爾，此所謂「奇而法」也。「聖人之情見乎辭」句，官止神行。下文忽以「天地之大德」一節奇峰特起：「聖人之情」安在？「大德」「大寶」而已。聖人非覬「大寶」者，能欲行仁義以宏「天地之大德」，則固其情也。此所謂奇而法也。《文選》所謂「潛氣内轉」法，曾文正所謂「茹」字法，皆在「聖人之情」一句内。

〔一〕韓愈《進學解》文。

《詩・小毖篇》

予其懲而毖後患，莫予荓蜂，自求辛螫。肇允彼桃蟲，拚飛維鳥，未堪家多難，予又集于蓼。

此詩八句意四轉。「予其懲」二句，奇峰突起法也。「莫予荓蜂」二句一轉，又爲一峰。「肇允彼桃蟲」二句一轉，又爲一峰。「未堪家多難」二句又爲一峰。而三峰却收攝於首二句總峰之内。周公之文奇特如此，亦純矣哉！學者得其意而擴充之，則臨文時自有奇妙之境矣。

《左傳・鄭厲公自櫟侵鄭》（莊公十四年）

鄭厲公自櫟侵鄭，及大陵，獲傅瑕。傅瑕曰：「苟舍我，吾請納君。」與之盟而赦之。六月甲子，傅瑕殺鄭子及其二子而納厲公。

初，内蛇與外蛇鬭於鄭南門中，内蛇死。六年而厲公入。公聞之，問於申繻曰：「猶有妖乎？」對曰：「人之所忌，其氣燄以取之，妖由人興也。人無釁焉，妖不自作；人棄常，則妖興，故有妖。」

厲公入，遂殺傅瑕。使謂原繁曰：「傅瑕貳，周有常刑，既伏其罪矣。納我而無二心者，吾皆許之上大夫之事，吾願與伯父圖之。且寡人出，伯父無裏言；入，又不念寡人，寡人憾焉。」對曰：「先君桓公，命我先人典司宗祏。社稷有主，而外其心，其何貳如之？苟主社稷，國内之民，其誰不爲臣？臣無二心，天之制也。子儀在位，十四年矣，而謀召君者，庸非貳乎。莊公之子，猶有八人，若皆以官爵行賂勸貳，而可以濟事，君其若之何？臣聞命矣。」乃縊而死。

此文「納厲公」下，應直接「厲公入，遂殺傅瑕」，乃忽插入「蛇鬭」一段，奇峰突起，天外飛來，可悟穿插變化之妙。

左氏叙趙盾弑晉靈公，内叙「宣子見靈輒」一段，評家以爲奇峰突起，其實非也。「宣子見靈輒」，不過追叙，並非穿入。文法迥異，讀者宜辨。

後半段以「貳」字作綫索。原繁之辭委婉可誦，而情極可憫，身既將死，焉用文之！

韓退之《柳子厚墓誌銘》

子厚，諱宗元。七世祖慶，爲拓跋魏侍中，封濟陰公。曾伯祖奭，爲唐宰相，與褚遂良、韓瑗俱得罪武后，死高宗朝。皇考諱鎮，以事母棄太常博士，求爲縣令江南，其後以不能媚權貴失御史。權貴人死，乃復拜侍御史，號爲剛直。所與遊皆當世名人。

子厚少精敏，無不通達。逮其父時，雖少年已自成人，能取進士第，嶄然見頭角，衆謂柳氏有子矣。其後以博學宏詞，授集賢殿正字。儁傑廉悍，議論證據今古，出入經史百子，踔厲風發，率常屈其座人，名聲大振，一時皆慕與之交。諸公要人，争欲令出我門下，交口薦譽之。貞元十九年，由藍田尉拜監察御史。順宗即位，拜禮部員外郎。遇用事者得罪，例出爲刺史。未至，又例貶永州司馬。居閑益自刻苦，務記覽，爲詞章汎濫停蓄，爲深博無涯涘，而自肆於山水間。元和中，嘗例召至京師，又偕出爲刺史，而子厚得柳州。既至，嘆曰：「是豈不足爲政邪？」因其土俗，爲設教禁，州人順賴。其俗以男女質錢，約不時贖，子本相侔，則没爲奴婢。子厚與設方計，悉令贖歸。其尤貧力不能者，令書其傭，足相當，則使歸其質。觀察使下其法於他州，比一歲，免而歸者且千人。衡、湘以南爲進士者，皆以子厚爲師。其經承子厚口講指畫爲文詞者，悉有法度可觀。

其召至京師而復爲刺史也，中山劉夢得禹錫亦在遣中，當詣播州。子厚泣曰：「播州非人所居，而夢得親在堂，吾不忍夢得之窮，無辭以白其大人。且萬無母子俱往理。」請於朝，將拜疏，願以柳易播，雖重得罪，死不恨。遇有以夢得事白上者，夢得於是改刺連州。嗚呼！士窮乃見節義。今夫平居里巷相慕悦，酒食遊戲相徵逐，詡詡强笑語以相取下，握手出於肺肝相示，指天日涕泣，誓生死不相背負，真若可信。一旦臨小利害，僅如毛髮比，反眼若不相識；落陷穽不一引手救，反擠之又下石焉者，皆是也。此宜禽獸夷狄所不忍爲，而其人自視以爲得計，聞子厚之風，亦可以少愧矣！

子厚前時少年，勇於爲人，不自貴重，顧藉謂功業可立就，故坐廢退。既退，又無相知有氣力得位者推挽，故卒死於窮裔，材不爲世用，道不行於時也。使子厚在臺省時，自持其身，已能如司馬、刺史時，亦自不斥；斥時有人力能舉之，且必復用不窮。然子厚斥不久，窮不極，雖有出於人，其文學辭章，必不能自力以致必傳於後如今無疑也。雖使子厚得所願，爲將相於一時，以彼易此，孰得孰失，必有能辨之者。

子厚以元和十四年十一月八日卒，年四十七。以十五年七月十日歸葬萬年先人墓側。子厚有子男二人，長曰周六，始四歲；季曰周七，子厚卒乃生。女子二人，皆幼。其得歸葬也，費皆出觀察使河東裴君行立。行立有節概，重然諾，與子厚結交，子厚亦爲之盡，竟賴其力。葬子厚於萬年之墓者，舅弟盧遵。遵，涿人，性謹慎，學問不厭。自子厚之斥，遵從而家焉，逮其死，不去。既往葬子厚，又將經紀其家，庶幾有始終者。銘曰：

是惟子厚之室，既固既安，以利其嗣人。

是文奇處，專在「士窮乃見節義」一段，若删去之，便了無精義矣。近來桐城派傳授，皆用此法。或突然叙於篇首，或於中間，或於結處；或叙天時，或叙地理，或叙人情；或用陪襯，或感慨時事。讀王益吾先生《續古文辭類纂》，便知其妙。然欲追昌黎之奇氣，則能者鮮矣。

「子厚前時少年，勇於爲人」一段，以議論法行之，亦係奇峰突起。有此一段，概其生平，精神團結，故銘辭即可不甚注意。此亦文體之當知者。

「爲文辭，有法度可觀」，子厚文章之法度，《與韋中立論師道書》論之最詳，學者求之於此書足矣。

韓退之《試大理評事王君墓誌銘》

君諱適，姓王氏。好讀書，懷奇負氣，不肯隨人後舉選。見功業有道路可指取，有名節可以戾契致，困於無資地，不能自出，乃以干諸公貴人，借助聲勢。諸公貴人既志得，皆樂熟軟媚耳目者，不喜聞生語，一見輒戒門以絶。上初即位，以四科募天下士。君笑曰：「此非吾時邪？」即提所作書，緣道歌吟，趨直言試。既至，對語驚人，不中第，益困。（以上所如不遇。）

久之，聞金吾李將軍年少喜事可撼，乃踏門告曰：「天下奇男子王適，願見將軍白事。」一見語合意，往來門下。盧從史既節度昭義軍，張甚，奴視法度士，欲聞無顧忌大語，有以君生平告者，即遣客鉤致。君曰：「狂子不足以共事。」立謝客。李將軍由是待益厚，奏爲其衛胄曹參軍，充引駕仗判官，盡用其言。將軍遷帥鳳翔，君隨往。改試大理評事，攝監察御史、觀察判官。櫛垢爬痒，民獲蘇醒。（以上從李將軍。）

居歲餘，如有所不樂，一旦載妻子入閿鄉南山不顧。中書舍人王涯、獨孤郁，吏部郎中張惟素，比部郎中韓愈，日發書問訊，顧不可强起，不即薦。明年九月疾病，輿醫京師。其月某日卒，年四十四。十一月某日，即葬京城西南長安縣界中。曾祖爽，洪州武寧令。祖微，右衛騎曹參軍。父嵩，蘇州崑山丞。妻上谷侯氏處士高女。（以上卒葬及家世。）

高固奇士，自方阿衡太師，世莫能用吾言。再試吏，再怒去，發狂投江水。初，處士將嫁其女，懲曰：「吾以齟齬窮，一女憐之，必嫁官人，不以與凡子。」君曰：「吾求婦氏久矣，唯此翁可人意。且聞其女賢，不可以失。」即謾謂媒嫗：「吾明經及第，且選，即官人，侯翁女幸嫁，若能令翁許我，請進百金爲嫗謝。」諾許，白翁。翁曰：「誠官人邪？取文書來。」君計窮吐實。嫗曰：「無苦。翁大人不疑人欺。我得一卷書，麤若告身者。我袖以往，翁見未必取眎。幸而聽我，行其謀。」翁望見文書銜袖，果信不疑，曰：「足矣。」以女與王氏。（以上取婦之奇。）

生三子，一男二女。男三歲夭死，長女嫁亳州永城尉姚侹，其季始十歲。銘曰：

鼎也不可以柱車，馬也不可使守閭。佩玉長裾，不利走趨。祇繫其逢，不繫巧愚。不諧其須，有銜不祛。鑽石埋辭，以列幽墟。

惟奇事乃能有奇文，然非昌黎之奇氣，亦不能曲折以達。

凡墓誌閥閱，或叙在前，或叙在後，未有叙在中間者。此文因侯處士事，用奇峰突起法，附叙於後，全篇文頓覺生色。《史記》中常用此法，昌黎實脱胎於子長也。

銘辭奇古，亦係奇峰突起。

韓退之《圬者王承福傳》

圬之爲技，賤且勞者也。有業之，其色若自得者。聽其言，約而盡。問之，王其姓，承福其名，世爲京兆長安農夫。天寶之亂，發人爲兵，持弓矢十三年，有官勳。棄之來歸，喪其土田，手鏝衣食，餘三十年。舍於市之主人，而歸其屋食之當焉。視時屋食之貴賤，而上下其圬之傭以償之，有餘，則以與道路之廢疾餓者焉。又曰："粟，稼而生者也。若布與帛，必蠶績而後成者也。其他所以養生之具，皆待人力而後完也。吾皆賴之。然人不可徧爲，宜乎各致其能以相生也。故君者，理我所以生者也；而百官者，承君之化者也。任有大小，惟其所能，若器皿焉。食焉而怠其事，必有天殃。故吾不敢一日捨鏝以嬉。夫鏝，易能可力焉，又誠有功，取其直，雖勞無愧，吾心安焉。夫力易强而有功也，心難强而有智也。用力者使於人，用心者使人，亦其宜也。吾特擇其易爲而無愧者取焉。嘻！吾操鏝以入貴富之家有年矣。有一至者焉，又往過之，則爲墟矣。有再至三至者焉，而往過之，則爲墟矣。問之其鄰，或曰：「噫！刑戮也。」或曰：「身既死而其子孫不能有也。」或曰：「死而歸之官也。」吾以是觀之，非所謂食焉怠其事而得天殃者邪？非强心以智而不足，不擇其才之稱否而冒之者邪？非多行可愧，知其不可而强爲之者邪？將富貴難守，薄功而厚饗之者邪？抑豐悴有時，一去一來而不可常者邪？吾之心憫焉。是故擇其力之可能者行焉。樂富貴而悲貧賤，我豈異於人哉？又曰：功大者，其所以自奉也博。妻與子皆養於我者也。吾能薄而功小，不有之可也。又吾所謂勞力者，若立吾家而力不足，則心又勞也。一身而二任焉，雖聖者不可能也。

愈始聞而惑之，又從而思之，蓋賢者也，蓋所謂獨善其身者也。然吾有譏焉，謂其自爲也過多，其爲人也過少。其學楊、朱之道者邪？楊之道，不肯拔我一毛而利天下。而夫人以有家爲勞心，不肯一動其心以畜其妻子，其肯勞其心以爲人乎哉？雖然，其賢於世之患不得之而患失之者，以濟其生之欲，貪邪而亡道以喪其身者，其亦遠矣。又其言有可以警余者，故余爲之傳而自鑒焉。

中間以「吾操鏝以入貴富之家」一段，作奇峰突起法，所謂：「風行水上，焕爲文章，風定波息，與水相忘。」〔一〕蓋篇中獨到處也。凡文必須有獨到處，有關於世道人心及勸善懲惡，然後可傳。而此文借王承福口中敘出，尤爲奇特。

「食焉而怠其事，必有天殃」，精理名言。昌黎所謂「其言有可以警余者」，殆即此二語。

〔一〕王世貞《題有光遺像贊》文。

此文蓋寓言體，大半叙本人之言，亦傳中創格，構局者宜注意。

唐蔚芝《論語·微子篇大義》

嗚呼！士大夫生當世，何爲降其志而辱其身乎？言中倫，行中慮，養我氣以全我節，猶之可也。若夫言不中倫，行不中慮，斯已而已矣。豈不悲哉！

孔子生周季，皇皇栖栖，轍環天下，卒老於行。後人考《史記》，讀其《世家》而悲之。吾謂《論語·微子》一篇，即吾夫子生平不遇之列傳也。司馬子長之贊，更不若吾夫子之自贊也。《微子篇》曷爲首三仁與柳下季？天下之亡，先亡於無人心；人心之亡，先亡於無是非。是非喪矣，直道不行矣。不爲三仁之忠，即爲柳下之和。是兩端者，孰吉孰凶，何去何從，不有孔子，孰折厥中？

孔子厄於齊，見誚於楚狂，舍沮、溺其誰與？訪丈人而無從。「鳳兮鳳兮，何德之衰！」孔子其鳳乎？其猶龍乎？其逸民乎？其夷、齊之同心乎？其柳下惠、少連、虞仲之等朋乎？《易》曰：「不事王侯，高尚其事。」古之逸民，蓋有之矣。而孔子獨曰：「我則異於是，無可無不可。」其自命何其高也！其自贊何其深且遠也！

天風浪浪，海山蒼蒼，獨不得與太師、少師、擊磬諸人，鼓琴於高山流水，别有天地之間，其知音益復寡矣。回憶周家初造，忠厚開基，人才鱗萃，菁莪造士，四方爲綱。嗚呼！何其盛也！

昔者孔子與於蜡賓，出游於觀之上，喟然歎曰：「大道之行也，與三代之英，丘未之逮也，而有志焉。」孔子之歎，蓋歎魯也。乃歎魯而不能興魯，思周公而不能興周公之禮樂。神游於唐、虞之朝，夢見乎大同之治，獨抱無可無不可之志以終。

後之人讀其書，悲其世。及行迷之未遠，獨窮困乎此時。以爲天下皆濁，何必與之清；衆人皆醉，何必與之醒！吾學孔子而不可得，乃所願如古之柳下惠，殆可取則焉。君子曰：惜哉！降其志辱其身矣。言中倫，行中慮，其斯而已矣！

《微子》一篇，本有煙波無盡之概。此文以「天風浪浪」一段作奇峰突起法，旋接以「昔者孔子與於蜡賓」推開，另作一峰。結處神迴氣合，俯仰身世，無限痛淚。

自「天風浪浪」以下十數行一筆揮洒，其氣不斷。竊擬此文當在永叔、南豐之間，不識知言者以爲何如也？

國文經緯貫通大義卷二

兩扇開闔法

適用於義理之文，以不板滯爲主。

《孟子》「莊暴」章

莊暴見孟子曰：「暴見於王，王語暴以好樂，暴未有以對也。」曰：「好樂何如？」

孟子曰：「王之好樂甚，則齊國其庶幾乎！」

他日見於王，曰：「王嘗語莊子以好樂，有諸？」

王變乎色，曰：「寡人非能好先王之樂也，直好世俗之樂耳。」

曰：「王之好樂甚，則齊其庶幾乎！今之樂，由古之樂也。」

曰：「可得聞與？」

曰：「獨樂樂與人樂樂，孰樂？」

曰：「不若與人。」

曰：「與少樂樂，與衆樂樂，孰樂？」

曰：「不若與衆。」

「臣請爲王言樂。今王鼓樂於此，百姓聞王鐘鼓之聲、管籥之音，舉疾首蹙頞而相告曰：『吾王之好鼓樂，夫何使我至於此極也？父子不相見，兄弟妻子離散。』今王田獵於此，百姓聞王車馬之音，見羽旄之美，舉疾首蹙頞而相告曰：『吾王之好田獵，夫何使我至於此極也？父子不相見，兄弟妻子離散。』此無他，不與民同樂也。

「今王鼓樂於此，百姓聞王鐘鼓之聲、管籥之音，舉欣欣然有喜色而相告曰：『吾王庶幾無疾病與？何以能鼓樂也？』今王田獵於此，百姓聞王車馬之音，見羽旄之美，舉欣欣然有喜色而相告曰：『吾王庶幾無疾病與？何以能田獵也？』此無他，與民同樂也。今王與百姓同樂，則王矣。」

兩扇法創於《論語》，於「令尹子文」章及「定公問一言興邦」章均是，惟係竝列。「子文」章尤係合傳體，竝非一開一闔，自《孟子》始用開闔法。此文以「獨樂樂」兩段，作兩小隊。「今王鼓樂於此」兩段，作兩大隊。文氣排奡震盪，實爲韓文所本。

兩節「今王鼓樂於此」，均是淩空法。惟淩空故能盤旋震動，若沾實則滯矣。

《孟子》「牛山之木」章

孟子曰：「牛山之木嘗美矣，以其郊於大國也，斧斤伐之，可以爲美乎？是其日夜之所息，雨露之所潤，非無萌蘖之生焉，牛羊又從而牧之，是以若彼濯濯也。人見其濯濯也，以爲未嘗有材焉，此豈山之性也哉？

「雖存乎人者，豈無仁義之心哉？其所以放其良心者，亦猶斧斤之於木也，旦旦而伐之，可以爲美乎？其日夜之所息，平旦之氣，其好惡與人相近也者幾希，則其旦晝之所爲，有梏亡之矣。梏之反覆，則其夜氣不足以存。夜氣不足以存，則其違禽獸不遠矣。人見其禽獸也，而以爲未嘗有才焉者，是豈人之情也哉？

「故苟得其養，無物不長；苟失其養，無物不消。孔子曰：『操則存，舍則亡；出入無時，莫知其鄉。』惟心之謂與？」

此文以譬喻作開闔法，「苟得其養」四句爲封鎖法。義理之精，無過於此，文法之妙，亦不易得。學者當日三復此章。

文氣之緊，全在數「其」字，此以虛字作綫索法也。

本經中尚有「宋牼將之楚」章爲兩扇開闔法。「伯夷非其君不事」章、「今之事君者」章爲兩扇竝列法。又《禮記·檀弓篇》亦多兩扇竝列之文，如「喪欲速貧」「杜蕢揚觶」章之類，兹不復録。

韓退之《原毀》

古之君子，其責己也重以周，其待人也輕以約。重以周，故不怠；輕以約，故人樂爲善。聞古之人有舜者，其爲人也，仁義人也。求其所以爲舜者，責於己曰：「彼人也，予人也，彼能是，而我乃不能是？」早夜以思，去其不如舜者，就其如舜者。聞古之人有周公者，其爲人也，多才與藝人也。求其所以爲周公者，責於己曰：「彼人也，予人也，彼能是，而我乃不能是？」早夜以思，去其不如周公者，就其如周公者。舜，大聖人也，後世無及焉。周公，大聖人也，後世無及焉。是人也，乃曰不如舜、不如周公，吾之病也，是不亦責於身者重以周乎？其於人也，曰：「彼人也，能有是，是足爲良人矣；能善是，是足爲藝人矣。」取其一，不責其二；即其新，不究其舊；恐恐然惟懼其人之不得爲善之利。一善易修也，一藝易能也，其於人也，乃曰：「能有是，是亦足矣。」曰：「能善是，是亦足矣。」不亦待於人者輕以約乎？

今之君子則不然。其責人也詳，其待己也廉。詳故人難於爲善，廉故自取也少。己未有善，曰：「我善是，是亦足矣。」己未有能，曰：「我能是，是亦足矣。」外以欺於人，內以欺於心，未少有得而止矣，不亦待其身者已廉乎？其於人也，曰：「彼雖能是，其人不足稱也；彼雖善是，其用不足稱也。」舉其一不計其十，究其舊不圖其新，恐恐然惟懼其人之有聞也，是不亦責於人者已詳乎？夫是之謂不以衆人待其身，而以聖人望於人，吾未見其尊己也。

雖然，爲是者有本有原，怠與忌之謂也。怠者不能修，而忌者畏人修。吾常試之矣，嘗試語於衆，曰：「某良士，某良士。」其應者，必其人之與也；不然，則其所疏遠不與同其利者也；不然，則其畏也。不若是，强者必怒於言，懦者必怒於色矣。又嘗語於衆曰：「某非良士，某非良士。」其不應者，必其人之與也；不然，則其所疏遠不與同其利者也；不然，則其畏也。不若是，强者必說於言，懦者必說於色矣。是故事修而謗興，德高而毁來。嗚呼！士之處此世，而望名譽之光、道德之行，難已！將有作於上者，得吾說而存之，其國家可幾而理歟！

此文格局雖係兩扇，實則四扇。蓋「古之君子」一段中分兩扇，「今之君子」一段中又分兩扇也。「嘗試語於衆曰」兩段，爲封鎖法。用筆全在虛際，故能理實氣空，且曲盡人情物理。要知此等文，係從諸子中得來，不善學之，則局板而氣滯矣。

段落變化法

普通適用，尤宜於詼詭恬適之文。

韓退之《送李愿歸盤谷序》

太行之陽有盤谷。盤谷之間，泉甘而土肥，草木藂茂，居民鮮少。或曰：「謂其環兩山之間故曰盤。」或曰：「是谷也，宅幽而勢阻，隱者之所盤旋。」友人李愿居之。

愿之言曰：「人之稱大丈夫者，我知之矣。利澤施於人，名聲昭於時，坐於廟朝，進退百官，而佐天子出令；其在外則樹旗旄，羅弓矢，武夫前呵，從者塞途，供給之人，各執其物，夾道而疾馳。喜有賞，怒有刑。才畯滿前，道古今而譽盛德，入耳而不煩。曲眉豐頰，清聲而便體，秀外而惠中，飄輕裾，翳長袖，粉白黛緑者，列屋而閑居；妒寵而負恃，争妍而取憐。大丈夫之遇知於天子，用力於當世者之所爲也。吾非惡此而逃之，是有命焉，不可幸而致也。

「窮居而野處，升高而望遠，坐茂樹以終日，濯清泉以自潔。採於山，美可茹；釣於水，鮮可食。起居無時，惟適之安。與其有譽於前，孰若無毁於其後；與其有樂於身，孰若無憂於其心。車服不維，刀鋸不加，理亂不知，黜陟不聞。大丈夫不遇於時者之所爲也，我則行之。「伺候於公卿之門，奔走於形勢之途，足將進而趦趄，口將言而囁嚅，處污穢而不羞，觸刑辟而誅戮，僥倖於萬一，老死而後止者，其於爲人，賢不肖何如也？」

昌黎韓愈聞其言而壯之，與之酒而爲之歌曰：

盤之中，維子之宫；盤之土，可以稼；盤之泉，可濯可沿；盤之阻，誰争子所？窈而深，廓其有容；繚而曲，如往而復。嗟盤之樂兮，樂且無央；虎豹遠迹兮，蛟龍遁藏；鬼神守護兮，呵禁不祥。飲且食兮壽而康，無不足兮奚所望！膏吾車兮秣吾馬，從子於盤兮，終吾生以徜徉！

首段序地理，次段「愿之言曰」，三段「窮居而野處」，四段「伺候於公卿之門」，均爲硬接法。首段「友人李愿居之」，爲突入法。次段「不可幸而致也」，爲推開法。三段「我則行之」，爲攝入法。四段「其於爲人，賢不肖何如也」，爲比較法。可知作文不獨布局當變化，凡每段之起訖處皆應變化；不獨段落當變化，即句法亦皆當變化。此篇之法，最便初學。

次段若將「愿之言曰」删去，改「嗚呼」二字，下「我」字均改「李君」，末段改「昌黎與之飲酒而爲之歌」，亦無不可。乃插入「愿之言曰」一句，全篇遂覺格外生色。不知韓子布局時已有此意耶？抑潤色時點綴成之耶？要知此乃畫龍點睛法也。

歌詞起處，均與首段相應。

編者謹按：唐先生《交通大學演講録》第二集下卷（文學類）第九期《韓退之〈送李愿歸盤谷序〉（少陽閑適之趣）》，詳述其研究法，謹録如下：

一、段落

首段序地理，次段「愿之言曰」，三段「窮居而野處」，四段「伺候於公卿之門」，均爲硬接法。首段「友人李愿居之」，爲突入法。次段「不可幸而致也」，爲推開法。三段「我則行之」，爲重頓法。四段「其於爲人，賢不肖何如也」，爲比較法。可知作文不獨布局當變化，凡每段之起訖處皆應變化；不獨段落當變化，即句法亦皆當變化。此篇之法，最便初學。

二、精神

文必有精神而後有精采。次段若將「愿之言曰」删去，改「嗚呼」二字，下「我」字均改「李君」，末段改「昌黎與之飲酒而爲之歌」，亦無不可。乃插入「愿之言曰」一句，全篇精神一振，遂覺格外生色。不知韓子布局時已有此意耶？抑潤色時點綴成之耶？要知此乃「畫龍點睛」之精神也。

三、氣骨

此文有格局之變化，有段落接筍處之變化，有句調參差錯落之變化，讀者固當注意。然自來文家皆賞此文之閑適，吾獨賞其「倔强」。蓋惟有大氣包舉其間，乃更有浩浩落落之致。故人生必須涵養其「氣骨」，而後作文乃有「氣骨」。《孟子》云「富貴不淫、貧賤不移、威武不屈」，所謂傲骨嶙峋也。吾人生今之世，尤當以「氣節」自勵。

韓退之《張中丞傳後叙》

元和二年四月十三日夜，愈與吳郡張籍，閱家中舊書，得李翰所爲《張巡傳》。翰以文章自名，爲此傳頗詳密。然尚恨有闕者，不爲許遠立傳，又不載雷萬春事首尾。

遠雖材若不及巡者，開門納巡，位本在巡上，授之柄而處其下，無所疑忌，竟與巡俱守死，成功名，城陷而虜，與巡死先後異耳。兩家子弟材智下，不能通知二父志，以爲巡死而遠就虜，疑畏死而辭服於賊。遠誠畏死，何苦守尺寸之地，食其所愛之肉，以與賊抗而不降乎？當其圍守時，外無蚍蜉蟻子之援，所欲忠者國與主耳，而賊語以國亡主滅。遠見救援不至，而賊來益衆，必以其言爲信。外無待而猶死守，人相食且盡，雖愚人亦能數日而知死處矣。遠之不畏死亦明矣。烏有城壞其徒俱死，獨蒙愧耻求活？雖至愚者不忍爲，嗚呼！而謂遠之賢而爲之邪？

説者又謂遠與巡分城而守，城之陷，自遠所分始，以此詬遠。此又與兒童之見無異。人之將死，其臟腑必有先受其病者；引繩而絶之，其絶必有處。觀者見其然，從而尤之，其亦不達於理矣。小人之好議論，不樂成人之美如是哉！如巡、遠之所成就，如此卓卓，猶不得免，其他則又何説！

當二公之初守也，寧能知人之卒不救，棄城而逆遁？苟此不能守，雖避之他處何益？及其無救而且窮也，將其創殘餓羸之餘，雖欲去，必不達。二公之賢，其講之精矣。守一城，捍天下，以千百就盡之卒，戰百萬日滋之師，蔽遮江、淮，沮遏其勢。天下之不亡，其誰之功也？當是時，棄城而圖存者，不可一二數，擅强兵坐而觀者相環也，不追議此，而責二公以死守，亦見其自比於逆亂，設淫辭而助之攻也。

愈嘗從事於汴、徐二府，屢道於兩府間，親祭於其所謂雙廟者。其老人往往説巡、遠時事云。南霽雲之乞救於賀蘭也，賀蘭嫉巡、遠之聲威功績出己上，不肯出師救。愛霽雲之勇且壯，不聽其語，强留之。具食與樂，延霽雲坐。霽雲慷慨語曰：「雲來時，睢陽之人，不食月餘日矣。雲雖欲獨食，義不忍；雖食且不下咽。」因拔所佩刀斷一指，血淋漓，以示賀蘭。一座大驚，皆感激爲雲泣下。雲知賀蘭終無爲雲出師意，即馳去。將出城，抽矢射佛氏浮圖，矢著其上甎半箭，曰：「吾歸破賊，必滅賀蘭。此矢所以志也。」愈貞元中過泗州，船上人猶指以相語。城陷，賊以刃脅降巡。巡不屈，即牽去，將斬之。又降霽雲，雲未應，巡呼雲曰：「南八，男兒死耳，不可爲不義屈。」雲笑曰：「欲將以有爲也。公有言，雲敢不死？」即不屈。

張籍曰：「有于嵩者，少依於巡。及巡起事，嵩常在圍中。籍大曆中，於和州烏江縣見嵩，嵩時年六十餘矣。以巡初嘗得臨渙縣尉，好學無所不讀。籍時尚小，粗問巡、遠事，不能細也。云：巡長七尺餘，鬚髯若神。嘗見嵩讀《漢書》，謂嵩曰：『何爲久讀此？』嵩曰：『未熟也。』巡曰：『吾於書讀不過三徧，終身不忘也。』因誦嵩所讀書，盡卷不錯一字。嵩驚，以爲巡偶熟此卷，因亂抽他帙以試，無不盡然。嵩又取架上諸書，試以問巡，巡應口誦無疑。嵩從巡久，亦不見巡常讀書也。爲文章，操紙筆立書，未嘗起草。初守睢陽時，士卒僅萬人，城中居人户亦且數萬，巡因一見問姓名，其後無不識者。巡怒，鬚髯輒張。及城陷，賊縛巡等數十人，坐，且將戮，巡起旋。其衆見巡起，或起或泣。巡曰：『汝勿怖。死，命也。』衆泣不能仰視。巡就戮時，顏色不亂，陽陽如平常。遠寬厚長者，貌如其心，與巡同年生，月日後於巡，呼巡爲兄，死時年四十九。嵩，貞元初死於亳、宋間。或傳嵩有田在亳、宋間，武人奪而有之。嵩將詣州訟理，爲所殺。嵩無子。」張籍云。

此文綫索當注意者二：一、先議論，後叙事，布局之奇也；二、「遠雖才若不及巡者」以下三段，文氣震盪已極，乃以「愈嘗從事於汴、徐二府」數語作一結束，見許遠事之非誣也。南霽雲一段，文氣激昂已極，乃以「愈貞元中過泗州」二語作一結束，見南霽雲之事非誣也。此從《史記·伯夷列傳》「太史公曰：予登箕山，其上蓋有許由冢云」脱胎而來。綫索之最當著眼處，結尾張籍云一段，已於首段「愈與吴郡張籍閲家中舊書」先行伏筆，故不獨不嫌其突，且不覺其煩瑣，此段落變化最妙法也。余嘗有最俗之比喻，譬諸觀電光影戲，當研究其藉電光以攝影之法，若不探其本，則永爲觀影戲之人，而不能爲攝製影戲之人矣。讀古人文章，須處處求古人綫索，至作文時乃有把握；若不揣其本，則永爲讀文之人，而不能爲作文之人矣！深可惜也。

首段「雷萬春」確爲「南霽雲」之誤，否則中間南霽雲兩段，無著落矣。末段專以張籍語作結，亦叙文中之奇特者。

編者謹按：唐先生《交通大學演講録》第一集下卷（文學類）第十期《韓退之〈張中丞傳後叙〉（太陽氣勢）》，詳説研究法，具録如下：

一、段落綫索法

（此段乃《國文經緯貫通大義》「此文綫索當注意者二」至「深可惜也」，故略。）

二、煉句法

造句之法，因時代而變。漢、唐、宋文，各不相同。如本篇「兩家子弟材智下」四句，句法特雄健，是唐人句法，設宋以後人爲之，必謂：「遠之子弟不若巡子弟之賢，以爲遠就虜而畏死，疑降服於賊矣。」文氣即較弱。「當其圍守時」以下，句法歷落勁古，與《柳子厚墓誌》「指天日涕泣」一段相類，是退之特色，實從漢文中得來。

余嘗論「太陽氣勢」文多用對句法，而此篇則純用單句，一氣捲舒而下。直至「守一城捍天下」四句始用對句，略一停頓。「棄城而圖存，擅兵而環觀」本可作對句，偏用參差句法，更覺得力。「矢著其上甎半箭」句，如宋以後人爲之，必謂：「矢著上甎，入甎者半。」而本文祇用半箭二字，是亦唐以前句法。「欲將以有爲也」三句，擬改爲「欲有爲也。公有言，敢不死。」似更矯健，蓋此係激烈文，虚字以少爲貴。

三、補叙法

首段「雷萬春」確爲「南霽雲」之誤，否則中間南霽雲兩段無著落矣。末段專以張籍語作結，爲補叙法。局度仍緊煉，絶不散漫。林琴南云：「此叙蓋倣史公傳後論體，采遺事以補傳中所不足也。如背誦《漢書》、記城中卒伍姓名、起旋〔一〕慰同斬者之涕泣，事近繁碎，然爲傳後補遺之體則可。引爲《張巡傳》中正事，則事更有大於此者。李翰文正坐太繁，極爲歐陽文忠所譏。然退之此文，歷落有致，夾叙夾議，歐陽公述王鐵槍事，殆脱胎於此。」〔二〕余謂此法並可稱作「補傳」，蓋有此段，則于嵩亦傳也。結處或傳嵩爲武人所殺云云，則唐時軍人之横恣，亦可見矣。

四、運氣煉氣法

或問運氣與煉氣奚别？曰：運氣若决江河、若奔騏驥，一筆數行下，至數十行下，如退之

〔一〕「旋」字原誤作「族」。
〔二〕林紓《韓柳文研究法·韓文研究法》文。

《原毁》《送孟東野序》，專在空中凌駕，此運氣法也。煉氣則或細入筋骨，或歸於平淡，如退之《送董邵南序》《送王含序》《祭田横墓文》《祭柳子厚文》是也。本篇看似煉氣，實是運氣。宋歐陽公最得退之煉氣法。明代而後，知運氣者多，知煉氣者少，其有貌似高淡者，實不過吞吐夷猶之致，非真能煉氣也。世傳歐陽公當作文時，必先讀《史記·日者傳》，殊不可解，或别有會心處。余少時作文，喜先讀《莊子·天下篇》首段、《過秦論》及本篇，以放縱其氣。然更有一法當注意者，無論叙事議論，凡行氣必摹繪其人其事。以「陽剛文」言之，如節烈義士當凜然有生氣，卓犖英才當軒昂有直氣，滑稽風刺當名雋有冷氣。以「陰柔文」言之，仁人君子當清明有正氣，山林隱士當蕭灑有逸氣，牢愁侘傺當幽悄有悲氣。此不過略舉大概，本篇所謂凜然有生氣者也。諸生推類求之，熟讀深思，則取之左右逢其原矣。

唐蔚芝《英軺日記序》

光緒二十有八年夏五，英國君主愛惠將加冕於倫敦。先期，外務部聞於朝，天子發璽書，簡專使，福事賀慶。於是某遂奉出使英國之命，兼應比、法、美、日諸國之請，周爰彼邦。張旜以出，封軺而返，經途八萬里，爲時十七旬。滂滂地圓，隨日以行；左旋一周，極西極東。丹穴空桐，仁智信武；禮俗教治，殊尚異嚮。恢越視聽，怵然服念於九重憂勤劼毖，鑒觀求莫之盛心。通變宜民，神化丹青，寄耳目於膚使；咨才咨事，咨義咨親，繄政語所賴。微獨宣德諭指，説山名物而已。

於時僚寀有見聞，譯鞮有誦述，削牘既多，裒録成帙。迺復綜而論之，曰：倫敦在西海之壖，孤縣三絶島，而輨轄五洲，吸收宙合之精華。都市殷賑，鴻紛瓌瑋，舉天下之財政家、製造家、工藝家、商家、農家、外交内治家，靡不集聽矚於斯，權低昂於斯。彼都人士乘堅而策肥，高步而遠視。崔構閎九天，陶復洞九淵，飈軌電郵，呼吸萬里，誠上帝驕子、倮屬之幸民哉！其政策和而堅，善動而能静，屈羣策不殫厥力。其民樸屬勤於事，綦谿浩宕，而尊上親長，服從於法律。其風俗外希鶩，内善葆光，重學而輕教。起十七世紀以迄今兹，三紀有勝，非幸也，數也。

巴黎恢恢，冠絶西歐。林麓翳薈，萬物棣通。士女遨嬉，談辭掞張。議堂擴千步，民政所宗。其氣憍，其學説日新，其民英跱自嘉，而心志發揚。方時國社，闌逐教徒，汎淵毆魚，鄰國爲壑。夫彰善癉惡，品物恒情，昌兹壯佼，標宗樹異。歐人懲昔禍，有戒心焉。自西徂東，所不能不三致意也。

美利堅洲，於歐視爲西，於亞視爲東。名城大都，星綴岳峙。天産軋茁，地寶湧盈。藝學引錣，利主考工。舟車亘亥步，朱、圭、猗頓，比户可封。合衆國以之。越坎拿大山而西，其間堂密美樅，田疇罫畫，黄冠草服，氈帳穹廬。極目窈窅，熙熙然有邃古初風焉。天留奥壤，厭飫白民，迺不免有形茹神惢，椎結㥏墨者，雜處其中。種族之蔽，人權之畸，不已酷乎！

日本兄英師德，自奮東方。行觀其庠序，則子衿青青，徽志易別；行察其主藏，經制出入，準平靡失。其心競於學界也，其作新而不破糅其國粹也。旋觀我齊州英俊，案飾讙讙，翫心羅騷。齊以苦言之藥，不至挾策而亡其羊已。

凡茲四國，一縱一橫，或翕或張，巧算不可窮，離朱亦迷方。某既馮軾觀之，而倫敦旋軔之初，先至比利時國之博間賽都城。厥民殷析，殫精工藝。比主黄髮髟髟，手持一編，研研講議，若無預於歐洲戰國策者。荷蘭遺俗，謐康若茲，其持弱之道乎？其將伺人之不見有所得乎？夫民生而有血氣則争，争而不已則困，困而猶不能不争，且别求所以善其争者，而開化之術出焉，進步之程偉焉。歐、美兩洲自十七世紀之末，磅礴扶輿，更師迭長，與時王相要，靡不履繁霜而凜堅冰，鏡前車而修來軫，諸國之迹燦然已。

緊惟中國，力謀自强。方今官守其度，士勸其學，工農商師講於野，兵技巧家興於軍。百廢舉歟，作事謀始。日積而月累，固將月異而歲不同。自茲以往，歐亞學界之中，我庠士其且競勝於禮義乎？我政家其競勝於經濟乎？我兵家其競勝於武力乎？我農工商其競勝於産殖乎？夫傾者易之復，否者泰之來，某誠不敢爲譽言，而泰西智士之言，其期於我國，迺有過我自期者。輒以卧薪嘗膽之心，爲拜手颺言之頌。當世君子，其或不鄙乎斯言。

凡鴻紛瓌瑋之文，段落尤宜講究。此文以「倫敦在西海之壖」一段作總攝法。次巴黎，次美利堅，次日本，皆用硬接法。而每段結束處無不變化。尤妙者，「倫敦啓軔之初，先至比利時國之傳間賽都城」作藏過逆溯法，遂開「民生而有血氣則争」一大段文字，紆迴震盪，極行文之樂，實皆從段落變化而來。

每段中其字俱宜注意，爲虚字作綫索法。

此文予作草稿後，請先師沈子培先生删改十之五六。今先師歸道山久矣，反復此稿，輒爲黯然。

一唱三歎法

適用於感喟情景之文，以反覆抑揚爲主。

《詩·卷耳篇》

采采卷耳，不盈頃筐。嗟我懷人，寘彼周行。
陟彼崔嵬，我馬虺隤。我姑酌彼金罍，維以不永懷。
陟彼高岡，我馬玄黄。我姑酌彼兕觥，維以不永傷。
陟彼砠矣，我馬瘏矣。我僕痡矣，云何吁矣。

《禮記·樂記篇》「一唱而三嘆，有遺音者矣」，三歎者，言其曲折而有序。曲折愈多，則愈婉轉，聲情畢達，餘音嫋嫋然也。此詩或爲文王拘幽羑里，后妃思之而作。首章言「嗟我懷人」，而二三章則言「不永懷」「不永傷」，蓋自慰之辭，所謂哀而不傷也。末章則再三嘆息，而不克置念矣。

凡詩文中有叠用「矣」字及「也」字者，均有無限感慨、無限丰神，玩此及《旄丘》詩可見。

《詩・鴟鴞篇》

鴟鴞鴟鴞！既取我子，無毁我室！恩斯勤斯，鬻子之閔斯。

迨天之未陰雨，徹彼桑土，綢繆牖户。今女下民，或敢侮予？

予手拮据，予所捋荼，予所蓄租，予口卒瘏。曰予未有室家。

予羽譙譙，予尾翛翛。予室翹翹，風雨所漂摇，予維音嘵嘵。

此管、蔡作亂後，周公託爲禽言以曉成王也，精神全在一「予」字，言辛苦者獨有「予」耳。款款深情，千古獨絶。唐李漢云：「周情孔思。」〔一〕殆韓子心得之言，而漢述

〔一〕李漢《韓吏部侍郎昌黎先生諱愈文集序》云：「日光玉潔，周情孔思，千態萬貌，卒澤於道德仁義，炳如也。」

之耳。

《詩·常棣篇》

【釋】本篇並載《茹經堂文集》四編卷四，題《〈詩·小雅·常棣篇〉講義》，標明年次爲庚辰（一九四〇）。當爲唐先生居滬上，於交通大學及無錫國專滬校講學誨人時，從書中抽出整理而成之講義。

常棣之華，鄂不韡韡。凡今之人，莫如兄弟。
死喪之威，兄弟孔懷。原隰裒矣，兄弟求矣。
脊令在原，兄弟急難。每有良朋，況也永歎。
兄弟鬩于牆，外禦其務。每有良朋，烝也無戎。
喪亂既平，既安且寧。雖有兄弟，不如友生。
儐爾籩豆，飲酒之飫。兄弟既具，和樂且孺。
妻子好合，如鼓瑟琴。兄弟既翕，和樂且湛。
宜爾室家，樂爾妻帑。是究是圖，亶其然乎！

此管、蔡作難，周公作詩以感之。厥後召穆公述之，遂爲燕兄弟之樂歌。上七章皆言兄弟，所以唤醒其良心也。第二章兩言兄弟。末章却不言兄弟，曰「是究是圖，亶其然乎」，作爲正言亦可，作爲反言亦可。一往深情，苟有良知，無不下淚矣。第一章「凡今之人」二句，大聲疾呼。第五章「喪亂既平」四句，則悽然欲絶矣。

編者謹按：唐先生於《〈詩·小雅·常棣篇〉講義》更詳此篇詩義云：

此詩周公閔管、蔡失道而作。首二章相聯屬。首章以常棣起興，曰「凡今之人，莫如兄弟」，至情至性之語，讀之可以下淚矣。「死喪」二句，喪禮也。「原隰」二句，葬禮也。凡人當喪親之時，兄弟有相抱而痛哭者矣。「孔懷」者，天性發現之時也。至於營葬，無論高原下隰，負土之事，豈能求他人？惟兄弟自求耳。

三、四章相聯屬。「脊令」性最急。曾文正《鳴原堂論文》謂：「脊令，載飛載鳴，人鑒於兹，當移其性於急難患難之中。惟兄弟互相救護，良朋或有心無力，是以永歎。」鬩牆，暫時小忿。鬩字从門从兒，言若兒童偶爾角逐，旋即相忘，若外務（務與侮通）之來，惟賴兄弟悉力共禦之；設有良朋之助，將以爲外姓，而爲人屏黜矣。

五章一轉。言安寧之後，乃兄弟不如友生，是可與共患難，不可與共安樂。視骨肉如路人，天性乖戾，人道或幾乎息矣！

六、七章相聯屬。凡人兄弟，無故飲酒於家庭間，其情義親厚，無異於孺子相慕，故曰「和樂且孺」。兄弟以天合者也，妻子以人合者也；天合者既無乖睽，人合者可永保安寧矣！末以咏歎作結。然乎否乎，令人深思而自得之。孔子誦此詩而贊之曰：「父母其順矣乎！」見悌弟之必出於孝子也。此周公之意也。

余誦此詩而重有感焉。《左氏·僖公二十四年傳》載富辰曰：「兄弟雖有小忿，不廢懿親。」引此詩首章及四章爲證。按：春秋二百四十年，干戈相尋，泰半起於兄弟之禍。故《伐木》之詩曰：「兄弟無遠〔一〕，民之失德，乾餱以愆。」《斯干》之詩曰：「兄及弟矣〔二〕，式相好矣，無相猶矣。」民生無乾餱之争，兄弟自相好而無相尤矣。乃末世兄弟之間，始也争意見、争是非，繼也争貨財、争田産。骨肉之親，反眼不相識，視同陌路，甚至有白刃相仇者。嗚呼！曾亦思己之一身，爲祖考之所遺、父母之所賜；兄弟之身，亦爲祖考父母血統之所聯屬乎？父母切望子弟之和好，而兄弟乃互相尋仇。清夜捫心，其何以對父母乎？

夫兄弟，手足也，手必護其足，足必衛其手。若以手擊足，以足踢手，豈非自斃之道乎？昔

〔一〕「遠」字原作「怨」，據《詩》訂正。
〔二〕「矣」字原作「兮」，據《詩》爲正。

平湖陸清獻公〔一〕爲嘉定縣令時，有兄與弟纏訟不休。公令縛兄之左手足，縛弟之右手足，使掃地服役。旬日傳訊之，則皆言不勝苦楚，涕泣求出，不敢再訟。公曰：「汝輩始知手足之相連乎？倘再纏訟，當械汝手足矣。」二人感泣而去，復爲兄弟如初。清獻大賢也，宜其感人若此。

《蓼蕭》之詩曰：「宜兄宜弟，令德壽豈。」（豈，愷字省文。）兄弟之令德維何？讓而已矣。故《大學》之文曰：「一家讓，一國興讓。」又曰：「宜兄宜弟，而后可以教國人。」

《詩·小宛篇》

宛彼鳴鳩，翰飛戾天。我心憂傷，念昔先人。明發不寐，有懷二人。

人之齊聖，飲酒温克。彼昏不知，壹醉日富。各敬爾儀，天命不又。

中原有菽，庶民采之。螟蛉有子，蜾蠃負之。教誨爾子，式穀似之。

題彼脊令，載飛載鳴。我日斯邁，而月斯征。夙興夜寐，毋忝爾所生。

交交桑扈，率場啄粟。哀我填寡，宜岸宜獄。握粟出卜，自何能穀？

〔一〕陸隴其（1630—1692），字稼書，浙江平湖人，康熙九年（1670）進士，清廉著稱，服膺朱子，著《困勉録》《松陽講義》《讀書志疑》《三魚堂文集》等，謚清獻，從祀孔廟。

溫溫恭人，如集于木。惴惴小心，如臨于谷。戰戰兢兢，如履薄冰。

此大夫刺幽王之詩也。朱子以爲大夫遭時之亂，而兄弟相戒以免禍之詩。第四、第五章感慨遥深，丰神獨絶。兩「我」字與首章「我」字遥應，至「哀我填寡」，則離憂已極矣。歸結至「戰戰兢兢」，所謂「怨誹而不亂也」。

此詩曾文正選入《鳴原堂論文》中，謂生平最喜讀此。兹編中，孝親、慈幼、敬天、勤學、愛民，意義甚廣，無所不備也。

「明發不寐，有懷二人」，即良知之發，孟子所謂平旦之氣，好惡與人相近者也。凡人於明發之時，善念必多，涵養而擴充之，希賢希聖之道在是矣。《禮記·祭義篇》引此二句以爲文王祭祀之詩，深得聖人之意，旨哉言乎！

《史記·游俠列傳序》

韓子曰：「儒以文亂法，而俠以武犯禁。」二者皆譏，而學士多稱於世云。至如以術取宰相卿大夫，輔翼其世主，功名俱著於春秋，固無可言者。及若季次、原憲，閭巷人也，讀書懷獨行君子之德，義不苟合當世，當世亦笑之。故季次、原憲終身空室蓬户，褐衣疏食不厭。死而已四百餘年，而弟子志之不倦。今遊俠，其行雖不軌於正義，然其言必信，其行必果，已諾必誠，不愛其軀，赴士之阨困，既已存亡死生矣，而不矜其能，羞伐其德，蓋亦有足多者焉。

且緩急人之所時有也。太史公曰：昔者虞舜窘于井廩，伊尹負于鼎俎，傅説匿于傅險，吕尚困于棘津，夷吾桎梏，百里飯牛，仲尼畏匡，菜色陳、蔡。此皆學士所謂有道仁人也，猶然遭此菑，況以中材而涉亂世之末流乎！其遇害何可勝道哉！

鄙人有言曰：「何知仁義，已饗其利者爲有德。」故伯夷醜周，餓死首陽山，而文、武不以其故貶王；跖、蹻暴戾，其徒誦義無窮。由此觀之，「竊鉤者誅，竊國者侯；侯之門，仁義存」，非虚言也。

今拘學或抱咫尺之義，久孤於世，豈若卑論儕俗，與世沈浮而取榮名哉？而布衣之徒，設取予然諾，千里誦義，爲死不顧世，此亦有所長，非苟而已也。故士窮窘而得委命，此豈非人之所謂賢豪間者邪？誠使鄉曲之俠與季次、原憲比權量力，效功於當世，不同日而論矣。要以功見言信，俠客之義，又曷可少哉！

古布衣之俠，靡得而聞已。近世延陵、孟嘗、春申、平原、信陵之徒，皆因王者親屬，藉於有士卿相之富厚，招天下賢者，顯名諸侯，不可謂不賢者矣。比如順風而呼，聲非加疾，其勢激也。至如閭巷之俠，修行砥名，聲施於天下，莫不稱賢，是爲難耳。然儒、墨皆排擯不載。自秦以前，匹夫之俠，湮滅不見，余甚恨之。以余所聞，漢興有朱家、田仲、王公、劇孟、郭解之徒，雖時扞當世之文網，然其私義廉絜退讓，有足稱者。名不虚立，士不虚附。至如朋黨宗彊比周，設財役貧，豪暴侵凌孤弱，恣欲自快，游俠亦醜之。余悲世俗不察其意，而猥以朱家、郭解等，令與暴豪之徒同類而共笑之也。

司馬子長作一傳，皆有傳外之意，故能牢籠萬有，傲睨古今。此文因自悲身世，不遇游俠，故其推崇如此；至以爲在季次、原憲之上，其義雖不可訓，而其文之丰神，古來得未曾有。永叔諸序皆出於此，不可不熟讀也。

第一段以儒俠相比較，折到游俠之足多。第二段見人世不可無游俠，云季次、原憲不同日而論，則贊游俠更勝於儒者矣。第三段歎游俠之不傳，故特竭力表揚。「儒、墨皆排擯不載」四句，與首段「學士多稱於世」相應，神迴氣合。

讀此文要在抑揚吞吐四字留意，而頓挫處爲尤要，曾文正所謂：「其氣若翔翥於虛無之表」〔二〕者是也。

讀此文宜遲不宜速，宜婉轉不宜驟，方能得其唱嘆之致。後歐文倣此。

〔二〕曾國藩《復陳右銘太守書》文曰：「明茲數者，持守勿失。然後下筆造次。皆有法度，乃可專精以理吾之氣，深求韓公所謂『與相如、子雲同工』者。熟讀而强探，長吟而反覆，使其氣若翔翥於虛無之表，其辭跌宕俊邁，而不可以方物。」

李遐叔《弔古戰場文》

浩浩乎平沙無垠，夐不見人。河水縈帶，羣山糾紛。黯兮慘悴，風悲日曛。蓬斷草枯，凜若霜晨。鳥飛不下，獸鋌亡羣。亭長告予曰：「此古戰場也，常覆三軍。往往鬼哭，天陰則聞。」傷心哉！秦歟漢歟！將近代歟！吾聞夫齊、魏徭戍，荆、韓召募。萬里奔走，連年暴露。沙草晨牧，河冰夜渡。地闊天長，不知歸路。寄身鋒刃，腷臆誰訴？秦、漢而還，多事四夷，中州耗斁，無世無之。古稱戎夏，不抗王師。文教失宣，武臣用奇。奇兵有異於仁義，王道迂闊而莫爲。嗚呼噫嘻！吾想夫北風振漠，胡兵伺便。主將驕敵，期門受戰。野豎旄旗，川迴組練。法重心駭，威尊命賤。利鏃穿骨，驚沙入面。主客相搏，山川震眩。聲析江河，勢崩雷電。至若窮陰凝閉，凜冽海隅；積雪没脛，堅冰在鬚；鷙鳥休巢，征馬踟躕；繒纊無温，墮指裂膚。當此苦寒，天假强胡，憑陵殺氣，以相翦屠。徑截輜重，横攻士卒。都尉新降，將軍覆没；屍填巨港之岸，血滿長城之窟。無貴無賤，同爲枯骨。可勝言哉！鼓衰兮力盡，矢竭兮絃絶。白刃交兮寶刀折，兩軍蹙兮生死決。降矣哉終身夷狄，戰矣哉骨暴沙礫。鳥無聲兮山寂寂，夜正長兮風淅淅。魂魄結兮天沈沈，鬼神聚兮雲冪冪。日光寒兮草短，月色苦兮霜白。傷心慘目，有如是耶！

吾聞之，牧用趙卒，大破林胡，開地千里，遁逃匈奴。漢傾天下，財殫力痡。任人而已，其在多乎！周逐獫狁，北至太原。既城朔方，全師而還。飲至策勳，和樂且閑。穆穆棣棣，君臣之間。秦起長城，竟海爲關。荼毒生靈，萬里朱殷。漢擊匈奴，雖得陰山，枕骸遍野，功不補患。

蒼蒼烝民，誰無父母？提携捧負，畏其不壽。誰無兄弟，如手如足？誰無夫婦，如賓如友。生也何恩？殺之何咎？其存其殁，家莫聞知；人或有言，將信將疑。悁悁心目，寢寐見之。布奠傾觴，哭望天涯。天地爲愁，草木悽悲。弔祭不至，精魂何依？必有凶年，人其流離。嗚呼噫嘻！時耶命耶？從古如斯！爲之奈何？守在四夷。

所貴乎作文者，欲其感動人心耳。此文因痛當時争城争地殺人衆多，而託於古戰場以諷之。末段淋漓嗚咽，雖善戰者讀之，亦當流涕。賈君房《罷珠厓對》、蘇子瞻《諫用兵書》，與此文可稱三絶。吾輩今日正宜推廣此等文字，《易》所稱「利武之貞」者正在於此。

方存之評《論語》「子路從而後」章云：「上數節將隱者氣象寫足，中間點出『隱者也』三字，爲畫龍點睛法。後來《弔古戰場文》《秋聲賦》《方山子傳》，皆用此法。」〔一〕

〔一〕方宗誠《柏堂讀書筆記·論文章本原》卷二：「『丈人』章先將隱者聲口、神情、事業、風趣況味，一一畫出，然後點出『隱者也』三字，蓋與子路處一夕而全不露其學問德行，令子路亦不知其爲人，直至告夫子而後明之，是真隱者也。『隱』字至此點出，而丈人之高風可想。『至，則行矣』，補寫『隱』字更足，如此方是真隱。『子路』以下一論，折之以衷，裁之以道，而深情一往，千載猶聞其聲。李華《弔古戰場文》、歐公《秋聲賦》、蘇公《方山子傳》，點題處皆學此章。」

其説極精。此文首段先將古戰場景象寫足，下接「此古戰場也，常覆三軍」數句，遂格外有力，而「傷心哉」數句，亦格外有神。

第二段用「吾聞夫」，第三段用「吾想夫」，第六段用「吾聞之」，句調重複。「牧用趙卒」一段，時代倒置。然其鍊字選韻，備極精能，且用意忠厚，溢於言外，雖有小疵，不足掩大醇也。

編者謹按：唐先生《李遐叔〈弔古戰場文〉研究法》〔二〕詳論如下：

一、層次

方望溪先生論文，引《周易》云：「言有物，言有序。」有物者，窮理奥也；有序者，分層次也。劣手作文，譬諸鄉愚述事，指東話西，莫明其意旨所在，語無層次也，故初學先宜分清層次。此文自首句至「天陰則聞」止，爲第一段，虚冒到題。「傷心哉」至「嗚呼噫嘻」止，爲第二段，言戰禍所由始。「吾想夫」至「勢崩雷電」止，爲第三段，言戰事正面。「至若窮陰」至「可勝言哉」止，爲第四段，入戰場。「鼓衰兮」至「有如是耶」止，爲第五段，仿《楚辭·九歌》句法，寫

〔二〕文載無錫國專《學術世界》第一卷第三期，一九三五年，頁八九至九〇；後收入滬《交通大學演講録》第一集下卷（文學類）第六期，題《李遐叔〈弔古戰場文〉（少陰情韻）》，内容一致。

足戰場慘酷之狀。「吾聞之」至「功不補患」止，爲第六段，本可接入弔意，偏推開作唱歎法，俾局勢開展，文氣紆徐有致。末段始實寫足「弔」字，揭出命意，層次井然。後代詞章家文，每多蒙頭蓋面，當以此法矯之。

二、練辭選韻

首段橫空而來，蒼蒼莽莽，包括天地人物，曲盡寫景之妙。（後人寫景文，有參用卦名、干支及顏色字面者，却須自然，否則落小樣矣。）盤旋作勢，點出古戰場，格外有力。已於《讀秋聲賦》中詳論之。二段「文教失宣」五句，語含諷刺，深得譎諫之旨。三四段選韻尤響亮。五段純係《國殤篇》神韻，筆端有飲恨聲；「降矣哉」四句，生死關頭，良知不昧，宜猛省。七段悱惻纏綿，愁慘欲絶，雖善戰者讀之，亦當流涕，可謂性情中至文。遐叔自負文過於蕭穎士，洵非虚也。

惟二段用「吾聞夫」，三段用「吾想夫」，六段用「吾聞之」，句調重複。「牧用趙卒」叙在「周逐獫狁」之前，時代倒置。然此小疵，不足掩大醇也。

三、命意

老子《道德經》云：「夫樂殺人者，不可得志於天下。」此語實含天地生生之德。《左氏傳》叙戰事，於誅戮人命，多用隱藏法，亦以養人不忍之心也。昔人謂遐叔因藩鎮之禍而作此文。然按二段云「四夷」、云「戎夏」，三段云「胡兵」，四段云「强胡」，六段連言「匈奴」，而結末又云「守在四夷」，自當指戎禍而言。唐初兵力極於西域，將士征役之苦，百姓運輸之勞，流離之慘，殆不堪言。故遐叔此文，極意諷諫，與賈君房《罷珠厓對》、蘇子瞻《諫用兵書》，可稱三絶。

《孟子》痛戰國時争地争城，殺人盈野，特大聲疾呼曰：「善戰者服上刑。」又於「今之事君者」與「我善爲戰」兩章，發明仁人不嗜殺人之意。千載而後，皆當深體其苦心孤詣，廣爲宣傳。故吾輩今日作文，尤以感動人心爲第一要務。凡屬此等文章，宜盡力提倡，涵養不忍之心，或可救世界之殺機乎！

歐陽永叔《送徐無黨南歸序》

草木鳥獸之爲物，衆人之爲人，其爲生雖異，而爲死則同，一歸於腐壞澌盡泯滅而已。而衆人之中，有聖賢者，固亦生且死於其間，而獨異於草木鳥獸衆人者，雖死而不朽，愈遠而彌存也。其所以爲聖賢者，修之於身，施之於事，見之於言，是三者所以能不朽而存也。修於身者，無所不獲；施於事者，有得有不得焉；其見於言者，則又有能有不能也。施於事矣，不見於言可也。自《詩》《書》《史記》所傳，其人豈必皆能言之士哉？修於身矣，而不施於事、不見於言亦可也。孔子弟子，有能政事者矣，有能言語者矣。若顔回者，在陋巷，曲肱飢卧而已，其羣居則默然終日如愚人。然自當時羣弟子皆推尊之，以爲不敢望而及。而後世更千百歲，亦未有能及之者。其不朽而存者，固不待施於事，況於言乎！

予讀班固《藝文志》、唐四庫書目，見其所列，自三代秦漢以來，著書之士，多者至百餘篇，少者猶三四十篇，其人不可勝數。而散亡磨滅，百不一二存焉。予竊悲其人文章麗矣，言語工矣，無異草木榮華之飄風、鳥獸好音之過耳也。方其用心與力之勞，亦何異衆人之汲汲營營，而忽焉以死者，雖有遲有速，而卒與三者同歸於泯滅。夫言之不可恃也蓋如此。今之學者，莫不慕古聖賢之不朽，而勤一世以盡心於文字間者，皆可悲也！

東陽徐生，少從予學爲文章，稍稍見稱於人。既去，而與羣士試於禮部，得高第，由是知名。其文辭日進，如水湧而山出。予欲摧其盛氣而勉其思也，故於其歸，告以是言。然予固亦喜爲文辭者，亦因以自警焉。

此文極爲清淡，而丰神千古不滅，後一段精神更覺不磨，何者？以其脱胎於《史記》者深也。吾嘗論史公於數百年後，得門徒數人：韓、柳、歐、曾是也。韓、柳得其陽剛之美，歐、曾得其陰柔之美。譬諸弈棋，史公爲國手，韓、柳等則四手也。此文則駸駸乎入三手矣。

《孟子》「尹士」章一唱三嘆，丰神摇曳，亦爲歐文之祖，宜熟讀之。

歐陽永叔《送楊寘序》

予嘗有幽憂之疾，退而閑居，不能治也。既而學琴於友人孫道滋，受宫聲數引，久而樂之，不知疾之在其體也。〔一〕夫琴之爲技小矣，及其至也，大者爲宫，細者爲羽；操絃驟作，忽然變之；急者悽然以促，緩者舒然以和。如崩崖裂石，高山出泉，而風雨夜至也；如怨夫寡婦之嘆息，雌雄雍雍之相鳴也。其憂深思遠，則舜與文王、孔子之遺音也；悲秋感憤，則伯奇孤子、屈原忠臣之所嘆也。喜怒哀樂，動人必深。而純古澹泊，與夫堯舜三代之言語、孔子之文章、《易》之憂患、《詩》之怨刺，無以異。其能聽之以耳，應之以手，取其和者，道其堙鬱，寫其憂思，則感人之際，亦有至者焉。

予友楊君，好學有文，累以進士舉，不得志。及從蔭調，爲尉於劍浦，區區在東南數千里外，是其心固有不平者。且少又多疾，而南方少醫藥，風俗飲食異宜。以多疾之體，有不平之心，居異宜之俗，其能鬱鬱以久乎？然欲平其心以養其疾，於琴亦將有得焉。故予作「琴説」以贈其行，且邀道滋酌酒進琴以爲别。

《秋聲賦》滿紙皆秋聲，此文滿紙皆琴聲。「桃花流水杳然去，别有天地非人間」〔二〕，文境彷佛似之，神乎技矣！

〔一〕原文其下尚有「夫疾，生乎憂者也。藥之毒者，能攻其疾之聚，不若聲之至者，能和其心之所不平。心而平，不和者和，則疾之忘也宜哉」數語。

〔二〕李白《山中問答》詩。

《琴説》在結末點出，高絶。此亦自然天籟也。

歐公文最善唱歎，以多有選入別法者，故本法僅録二首。學者但從其丰神摇曳處求之足矣。

唐蔚芝《論語雍也篇大義》

空山鼓琴，《先進》之文也；雲水蒼茫，《微子》之文也；桃源繚遠，聖哲離憂，《雍也》之文也。承《公治長》一篇，故又歷記諸弟子之事。有弟子三千人，鴻才碩德，不能見用於世，徒抱博施濟衆之願以終，何哉？「不有祝鮀之佞，而有宋朝之美，難乎免於今之世矣。」此吾黨所爲往復神傷而不自已也。

周公曰：「平易近民，民必歸之。」〔一〕「雍也可使南面」，以其能「居敬而行簡」，未有不居敬行簡，而能臨民者。《易傳》曰：「易簡而天下之理得矣。」顔子獨非南面才乎？不幸短死矣！子華、原思之辨取與也，仲弓之當見用也，回之三月不違仁也，由、賜、求之果、達、藝也，閔子騫之不爲費宰也，伯牛之不幸而有疾也，皆不世出之才也。「回也不改其樂」，何樂也？樂道也。鄉鄰有鬬者，閉户可也。嗚呼！道也道也，亦足悲也！冉求聞夫子之教，終當説子之道也；子夏以文學之選，而爲君子儒

〔一〕語載《史記·魯周公世家》。

也；子游以文學之選，而崇尚氣節之士也。孟之反之不伐，與顔子無伐善相近，其亦嘗奉教於聖門乎？昔在我周文王，文明宣化，樂育羣才，鳳凰鳴於朝陽，菁莪盈於中沚。迨其衰也，後先疏附奔走禦侮之彦，遂集於孔氏之門。然而奇才異能，率擯不用，蓋祝鮀、宋朝盈天下，而賢者且求免於今之世，豈不悲哉！

嗚呼！道之不行也，世綱之周密也，人心之險巇也，然而救世之心愈不容已也。「何莫由斯道也？」孔子所以三歎言之。「文質彬彬」，得見君子斯可矣。「人之生也直」，直道而行也；罔而免，終身不知道也。知之、好之、樂之，道有淺深也；語上、語下，道有高下也；知之與仁，雖行事性質不同，而其歸於道則一也。嗚呼！道也道也！天運有剥復也，世道有循環也。斧柯之假，當在齊、魯之間，而聖人救世之心愈不容已也；齊一變可至於魯，魯一變可至於道也。「觚哉觚哉」，破以爲圓，失其方正之道也。「君子可逝也，不可陷也；可欺也，不可罔也」，難罔以非其道也。大聲疾呼以告吾黨，從井救人之事，不可爲也。亦惟有博文約禮，終身弗畔於道而已矣！

西狩獲麟，孔子曰：「吾道窮矣！」子見南子，子路不説，曰：「吾道窮矣！」夫子矢之曰：「天厭之，天厭之。」不肯終枉其道。至是而聖人之心乃愈傷矣。嗚呼！「道之不行也，吾知之矣。」「道之不明也，吾知之矣。」「中庸之爲德也，民鮮久矣。」〔二〕然而聖人救世之心愈不容已也。故《雍也》一

〔二〕以上三句出自《禮記·中庸》。

篇，特以「博施濟衆」終。蓋博施濟衆，聖人之行其道也；立人達人，賢者之行其道也。仁者相人偶〔一〕也，「能近取譬」，即强恕而行也。「爲仁之方」，即爲仁之道也。仁非迂遠而難行，道非空虛而無際也；然而南面之權不得，則博施濟衆、立人達人之道，終不可得而行也。君子不能行其道，而小人乃得行其道也；孔子不得行博施濟衆之道，而人乃借博施濟衆之説，以行其道也。嗚呼！道也道也，既難免於今之世，獨慕乎古之人。讀《雍也》一篇，而徒傷心於道也道也，何傳道之竟鮮其人？何莫由斯道也？

此文雖不敢比擬古人，而一唱三嘆之致，或有契乎聖心。至於操縱離合之法，迴環往復之神，務望學者熟讀而深思之。

逐層駁難法

適用於辯駁事理、義理之文，於函牘亦宜，以和平簡辣爲主。

〔一〕「相人偶」之説出自鄭玄。鄭氏於《禮記·中庸》「仁者人也」下注云：「人也，讀如相人偶之人，以人意相存問之言。」

韓退之《諱辯》

愈與李賀書，勸賀舉進士。賀舉進士有名，與賀爭名者，毀之曰：「賀父名晉肅，賀不舉進士爲是，勸之舉者爲非。」聽者不察也，和而唱之，同然一辭。皇甫湜曰：「若不明白，子與賀且得罪。」愈曰：「然。」律曰：「二名不偏諱。」釋之者曰：「謂若言『徵』不稱『在』，言『在』不稱『徵』是也。」律曰：「不諱嫌名。」釋之者曰：「謂若『禹』與『雨』、『丘』與『蓲』之類是也。」今賀父名晉肅，賀舉進士，爲犯二名律乎？爲犯嫌名律乎？父名晉肅，子不得舉進士。若父名仁，子不得爲人乎？

夫諱始於何時？作法制以教天下者，非周公、孔子歟？周公作詩不諱，孔子不偏諱二名，《春秋》不譏不諱嫌名。康王釗之孫實爲昭王。曾參之父名晳，曾子不諱「昔」。周之時有騏期，漢之時有杜度，此其子宜如何諱？將諱其嫌，遂諱其姓乎？將不諱其嫌者乎？漢諱武帝名徹爲「通」，不聞又諱車轍之「轍」爲某字也。諱吕后名雉爲「野雞」，不聞又諱治天下之「治」爲某字也。今上章及詔，不聞諱「滸」「勢」「秉」「機」也；惟宦官宮妾，乃不敢言「諭」及「機」，以爲觸犯。士君子言語行事，宜何所法守也？今考之於經，質之於律，稽之以國家之典，賀舉進士爲可邪？爲不可邪？

凡事父母得如曾參，可以無譏矣；作人得如周公、孔子，亦可以止矣。今世之士，不務行曾參、周公、孔子之行，而諱親之名，則務勝於曾參、周公、孔子，亦見其惑也。夫周公、孔子、曾參卒不可勝，勝周公、孔子、曾參，乃比於宦官宮妾。則是宦官宮妾之孝於其親，賢於周公、孔子、曾參者邪？

筆致夭[一]矯，淩厲無前，自從《穀梁傳》得來。

凡辯駁之文，不宜多説，多則支離，轉爲人所駁詰矣。至於直窮到底，尤爲要法，如此篇末段是也。

柳子厚《駁復讎議》

臣伏見天后時，有同州下邽人徐元慶者，父爽爲縣尉趙師韞所殺，卒能手刃父讎，束身歸罪。當時諫臣陳子昂，建議誅之而旌其廬，且請編之於令，永爲國典。臣竊獨過之。臣聞禮之大本，以防亂也。若曰無爲賊虐，凡爲子者殺無赦。刑之大本，亦以防亂也。若曰無爲賊虐，凡爲治者殺無赦。其本則合，其用則異。旌與誅莫得而並焉。誅其可旌，茲謂濫，黷刑甚矣；旌其可誅，茲謂僭，壞禮甚矣！果以是示於天下，傳於後代，趨義者不知所向，違害者不知所立，以是爲典可乎？

蓋聖人之制，窮理以定賞罰，本情以正褒貶，統於一而已矣。嚮使刺讞其誠僞，考正其曲直，原始而求其端，則刑、禮之用，判然離矣。何者？若元慶之父，不陷於公罪，師韞之誅，獨以其私怨，奮其吏氣，虐於非辜，州牧不知罪，刑官不知問，上下蒙冒，籲號不聞；而元慶能以戴天爲大耻，枕戈爲

〔一〕「夭」字原誤作「矢」。

得禮，處心積慮以衝讎人之胸，介然自克，即死無憾，是守禮而行義也。執事者宜有慚色，將謝之不暇，而又何誅焉？

其或元慶之父不免於罪，師韞之誅不愆於法，是非死於吏也，是死於法也。法其可讎乎？讎天子之法，而戕奉法之吏，是悖驁而凌上也。執而誅之，所以正邦典，而又何旌焉？

且其議曰：「人必有子，子必有親。親親相讎，其亂誰救？」是惑於禮也甚矣！禮之所謂讎者，蓋其冤抑沈痛而號無告也，非謂牴罪觸法，陷於大戮，而曰：「彼殺之，我乃殺之。」不議曲直，暴寡脅弱而已。其非經背聖不亦甚哉！《周禮》：「調人掌司萬人之讎。凡殺人而義者，令勿讎，讎之則死。有反殺者，邦國交讎之。」又安得親親相讎也？《春秋公羊傳》曰：「父不受誅，子復讎可也；父受誅，子復讎，此推刃之道，復讎不除害。」今若取此以斷兩下相殺，則合於禮矣。

且夫不忘讎，孝也；不愛死，義也。元慶能不越於禮，服孝死義，是必達禮而聞道者也。夫達禮聞道之人，豈其以王法爲敵讎者哉？議者反以爲戮，黷刑壞禮，其不可以爲典明矣。請下臣議附於令，有斷斯獄者，不宜以前議從事。謹議。

子厚固深於《穀梁》學者，剖析爽利，莫攖其鋒。凡老吏斷獄詞，及爲公牘文字，均當以此爲法。

治天下之道，明是非而已。是非茫昧，而人心於是乎亡。旌與誅並用，使民惑於是非矣。此文深有功於世道。

蘇子瞻《屈到嗜芰論》

屈到嗜芰，有疾，召其宗老而屬之曰：「祭我必以芰。」及祥，宗老將薦芰，屈建命去之。君子曰：「不違而道。」唐柳宗元非之曰：「屈子以禮之末，忍絕其父將死之言。且《禮》有：『齋之日，思其所樂，思其所嗜。』子木去芰，安得爲道？」甚矣柳子之陋也！子木，楚卿之賢者也，夫豈不知爲人子之道？事死如事生，況於將死丁寧之言，棄而不用，人情之所忍乎？是必有大不忍於此者，而奪其情也。夫死生之際，聖人嚴之。薨於路寢，不死於婦人之手；至於結冠纓，啓手足之末，不敢不勉。其於死生之變亦重矣。父子平日之言，可以恩掩義。至於死生至嚴之際，豈容以私害公乎！曾子有疾，稱君子之所貴乎道者三。孟僖子卒，使其子學禮於仲尼。管仲病，勸桓公去三豎。夫數君子之言，或主社稷，或勤於道德，或訓其子孫，雖所趣不同，然皆篤於大義，不私其躬也如是。今赫赫楚國，若敖氏之賢聞於諸侯，身爲正卿，死不在民，而口腹是憂，其爲陋已甚矣。使子木行之，國人誦之，太史書之，天下後世，不知夫子之賢，而惟陋是聞，子木其忍爲此乎？故曰是必有大不忍者而奪其情也。

然《禮》之所謂「思其所樂，思其所嗜」，此言人子追思之道也。曾晳嗜羊棗，而曾子不忍食。父没而不能讀父之書，母没而不能執母之器，皆人子之情自然也，豈待父母之命耶？今薦芰之事，若出於子則可，自其父母則爲陋耳。豈可以飲食之故，而成父莫大之陋乎！曾子寢疾，曾元難於易簀。曾子曰：「君子之愛人也以德，細人之愛人也以姑息。」若以柳子之言爲然，是曾元爲孝子，而曾子顧禮之末，易簀於病革之中，爲不仁之甚也。中行偃死，視不可含，范宣子盟而撫之曰：「事吳敢不如事主！」猶視；欒懷子曰：「主苟終，所不嗣事於齊者，有如河。」乃瞑。嗚呼！范宣子知事吳爲忠於主，而不知報齊以成夫子憂國之美，其爲忠則大矣。古人以愛惡比之美疢藥石，曰：「石猶生我，疢之美者，其毒滋多。」由是觀之，柳子之愛屈到，是疢之美；子木之違父命，藥石也哉。

以「陋」字作綫索，引事嫌煩，文氣亦較平。

王弇州《讀楚語論》

屈到嗜芰，有疾，召其宗老而屬之曰：「祭我必以芰。」及祥，宗老將薦芰，屈建命去之。君子曰：「不違而道。」柳宗元非之曰：「《禮》有『齋之日，思其所樂，思其所嗜』，子木去芰，安得爲道？」蘇子復非之曰：「甚矣柳子之陋也！赫赫楚國，若敖氏之賢聞於諸侯，身爲正卿，死不在民，而口腹是憂，陋亦甚矣！使子木行之，國人誦之，太史書之，天下後世不知夫子之賢，而唯陋是聞，子木其忍爲此乎？」

余則曰：甚矣屈建之忍也！而蘇子之好異也！

今夫取禮之輕者與食之重者比，奚啻食重。然則禮而輕也。當其身尚不以廢食，而況於其親乎哉！從治命不從亂命，恒也。屈到之命薦芰，亂也否也。且夫芰與蔬簌等耳，非若邕之痂、長孺之爪甲，腥穢而不可登席；又非若銅雀之伎之淫侈也、臨穴之殉之酷也。宗老言之，建從之，徹一蔬可以易，益一豆不爲多，國人何所誦？太史何所書？而天下後世何所知乎？今以建之却之，又不能爲之諱，而國人之媢新令尹者，以爲不違道而書之，太史傳之天下後世，是揚先人之過者，建之却也，不在薦也。夫不忍於一薦之小禮，而棄忘其父之嗜好，其不孝小也。急於揚己之名，而不諱其父之誤，其不孝大也。夫建也挾左右廣之甲，而欲無禮於盟主之上卿，棄諸侯之信而不之顧，此夷狄也，而何有於小禮也？其父生不得志于鼎俎，而又銜建之驁桀，故示微于宗老。而建卒弁髦之，寧不違道也。

或云：「屈到之芰，建可薦也。建之不薦，左氏可無稱也？左氏之稱，柳子可無非也？柳子之非，蘇子可無譏也？蘇子之譏，子可無衷也？」甚矣，儒者之好持論也！余無以對。

樹義正大，能直窮到底，結處尤有趣味。知此理，則彼亦一是非，此一亦是非〔一〕，可以息矣。

屈到不囑其子而囑宗老，則屈建平日不能善承父命可知。文以「生不得志於鼎

〔一〕參照前句，此句應作「此亦一是非」。

俎」爲言，讀書得間，令後人無從翻案矣。

蘇子瞻《論項羽、范增》

漢用陳平計，間疏楚君臣。項羽疑范增與漢有私，稍奪其權。增大怒，曰：「天下事大定矣，君王自爲之。願賜骸骨歸卒伍。」歸未至彭城，疽發背死。蘇子曰：增之去善矣。不去，羽必殺增，獨恨其不早耳。然則當以何事去？增勸羽殺沛公，羽不聽，終以此失天下。當於是去耶？曰：否。增之欲殺沛公，人臣之分也；羽之不殺，猶有君人之度也。增曷爲以此去哉？《易》曰：「知幾其神乎！」《詩》曰：「相彼雨雪，先集維霰。」增之去，當於羽殺卿子冠軍時也。

陳涉之得民也，以項燕、扶蘇。項氏之興也，以立楚懷王孫心；而諸侯叛之也，以弑義帝。且義帝之立，增爲謀主矣。義帝之存亡，豈獨爲楚之盛衰，亦增之所與同禍福也。未有義帝亡，而增獨能久存者也。羽之殺卿子冠軍也，是弑義帝之兆也。其弑義帝，則疑增之本也，豈必待陳平哉？物必先腐也，而後蟲生之；必先疑也，而後讒入之。陳平雖智，安能間無疑之主哉！

吾嘗論義帝，天下之賢主也，獨遣沛公入關，而不遣項羽；識卿子冠軍於稠人之中，而擢以爲上將。不賢而能如是乎？羽既矯殺卿子冠軍，義帝必不能堪，非羽弑帝，則帝殺羽，不待智者而後知也。增始勸項梁立義帝，諸侯以此服從，中道而弑之，非增之意也。夫豈獨非其意，將必力爭而不聽也。不用其言而殺其所立，羽之疑增，必自是始矣。方羽殺卿子冠軍，增與羽比肩而事義帝，君臣之分未定也。爲增計者，力能誅羽則誅之，不能則去之，豈不毅然大丈夫也哉！增年已七十，合則留，不合則去，不以此時明去就之分，而欲依羽以成功名，陋矣！

雖然，增，高帝之所畏也；增不去，項羽不亡。嗚呼！增亦人傑也哉！

以義帝爲賢，殊失事實。惟文氣特雄快。

一結爲神龍掉尾法，蘇氏父子常用之。

王弇州《書蘇子范增論後》

蘇子之論范增甚奇，而其爲書生，於事體則甚闇。夫卿子冠軍何人也？以一言之偶中，而懷王拜之爲上將軍，其智勇未聞也。章邯既破項梁而殺之，楚人之膽奪矣。移兵而渡河，以大破趙人，趙人之膽奪矣。趙舉而秦强，夫以已破之楚膽，而當方張之秦勢，且皆半菽之飢腹，而冰霜不完之指，唯有解甲而逆潰耳！義送子相齊，蓋欲以爲遁穴而僥倖於目前之未戰，乃佯爲大言以壓項籍。籍不殺宋義，趙必下，楚必潰。楚之潰在呼吸之間，而無他術可以解，爲籍計者，何以不殺義也！

增于此時去籍，則秦追僇亡楚之末將而族之必也。籍勝則恨增，以爲宋義之黨，而先去以爲三軍之望，族之亦必也。即兩俱免族，而當叛臣僨將之名，爲增計者何以去也？

夫增，奇策士也，豈惟不去而已，當與籍謀而殺義。不然，何殺義之後，事事日取增計，而尊之爲亞父也？然則增不當去乎？曰：有。坑秦卒二十萬人，失仁。失仁不足以取天下，一當諫也。違義帝之約，而王漢、王楚，失信。失信不足以取天下，二當諫也。弑義帝失義。失義不足以取天下，三當諫也。諫不從則去之。去之而無忿懥之迹，以完其身可耳。若殺卿子冠軍，何以去也？

切中事理，文筆亦犀利無比。

蘇子瞻《荀卿論》謂李斯以荀卿之學亂天下，姚姬傳駁之。劉孟塗又謂子瞻實指王荆公而言，語頗中肯。此等駁辯文尚多，不復詳録。

空中樓閣法

普通適用，最宜於恬適之文，以天然爲主。

《詩·斯干篇》

秩秩斯干，幽幽南山。如竹苞矣，如松茂矣。兄及弟矣，式相好矣，無相猶矣。似續妣祖，築室百堵，西南其户。爰居爰處，爰笑爰語。

約之閣閣，椓之橐橐。風雨攸除，鳥鼠攸去，君子攸芋。如跂斯翼，如矢斯棘，如鳥斯革，如翬斯飛，君子攸躋。殖殖其庭，有覺其楹；噲噲其正，噦噦其冥，君子攸寧。下莞上簟，乃安斯寢。乃寢乃興，乃占我夢。吉夢維何？維熊維羆，維虺維蛇。大人占之：維熊維羆，男子之祥；維虺維蛇，女子之祥。乃生男子，載寢之牀，載衣之裳，載弄之璋。其泣喤喤。朱芾斯皇，室家君王。乃生女子，載寢之地，載衣之裼，載弄之瓦。無非無儀，唯酒食是議，無父母詒罹。

此詩爲宣王考室而作。君子將營宮室，宗廟爲先，故第二章言「似續妣祖」，爰因承先而思啓後，乃啓後之義。忽以「下莞上簟，乃安斯寢」兩章作空中樓閣法，閑閑布置，可謂異想天開。能悟此法，則堆垜皆化爲煙雲矣。

海市蜃樓，空明境界也。人心中忽現一空明之境界，何等安舒！文字中忽現一空明之境界，何等恬適！冰壺秋月，朗澈無遺，惟胸襟高曠者，方能悟此。

《史記·留侯世家》（節録）

留侯性多病，即道引不食穀，杜門不出。歲餘，上欲廢太子，立戚夫人子趙王如意。大臣多諫争，未能得堅決者也。呂后恐，不知所爲。人或謂呂后曰：「留侯善畫計策，上信用之。」呂后乃使建成侯呂澤劫留侯曰：「君常爲上謀臣，今上欲易太子，君安得高枕而卧乎？」留侯曰：「始上數在困急之中，幸用臣策。今天下安定，以愛欲易太子，骨肉之間，雖臣等百餘人，何益？」呂澤彊要曰：「爲我畫計。」留侯曰：「此難以口舌争也。顧上有不能致者，天下有四人。四人者年老矣，皆以爲上慢侮人，故逃匿山中，義不爲漢臣。然上高此四人。今公誠能無愛金玉璧帛，令太子爲書，卑辭安車，因使辯士固請，宜來。來以爲客，時時從入朝，令上見之，則必異而問之。問之，上知此四人賢，則一助也。」於是呂后令呂澤使人奉太子書，卑辭厚禮，迎此四人。四人至，客建成侯所。

漢十二年，上從擊破布軍歸，疾益甚，愈欲易太子。留侯諫不聽，因疾不視事。叔孫太傅稱説引古今，以死争太子。上詳許之，猶欲易之。及燕，置酒，太子侍。四人從太子，年皆八十有餘，鬚眉皓白，衣冠甚偉。上怪之，問曰：「彼何爲者？」四人前對，各言名姓，曰東園公、角里先生、綺里季、夏黄公。上乃大驚曰：「吾求公數歲，公辟逃我，今公何自從吾兒遊乎？」四人皆曰：「陛下輕士善罵，臣等義不受辱，故恐而亡匿。竊聞太子爲人仁孝，恭敬愛士，天下莫不延頸欲爲太子死者，故臣等來耳。」上曰：「煩公幸卒調護太子。」四人爲壽已畢，趨去。上目送之，召戚夫人，指示四人者曰：「我欲易之，彼四人輔之，羽翼已成，難動矣。呂后真而主矣。」戚夫人泣，上曰：「爲我楚舞，吾爲若楚歌。」歌曰：「鴻雁高飛，一舉千里。羽翮已就，横絶四海。横絶四海，當可奈何！雖有矰繳，尚安所施！」歌數闋，戚夫人嘘唏流涕。上起去，罷酒。竟不易太子者，留侯本招此四人之力也。

此空中樓閣法，皆留侯計也。四人者，僞飾耳。夫使四皓而果賢者，何以肯爲太子出，且客建成侯所？一可疑也。太子既不廢，厥後何以絶無建白？二可疑也。四人皆匹夫，非如伯夷、太公，爲天下之大老，又無兵柄，漢高何以畏之？三可疑也。大抵漢高欲羅致四皓，惟張良知之。至是時優孟之衣冠，忽隨太子後。漢高問之，知留侯之助太子也，則大驚，故曰「羽翼已成，難動矣」。此以僞應僞，以智鬥智，心心相印之術也。乃子長並不點出所以然，但循文叙去，令後人自悟，可謂高絶。後世知此法者鮮矣。

凡作事不可爲今人所愚。爲今人所愚者，入今人之空中樓閣者也。讀書不可爲古人所欺。爲古人所欺者，入古人之空中樓閣者也。故作事在隱約之間，切宜注意。讀文在隱約之間，亦切宜注意。我自有靈官知覺在也。

陶淵明《桃花源記》

晉太元中，武陵人捕魚爲業，緣溪行，忘路之遠近，忽逢桃花林。夾岸數百步，中無雜樹，芳草鮮美，落英繽紛。漁人甚異之，復前行，欲窮其林。林盡水源，便得一山。山有小口，髣髴若有光。便捨船從口入。初極狹，纔通人。復行數十步，豁然開朗。土地平曠，屋舍儼然，有良田、美池、桑竹之屬，阡陌交通，雞犬相聞。其中往來種作，男女衣著，悉如外人。黄髮垂髫，並怡然自樂。見漁人，乃大驚，問所從來。具答之。便要還家，設酒殺雞作食。村中聞有此人，咸來問訊。自云先世避秦時亂，率妻子邑人，來此絶境，不復出焉，遂與外人間隔。問今是何世，乃不知有漢，無論魏、晉。此人一一爲具言所聞，皆歎惋。餘人各復延至其家，皆出酒食。停數日，辭去。此中人語云：「不足爲外人道也。」既出，得其船，便扶向路，處處誌之。及郡下，詣太守説如此。太守即遣人隨其往。尋向所誌，遂迷，不復得路。南陽劉子驥，高尚士也。聞之，欣然規往，未果，尋病終。後遂無問津者。

此文係真境耶？抑幻境耶？海市蜃樓，可望而不可即，惟聰明智慧人始能到此，不足爲外人道也。

陶公胸襟中有此境界，遂不覺成此絶妙文字。其隱約處全在「此中人語云」二句，及「後遂無問津者」句。

蘇子瞻《後赤壁賦》

【釋】本篇選入《交通大學演講録》第三集（下）第五期之《文章繪形、繪影、繪聲法》爲文例。

是歲十月之望，步自雪堂，將歸於臨皋。二客從予，過黄泥之坂。霜露既降，木葉盡脱，人影在地，仰見明月。顧而樂之，行歌相答。已而歎曰：「有客無酒，有酒無肴。月白風清，如此良夜何？」客曰：「今者薄暮，舉網得魚，巨口細鱗，狀如松江之鱸。顧安所得酒乎？」歸而謀諸婦。婦曰：「我有斗酒，藏之久矣，以待子不時之需。」於是携酒與魚，復遊於赤壁之下。江流有聲，斷岸千尺。山高月小，水落石出。曾日月之幾何，而江山不可復識矣。

予乃攝衣而上，履巉巖，披蒙茸，踞虎豹，登虬龍，攀棲鶻之危巢，俯馮夷之幽宫。蓋二客不能從焉。劃然長嘯，草木震動，山鳴谷應，風起水湧。予亦悄然而悲，肅然而恐，凜乎其不可留也。反而登舟，放乎中流，聽其所止而休焉。時夜將半，四顧寂寥。適有孤鶴，横江東來。翅如車輪，玄裳縞衣，戛然長鳴，掠予舟而西也。須臾客去，予亦就睡。夢一道士，羽衣蹁躚，過臨皋之下，揖予而言曰：「赤壁之遊樂乎？」問其姓名，俛而不答。嗚呼噫嘻！我知之矣。疇昔之夜，飛鳴而過我者，非子也邪？道士顧笑，予亦驚寤。開户視之，不見其處。

《前赤壁賦》，如冰壺朗徹，空明已極，後賦如何作法？迨既有上半篇重游之妙境，更如何結法？不得已乃以一夢作結。既有夢境，乃以孤鶴横空而來布置於前，此所謂空中樓閣法也。子瞻自道其文，如萬斛泉隨地湧出〔一〕，要知此乃到窘極處，用無中生有之法，逃於空虛，此國手弈棋之最後著也。聰明人讀此，自有靈妙悟境〔二〕。

編者謹按：唐先生《交通大學演講録》第三集（下）第五期《文章繪形、繪影、繪聲法》講義詳説此篇云：

揚子《法言》云：「言爲心聲，書爲心畫。」〔三〕所謂心畫者，有繪形、繪態、繪聲、繪色、繪影諸法。此篇「霜露既降，木葉盡脱，人影在地，仰見明月」，繪形繪影也。「行歌相答」，繪聲也。「巨口細鱗」二句，繪形也。「江流有聲」四句，繪聲、繪形也。「余乃攝衣而上」七句，繪形也。「劃然長嘯」四句，繪聲也。「適有孤鶴」六句，繪形、繪色、繪聲也。「夢一道士」二句，繪形、繪

〔一〕「子瞻自道其文，如萬斛泉隨地湧出」句，《交通大學演講録》之《文章繪形、繪影、繪聲法》作：「鄙人編《國文經緯貫通大義》，此編選入空中樓閣法，實與《無羊篇》文法一例。」

〔二〕「自有靈妙悟境」句，《交通大學演講録》作「自有領悟」。

〔三〕揚雄《法言·問神》曰：「言，心聲也。書，心畫也。聲畫形，君子小人見矣！」

影也。惟繪事後素，故以「開户視之，不見其處」作結，將以上繪形、繪態、繪聲、繪色、繪影一歸諸虚無。鄙人編《國文經緯貫通大義》，此編選入「空中樓閣法」，實與《無羊篇》文法一例。要知此乃行文到山窮水盡處，用無中生有之法，忽現奇境，此國手弈棋之最後著也。聰明人讀之，自有領悟。

尤西堂《反恨賦》

試登高堂，金石絲簧。旨酒既設，寶劍既張。僕乃揖古聖，坐先王。美人君子，左右侍旁。咏歌書史，擊節未央。

有如屈原被放，懷沙欲死，楚王忽寤，車騎迎止。冠鋏蘭臺，旌蓋江沚。宋玉珥筆，景差布紙。笑鼓枻之漁翁，謝申申之嬃姊。

若夫荆卿行刺，直入秦宫，左手把其袖，右手揕其胸。咸陽喋血，函谷銷烽。呼三晉與齊、楚，朝天子於京東。重和歌而擊筑，快易水之寒風。

至如李陵降北，拔劍登臺，遂平朔漠，凱唱而回。入報天子，賜爵行杯。出史公於蠶室，懸單于於藁街。大將軍方斯下矣，萬户侯何足道哉！

若乃武侯出師，秋風五丈，星斗乍明，旌旗增壯。驅戎馬於鄴中，横舳艫於江上。遂馘懿而擒權，覩漢京之重創。息銅鼓於茅廬，卧綸巾於玉帳。

更如岳侯報國，誓復中原。書生蛾伏，太子狼奔，六陵洒掃，二聖還轅。誅賊臣於偃月，答后土與皇天。

又如信國勤王，仰天泣血。奔走江、淮，號召吴、越。迎少主於崖山，新高宗之宫闕。千秋萬歲，衣冠文物。

别有夜郎仙人，長沙才子，宣室再召，沈香更椅。明妃返於昭陽，班姬拜爲彤史。宋玉之美，得婿巫山；子建之才，重婚洛水。莫不窈窕珮環，輝煌金紫。風雲生色，花鳥送喜。人生如此，其可已矣！

噫嘻！天地循環，無往不復。杲日其雨，滄海如陸。苦樂相倚，吉凶互伏。得鹿豈便爲真？失馬安知非福？秋何氣而悲傷？塗何窮而慟哭？唤奈何於清歌，覩不平於碁局。當我生而多恨，何暇代古人以蹙蹙哉！

李次青云：「恨海終填，情天易補。不必有是事，不可無此文。」〔二〕余謂此文奇情壯采，可謂絶才。首段凌空，尤爲得勢。惟題係反恨，當先悲後樂，末段尚有未合。

〔二〕李元度《賦學正鵠》選録「神韻類」作品，尤侗《反恨賦》文末語。

編者謹按：唐先生《交通大學演講録》第二集下卷（文學類）第三期《尤西堂〈反恨賦〉（少陽詼詭之趣）》詳述研究法及注釋，謹具録如下：

李次青云（此段全同前《國文經緯貫通大義》之評語，故從略）。

題解

梁江淹作《恨賦》，列叙古來失意人事，西堂乃反而言之。

注釋

屈原二句：見《史記・屈原傳》，原作《懷沙賦》。　楚王：楚襄王，放逐屈原者。　鼓枻漁翁：見《楚辭》漁父勸屈原高隱，原不聽，漁父鼓枻而去。　申申嬃姊：嬃，女名，原之姊。申申，詈之之貌。《離騷》「女嬃之嬋媛兮，申申其詈予。」　荆卿句：見《史記・刺客傳》。　和歌擊筑二句：並見《刺客傳》。　李陵句：見《漢書・李廣傳》。　蠶室：宫刑，獄名。古有刑者畏風須煖，作暗室蓄火如蠶室，因以名。史公以救李陵得禍，下蠶室。軍候：官名，主偵敵情者。見《後漢書・百官志》。此蓋指匈奴斥候。　藁街：在漢長安城内，漢時諸夷來朝，爲設邸於藁街居之。《漢書・甘延壽陳湯傳》云：「縣頭藁街，蠻夷邸間。」五丈：即五丈原，今陝西郿縣西，武侯伐魏，卒於此。　星斗句：武侯卒時，有大星落於軍前。　鄴：今河南臨漳縣境，曹丕都於此。　銅鼓：武侯所製。　綸巾：《三才圖會》云：「諸葛巾一名綸巾，武侯嘗服之，執羽扇，指揮軍事。」　書生二句：金兀朮敗於黄天蕩，將奔還，有書生扣馬止之曰：「岳侯不久將召還矣。」太子即指兀朮。　二聖：即徽、欽二帝，金人擄至北，囚於五國城中。　偃月：唐李林甫堂名。林甫每欲排搆大臣，即居之，思所以中傷者。若喜而出，即其家碎矣。　崖山：在廣東新會縣南，宋少帝於此沉海。　夜郎：唐安禄山之亂，元帝幸蜀。在途，以永王璘爲江淮節度使。璘辟李白爲從事。永王謀亂，兵敗。白坐，長流夜郎，會赦得還。故李白詩云：「我寄愁心與明月，隨風直到夜郎西。」賀知章見李白《蜀道難》詩，歎爲天上謫仙人。　長沙：賈誼爲洛陽才子，謫居長沙。　宣室：漢未央宫前正室，文帝曾徵見賈誼於此，言鬼神之事，文帝前席。　沈香更倚：《李翰林集序》：開元中，沈香亭前，木芍藥盛開。上曰：「賞名花，對妃子，焉用舊曲？」遽宣李白進《清平調詞》三章，詩云「沈香亭北倚闌杆」，即指楊妃言。　明妃：即王昭君。漢元帝賜嫁呼韓單于。　昭陽：漢後宫便殿名。　班姬：班婕妤，能修史。　宋玉：見《神女賦》。　子建二句：見《洛神賦》。　得鹿：《列子》：鄭人得鹿，以蕉覆之，後爲人所竊，疑其夢也。　失馬：《淮南子》：塞上翁失馬，人皆弔之。曰：此詎不爲福？數月，馬將胡駿馬而至。

顧金城《愚公移山賦》（以「天鑒其誠，佑以神力」爲韻）

北山之前，愚公居焉。太行屹爾，王屋巋然。螺峰萬點，蝸舍數椽。勢多突兀，路每回旋。爰聚室而謀曰：「予家於斯有年矣，甚患此當廬翠疊，排闥青連。誰能出不由路？今當畢力以遷，化穹山爲坦道，庶人定之勝天。」

於是共矢艱辛，無遺悔懺。欲抉石而開林，遂荷耡而負钁。如磨杵而欲使針成，如掘井而當於水監；如塞漏卮而捧土孤行，如平堅壘而偏師獨陷。將百堵以全移，而一簣之或欠。力矢硜硜，情非泛泛。斯真所謂愚而自用，外人且引以爲鑒者也。

河曲叟見而笑曰：「先生休矣。予忖度之，請爲子開其蔽，且爲子釋其疑。今夫造化自太初而定，天工非人力所爲。是以長房縮地而地如故，夸父逐日而日難追，杞人憂天而天無墮理，精衛填海而海無窮期。況此二山者，週七百里而綿亘，矗千萬仞而嵚巇。而子以空拳孤掌，皓首龐眉，乃欲削平山巉嵯，劚碎厜㕒。吾恐河清莫俟，人壽難知，斷非殘年餘力之所得而移也。然則子盍仔肩釋彼，而胡爲筋骨勞其？」

公曰：「否。否。夫子之云固當，而未識微志之精誠也。夫魯戈揮而日返，杞婦哭而城傾。繩作鋸而木斷，溜破石而天驚。桃核積而崑崙比峻，桑田變而滄海難盈。惟至誠而不息，故無功之弗成。吾今者負鋤而往，挈室以行。朝而夕，夕而朝，無時或間。子有孫，孫有子，接踵而生。如巨靈之擘華，如篳路之披荆。險等蠶叢之闢，勤同蟻垤之營。而山非有人以增壤也，亦何恃而不平！」於是智叟退而無言。

操蛇聞而上奏，帝乃鑒其心堅，嘉其績懋。爰命夸蛾，特加眷佑。揮以驅石之鞭，拂以拏雲之袖；戴以巨海之鼇，飛以靈峰之鷲。電掣雷奔，煙銷月透。而是二山者，遂一移河朔之東，一移雍岐之右。如天竺見飛來之峰，如羅浮有離合之岫。

向使志或游移，力多委靡。念未質諸蒼穹，盟未堅乎白水。將見一事無成，半途輒止。梯之躡也，猶驚萬丈高峰；石之開兮，尚待五丁力士。其何能境現空明，道如砥矢？大力者負之以趨，始願時固不及此。此以見無瞻徇之謂愚，能左右之曰以。

然後知先難者後獲，志鋭者情真。閲始終而不怠，自耳目之一新。彼野人之獻曝，其愚非等倫也；宋人之揠苗，其愚難並陳也。得鹿者之覆蕉疑夢，其愚更不足珍也。惟公之愚，獨有千古。宜乎精誠之至，可以上通於神。

列禦寇乃筆之於書，且喟然嘆息曰：「愚者之有成，非智者所能測也。百川以學海爲歸，九仞乃爲山之極。鳥飛數而習彌勤，蛾術時而功不息。彼夫懸梁刺股以窮經，卧薪嘗膽而爲國，皆由一念之專精，卒致大猷之允塞。雖下愚與上智不移，惟人十而己千亦得。願學者借鏡於移山之愚公，而無懈於用力。」

李次青云：「題本寓言，無庸刻舟求劍。此作舉頭天外，用筆如活虎生龍，脱盡排比窠臼。」「行氣布局至此，可謂盡態極妍。」[一]余按：此寓言而歸於虛境，可以開

[一] 李元度《賦學正鵠·氣機類》載顧金城《愚公移山賦》文末評語。

發心思，故列入本法。

文如看山不喜平。「空中樓閣」須有無窮變化之妙，若膠柱鼓瑟，則樓閣即成呆滯物矣。願學者善會之。

國文經緯貫通大義卷三

匣劍帷燈法

適用於叙事之文，劍光燈彩，至結處一閃爍，方爲神妙；有竟體不露者亦高。

《書·金縢篇》

既克商二年，王有疾弗豫。二公曰：「我其爲王穆卜！」周公曰：「未可以戚我先王。」公乃自以爲功，爲三壇同墠。爲壇於南方北面，周公立焉。植璧秉珪，乃告大王、王季、文王。史乃册，祝曰：「惟爾元孫某，遘厲虐疾。若爾三王是有丕子之責于天，以旦代某之身。予仁若考，能多材多藝，能事鬼神。乃元孫不若旦多材多藝，不能事鬼神，乃命于帝庭，敷佑四方。用能定爾子孫于下地，四方之民罔不祗畏。嗚呼！無墜天之降寶命，我先王亦永有依歸！今我即命于元龜，爾之許我，我其以璧與珪，歸俟爾命；爾不許我，我乃屏璧與珪。」乃卜三龜，一習吉。啓籥見書，乃并是吉。公曰：

「體，王其罔害。予小子新命于三王，惟永終是圖。兹攸俟，能念予一人。」公歸，乃納册於金縢之匱中，王翼日乃瘳。

武王既喪，管叔及其羣弟乃流言於國曰：「公將不利於孺子。」周公乃告二公曰：「我之勿辟，我無以告我先王。」周公居東二年，則罪人斯得。于後公乃爲詩以貽王，名之曰《鴟鴞》。王亦未敢誚公。

秋大熟，未穫。天大雷電以風。禾盡偃，大木斯拔，邦人大恐。王與大夫盡弁，以啓金縢之書，乃得周公所自以爲功，代武王之説。二公及王乃問諸史與百執事，對曰：「信。噫！公命我勿敢言。」王執書以泣，曰：「其勿穆卜！昔公勤勞王家，惟予沖人弗及知。今天動威以彰周公之德。惟朕小子其新逆，我國家禮亦宜之。」王出郊，天乃雨，反風，禾則盡起。二公命邦人凡大木所偃，盡起而築之。歲則大熟。

此文妙訣，全在「納册于金縢之匱中」一句。設以後人爲之，必謂「告諸史與百執事曰：毋以告人」，如此則以下文章皆失勢矣。惟以匣劍帷燈法出之，不著絲毫痕迹。以下「天大雷電以風」及「對曰：『信。噫！公命我勿敢言。』」，乃有千鈞之力。悟得此法，則布局鍊氣，自然處處得宜矣。

先儒以此篇爲周公所作。余謂周公無自贊之理，當係史官所記。「秋大熟」以下，或據《史記》以爲周公已没之事。「親[一]逆」謂「逆周公之慝」，其説尤非。上文明言「周公居東二年」，其時尚未營洛邑，何得謂爲已没？後儒當據《尚書》以糾正《史記》，不當據《史記》而疑《尚書》也。至讀「王出郊天」爲句，尤謬。上文「天大雷電以風」，「天」字可屬上句讀乎？説經好事穿鑿，最當切戒。

或問：「匣劍帷燈法與空中樓閣法，奚以異？」曰：空中樓閣者，本無其事，虚設一境界。匣劍帷燈，則實有其事，而故意隱藏之，後乃忽然呈露。其法迥然不同，未可誤會爲一也。

《詩·燕燕篇》

燕燕于飛，差池其羽。之子于歸，遠送于野。瞻望弗及，泣涕如雨。
燕燕于飛，頡之頏之。之子于歸，遠于將之。瞻望弗及，佇立以泣。
燕燕于飛，下上其音。之子于歸，遠送于南。瞻望弗及，實勞我心。

〔一〕「親」字，上録《書·金縢篇》作「新」。

仲氏任只，其心塞淵。終温且惠，淑慎其身。先君之思，以勖寡人。

讀此詩者，皆傷其離情之鬱結、音調之淒楚，乃入本法何也？此詩蓋大有深意存焉。按：桓公爲戴嬀所出，陳國之甥也。州吁如陳，陳人因石碏一言，遂執而殺之，其必有内綫明矣。戴嬀大歸於陳，莊姜蓋切託以報讎之事。曰「其心塞淵」，見其人之篤實也；曰「淑慎其身」，見其人之謹慎也。如是則恐其忘先君之讎，故曰「先君之思」，乃不直言戴嬀之思先君，而轉言戴嬀之勖莊姜。匣劍帷燈，囑其勿忘報讎之意，絲毫不露，可謂神矣。此説余得之門人李君頌韓。李君説《叔于田詩》，謂「將叔毋狃，戒其傷女」二句，即指鄭莊而言，亦深得詩人之意。

《論語》「儀封人」章

儀封人請見曰：「君子之至於斯也，吾未嘗不得見也。」從者見之。出曰：「二三子何患於喪乎？天下之無道也久矣！天將以夫子爲木鐸。」

儀封人與夫子問答之辭，本經所未詳，乃出而言曰：「天將以夫子爲木鐸。」則當時之問答，其救世傳道之心可知矣。夫子之木鐸，不行於一時，而傳於萬世。封人固非常人，而實由《論語》用匣劍帷燈法以記載之，特爲奇妙也。

《論語》「夫子爲衛君」章

冉有曰：「夫子爲衛君乎？」子貢曰：「諾。吾將問之。」入曰：「伯夷、叔齊何人也？」曰：「古之賢人也。」曰：「怨乎？」曰：「求仁而得仁，又何怨。」出曰：「夫子不爲也。」

衛輒拒父之非，聖門大賢，亦當知之，而冉有以爲疑，子貢以爲問者，蓋蒯聵用趙鞅之師，挾大國以壓本國，實爲國人所不容，故衛人奉輒以拒蒯聵。《公羊傳》所謂「以王父命辭父命」[一]，亦是一理，當時爲輒者惟有逃之而已。故子貢曰：「伯夷、叔齊何人也？」夫子答曰：「古之賢人也。」其不爲衛君已可知矣。乃又問曰：「怨乎？」將以窮夷、齊之心理也。夫子答曰：「求仁而得仁，又何怨。」則衛輒之心術顯，罪案定矣。故出曰：「夫子不爲也。」聖門言語之科，可謂精妙無倫，而文筆記載實有

[一]「辭」字原作「拒」，據《公羊傳·哀公三年》「以王父命辭父命」爲正。

生龍活虎、不可捉摸之致。

《史記・朱虛侯列傳》欲鋤諸吕氏，乃曰：「非其種者，鋤而去之。」此匣劍帷燈法也。《武安侯列傳》魏其欲言武安陰事，卒不可得，至末乃揭出「上曰：使武安侯在者，族矣！」則劍光燈彩畢露矣。《封禪書》言武帝之迷信，窮形盡態，而不著一按語，均是匣劍帷燈法。因文繁不録，學者宜參考之。

《左傳・祭仲殺雍糾》（桓公十五年）

祭仲專，鄭伯患之。使其壻雍糾殺之。將享諸郊。雍姬知之，謂其母曰：「父與夫孰親？」其母曰：「人盡夫也，父一而已，胡可比也？」遂告祭仲曰：「雍氏舍其室，而將享子於郊。吾惑之，以告。」祭仲殺雍糾，尸諸周氏之汪。公載以出，曰：「謀及婦人，宜其死也。」

此文爲簡曼不支法，實係匣劍帷燈法，其機括包在「雍姬知之」四字内。所以知之者，雍糾與之謀也。「父與夫孰親」一問，其母已知其有變，而故爲不知，直答以「人盡夫也」三句，是何異禽獸之聲也！雍姬告祭仲，稱其夫曰「雍氏」，數其罪曰「舍其室」，稱其父曰「子」，自稱曰「吾」，是不啻聞禽獸之聲也！祭仲殺雍糾，公載以出，文氣極緊迫。至「謀及婦人」八字，則圖窮而匕首見矣。此等生辣文字，本傳中亦不多見。使司馬子長爲之，必得數百字始能暢快。

《左傳·連稱、管至父弑齊襄公》（莊公八年）

齊侯使連稱、管至父戍葵丘。瓜時而往，曰：「及瓜而代。」期戍，公問不至。請代，弗許。故謀作亂。

僖公之母弟曰夷仲年，生公孫無知，有寵於僖公，衣服禮秩如適。襄公絀之。二人因之以作亂。連稱有從妹在公宫，無寵，使間公，曰：「捷，吾以汝爲夫人。」

冬十二月，齊侯游于姑棼，遂田于貝丘。見大豕，從者曰：「公子彭生也。」公怒曰：「彭生敢見！」射之，豕人立而啼。公懼，隊于車，傷足，喪屨。反，誅屨於徒人費。弗得，鞭之，見血。走出，遇賊于門，劫而束之。費曰：「我奚御哉！」袒而示之背，信之。費請先入，伏公而出鬬，死于門中。石之紛如死于階下。遂入，殺孟陽于牀。曰：「非君也，不類。」見公之足于户下，遂弑之，而立無知。

方望溪先生云：「《左氏》之文，有太史公不能及者。如此篇謀亂之始，連稱、管至父與無知交何由合，何以深言相結而爲亂謀，連稱如何自言其從妹何由通無知之意於宫中，而謀伺襄公之間，若太史公爲之，曲折敘次，非數十百言莫備。此但以『因之作亂』及『使間公』二語隱括，而其中情事不列而自明。作亂之時，連稱之妹如何告公出之期，無知、連、管何以部署其家衆，何以不襲公於外，而轉俟其歸，何以直入公宫而無阻間，非數十百言莫備。此則一切薙芟，直敘公田及徒人費之鞭，而以『走出，遇賊於門』遥接作亂，騰躍而入，匪夷所思。費入告變，襄公與二三臣倉皇定謀。孟陽如何請以身代，諸臣如何伏公於户下，費與石之紛如如何相誓同命以禦賊，非數十百言莫備。此獨以『伏公而後出鬭』一語隱括，而其中情事不列而自明。其尤奇變不測者，後無一語及連稱之妹，而中間情事，皆包孕於『間公』二字。蓋弒謀所以無阻，皆由得公之間也。」[一]余按：此即所謂匣劍帷燈法。望溪先生之評，可謂精密已極。學者讀文，必須如此細心，方能盡得古人之法。然須知死讀一文無益，必須推廣徧及諸篇，庶古文之奥窔，盡在我胸中矣。

〔一〕方苞《左傳義法舉要》選録《齊連稱、管至父弒襄公》文末評語。

萬馬奔騰法

適用於議論之文，以衆意紛紜，縱横馳驟爲主；貴在鍊氣，切忌囂張凌亂。

《書·牧誓篇》

時甲子昧爽，王朝至于商郊牧野，乃誓。王左杖黄鉞，右秉白旄以麾，曰：「逖矣西土之人！」

王曰：「嗟我友邦冢君，御事、司徒、司馬、司空，亞旅、師氏，千夫長、百夫長，及庸、蜀、羌、髳、微、盧、彭、濮人，稱爾戈，比爾干，立爾矛，予其誓！」

王曰：「古人有言曰：『牝雞無晨。牝雞之晨，惟家之索。』今商王受惟婦言是用，昏棄厥肆祀弗答，昏棄厥遺王父母弟不迪。乃惟四方之多罪逋逃，是崇、是長，是信、是使，是以爲大夫、卿士，俾暴虐于百姓，以奸宄于商邑。今予發，惟恭行天之罰。今日之事，不愆于六步、七步，乃止齊焉。夫子勖哉！不愆于四伐、五伐、六伐、七伐，乃止齊焉。勖哉夫子！尚桓桓。如虎如貔，如熊如羆，于商郊！弗迓克奔，以役西土。勖哉夫子！爾所弗勖，其于爾躬有戮！」

第一節點綴威儀，《禮記》所謂「戎容暨暨，言容詻詻」〔一〕是也。自「王曰：嗟我友邦冢君」以下，爲誓文總冒。自「王曰：古人有言曰」以下，爲討商受檄文。自「今予發」以下，爲誓文本意。文氣雄俊奔放，絶無渟蓄，想見周公飛書馳檄之樂。

韓退之《送孟東野序》

大凡物不得其平則鳴。草木之無聲，風撓之鳴；水之無聲，風蕩之鳴。其躍也或激之，其趨也或梗之，其沸也或炙之。金石之無聲，或擊之鳴。人之於言也亦然，有不得已者而後言。其歌也有思，其哭也有懷，凡出乎口而爲聲者，其皆有弗平者乎！

樂也者，鬱於中而泄於外者也，擇其善鳴者而假之鳴。金、石、絲、竹、匏、土、革、木八者，物之善鳴者也。維天之於時也亦然，擇其善鳴者而假之鳴。是故以鳥鳴春，以雷鳴夏，以蟲鳴秋，以風鳴冬。四時之相推敚，其必有不得其平者乎！

其於人也亦然。人聲之精者爲言，文辭之於言，又其精也，尤擇其善鳴者而假之鳴。其在唐、虞，咎陶、禹其善鳴者也，而假以鳴。夔弗能以文辭鳴，又自假於《韶》以鳴。夏之時，五子以其歌鳴。

〔一〕《禮記·玉藻》文。

伊尹鳴殷，周公鳴周。凡載於《詩》《書》六藝，皆鳴之善者也。周之衰，孔子之徒鳴之，其聲大而遠。《傳》曰：「天將以夫子爲木鐸。」其弗信矣乎？其末也，莊周以其荒唐之辭鳴。楚，大國也，其亡也以屈原鳴。臧孫辰、孟軻、荀卿，以道鳴者也。楊朱、墨翟、管夷吾、晏嬰、老聃、申不害、韓非、昚到、田駢、鄒衍、尸佼、孫武、張儀、蘇秦之屬，皆以其術鳴。秦之興，李斯鳴之。漢之時，司馬遷、相如、揚雄最其善鳴者也。其下魏、晉氏鳴者，不及於古，然亦未嘗絶也。就其善者，其聲清以浮，其節數以急，其辭淫以哀，其志弛以肆；其爲言也，亂雜而無章，將天醜其德莫之顧邪？何爲乎不鳴其善鳴者也？

唐之有天下，陳子昂、蘇源明、元結、李白、杜甫、李觀皆以其所能鳴。其存而在下者，孟郊、東野始以其詩鳴。其高出魏、晉，不懈而及於古，其他浸淫乎漢氏矣。從吾游者，李翺、張籍其尤也。三子者之鳴信善矣，抑不知天將和其聲而使鳴國家之盛邪？抑將窮餓其身，思愁其心腸，而使自鳴其不幸邪？三子者之命則懸乎天矣。其在上也奚以喜？其在下也奚以悲？東野之役於江南也，有若不釋然者，故吾道其命於天者以解之。

用三十八「鳴」字，參差錯落，處處變化。文境如雷電風雲，一時並作；又如百川歸海，萬派朝宗，可謂神乎技矣。初學讀此，最易得鍊氣之法。

此文實不過叙文章之源流，而以一「鳴」字作綫索，遂令人目迷五色，應接不暇，於此可悟文家用法變化之妙。而「大凡物不得其平」一起，尤能涵蓋一切。

蘇明允《項籍論》

吾嘗論項籍有取天下之才，而無取天下之慮；曹操有取天下之慮，而無取天下之量；劉備有取天下之量，而無取天下之才，故三人者終其身無成焉。

且夫不有所棄，不可以得天下之勢；不有所忍，不可以盡天下之利。是故地有所不取，城有所不攻，勝有所不就，敗有所不避。其來不喜，其去不怒，肆天下之所爲，而徐制其後，乃克有濟。嗚呼！項籍有百戰百勝之才，而死於垓下，無惑也。吾於其戰鉅鹿也，見其慮之不長，量之不大，未嘗不怪其死於垓下之晚也。方籍之渡河，沛公始整兵嚮關。籍於此時，若急引軍趨秦，及其鋒而用之，可以據咸陽，制天下。不知出此，而區區與秦將爭一旦之命。既全鉅鹿，而猶徘徊河南、新安間。至函谷，則沛公入咸陽數月矣。夫秦人既已安沛公而讎籍，則其勢不得强而臣，故籍雖遷沛公漢中，而卒都彭城。使沛公得還定三秦，則天下之勢，在漢不在楚。楚雖百戰百勝，尚何益哉？故曰：兆垓下之死者，鉅鹿之戰也。

或曰：「雖然，籍必能入秦乎？」曰：項梁死，章邯謂楚不足慮，故移兵伐趙，有輕楚心，而良將勁兵，盡於鉅鹿。籍誠能以必死之士，擊其輕敵寡弱之師，入之易耳。且亡秦之守關，與沛公之守，善否可知也。沛公之攻關，與籍之攻，善否又可知也。以秦之守，而沛公攻入之；沛公之守，而籍攻入之。然則亡秦之守，籍不能入哉？

或曰：「秦可入矣，如救趙何？」曰：虎方捕鹿，羆據其穴搏其子，虎安得不置鹿而返。返則碎於羆明矣。軍志所謂「攻其必救」也。使籍入關，王離、涉閒必釋趙自救。籍據關逆擊其前，趙與諸侯救者十餘壁躡其後，覆之必矣。是籍一舉解趙之圍，而收功於秦也。戰國時，魏伐趙，齊救之，田忌引兵疾走大梁，因存趙而破魏。彼宋義號知兵，殊不達此，屯安陽不進，而曰「待秦敝」，吾恐秦未敝而沛公先據關矣！籍與義俱失焉。

是故古之取天下者，常先圖所守。諸葛孔明棄荆州而就西蜀，吾知其無能爲也。且彼未嘗見大險也，彼以爲劍門者可以不亡也。吾嘗觀蜀之險，其守不可出，其出不可繼，兢兢而自完猶且不給，而何足以制中原哉！若夫秦、漢之故都，沃土千里，洪河大山，真可以控天下，又烏事乎不可以措足如劍門者而後曰險哉！今夫富人必居四通五達之都，使其財帛出於天下，然後可以收天下之利。有小丈夫者，得一金櫝而藏諸家，拒户而守之。嗚呼！是求不失也，非求富也。大盜至，劫而取之，又焉知其果不失也？

論項籍處未必能得事實。武侯既與吴分據荆州，乃入西蜀。今謂其棄荆州而就西蜀，「吾知其無能爲」，尤屬妄論。惟其文氣如駿馬下坡，不可羈勒，初學讀之，最易進步。

世傳明允常手一編書讀之，二子私窺之，則《戰國策》也。故明允之文，最深於縱横捭闔之法，尤長於設喻。惲子居先生《大雲山房文集》，是得其宗傳者。

蘇明允《春秋論》

賞罰者，天下之公也；是非者，一人之私也。位之所在，則聖人以其權爲天下之公，而天下以懲以勸；道之所在，則聖人以其權爲一人之私，而天下以榮以辱。周之衰也，位不在夫子而道在焉。夫子以其權是非天下可也。而《春秋》賞人之功，赦人之罪，去人之族，絶人之國，貶人之爵；諸侯而或書其名，大夫而或書其字；不惟其法，惟其意，不徒曰此是此非，而賞罰加焉。則夫子固曰：「我可以賞罰人矣。」賞罰人者，天子、諸侯事也。夫子病天下之諸侯、大夫僭天子、諸侯之事，而作《春秋》，而己則爲之，其何以責天下？位，公也；道，私也。私不勝公，則道不勝位。位之權，得以賞罰；而道之權，不過於是非。道在我矣，而不得爲有位者之事，則天下皆曰：「位之不可僭也如此。」不然，天下其誰不曰「道在我」。則是道者，位之賊也。或曰：「夫子豈誠賞罰之耶？徒曰賞罰之耳，庸何傷？曰：『我非君也，非吏也。』執塗之人而告之曰某爲善、某爲惡可也。又繼之曰某爲善吾賞之，某爲惡吾罰之，則人有不笑我者乎？夫子之賞罰何以異此？」然則何足以爲夫子？何足以爲《春秋》？

曰：夫子之作《春秋》也，非曰孔氏之書也，又非曰我作之也，賞罰之權，不以自與也。曰此魯之書也，魯作之也。有善而賞之，曰魯賞之也；有惡而罰之，曰魯罰之也。「何以知之？」曰：夫子繫《易》，謂之《繫辭》； 言孝謂之《孝經》，皆自名之，則夫子私之也。而《春秋》者，魯之所以名史而夫子託焉，則夫子公之也。「公之以魯史之名，則賞罰之權固在魯矣。《春秋》之賞罰，自魯而及於天下，天子之權也。魯之賞罰不出境，而以天子之權與之何也？」曰： 天子之權在周，夫子不得已而以與魯也。武王之崩也，天子之位，當在成王。而成王幼，周公以爲天下不可以無賞罰，故不得已而攝天子之位，以賞罰天下，以存周室。周之東遷也，天子之權，當在平王。而平王昏，故夫子亦曰：「天下不可以無賞罰。」而魯，周公之國也。居魯之地者，宜如周公，不得已而假天子之權，以賞罰天下，以尊周室，故以天子之權與之也。「然則假天子之權宜如何？」曰： 如齊桓、晉文可也。「夫子欲魯如齊桓、晉文，而不遂以天子之權與齊晉者，何也？」齊桓、晉文陽爲尊周而實欲富强其國，故夫子與其事而不與其心。周公心存王室，雖其子孫不能繼，而夫子思周公，而許其假天子之權以賞罰天下。其意曰： 有周公之心，而後可以行桓、文之事。此其所以不與齊、晉而與魯也。夫子亦知魯君之才，不足以行周公之事矣，顧其心以爲今之天下，無周公故至此，是故以天子之權與其子孫，所以見思周公之意也。

吾觀《春秋》之法，皆周公之法，而又詳内而略外，此其意欲魯法周公之所爲，且先自治而後治人也明矣。夫子歎「禮樂征伐，自諸侯出」，而田常弑其君，則沐浴而請討。然則天子之權，夫子固明以與魯也。子貢之徒，不達夫子之意，續經而書「孔丘卒」。夫子既告老矣，大夫告老而卒不書，而夫子獨書。夫子作《春秋》以公天下，而豈私一孔丘哉！嗚呼！夫子以爲魯國之書，而子貢之徒以爲孔氏之書也歟！

遷、固之史，有是非而無賞罰，彼固史臣之體宜爾也。後之效夫子作《春秋》者，吾惑焉。《春秋》有天子之權，天下有君，則《春秋》不當作；天下無君，則天子之權，吾不知其誰與。天下之人，烏有如周公之後之可與者？與之而不得其人則亂，不與人而自與則僭。不與人、不自與而無所與則散。嗚呼！後之《春秋》，亂邪，僭邪，散邪！

《穀梁傳》制勝處，在設一問題以解釋之，未竟，又出一問題以解釋之，如舞刀槍劍槊，斬釘截鐵，一絲不亂。而他人視之，則如目迷五色，莫究其妙。此文專學《穀梁傳》，學者得綫索而善效之，自能所向披靡矣。

淒入心脾法

適用於哀感、弔祭並銘誌之文，以發於真性情爲主，用白描亦可，惟忌寒儉俚俗。

《書・微子篇》

微子若曰：「父師、少師，殷其弗或亂正四方，我祖厎遂陳于上。我用沈酗于酒，用亂敗厥德于下。殷罔不小大，好草竊奸宄。卿士師師非度，凡有辜罪，乃罔恒獲。小民方興，相爲敵讎。今殷其淪喪，若涉大水，其無津涯。殷遂喪，越至于今。」

曰：「父師、少師，我其發出狂，吾家耄遜于荒。今爾無指告，予顛隮若之何其？」

父師若曰：「王子，天毒降災荒殷邦，方興沈酗于酒。乃罔畏畏，咈其耇長，舊有位人。今殷民乃攘竊神祇之犧牷牲，用以容，將食無災。降監殷民，用乂讎斂，召敵讎不怠。罪合于一，多瘠罔詔。」「商今其有災，我興受其敗。商其淪喪，我罔爲臣僕，詔王子出迪。我舊云刻子，王子弗出，我乃顛隮。自靖，人自獻于先王，我不顧行遯。」

方存之先生云：「此篇乃微子與父師、少師商論出處之詞也。首二節微子傷殷之將亡。三節問己之出處。『父師』以下數節答其論殷亂之詞，比微子之言，更加一倍。末二節答其論出處之詞，須翫其沈痛哀切，千載下如聞其痛哭也。」〔一〕

又云：「『越至于今』下復加『曰』字，此史臣善體會情事之文。蓋微子論殷亂，至此心中不知如何沈痛，故口中亦遂歇住片時，然後再言。記者將上二節一斷，然後加

〔一〕方宗誠《柏堂讀書筆記·論文章本原》卷一，文中「此篇乃」作「此記言之文乃」。

『曰』字提起，直將微子哀痛之心和盤托出，而文情更深矣。」

余按：淒入心脾之文，自古以來當以此篇爲最。比干獨不言者，其死志已決也，尤可哀也。

《詩·柏舟篇》

汎彼柏舟，亦汎其流；耿耿不寐，如有隱憂；微我無酒，以敖以遊。

我心匪鑒，不可以茹。亦有兄弟，不可以據；薄言往愬，逢彼之怒。

我心匪石，不可轉也。我心匪席，不可卷也。威儀棣棣，不可選也。

憂心悄悄，慍于羣小。覯閔既多，受侮不少；静言思之，寤辟有摽。

日居月諸，胡迭而微？心之憂矣，如匪澣衣；静言思之，不能奮飛。

此篇《傳》以爲「仁而不遇」之詩，朱子謂：「婦人不得於其夫，故以《柏舟》自比。」〔一〕情韻淒涼，讀十餘過，不覺隕涕矣。

〔一〕朱熹《詩集傳》卷二文。

《詩·緑衣篇》

緑兮衣兮，緑衣黄裏。心之憂矣，曷維其已！

緑兮衣兮，緑衣黄裳。心之憂矣，曷維其亡！

緑兮絲兮，女所治兮。我思古人，俾無訧兮。

絺兮綌兮，淒其以風。我思古人，實獲我心。

此篇蓋衛莊姜傷己而作，與《柏舟篇》文境略同。用筆極淡極輕，而情韻千古不匱。

《詩·谷風篇》

習習谷風，以陰以雨。黽勉同心，不宜有怒。采葑采菲，無以下體。德音莫違，及爾同死。

行道遲遲，中心有違；不遠伊邇，薄送我畿。誰謂荼苦，其甘如薺。宴爾新昏，如兄如弟。

涇以渭濁，湜湜其沚。宴爾新昏，不我屑以。毋逝我梁！毋發我笱！我躬不閲，遑恤我後！

就其深矣，方之舟之；就其淺矣，泳之游之。何有何亡，黽勉求之；凡民有喪，匍匐救之。

不我能慉，反以我爲讎；既阻我德，賈用不售。昔育恐育鞫，及爾顛覆。既生既育，比予于毒。

我有旨蓄，亦以御冬。宴爾新昏，以我御窮。有洸有潰，既詒我肄。不念昔者，伊余來塈。

此篇朱子謂：「婦人爲夫所棄，故作此詩以叙其悲怨之情。」〔一〕蓋夫婦之道苦矣，首章以「黽勉同心」四字作總攝，下以「爾」「我」「予」三字對説，相形之下，不覺泣涕如雨。自古哀怨之音，殆莫過於此矣。

《氓詩》「三歲爲婦」章，音韻絶佳，人讀之不以爲可憐者，上文「以爾車來，以我賄遷」，不莊故也。此篇「不我能慉」章，人讀之莫不痛心者，上文「涇以渭濁，湜湜其沚」，至潔故也。於此可悟「無邪」之旨，出於人之本性。

吾友辜君鴻銘謂：「杜工部『絶代有佳人』一詩，脱胎於此。『幽居在空谷』，《谷風》之意也；『新人已如玉』，『宴爾新昏』也；『但見新人笑，那聞舊人哭』，『不我慉以』也；『在山泉水清，出山泉水濁』，『涇以渭濁，湜湜其沚』也；『侍婢賣珠回，牽蘿補茅屋』，『我有旨蓄，亦以御冬』也。蓋怨而不怒，彼此同情也。」

〔一〕朱熹《詩集傳》卷二文。

《詩·黍離篇》

彼黍離離，彼稷之苗。行邁靡靡，中心摇摇。知我者謂我心憂，不知我者謂我何求。悠悠蒼天，此何人哉？

彼黍離離，彼稷之穗。行邁靡靡，中心如醉。知我者謂我心憂，不知我者謂我何求。悠悠蒼天，此何人哉？

彼黍離離，彼稷之實。行邁靡靡，中心如噎。知我者謂我心憂，不知我者謂我何求。悠悠蒼天，此何人哉？

此篇爲周大夫閔宗周之顛覆而作。自此而「王」降爲「風」，空有其號，豈不痛哉！謝叠山先生云：「吾觀十二《國風》，羣臣庶民，無一人知天下大義。『王于興師，與子同仇』，獨《無衣》一詩猶有義氣，不知斯人何以生於秦也？秦人能以天王之仇爲天下之同仇，平王不能以厥考之怨爲一人之私怨，人之度量，相越如是哉！吾於《黍離》《無衣》二詩重有感也。」[一]

[一] 謝枋得《詩傳注疏》文。

余按：平王以王畿八百里之地盡付他人，周於是日益弱，秦於是日益强。讀《黍離》一篇，不勝世運升降之感矣。謝又云：「『中心如醉』『中心如噎』，憂之甚而昏之如醉，不止於摇摇矣。心憂之極如哽噎然，口不能言，氣不能舒，又不止如醉矣。」〔一〕愈進愈深，益見其痛心之極也。

《詩·鴇羽篇》

肅肅鴇羽，集于苞栩。王事靡盬，不能蓺稷黍。父母何怙？悠悠蒼天！曷其有所？

肅肅鴇翼，集于苞棘。王事靡盬，不能蓺黍稷。父母何食？悠悠蒼天！曷其有極？

肅肅鴇行，集于苞桑。王事靡盬，不能蓺稻粱。父母何嘗？悠悠蒼天！曷其有常？

此篇《傳》謂：「昭公之後，大亂五世，君子下從征役，不得養其父母而作。」

余按：此詩音節淒楚已極，讀之而不動其孝思者，非人也。

〔一〕謝枋得《詩傳注疏》文，文中「昏之如醉」作「昏昏如醉」。

《詩・蓼莪篇》

【釋】先生説此篇並載《茹經堂文集》四編卷四，題《〈詩・小雅・蓼莪篇〉講義》。

蓼蓼者莪，匪莪伊蒿。哀哀父母，生我劬勞。

蓼蓼者莪，匪莪伊蔚。哀哀父母，生我勞瘁。

缾之罄兮，維罍之恥。鮮民之生，不如死之久矣！無父何怙，無母何恃。出則銜恤，入則靡至。

父兮生我，母兮鞠我。拊我畜我，長我育我。顧我復我，出入腹我。欲報之德，昊天罔極。

南山烈烈，飄風發發。民莫不穀，我獨何害。

南山律律，飄風弗弗。民莫不穀，我獨不卒。

此詩朱子謂：「人民勞苦，孝子不得終養而作。」〔一〕謝疊山先生評文，以「生我」章

〔一〕朱熹《詩集傳》卷一二文。

最爲沈摯，見《十三經札記》〔一〕。余謂此詩傳神全在數「我」字，痛心之極亦在數「我」字。我身，父母之所賜也，其何以報父母之德乎？嗚呼！我鮮民也，尚忍讀此詩乎？

編者謹按：唐先生《詩小雅蓼莪篇講義》更詳詩義與詩法云：

此詩爲千古孝思絶作。首二章相聯屬。莪即《小雅・菁莪》之莪，係美草，常抱宿根而生，有子依母之象，俗云抱娘蒿。至蒿蔚則散生，非叢生也。詩人興〔二〕而兼比，見蓼莪本可依親膝下，而蒿蔚則遠散。讀「哀哀父母」四句，悽然欲絶矣。

三、四章相聯屬。三章言無親之苦，四章言育子之艱。瓶罄罍耻，言勺水俱無，何以得養。鮮者，孤也。如此孤露之民，椎心泣血，曷若早死之爲愈乎？怙亦依賴之義。人之初生，怙父而恃母，至於長而行役，則父無怙而母無恃，此所以出門而銜恤。恤者，憂也。上堂不見親，入室不見親，家室全非，靡止息之地矣。

〔一〕謝枋得《詩傳注疏》文曰：「天生萬物，其恩無窮，萬物無能報其恩者。父母生子，其恩如天之無窮，子亦無可以報其恩者。此章形容父母愛子之心，盡之矣。父兮生我，如天之生物也；母兮鞠我，如地之養物也。」唐先生收録於《十三經讀本評點劄記》卷九。

〔二〕「興」字原作「與」。朱熹《詩集傳》云「興」，唐先生則以莪常抱宿根之形態，而説之以「兼比」，此「實事求是」之解讀也。

謝疊山先生謂：「生我如天之生物，鞠我如地之養物。拊者以手撫摩，察其肥瘠；畜者謹其出入，察其起居，惟恐其疾病；長者如南風長養萬物，調和其寒暖，滋養其血氣；育者如《易》云『育德』、《孟子》云『教育』，涵養其德性，開導其聰明；顧者，父母行而兒不隨，則回首以顧之，如有所遺也；復者，兒行而父母不隨，則追尋而呼之歸，如有所失也；腹者，懷抱之也，父母有所往，將出門，懷抱其子而未忍捨，父母自外歸，既入門，懷抱其子而不肯置。人能深思此義，必不忘父母之恩矣。」〔一〕

余謂：九「我」字如追魂攝魄。父母之魂魄繫於其子，則子之魂魄自當依於其親。尤要者在「顧」、「復」、「腹」三字。謝氏僅就平時近別而言，若至喪亂遠離之時，則顧復頻頻，揮涕如綆矣。腹者非僅懷抱，若鍥之於心而不能舍也。嗚呼！父母之愛子若此，爲人子者亦有銘心刻骨之愛於其父母乎？夫家庭之際，非可以報施言也。然即以報施言之，報之寧有窮期乎？如「昊天之罔極」矣。

末二章相聯屬。烈烈、律律、發發、弗弗皆言行役之艱苦。山川悠遠，不違出矣。凡民莫不善，我獨何害？「害」字協韻讀曷，仍作禍害字解，言獨受害也。不卒，不得終養也。悱惻纏綿，幾於一字一淚。

〔一〕元儒劉瑾《詩傳通釋》卷一二引。

《陟岵》《鴇羽》思念於父母尚全之日，猶希冀可以補報也；《蓼莪》傷感於父母既没之後，罔極之恩，無可報矣。樹欲静而風不定，子欲養而親不待，終天之痛，何時已哉？晉王裒以父死非罪，每讀《詩》至「哀哀父母，生我劬勞」，爲之三復流涕，受業者爲廢此篇。然要知子淵〔一〕門人所以廢此篇者，欲抑子淵之哀，而吾輩所以不忍廢此篇者，人子當終身不忘其親。然而，竟有至於忘親者，則不得不誦此詩，以警醒其良知也。司馬子長曰：「疾病慘怛，未嘗不呼父母也。」〔二〕嗚呼！吾呼父母而父母不得聞矣！然則人子當親在之時，春暉之報，其可須臾忽乎？曾子曰：「親既没，雖欲孝，誰爲孝乎？」〔三〕故曰孝有不及。嗚呼！念之哉！

諸葛武侯《出師表》

臣亮言：先帝創業未半，而中道崩殂。今天下三分，益州罷敝，此誠危急存亡之秋也。然侍衛之臣，不懈於内；忠志之士，忘身於外者，蓋追先帝之殊遇，欲報之於陛下也。誠宜開張聖聽，以光先帝遺德，恢宏志士之氣；不宜妄自菲薄，引喻失義，以塞忠諫之路也。

〔一〕按：王裒字偉元，子淵乃王褒之字，唐先生誤記。
〔二〕司馬遷《史記・屈原列傳》卷一二一文。
〔三〕《大戴禮記・曾子疾病》文曰：「親戚既殁，雖欲孝，誰爲孝？」

宮中府中，俱爲一體，陟罰臧否，不宜異同。若有作奸犯科，及爲忠善者，宜付有司，論其刑賞，以昭陛下平明之治，不宜偏私，使内外異法也。

侍中、侍郎郭攸之、費禕、董允等，此皆良實，志慮忠純，是以先帝簡拔以遺陛下。愚以爲宮中之事，事無大小，悉以諮之，然後施行，必能裨補闕漏，有所廣益。將軍向寵，性行淑均，曉暢軍事，試用於昔日，先帝稱之曰能，是以衆議舉寵爲督。愚以爲營中之事，事無大小，悉以諮之，必能使行陣和穆，優劣得所也。

親賢臣，遠小人，此先漢所以興隆也；親小人，遠賢臣，此後漢所以傾頹也。先帝在時，每與臣論此事，未嘗不歎息痛恨於桓、靈也。侍中、尚書、長史、參軍，此皆貞亮死節之臣也，願陛下親之信之，則漢室之隆，可計日而待也。

臣本布衣，躬耕於南陽，苟全性命於亂世，不求聞達於諸侯。先帝不以臣卑鄙，猥自枉屈，三顧臣於草廬之中，諮臣以當世之事，由是感激，遂許先帝以驅馳。後值傾覆，受任於敗軍之際，奉命於危難之間，爾來二十有一年矣。先帝知臣謹慎，故臨崩寄臣以大事也。受命以來，夙夜憂勤，恐託付不效，以傷先帝之明。故五月渡瀘，深入不毛。今南方已定，兵甲已足，當獎帥三軍，北定中原，庶竭駑鈍，攘除奸凶，興復漢室，還于舊都。此臣之所以報先帝而忠陛下之職分也。

至於斟酌損益，進盡忠言，則攸之、禕、允之任也。願陛下託臣以討賊興復之效；不效，則治臣之罪，以告先帝之靈。若無興德之言，則責攸之、禕、允之咎，以彰其慢。陛下亦宜自謀，以諮諏善道，察納雅言，深追先帝遺詔。臣不勝受恩感激，今當遠離，臨表涕泣，不知所云。

哀感惻楚，讀之如聞臨表涕泣之聲，其精誠可配《鴟鴞》《東山》之詩矣。「先帝」凡十三見，冀喚醒後主之心也。「親賢臣」一段，蓋已燭黄皓等之奸，故爲匣劍帷燈之語，其用心苦矣。

天下惟有真性情者，乃有真才具，故孟子以情與才並稱。而俗語亦稱才情，未有無情而能有才者也。人謂無才者不可用，吾謂無情者更不可用。如此文方可謂之真性情文字。

曾文正論文，重一「茹」字。余謂讀此等文，當得一「咽」字訣。惟其淒入心脾，故處處咽住，切忌讀之太速。

編者謹按：唐先生《交通大學演講録》三集（下）第五期《諸葛武侯〈出師表〉研究法》詳論云：

方望溪評云：「孔明早見後主躬自菲薄，性近小人，恐其遠離師保，志趣日遷，故宫、府、營陳，悉屬之貞良，以謹持其政柄。又恐不能傾心信用，故首言國勢危急，使知負荷之難；中則痛恨桓、靈以爲傾頹之鑒；終則使之自謀，以警其昏蒙。而皆稱先帝以臨之，使知沮忠良之氣，必墮先帝之業；蹈桓、靈之轍，必傷先帝之心；棄善道、忽雅言，是悖先帝之遺命。其言語氣象雖不能上比伊、周，而絶非兩漢文士之所能近似矣。」又曰：「戰國之文峭而儇，惟樂毅《報燕王書》從容寬博，有叔向、國僑遺風。東漢之文滯而繁，惟孔明此表高朗切至，實《尚書》陳戒之苗裔。故曰：『言者心之聲也。』惟其有之，是以似之。謂文章限於時代，特俗子之鄙談耳。」〔一〕

曾文正評云：「古人絶大事業，恒以精心敬慎出之。以區區蜀漢一隅，而欲出師關中，北伐曹魏，其志願之宏大，事勢之艱危，亦古今所罕見。而此文不言艱鉅，但言志氣宜恢宏，刑賞宜平允，君宜以親賢納言爲務，臣宜以討賊進諫爲職而已。故知不朽之文，必自襟度遠大，思慮精微始也。」又云：「前漢宫禁，尚參用士人。後漢宫中，如常侍、小黄門之屬，則悉用閹人，不復雜調他士，與府中有内外之分，大亂朝政。諸葛公鑒於桓、靈之失，痛憾閹宦，故力陳宫中府中宜爲一體，蓋恐宦官日親，賢臣日疏，内外隔閡也。公以丞相而兼元帥，凡宫中，府中以及營中之事，無不兼綜。公舉郭、費、董三人治宫中之事，舉向寵治營中之事，

〔一〕姚鼐《古文辭類纂》卷一五引方苞文。

殆皆指留守成都者言之。其府中之事，則公所自治，百司庶政，皆公在軍中親爲裁決焉。」〔一〕

陳石遺評云：「姚姬傳謂：『此文乃似劉子政，東漢奏議，蔑有逮者。』竊謂武侯此表，前半可言似子政。『臣本布衣』以下，自述生平志事，聲情激越，與子政不同。蘇子瞻以爲《出師表》與《伊訓》《説命》相表裏。《伊訓》《説命》乃晉人僞作之書，而採摭古書名言，詞氣力求樸質，《出師表》固可與相伯仲也。」又云：「此表中段，的是三國時文。上變漢京之樸茂，下開六朝之雋爽，其氣韻鮮有能辨之者。」〔二〕

愚按：《孟子》論性，以情與才並稱，後人統稱才情〔三〕。往嘗論曾子言「可以託六尺之孤」二句，情與才各居其半，至「臨大節而不可奪」〔四〕，則純係至情，而才無與焉。唐李漢言「周情孔思」〔五〕，千古文章，情深莫如周公，讀《書·金縢篇》《詩·鴟鴞》《東山篇》可見忠孝皆至情

〔一〕曾國藩《求闕齋讀書録》卷四《三國志·諸葛亮傳》文。
〔二〕陳衍《石遺室論文》卷三《三國六朝》文。
〔三〕《孟子·告子》載孟子答公都子問「性可以爲善，可以爲不善」曰：「乃若其情，則可以爲善矣，乃所謂善也。若夫爲不善，非才之罪也。」此才情相提並論之所出。
〔四〕《論語·泰伯》文。
〔五〕李漢《韓吏部侍郎昌黎先生諱愈文集序》云：「日光玉潔，周情孔思，千態萬貌，卒澤於道德仁義，炳如也。」

也。此文處處提先帝，與《左傳》宋穆公告孔父之辭處處提先君〔一〕，意雖同而情更深，所以激動孝思，真情畢露矣。至於宫中、營中之事，委託貞諒死節之臣，遠賢親佞，痛恨後漢之傾頹。後幅叙先帝之知遇，忠肝義膽，字字血淚，直可上配周公，迺天地間有數文字。蘇子瞻比於《伊訓》《説命》〔二〕。竊謂伊、傅雖同是匡正君德，然彼則邃於理，此則深於情，不獨用意迴殊，文體亦判然各異。試取原文往復朗誦，審其識度，繹其情韻，不覺悽然墮淚。宋歐陽永叔作《瀧岡阡表》，一忠一孝，皆與日月争光矣！

韓退之《祭十二郎文》

年月日，季父愈聞汝喪之七日，乃能銜哀致誠，使建中遠具時羞之奠，告汝十二郎之靈：

嗚呼！吾少孤，及長，不省所怙，惟兄嫂是依。中年，兄殁南方，吾與汝俱幼，從嫂歸葬河陽。既又與汝就食江南，零丁孤苦，未嘗一日相離也。吾上有三兄，皆不幸早世。承先人後者，在孫惟汝，

〔一〕《左傳·隱公三年》載：「宋穆公疾，召大司馬孔父而屬殤公焉，曰：『先君舍與夷而立寡人，寡人弗敢忘。若以大夫之靈，得保首領以没，先君若問與夷，其將何辭以對？請子奉之，以主社稷，寡人雖死，亦無悔焉。』對曰：『羣臣願奉馮也。』公曰：『不可。先君以寡人爲賢，使主社稷，若棄德不讓，是廢先君之舉也，豈曰能賢？光昭先君之令德，可不務乎？吾子其無廢先君之功。』使公子馮出居於鄭。八月庚辰，宋穆公卒，殤公即位。」

〔二〕蘇軾《樂全先生文集叙》云：「《出師表》簡而且盡，直而不肆，大哉言乎！與《伊訓》《説命》相表裏，非秦、漢以來以事君爲悦者所能至也。」

在子惟吾。兩世一身，形單影隻。嫂常撫汝指吾而言曰：「韓氏兩世，惟此而已！」汝時尤小，當不復記憶。吾時雖能記憶，亦未知其言之悲也。

吾年十九，始來京城。其後四年而歸視汝。又四年，吾往河陽省墳墓，遇汝從嫂喪來葬。又二年，吾佐董丞相於汴州，汝來省吾。止一歲，請歸取其孥。明年，丞相薨。吾去汴州，汝不果來。是年吾佐戎徐州，使取汝者始行，吾又罷去，汝又不果來。吾念汝從于東，東亦客也，不可以久。圖久遠者，莫如西歸，將成家而致汝。嗚呼！孰謂汝遽去吾而歿乎！吾與汝俱少年，以爲雖暫相別，終當久相與處，故捨汝而旅食京師，以求斗斛之禄。誠知其如此，雖萬乘之公相，吾不以一日輟汝而就也！

去年孟東野往，吾書與汝曰：「吾年未四十，而視茫茫，而髮蒼蒼，而齒牙動摇。念諸父與諸兄，皆康彊而早世。如吾之衰者，其能久存乎？吾不可去，汝不肯來，恐旦暮死，而汝抱無涯之戚也。」孰謂少者歿而長者存，彊者夭而病者全乎！嗚呼！其信然邪？其夢邪？其傳之非其真邪？信也，吾兄之盛德而夭其嗣乎？汝之純明而不克蒙其澤乎？少者彊者而夭歿，長者衰者而存全乎？未可以爲信也。夢也，傳之非其真也。東野之書，耿蘭之報，何爲而在吾側也？嗚呼！其信然矣！吾兄之盛德而夭其嗣矣！汝之純明、宜業其家者，不克蒙其澤矣！所謂天者誠難測，而神者誠難明矣！所謂理者不可推，而壽者不可知矣！雖然，吾自今年來，蒼蒼者或化而爲白矣，動摇者或脱而落矣。毛血日益衰，志氣日益微，幾何不從汝而死也。死而有知，其幾何離；其無知，悲不幾時，而不悲者無窮期矣。汝之子始十歲，吾之子始五歲。少而彊者不可保，如此孩提者，又可冀其成立邪？嗚呼哀哉！嗚呼哀哉！

汝去年書云：「比得軟脚病，往往而劇。」吾曰：「是疾也，江南之人，常常有之。」未始以爲憂也。嗚呼！其竟以此而殞其生乎？抑別有疾而至斯乎？汝之書，六月十七日也。東野云：汝殁以六月二日；耿蘭之報無月日。蓋東野之使者，不知問家人以月日；如耿蘭之報，不知當言月日。東野與吾書，乃問使者，使者妄稱以應之耳。其然乎？其不然乎？

今吾使建中祭汝，弔汝之孤，與汝之乳母。彼有食可守，以待終喪，則待終喪而取以來；如不能守以終喪，則遂取以來。其餘奴婢，並令守汝喪。吾力能改葬，終葬汝於先人之兆，然後惟其所願。嗚呼！汝病吾不知時，汝殁吾不知日；生不能相養以共居，殁不得撫汝以盡哀；斂不憑其棺，窆不臨其穴。吾行負神明而使汝夭，不孝不慈，而不得與汝相養以生，相守以死。一在天之涯，一在地之角，生而影不與吾形相依，死而魂不與吾夢相接。吾實爲之，其又何尤！彼蒼者天，曷其有極！

自今已往，吾其無意於人世矣。當求數頃之田於伊潁之上，以待餘年。教吾子與汝子，幸其成，長吾女與汝女，待其嫁，如此而已。嗚呼！言有窮而情不可終，汝其知也邪？其不知也邪？嗚呼哀哉！尚饗。

歷叙生前離合之因，復計死後兒女之事，絮絮道家常，讀之淚雨落不能掩。昔人謂韓子長於陽剛之文，此獨非陰柔之至者乎？蓋賢者固無所不能，而至情至性，更不可磨滅也。

司馬子長《報任少卿書》、柳子厚《與京兆許孟容書》，多淒入心脾之語。惟子長書多怨，子厚書略蕪，故不録彼而録此。

駢文中如洪稚存《傷知己賦序》、汪容甫《自序》，亦均淒入心脾。惟牢愁已甚，非學者所宜誦習，故亦不録。

歸熙甫《先妣事略》

先妣周孺人，弘治元年二月十一日生。年十六來歸。逾年生女淑静；淑静者，大姊也。期而生有光。又期而生女、女子，殤一人。期而不育者一人。又逾年生有尚。姙十二月。逾年生淑順。一歲又生有功。

有功之生也，孺人比乳他子加健，然數顰蹙顧諸婢曰：「吾爲多子苦。」老嫗以杯水盛二螺進曰：「飲此後，姙不數矣。」孺人舉之盡，喑不能言。

正德八年五月二十三日，孺人卒。諸兒見家人泣，則隨之泣，然猶以爲母寢也。傷哉！於是家人延畫工畫，出二子命之曰：「鼻以上畫有光，鼻以下畫大姊。」以二子肖母也。

孺人諱桂。外曾祖諱明；外祖諱行，太學生；母何氏。世居吴家橋，去縣城東南三十里。由千墩浦而南，直橋並小港以東，居人環聚，盡周氏也。外祖與其三兄皆以資雄，敦尚簡實，與人姁姁説村中語，見子弟甥姪無不愛。

孺人之吴家橋，則治木緜，入城則緝纑。燈火熒熒，每至夜分。外祖不二日使人問遺。孺人不憂米鹽，乃勞苦若不謀夕。冬月鑪火炭屑，使婢子爲團，累累暴階下。室靡棄物，家無閑人。兒女大者攀衣，小者乳抱，手中紉綴不輟，户内〔一〕灑然。遇僮奴有恩，雖至箠楚，皆不忍有後言。吴家橋歲致魚、蟹、餅餌，率人人得食。家中人聞吴家橋人至，皆喜。

有光七歲，與從兄有嘉入學。每陰風細雨，從兄輒留，有光意戀戀，不得留也。孺人中夜覺寢，促有光暗誦《孝經》，即熟讀，無一字齟齬，乃喜。

孺人卒，母何孺人亦卒。周氏家有羊狗之痾，舅母卒，四姨歸顧氏又卒，死三十人而定，惟外祖與二舅存。

孺人死十一年，大姊歸王三接，孺人所許聘者也。十二年，有光補學官弟子。十六年而有婦，孺人所聘者也。期而抱女，撫愛之，益念孺人。中夜與其婦泣，追惟一二，彷彿如昨，餘則茫然矣。世乃有無母之人，天乎痛哉！

〔一〕「内」字原誤作「外」。

純用白描法，令無母之人讀之，自然淚涔涔下，真血性文字也。張皋文《先妣事略》與此相類，然微有不逮者，非天性之不如，蓋文字稍亞耳，學者宜參閱之。

説經鏗鏗法

適用於釋經解字之文，貴簡鍊精當，宜明古經師家法，忌淩雜無序。

《易·繫辭傳》（節録）

「鳴鶴在陰，其子和之；我有好爵，吾與爾靡之。」子曰：「君子居其室，出其言善，則千里之外應之，況其邇者乎；居其室，出其言不善，則千里之外違之，況其邇者乎。言出乎身，加乎民；行發乎邇，見乎遠。言行，君子之樞機。樞機之發，榮辱之主也。言行，君子之所以動天地也，可不慎乎？」

「勞謙，君子有終，吉。」子曰：「勞而不伐，有功而不德，厚之至也。語以其功，下人者也。德言盛，禮言恭；謙也者，致恭以存其位者也。」

「不出户庭，无咎。」子曰：「亂之所生也，則言語以爲階。君不密則失臣，臣不密則失身，幾事不密則害成。是以君子慎密而不出也。」子曰：「作《易》者其知盜乎？《易》曰：『負且乘，致寇至。』負也者，小人之事也；乘也者，君子之器也。小人而乘君子之器，盜思奪之矣；上慢下暴，盜思伐之矣。慢藏誨盜，冶容誨淫。《易》曰：『負且乘，致寇至。』盜之招也。」

《易》曰：「憧憧往來，朋從爾思。」子曰：「天下何思何慮？天下同歸而殊塗，一致而百慮。天下何思何慮？日往則月來，月往則日來，日月相推而明生焉。寒往則暑來，暑往則寒來，寒暑相推而歲成焉。往者屈也，來者信也，屈信相感而利生焉。尺蠖之屈，以求信也。龍蛇之蟄，以存身也。精義入神，以致用也。利用安身，以崇德也。過此以往，未之或知也。窮神知化，德之盛也。」

《易》曰：「公用射隼于高墉之上，獲之无不利。」子曰：「隼者禽也，弓矢者器也，射之者人也。君子藏器於身，待時而動，何不利之有？動而不括，是以出而有獲，語成器而動者也。」子曰：「小人不耻不仁，不畏不義，不見利不勸，不威不懲；小懲而大誡，此小人之福也。《易》曰：『履校滅趾无咎。』此之謂也。善不積，不足以成名；惡不積，不足以滅身。小人以小善爲无益而弗爲也，以小惡爲无傷而弗去也，故惡積而不可揜，罪大而不可解。《易》曰：『何校滅耳凶。』」

子曰：「危者安其位者也，亡者保其存者也，亂者有其治者也。是故君子安而不忘危，存而不忘亡，治而不忘亂，是以身安而國家可保也。《易》曰：『其亡其亡，繫于苞桑。』」

子曰：「德薄而位尊，知小而謀大，力少而任重，鮮不及矣。《易》曰：『鼎折足，覆公餗，其形渥，凶。』言不勝其任也。」

子曰：「知幾其神乎！君子上交不諂，下交不瀆，其知幾乎。幾者，動之微，吉之先見者也。君子見幾而作，不俟終日。《易》曰：『介于石，不終日，貞吉。』介如石焉，寧用終日？斷可識矣。君子知微知彰，知柔知剛，萬夫之望。」

子曰：「君子安其身而後動，易其心而後語，定其交而後求。君子修此三者，故全也。危以動，則民不與也；懼以語，則民不應也；无交而求，則民不與也；莫之與，則傷之者至矣。《易》曰：『莫益之，或擊之，立心勿恒，凶。』」

此十數節，包括修己治人之綱，關係人情物理之要，可作座右銘，可作家庭訓，宜終身熟讀之。

「《易》曰憧憧往來」四節，係逐層脱卸法。因「往來」而言日月、寒暑，因「屈信」而言尺蠖、龍蛇，因「崇德」而言德之盛也，意義一層深一層。

説《易》最忌支離，如「公用射隼于高墉之上」，程子謂：「若以後儒釋之，必以卦

象如何分配，而夫子僅言『隼者禽也』云云，可見不必拘於象數矣。」〔一〕

「小人不耻不仁」節，八「不」字，八種用法。較之《論語》「不憤不啓」、《左傳》「不備不虞」，尤爲奇特，此造句變化法之最神奇者。

「幾」字爲人生最要之事。能知心幾，然後能知事幾。故心幾不靈警者，不足以治事，不足以閲世而觀人。治心幾當奈何？讀書窮理而已。

《孟子》「小弁」章

公孫丑問曰：「高子曰：『《小弁》，小人之詩也。』」

孟子曰：「何以言之？」

曰：「怨。」

曰：「固哉高叟之爲詩也！有人於此，越人關弓而射之，則己談笑而道之；無他，疏之也。其兄關弓

〔一〕朱熹《朱子語類》卷一〇三記載張南軒述程子之學，文中曰：「林艾軒在行在，一日訪南軒，曰：『程先生《語録》，某却看得；《易傳》，看不得。』南軒曰：『何故？』林曰：『《易》有象數，伊川皆不言，何也？』南軒曰：『孔子説《易》不然。《易》曰：「公用射隼于高墉之上，獲之無不利。」如以象言，則公是甚？射是甚？隼是甚？高墉是甚？聖人止曰：「隼者，禽也；弓矢者，器也；射之者，人也。君子藏器於身，待時而動，何不利之有！」』」

而射之，則己垂涕泣而道之；無他，戚之也。小弁之怨，親親也。親親，仁也。固矣夫高叟之爲詩也！」曰：「《凱風》何以不怨？」曰：「《凱風》，親之過小者也；《小弁》，親之過大者也。親之過大而不怨，是愈疏也；親之過小而怨，是不可磯也。愈疏，不孝也；不可磯，亦不孝也。孔子曰：『舜其至孝矣，五十而慕。』」

凡説經之文，莫妙於用分疏法。此文第二、第四節皆用分疏，故清晰靈警。孟子得曾子、子思之傳，最深於《詩》學，讀「咸丘蒙」章可見。

許叔重《説文解字敘》

敘曰：古者庖犧氏之王天下也，仰則觀象於天，俯則觀法於地，視鳥獸之文，與地之宜，近取諸身，遠取諸物；於是始作《易》八卦，以垂憲象。及神農氏結繩爲治，而統其事。庶業其緐，飾僞萌生。黄帝之史倉頡，見鳥獸蹏迒之迹，知分理之可相别異也，初造書契。百工以乂，萬品以察，蓋取諸夬。「夬，揚于王庭。」言文者宣教明化於王者朝廷〔一〕，「君子所以施禄及下，居德則忌」也。

〔一〕「廷」字原作「庭」。

倉頡之初作書，蓋依類象形，故謂之文。其後形聲相益，即謂之字。文者物象之本，字者言孳乳而寖多也。著於竹帛謂之書。書者如也。以迄五帝三王之世，改易殊體，封于泰山者，七十有二代，靡有同焉。

《周禮》：八歲入小學，保氏教國子先以六書。一曰指事。指事者，視而可識，察而見意，「二」、「二」是也。二曰象形。象形者，畫成其物，隨體詰詘，「日」、「月」是也。三曰形聲。形聲者，以事爲名，取譬相成，「江」、「河」是也。四曰會意。會意者，比類合誼，以見指撝，「武」、「信」是也。五曰轉注。轉注者，建類一首，同意相受，「考」、「老」是也。六曰假借。假借者，本無其字，依聲託事，「令」、「長」是也。及宣王大史籀著《大篆》十五篇，與古文或異。至孔子書六經、左丘明述《春秋傳》，皆以古文，厥意可得而説。

其後諸侯力政，不統於王。惡禮樂之害己，而皆去其典籍。分爲七國，田疇異畮，車塗異軌，律令異灋，衣冠異制，言語異聲，文字異形。秦始皇帝初兼天下，丞相李斯乃奏同之，罷其不與秦文合者。斯作《倉頡篇》，中車府令趙高作《爰歷篇》，大史令胡毋敬作《博學篇》，皆取史籀《大篆》，或頗省改，所謂小篆者也。是時秦燒滅經〔一〕書，滌除舊典。大發吏卒，興戍役。官獄職務繇，初有隸書，以趣約易，而古文由此絶矣。自爾秦書有八體：一曰大篆，二曰小篆，三曰刻符，四曰蟲書，五曰摹

〔一〕「經」原誤作「詩」。

印，六曰署書，七曰殳書，八曰隸書。

漢興有草書。《尉律》：「學僮十七已上，始試。諷籀書九千字，乃得爲史。」又以八體試之。郡移大史并課，最者以爲尚書史。書或不正，輒舉劾之。今雖有《尉律》，不課，小學不修，莫達其説久矣。孝宣皇帝時，召通《倉頡》讀者，張敞從受之。涼州刺史杜業、沛人爰禮、講學大夫秦近，亦能言之。孝平皇帝時，徵禮等百餘人，令説文字未央廷中，以禮爲小學元士。黄門侍郎揚雄，采以作《訓纂篇》。凡《倉頡》已下十四篇，凡五千三百四十字，羣書所載，略存之矣。

及亡新居攝，使大司空甄豐等校文書之部。自以爲應制作，頗改定古文。時有六書：一曰古文，孔子壁中書也。二曰奇字，即古文而異也。三曰篆書，即小篆，秦始皇帝使下杜人程邈所作也。四曰左書，即秦隸書。五曰繆篆，所以摹印也。六曰鳥蟲書，所以書幡信也。

壁中書者，魯恭王壞孔子宅，而得《禮記》《尚書》《春秋》《論語》《孝經》。又北平侯張蒼，獻《春秋左氏傳》。郡國亦往往於山川得鼎彝，其銘即前代之古文，皆自相似。雖叵復見遠流，其詳可得略説也。而世人大共非訾，以爲好奇者也。故詭更正文，鄉壁虛造不可知之書，變亂常行，以耀於世。諸生競逐説字、解經誼，稱秦之隸書，爲倉頡時書，云：「父子相傳，何得改易！」乃猥曰：「馬頭人爲長，人持十爲斗，蟲者屈中也。」廷尉説律，至以字斷法：「苛人受錢，苛之字止句也。」若此者甚衆，皆不合孔氏古文，謬於史籀。俗儒鄙夫，翫其所習，蔽所希聞。不見通學，未嘗覩字例之條，怪舊埶而善野言，以其所知爲秘妙，究洞聖人之微恉。又見《倉頡篇》中「幼子承詔」，因曰：「古帝之所作也，其辭有神僊之術焉。」其迷誤不諭，豈不悖哉！

《書》曰：「予欲觀古人之象。」言必遵修舊文，而不穿鑿。孔子曰：「吾猶及史之闕文，今亡矣夫！」蓋非其不知而不問。人用己私，是非無正，巧説衺辭，使天下學者疑。蓋文字者經藝之本，王政之始。前人所以垂後，後人所以識古。故曰：「本立而道生。」知天下之至嘖而不可亂也。今叙篆文，合以古籀；博采通人，至於小大；信而有證，稽譔其説。將以理羣類，解謬誤，曉學者，達神恉。分别部居，不相雜厠也。萬物咸覩，靡不兼載。厥誼不昭，爰明以諭。其稱《易》孟氏、《書》孔氏、《詩》毛氏、《禮》周官、《春秋》左氏、《論語》、《孝經》，皆古文也。其於所不知，蓋闕如也。

歷叙源流，自然古質。

叔重是書，蓋象《易》而作，故以「一」字冠於編，而解之曰：「惟初太極，道立於一；造分天地，化成萬物。」[一] 蓋窮理盡性之書也。後學解字，必須有益於身心世道，兼被於實用，方爲許氏家法。

[一] 許慎《説文解字》卷一「一部」釋「一」字文。本文中「惟初太極」，《説文》作「惟初太始」。

潘鳳洲《倉頡作書始於甲子說》

「倉頡作書，始於甲子」〔一〕，此悠謬之說也。許氏《說文解字叙》曰：「古者庖羲氏之王天下也，仰則觀象於天，俯則觀灋於地，眎鳥獸之文，與地之宜，近取諸身，遠取諸物；於是始作《易》八卦，以垂憲象。」又曰：「黃帝之史倉頡，見鳥獸蹏迒之迹，知分理之可相別異也，初造書契。百工以乂，萬品以察，蓋取諸夬。」其言本《易傳》，見上古聖人易結繩之治，畫卦與作書同原，無可疑者。「甲」象人頭，「子」象小兒形。見之鐘鼎彝器者，甲或作「」，子或作「」。書契之初，必从簡易，斷爲最初之古文則可；必執二文謂倉史作書，造耑於此，不應制字之首，舍「仰觀俯察」而先「近取諸身」者也。

然則倉頡作書宜何始？曰：「始於一。」「一」者何也？即伏羲畫卦之「一」也。一生二，二生三，三生萬物。天以之清，地以之平。《說文》注「不」字，以一爲天〔二〕；注「至」字以一爲地〔三〕，皆古古相傳之學。蓋「一」者《易》之奇，是爲乾元。乾元入坤，成既濟定。乾元用九，乃見天則。《說文》注

〔一〕《鶡冠子·近迭》云：「蒼頡作法，書從甲子。」即潘氏所斥之謬說。
〔二〕《說文解字·不部》云：「不：鳥飛上翔不下來也。從一，一猶天也。象形。」
〔三〕《說文解字·至部》云：「至：鳥飛从高下至地也。从一，一猶地也。象形。」

曰：「惟初大始，道立於一。」非始於一，萬事萬末繇推見。

且甲子者，陰陽之用。「《易》有大極，是生兩儀」，未有「⚊」不能有「⚋」，未有⚍，不能有陰陽。畫卦與書契，時有先後，聖有作述而已，非二本也。或以《鶡冠》異説，「倉頡作書，始於甲子」，欲叚大撓制憲，依附證成，則隸首作數，與倉頡、大撓同。

時憲必出於數，數必出於一。言作書始於「一」，合於庖犧之《易》，合於孔子之《大傳》，合於《周官》保氏六書之學，合於許氏所受兩漢經師之傳，亦合於治憲作數。言作書始於甲子，不合於經，不合於傳，不合於禮，不合於家法，并不合於時憲算數。

説經之文，最忌迂拘複叠。此文爽利無比，可一破拘攣之習。

經學家文集，以阮芸臺《揅經室集》、段懋堂《經韻樓集》爲最，次則錢竹汀《潛研堂集》、孫淵如《問字堂集》。又王蘭泉所選《湖海文傳》，均佳。讀之可得門徑。

唐蔚芝《孟子大義序》

聖賢之士，所以栖栖皇皇，不惜以其一身爲犧者，志在救民而已矣。《孟子》一書，尊民之學也。其言曰：「民爲貴，社稷次之，君爲輕。」天下可愛者民，可畏者民，可親可寶者民；養君惟民，保君亦惟民。是故民以君爲天，而國以民爲本。後世人主，不知此誼，於是乎虐民殄民，戕賊其民，吸民之脂膏，椎民之骨髓，以殺其民，此亡國破家所以相隨屬也。孔子曰：「舉直錯諸枉，則民服；舉枉錯諸直，則民不服。」見負版者則式之，此尊民之學也。孟子願學孔子，故一以尊民爲旨，而又大暢厥辭。昔者孔子慨想大同之世，喟然歎曰：「大道之行也，與三代之英。」而孟子則曰：「中天下而立，定四海之民。」先聖後聖，其揆一也，志在救民而已矣。

堯、舜之道，孝弟爲先。儒者之義，出處進退爲大。孟子論虞舜之孝曰：「不得乎親，不可以爲人；不順乎親，不可以爲子。大孝終身慕父母。」又曰：「事孰爲大？事親爲大。守孰爲大？守身爲大。」蓋孟子得曾子之傳者也，曾子守身以事親者也。孟子本大孝立孝之旨，而發揮其宏綱，故言孝弟者，必以孟子爲本。孝弟者，生機也，人道之所以生生而不息也。孟子又得子思之傳者也。子思子氣節最嚴，出處進退之間，懔乎不少假借，故「魯繆公無人乎子思之側，則不能安子思」；「亟問，亟餽鼎肉，子思不悅。於卒也摽使者出諸大門之外，北面再拜稽首而不受」。孟子私淑子思，故曰：「吾未聞枉己而正人者也。故將大有爲之君，必有所不召之臣。」子思有壁立萬仞之氣概，孟子有泰山巖巖之精神。是故言出處進退者，必以孟子爲本。士未有不講出處進退之大義，而見齒於儒林者也。

政治之學，當世無可與言者，則尚友古人而聽其詔語。不仁者可與言哉？孺子一歌，滄浪渺然，情韻夐絶，天下之至道，亦天下之至文也。曰「出乎爾者，反乎爾者也」，何其言之恕也。曰「既不能令，又不受命」，何其言之悲也。曰「率土地而食人肉，罪不容於死」，何其言之礪齒也。曰「不信仁賢則國空虛，無禮義則上下亂，無政事則財用不足」，何其言之恫心也。凡生於天地之間者，皆曰命。民命之重於天地間當何如？戰國時人君，專務辟土地、充府庫，視民命若土苴、若草芥，故孟子特痛哭流涕，長太息言之。嗚呼！及是時明其政刑，及是時般樂怠敖，同此時也，而求禍求福，判如霄壤，在此心一轉移之間耳。是故言政治學者，必以孟子爲本。

司馬遷曰：「孟子述唐、虞、三代之德，所如不合，退而與萬章之徒，作《孟子》七篇。」蓋公孫丑、萬章皆爲孟子高弟。孔門之徒三千，傳嬗最衆。孟門弟子，不及孔門，佐成七篇之書者，厥惟二子。今讀《公孫丑篇》「知言養氣」，皆孟子生平得力之所在。《萬章》一篇，首揭人倫，推崇虞舜，至矣盡矣。繼乃言唐、虞、三代相與禪讓授受之理，示天下重器，王者大統。天視民視，天聽民聽；謳歌訟獄，悉順民心。剖析精微，折衷至當。而廓然大公之氣象，令人神游皇古之間，古之人蓋未有能道之者。辨義之學，斯爲極則。然則孟子固精義以入神，而公孫、萬章之徒，其學識亦不可及哉！

《告子》一篇，言心性仁義之辨；而「牛山之木」章直揭良心；「魚我所欲」章直揭本心；《盡心》一篇言盡心知性之學；而「不學不慮」章，直揭良知良能。宋陸氏象山之學，直指本心；明王氏陽明之學，專致良知。本所心得，各樹一幟。而論者謂性理也，心兼理氣者也。若專以心之靈氣爲主，期於一超頓悟，則於釋氏之光明寂照，所謂心之精神是謂之聖者，殆無所異，恐非孟氏立教之本意，或且屏絕之，以爲不得與於儒家之列。不知世有乞墦之齊人、龍斷之市儈，雞鳴而起，孳孳爲利，其心縱極卑鄙齷齪，然苟闔户而詔以良心所在，則未有不面赤汗下悚然悔悟者。然則本心之呈露、良知之發見，其有功於世道，固非細也。竊以爲陸氏、王氏之學，不得謂非孟子之支與流裔。且世固有崇拜陽明而國以寖强者矣，通人達士，必不黨同伐異而自隘其門牆也。

孟子曰：「五百年必有王者興，其間必有名世者。」又曰：「由堯、舜至於湯，由湯至於文王，由文王至於孔子，皆五百有餘歲。由孔子而來，百有餘歲。去聖人之世，若此其未遠也；近聖人之居，若此其甚也。」蓋孟子之意，以其學直紹孔子。而司馬遷則曰：「『自周公卒五百歲而有孔子。孔子卒後至於今五百歲，有能紹名世，正《易傳》，繼《春秋》，本《詩》《書》《禮》《樂》之際？』意在斯乎！」是司馬氏之意，欲以《史記》紹孔子，則近於妄矣。余嘗謂自古聖賢，皆躬膺道統之寄，與夫名世之勛，亦非必以五百年爲定。《周易》六子卦，以《乾》《坤》爲主卦；六十四卦，以八卦爲主；而每卦又各自有主爻，元會之運適然。云五百年者，其大較耳。孟子曰：「無有乎爾，則亦無有乎爾。」數百年後有韓子，得孟子之傳者也。又數百年有周、程、張、朱諸子，亦得孟子之傳者也。道之所在，即屬聖賢之統系。「豪傑之士，雖無文王猶興。」烏可以妄自菲薄乎哉！

本朱子輯《孟子要略》之意，發爲文章，頗有灝氣流行之概。孟子自述其宗旨，不過曰：「正人心，息邪説，距詖行，放淫辭。」〔一〕世有能傳孟子之學説者，吾國其庶幾乎！拙著《大學》《中庸大義序》，亦能深入理奥，以其蹊徑較高，故未録。

逸趣横生法

適用於紀人、叙事小品之文，大文中偶爾插入亦可；以天然爲主，忌俚俗。

《左傳·大棘之戰》（宣公二年）

二年，春，鄭公子歸生受命于楚，伐宋。宋華元、樂吕御之。二月壬子，戰于大棘。宋師敗績。囚華元，獲樂吕，及甲車四百六十乘，俘二百五十人，馘百人。狂狡輅鄭人，鄭人入于井，倒戟而出之，獲狂狡。君子曰：「失禮違命，宜其爲禽也。戎，昭果毅以聽之之謂禮，殺敵爲果，致果爲毅。易之，戮也。」

將戰，華元殺羊食士，其御羊斟不與。及戰，曰：「疇昔之羊子爲政，今日之事我爲政。」與入鄭

〔一〕《孟子·滕文公下》文。

師，故敗。君子謂：「羊斟非人也，以其私憾，敗國殄民，於是刑孰大焉？《詩》所謂『人之無良』者，其羊斟之謂乎，殘民以逞。」宋人以兵車百乘，文馬百駟，以贖華元于鄭。半入，華元逃歸，立于門外，告而入。見叔牂，曰：「子之馬然也。」對曰：「非馬也，其人也。」既合而來奔。

宋城，華元爲植，巡功。城者謳曰：「睅其目，皤其腹，棄甲而復。于思于思，棄甲復來。」使其驂乘謂之曰：「牛則有皮，犀兕尚多，棄甲則那？」役人曰：「從其有皮，丹漆若何？」華元曰：「去之，夫其口衆我寡。」

方存之先生云：「此篇叙華元之賞不公而刑不當，辱國貽羞，而猶不知耻，非美其有度量也。」〔二〕

余按：此文分三段，極詼詭之趣，妙在能隨地生波，於此可悟遊名園者，所謂「山窮水盡疑無路，柳暗花明又一村」，以其隨景而異也。能得此法，自然因境生情，有無限變幻之態。

〔二〕方宗誠《春秋左傳文法讀本・宣公二年》眉批。

《左傳·楚子伐蕭》（宣公十二年）

冬，楚子伐蕭，宋華椒以蔡人救蕭。蕭人囚熊相宜僚及公子丙。王曰：「勿殺，吾退。」蕭人殺之。王怒，遂圍蕭。蕭潰。

申公巫臣曰：「師人多寒。」王巡三軍，拊而勉之，三軍之士，皆如挾纊。遂傅於蕭。

還無社與司馬卯言，號申叔展。叔展曰：「有麥麴乎？」曰：「無。」「有山鞠窮乎？」曰：「無。」「河魚腹疾奈何？」曰：「目於眢井而拯之。」「若爲茅絰，哭井則已。」明日蕭潰，申叔視其井，則茅絰存焉，號而出之。

吳摯甫先生云：「民逃其上曰潰。潰者，民無固志也。只此一字，而蕭見滅之故可知矣；追序無社一事，而蕭潰之狀可知矣。」

余按：「還無社」一段，如天外飛來，寫足蕭人之無鬥志。叔展問答，奇陗詼詭之至，爲隱語之祖。

此文應分三段。第一段書蕭潰之原因，在殺熊相宜僚及公子丙；第二段見楚國軍心之固；第三段見蕭人軍心之不固。天然映射。

《史記·滑稽列傳》

孔子曰：「六藝於治一也。《禮》以節人，《樂》以發和，《書》以道事，《詩》以達意，《易》以神化，《春秋》以道義。」太史公曰：天道恢恢，豈不大哉！談言微中，亦可以解紛。

淳于髡者，齊之贅婿也。長不滿七尺，滑稽多辯，數使諸侯，未嘗屈辱。齊威王之時，喜隱，好爲淫樂長夜之飲，沈湎不治，委政卿大夫。百官荒亂，諸侯竝侵，國且危亡，在於旦暮，左右莫敢諫。淳于髡說之以隱曰：「國中有大鳥，止王之庭，三年不蜚又不鳴，王知此鳥何也？」王曰：「此鳥不飛則已，一飛沖天；不鳴則已，一鳴驚人。」於是乃朝諸縣令長七十二人，賞一人，誅一人，奮兵而出。諸侯振驚，皆還齊侵地，威行三十六年。語在田完世家中。威王八年，楚大發兵加齊。齊王使淳于髡之趙請救兵，齎金百斤、車馬十駟。淳于髡仰天大笑，冠纓索絶。王曰：「先生少之乎？」髡曰：「何敢！」王曰：「笑豈有說乎？」髡曰：「今者臣從東方來，見道傍有禳田者，操一豚蹄，酒一盂，祝曰：『甌窶滿篝，汙邪滿車，五穀蕃熟，穰穰滿家。』臣見其所持者狹，而所欲者奢，故笑之。」於是齊威王乃益齎黄金千鎰、白璧十雙、車馬百駟。髡辭而行，至趙。趙王與之精兵十萬、革車千乘。楚聞之，夜引兵而去。威王大悦，置酒後宫，召髡賜之酒。問曰：「先生能飲幾何而醉？」對曰：「臣飲一斗亦醉，一石亦醉。」威王曰：「先生飲一斗而醉，惡能飲一石哉！其說可得聞乎？」髡曰：「賜酒大王之前，執法在傍，御史在後，髡恐懼俯伏而飲，不過一斗徑醉矣。若親有嚴客，髡帣韝鞠𪖐，侍酒於前，時賜餘瀝，奉觴上壽，數起，飲不過二斗徑醉矣。若朋友交游，久不相見，卒然相覩，歡然道故，私情相語，飲可五六斗徑醉矣。若乃州閭之會，男女雜坐，行酒稽留，六博投壺，相引爲曹，握手無罰，目眙不禁，前有墮珥，後有遺簪，髡竊樂此，飲可八斗而醉二參。日暮酒闌，合尊促坐，男女同席，履舄交錯，杯盤狼藉，堂上燭滅，主人留髡而送客，羅襦襟解，微聞薌澤，當此之時，髡心最歡，能飲一石。故曰酒極則亂，樂極則悲，萬事盡然。」言不可極，極之而衰，以諷諫焉。齊王曰：「善。」乃罷長夜之飲，以髡爲諸侯主客。宗室置酒，髡嘗在側。其後百餘年，楚有優孟。

優孟者，故楚之樂人也。長八尺，多辯，常以談笑諷諫。楚莊王之時，有所愛馬，衣以文繡，置之華屋之下，席以露牀，啗以棗脯，馬病肥死。使羣臣喪之，欲以棺槨大夫禮葬之。左右争之，以爲不可。王下令曰：「有敢以馬諫者，罪至死。」優孟聞之，入殿門，仰天大哭。王驚而問其故。優孟曰：「馬者王之所愛也，以楚國堂堂之大，何求不得，而以大夫禮葬之，薄，請以人君禮葬之。」王曰：「何如？」對曰：「臣請以彫玉爲棺，文梓爲槨，楩楓豫章爲題湊，發甲卒爲穿壙，老弱負土，齊、趙陪位於前，韓、魏翼衛其後，廟食太牢，奉以萬户之邑。諸侯聞之，皆知大王賤人而貴馬也。」王曰：「寡人之過，一至此乎！爲之奈何？」優孟曰：「請爲大王六畜葬之。以壠竈爲椁，銅歷爲棺，齎以薑棗，薦以木蘭，祭以糧稻，衣以火光，葬之於人腹腸。」於是王乃使以馬屬太官，無令天下久聞也。楚相孫叔敖，知其賢人也，善待之。病且死，屬其子曰：「我死，汝必貧困，若往見優孟，言我孫叔敖之子也。」居數年，其子窮困負薪，逢優孟，與言曰：「我孫叔敖之子也。父且死時，屬我貧困往見優孟。」優孟曰：「若無遠，有所之。」即爲孫叔敖衣冠，抵掌談語。歲餘像孫叔敖，楚王及左右不能別也。莊王置酒，優孟前爲壽。莊王大驚，以爲孫叔敖復生也，欲以爲相。優孟曰：「請歸與婦計之，三日而爲相。」莊王許之。三日後，優孟復來。王曰：「婦言謂何？」孟曰：「婦言慎無爲，楚相不足爲也。如孫叔敖之爲楚相，盡忠爲廉以治楚，楚王得以霸。今死，其子無立錐之地，貧困負薪以自飲食。必如孫叔敖，不如自殺。」因歌曰：「山居耕田苦，難以得食。起而爲吏，身貪鄙者餘財，不顧耻辱。身死家室富，又恐受賕枉法，爲奸觸大罪，身死而家滅。貪吏安可爲也！念爲廉吏，奉法守職，竟死不敢爲非。廉吏安可爲也！楚相孫叔敖，持廉至死。方今妻子窮困，負薪而食，不足爲也！」於是莊王謝優孟。乃召孫叔敖子，封之寢丘四百户，以奉其祀，後十世不絶，此知可以言時矣。其後二百餘年，秦有優旃。

優旃者，秦倡侏儒也。善爲笑言，然合於大道。秦始皇時，置酒而天雨，陛楯者皆沾寒。優旃見而哀之，謂之曰：「汝欲休乎？」陛楯者皆曰：「幸甚！」優旃曰：「我即呼汝，汝疾應曰：『諾。』」居有頃，殿上上壽呼萬歲。優旃臨檻大呼曰：「陛楯郎！」郎曰：「諾。」優旃曰：「汝雖長何益，幸雨立。我雖短也，幸休居。」於是始皇使陛楯者得半相代。始皇嘗議欲大苑囿，東至函谷關，西至雍、陳倉。優旃曰：「善。多縱禽獸於其中，寇從東方來，令麋鹿觸之足矣。」始皇以故輟止。二世立，又欲漆其城。優旃曰：「善。主上雖無言，臣固將請之。漆城雖於百姓愁費，然佳哉！漆城蕩蕩，寇來不能上。即欲就之，易爲漆耳，顧難爲蔭室。」於是二世笑之，以其故止。居無何，二世殺死。優旃歸漢，數年而卒。

太史公曰：淳于髡仰天大笑，齊威王横行；優孟摇頭而歌，負薪者以封；優旃臨檻疾呼，陛楯得以半更。豈不亦偉哉！

昔人謂：「此傳一層深一層。髡語舌辯之雄，不必有裨於國；孟語篤友誼於死生，節俠之流；旃語乃得忠厚之意。」〔二〕余謂此傳不過寓言耳，即有實事，亦係子長點綴成之，蓋兼洸洋恣肆之法，若刻舟求劍，則陋矣。

總冒極奇。見滑稽者流，未嘗不有益於世道，而諷諫之旨未嘗非六藝之支流。惟其爲極諧之文，故以極莊者冠之。

「甌窶滿車」四句，二字爲韻，創調。

優孟之仰天大哭，與淳于髡之仰天大笑遥相應。

優孟一歌，不成歌，亦不成文，豈《荀子·成相篇》之遺歟？可謂奇絶。

〔二〕姚苧田《史記菁華録》曰：「《滑稽傳》所載三人，一層深一層。髡語勸百而諷一者也，舌辯之雄，固不必有裨於國。孟語篤友誼於死生，明功臣于没世，節俠之流也。旃語惜陛楯之沾寒，警寇機於未至，忠厚之發也。」

《漢書·東方朔傳》機鋒百出，曾文正極賞之。余以爲《朔傳》亦滑稽極矣，似不及此傳之空靈。學者宜參考。

唐蔚芝《孟子滕文公篇大義》

治國家之道奈何？曰：善審天下之音，屏虚務實，無喜獲禽。苟希獲禽，則攘雞之人至，哇鵝之人亦至。

或者不達。告之曰：余幼讀《滕文公篇》「問爲國」章，孟子答以井田學校之制，中心躍然以喜，以爲孟子之道，庶幾得行；滕之新國，庶幾可建。乃讀「許行」章以後，閱然不聞有興革之事，則又歎文公爲異説所惑，而痛恨許行不置，至今猶怏怏不慊也。且夫聖人之治天下，實事求是而已矣。若好虚聲而忘實事，國其危矣！許行爲神農之言，以爲高出於堯、舜；爲竝耕之説，以爲可破君子治野人、野人養君子之論。文公雖賢君，因其持説之高，遂不免爲所蠱惑。聖賢豪傑，經營一事，數年而不足。而庸夫俗子，一二言敗壞之而有餘。由是而性學晦也，井田廢也，學校輟也，先王之大經大法，於是而墜地也。平等之説張，而無等之論且日滋也。

且夫虚僞之士，未有不謀利者也。虚僞而好詭遇，所謂枉尋直尺是也；虚僞而以順爲正，所謂妾婦之道是也；虚僞而好鑽營，所謂鑽穴隙相窺、逾牆相從是也；虚僞而好破壞，所謂毁瓦畫墁是也。如是而可以行王政乎哉？孟子卓立乎戰國策士之中，一齊人之傅，不敵衆楚人南蠻之咻。當時也，脅肩諂笑，未同而言者，皆竊笑其旁也；横征苛斂，競爲非義者，皆擠排之而不息其喙也。於是慨然曰：「是盈天下皆禽獸也！」是園囿汙池沛澤多而禽獸至也，是得禽獸若丘陵也，是人近於禽獸，而禽獸偪人也。「我亦欲正人心，息邪説，距詖行，放淫辭。」爲此輩而發也。

且夫虚僞如陳仲子者，其人可以爲廉士乎哉？與螬争食，其行下同於蚓；哇鶃之肉，而傷天之性。使天下皆若而人者，是相率而爲僞者也，是道其民而出於無用者也。此趙威后之所以欲殺之也。

且夫物之不齊，物之情也。聖人静居天地之中，觀察乎萬物形形色色之狀。就其中之走者，定其名曰獸，而又别之曰若虎也、若豹也、若犀也、若象也、若狐狸也、若牛羊也、若豚也；就其中之飛者，定其名曰禽，而又别之曰一禽也、十禽也、若鴃舌也、若雞也、若鶃也；就其中之至靈而可貴者，定其名曰人，而又别之曰若君子也、若野人也、若諸夏也、若蠻夷也、若諸侯也、若處士也、若丈夫也、若女子也、若妾也、若婦也。且夫君子所惡於妾婦之道者，惡其巧言如簧也，畏其舌也。張儀之言曰：「吾之舌尚存乎？」是故君子於禽獸之中，所深惡而痛疾者曰鴃舌；於人類之中，所深惡而痛疾者曰妾婦之道之舌，爲其聲之惡而亂是非也。

且夫意者心之音也。風之自也，至微也而至顯也，至隱也而至彰也。聖人欲察天下之意，必審天下之音。因天下之音，乃可以知天下之意。意之發而爲言，曰「言必稱堯、舜」，曰「爲神農之言」，曰「楊朱、墨翟之言」，又曰「天下之言」。天下之言不同，天下之意萬殊也。言者又意之表也，其性善者其音和，其音和者其言明且清，其人可用，其國家可治，此百不失一者也。其志惡者其音囂，其音囂者其言浮以雜，其人不可用，其國家必亂，此百不失一者也。其君雖賢，其在王所者，長幼卑尊，皆非懷好音者，則虛僞之聲得以入，其意皆馳於虛無縹緲之域，其言皆騖於詖、淫、邪、遁之途，而其國必不可以治，此亦百不失一者也。孟子卓立乎處士橫議之中，發其正大之音，如鳳凰之鳴於岐山。曰：「予豈好辯哉，予不得已也！」將以息天下之惡聲也。吾故謂治國家者，在善審天下之音，屏虛務實，無喜獲禽。且夫獲哇鶃之士，隱居井上，下飲黃泉，其害猶可止也；獲攘雞之士，或相倍蓰，或相什百，或相千萬，狼戾以攘奪於民，其害不可言也。然而風會所趨，天下士大夫，皆下喬木而入幽谷矣。蓋鶃鶃之音相淆亂，而嚶嚶之音不可聞矣。

文境詼詭，氣可排山，古人所謂「燃犀照渚，萬怪惶惑」〔一〕者也。說經之文用此法，尤不易得。

救國之道，實事求是而已。（此四字見《漢書·河間獻王傳》。）實事者，務事實也；求是者，求真是而不惑於似是之非也。苟主張虛僞之「學說」，則一身不可救藥，浸至一國

〔一〕姚苧田《史記菁華録》評《汲黯列傳》曰：「暢發張湯巧佞之隱，真如燃犀照渚，百怪惶惑。」

不可救藥矣！此篇之大意如此。

以「且夫」作綫索，係仿賈生《過秦論》；「於是」二字，韓文公《原道》「今也」二字之法，其要在言有序。不善學之，則凌亂矣。

國文經緯貫通大義卷四

短兵相接法

適用於刑名家、法律家之文，宜詰屈，忌氣促。

《公羊傳·春王正月》（隱公元年）

元年春王正月。

元年者何？君之始年也。春者何？歲之始也。王者孰謂？謂文王也。曷爲先言「王」，而後言「正月」？王正月也。何言乎王正月？大一統也。公何以不言即位？成公意也。何成乎公之意？公將平國而反之桓。曷爲反之桓？桓幼而貴，隱長而卑，其爲尊卑也微，國人莫知。隱長又賢，諸大夫扳隱而立之。隱於是焉而辭立，則未知桓之將必得立也。且如桓立，則恐諸大夫之不能相幼君也。故凡隱之立，爲桓立也。隱長又賢，何以不宜立？立適以長不以賢，立子以貴不以長。桓何以貴？母貴也。母貴則子何以貴？子以母貴，母以子貴。

隱賤桓貴，未知何據。而筆自蒼辣。王者謂文王，尤見何休説「黜周王魯」之謬。

此文當與《穀梁傳》比較，宜注意。

《穀梁傳・春王正月》（隱公元年）

元年春王正月。

雖無事，必舉正月，謹始也。公何以不言即位？成公志也。焉成之？言君之不取爲公也。君之不取爲公何也？將以讓桓也。讓桓正乎？曰不正。《春秋》成人之美，不成人之惡。隱不正而成之何也？將以惡桓也。其惡桓何也？隱將讓而桓弑之，則桓惡矣。桓弑而隱讓，則隱善矣。善則其不正焉何也？《春秋》貴義而不貴惠，信道而不信邪。孝子揚父之美，不揚父之惡。先君之欲與桓，非正也，邪也。雖然，既勝其邪心以與隱矣，已探先君之邪志而遂以與桓，則是成父之惡也。兄弟，天倫也。爲子受之父，爲諸侯受之君，已廢天倫而忘君父，以行小惠，曰小道也。若隱者，可謂輕千乘之國，蹈道則未也。

詞嚴義正，筆挾風霜。其以讓桓爲不正，更如老吏斷獄，斬釘截鐵。鄭君稱「《穀梁》善於經」[一]，其斯之謂乎！

《穀梁傳·鄭伯克段于鄢》（隱公元年）

夏五月，鄭伯克段于鄢。

克者何？能也。何能也？能殺也。何以不言「殺」？見段之有徒衆也。段，鄭伯弟也。何以知其爲弟也？殺世子母弟目君，以其目君，知其爲弟也。段，弟也，而弗謂「弟」；公子也，而弗謂「公子」，貶之也。段失子弟之道矣，賤段而甚鄭伯也。何甚乎鄭伯？甚鄭伯之處心積慮，成於殺也。于鄢，遠也。猶曰取之其母之懷中而殺之云爾，甚之也。然則爲鄭伯者宜奈何？緩追逸賊，親親之道也。

鄭莊公爲人，無君、無母、無弟，而又事事出以作僞。得此生辣之筆，以正其罪，千秋而後，大義懔然矣。

[一]《春秋穀梁傳序》楊士勛疏引鄭玄《六藝論》云：「《左氏》善於禮，《公羊》善於讖，《穀梁》善於經。」

《左傳》中短兵相接法甚多，如衛文公大布之衣、齊侯與蔡姬乘舟於囿、臧文仲聞六與蓼滅等皆是，宜參考之。

《國策·三國攻秦》

三國攻秦，入函谷。秦王謂樓緩曰：「三國之兵深矣，寡人欲割河東而講。」對曰：「割河東，大費也；免於國患，大利也。此父兄之任也，王何不召公子池而問焉？」王召公子池而問之，對曰：「講亦悔，不講亦悔。」王曰：「何也？」對曰：「王割河東而講，三國雖去，王必曰：『惜矣！三國且去，吾特以三城從之。』此講之悔也。王不講，三國入函谷，咸陽必危，王又曰：『惜矣！吾愛三城而不講。』此又不講之悔也。」王曰：「鈞吾悔也，寧亡三城而悔，無危咸陽而悔也。寡人決講矣。」卒使公子池以三城講於三國，三國之兵乃退。

樓緩明知三城之當割，故卸其職於公子池。公子池明明以利害比較，乃偏不説出。故以「講」「不講」兩層，爲按而不斷之語，而兩害取輕之意，使秦王當下自悟，自己説出。寥寥數語，作作有芒，雖係短兵，而語氣皆含遠神，可謂能品。

《國策・趙威后問齊使》

齊王使使者問趙威后。書未發，威后問使者曰：「歲亦無恙耶？民亦無恙耶？王亦無恙耶？」使者不説，曰：「臣奉使使威后。今不問王，而先問歲與民，豈先賤而後尊貴者乎？」威后曰：「不然。苟無歲，何有民？苟無民，何有君？故有問。舍本而問末者耶？」乃進而問之曰：「齊有處士曰鍾離子，無恙耶？是其爲人也，有糧者亦食，無糧者亦食；有衣者亦衣，無衣者亦衣。是助王養其民者也，何以至今不業也？葉陽子無恙乎？是其爲人，哀鰥寡，卹孤獨，振窮困，補不足。是助王息其民者也，何以至今不業也？北宮之女嬰兒子，無恙耶？徹其環瑱，至老不嫁，以養父母。是皆率民而出於孝情者也，胡爲至今不朝也？此二士弗業，一女不朝，何以王齊國，子萬民乎？於陵子仲尚存乎？是其爲人也，上不臣於王，下不治其家，中不索交諸侯。此率民而出於無用者，何爲至今不殺乎？」

此皆政治中之要義，而出以極生辣之筆，令人但覺其可畏，不知其有深意存焉，此文家大變化法也。

論於陵子仲語，與孟子義相合，尤爲特識。

《史記·商君列傳》（節録）

孝公既用衛鞅，鞅欲變法，恐天下議己。衛鞅曰：「疑行無名，疑事無功。且夫有高人之行者，固見非於世；有獨知之慮者，必見敖於民。愚者闇於成事，知者見於未萌。民不可與慮始，而可與樂成。論至德者，不和於俗；成大功者，不謀於衆。是以聖人苟可以彊國，不法其故；苟可以利民，不循其禮。」孝公曰：「善。」甘龍曰：「不然。聖人不易民而教，知者不變法而治。因民而教，不勞而成功；緣法而治者，吏習而民安之。」衛鞅曰：「龍之所言，世俗之言也。常人安於故俗，學者溺於所聞。以此兩者，居官守法可也，非所與論於法之外也。三代不同禮而王，五伯不同法而霸。智者作法，愚者制焉；賢者更禮，不肖者拘焉。」杜摯曰：「利不百，不變法；功不十，不易器。法古無過，循禮無邪。」衛鞅曰：「治世不一道，便國不法古。故湯、武不循古而王，夏、殷不易禮而亡。反古者不可非，而循禮者不足多。」孝公曰：「善。」以衛鞅爲左庶長，卒定變法之令。

商君相秦十年，宗室貴戚多怨望者。趙良見商君。商君曰：「鞅之得見也，從孟蘭皋，今鞅請得交，可乎？」趙良曰：「僕弗敢願也。」

商君曰：「子不説吾治秦與？」趙良曰：「反聽之謂聰，内視之謂明，自勝之謂彊。虞舜有言曰：『自卑也，尚矣。』君不若道虞舜之道，無爲問僕矣。」商君曰：「始秦戎翟之教，父子無別，同室而居。今我更制其教，而爲其男女之別，大築冀闕，營如魯衛矣。子觀我治秦也，孰與五羖大夫賢？」趙良曰：「千羊之皮，不如一狐之掖；千人之諾諾，不如一士之諤諤。武王諤諤以昌，殷紂墨墨以亡。君若不非武王乎，則僕請終日正言而無誅可乎？」商君曰：「語有之矣！貌言，華也；至言，實也；苦言，藥也；甘言，疾也。夫子果肯終日正言，鞅之藥也。鞅將事子，子又何辭焉！」趙良曰：「夫五羖大夫，荆之鄙人也。聞秦繆公之賢，而願望見，行而無資，自粥於秦客，被褐食牛。期年，繆公知之，舉之牛口之下，而加之百姓之上，秦國莫敢望焉。相秦六七年，而東伐鄭，三置晉國之君，一救荆國之禍。發教封内，而巴人致貢；施德諸侯，而八戎來服。由余聞之，款關請見。五羖大夫之相秦也，勞不坐乘，暑不張蓋，行於國中，不從車乘，不操干戈，功名藏於府庫，德行施於後世。五羖大夫死，秦國男女流涕，童子不歌謠，舂者不相杵。此五羖大夫之德也。今君之見秦王也，因嬖人景監以爲主，非所以爲名也；相秦不以百姓爲事，而大築冀闕，非所以爲功也；刑黥太子之師傅，殘傷民以峻刑，是積怨畜禍也。教之化民也深於命，民之效上也捷於令。今君又左建外易，非所以爲教也。君又南面而稱寡人，日繩秦之貴公子。《詩》曰：『相鼠有體，人而無禮；人而無禮，何不遄死？』以《詩》觀之，非所以爲壽也。公子虔杜門不出已八年矣，君又殺祝懽而黥公孫賈。《詩》曰：『得人者興，失人者崩。』此數事者，非所以得人也。君之出也，後車十數，從車載甲，多力而駢脅者爲驂乘，持矛而操闟戟者旁車而趨。此一物不具，君固不出。《書》曰：『恃德者昌，恃力者亡。』君之危若朝露，尚將欲延年益壽乎？則何不歸十五都，灌園於鄙，勸秦王顯巖穴之士，養老存孤，敬父兄，序有功，尊有德，可以少安。君尚將貪商於之富，寵秦國之教，畜百姓之怨。秦王一旦捐賓客而不立朝，秦國之所以收君者，豈其微哉？亡可翹足而待。」商君弗從。

短兵相接之法，於法律家辯難，最爲相宜。此文專用此法，故覺倔强有致。惜後半趙良語，乏精采耳。

韓退之《獲麟解》

麟之爲靈，昭昭也。詠於《詩》，書於《春秋》，雜出於傳記百家之書，雖婦人小子，皆知其爲祥也。然麟之爲物，不畜於家，不恒有於天下。其爲形也不類，非若馬牛犬豕豺狼麋鹿然。然則雖有麟，不可知其爲麟也。角者吾知其爲牛，鬣者吾知其爲馬，犬豕豺狼麋鹿，吾知其爲犬豕豺狼麋鹿。惟麟也，不可知。不可知，則其謂之不祥也亦宜。雖然，麟之出，必有聖人在乎位。麟爲聖人出也。聖人者必知麟，麟之果不爲不祥也。又曰：「麟之所以爲麟者，以德不以形。」若麟之出，不待聖人，則謂之不祥也亦宜。

滿腹牢騷意，加以倔强筆出之，異哉此文之靈也！人亦不能知也。

韓退之《雜説三》

談生之爲《崔山君傳》，稱鶴言者，豈不怪哉！然吾觀於人，其能盡其性而不類於禽獸異物者希矣，將憤世嫉邪？長往而不來者之所爲乎？昔之聖者，其首有若牛者，其形有若蛇者，其喙有若鳥者，其貌有若蒙倛者，彼皆貌似而心不同焉，可謂之非人邪？即有平脅曼膚，顔如渥丹，美而很者，貌則人，其心則禽獸，又惡可謂之人邪？然則觀貌之是非，不若論其心與其行事之可否爲不失也。怪神之事，孔子之徒不言，余將特取其憤世嫉邪而作之，故題之云爾。

《孟子》曰：「人之所以異於禽獸者幾希，庶民去之，君子存之。」《詩》曰：「日之夕矣，牛羊下來。」〔一〕今牛羊下來矣，有貌禽而心人者乎？嗚呼！貌人而心禽，豈不可畏哉！此文發其奧義，可以處世矣。

韓退之《雜説四》

世有伯樂，然後有千里馬。千里馬常有，而伯樂不常有。故雖有名馬，衹辱於奴隸人之手，駢死

〔一〕《詩·王風·君子于役》文，「牛羊」作「羊牛」。

於槽櫪之間，不以千里稱也。馬之千里者，一食或盡粟一石。食馬者，不知其能千里而食也。是馬也，雖有千里之能，食不飽，力不足，才美不外見，且欲與常馬等不可得，安求其能千里也！策之不以其道，食之不能盡其材，鳴之而不能通其意，執策而臨之曰：「天下無馬。」嗚呼！其真無馬邪？其真不知馬也！

奴隸而欲求千里馬，未可責奴隸也，其心固至善也。惟千里馬而常遇奴隸，伏櫪悲鳴，實爲千古可痛之事耳。居上位者，其慎察之。

光怪離奇法

適用於叙事比喻之文，理想務須奇特，宜意在言外，忌晦滯。

《莊子·秋水篇》（節録）

夔憐蚿，蚿憐蛇，蛇憐風，風憐目，目憐心。夔謂蚿曰：「吾以一足，跉踔而行，予无如矣。今子之使萬足，獨奈何？」蚿曰：「不然。子不見夫唾者乎？噴則大者如珠，小者如霧，雜而下者，不可勝數也。今予動吾天機，而不知其所以然。」

蚿謂蛇曰：「吾以衆足行，而不及子之无足，何也？」蛇曰：「夫天機之所動，何可易邪？吾安用足哉！」

蛇謂風曰：「予動吾脊脅而行，則有似也。今子蓬蓬然起於北海，蓬蓬然入於南海，而似无有，何也？」風曰：「然。予蓬蓬然起於北海而入於南海也，然而指我則勝我，鰌我亦勝我。雖然，夫折大木、蜚大屋者，唯我能也，故以衆小不勝爲大勝也。爲大勝者，唯聖人能之。」

此言養氣之道，本於無爲也。朱子《調息箴》曰：「絪緼闔闢，其妙無窮。孰其尸之？不宰之功。」無爲之謂也。老子《道德經》曰：「專氣致柔，能嬰兒乎？」若計較於小勝大勝之間，已落第二乘矣。

《莊子·徐无鬼篇》（節録）

有暖姝者，有濡需者，有卷婁者。所謂暖姝者，學一先生之言，則暖暖姝姝而私自説也，自以爲足矣，而未知未始有物也，是以謂暖姝者也。濡需者，豕蝨是也。擇疏鬣，自以爲廣宫大囿；奎蹄曲隈，乳間股脚，自以爲安室利處；不知屠者之一旦鼓臂布草操煙火，而已與豕俱焦也。此以域進，此以域退，此其所謂濡需者也。卷婁者，舜也。羊肉不慕蟻，蟻慕羊肉，羊肉羶也。舜有羶行，百姓説之，故三徙成都，至鄧之虚而十有萬家。堯聞舜之賢，舉之童土之地，曰冀得其來之澤。舜舉乎童土之地，年齒長矣，聰明衰矣，而不得休歸，所謂卷婁者也。是以神人惡衆至，衆至則不比，不比則不利也。故无所甚親，无所甚疏，抱德煬和，以順天下，此謂真人。

道家用功之要，墮肢體，窒聰明，離形去知，同於大通，則真人是矣。若三者之中，「以域進」，「以域退」，處危險之地，而猶沾沾自得，豕虱爲尤可憐已。

韓退之《送窮文》

元和六年正月乙丑晦，主人使奴星結柳作車，縛草爲船，載糗輿粻，牛繫軛下，引帆上檣。三揖窮鬼而告之曰：「聞子行有日矣，鄙人不敢問所塗。竊具船與車，備載糗粻。日吉時良，利行四方。子飯一盂，子啜一觴。携朋挈儔，去故就新。駕塵彍風，與電争先。子無底滯之尤，我有資送之恩。子等有意於行乎？」屏息潛聽，如聞音聲，若嘯若啼，砉欻嚘嚶。毛髮盡豎，竦肩縮頸，疑有而無，久乃可明。

若有言者，曰：「吾與子居，四十年餘。子在孩提，吾不子愚。子學子耕，求官與名，惟子是從，不變於初。門神户靈，我叱我呵，包羞詭隨，志不在他。子遷南荒，熱爍濕蒸，我非其鄉，百鬼欺陵。

太學四年，朝薺暮鹽，唯我保汝，人皆汝嫌。自初及終，未始背汝，心無異謀，口絶行語。於何聽聞，云我當去？是必夫子信讒，有間於予也。我鬼非人，安用車船。鼻齅臭香，糗粻可捐。單獨一身，誰爲朋儔？子苟備知，可數已不？子能盡言，可謂聖智。情狀既露，敢不迴避？」

主人應之曰：「子以吾爲真不知也邪？子之朋儔，非六非四，在十去五，滿七除二。各有主張，私立名字，捩手覆羹，轉喉觸諱。凡所以使吾面目可憎，語言無味者，皆子之志也。其名曰智窮，矯矯亢亢，惡圓喜方，羞爲奸欺，不忍害傷。其次名曰學窮，傲數與名，摘抉杳微，高挹羣言，執神之機。又其次曰文窮，不專一能，怪怪奇奇，不可時施，秖以自嬉。又其次曰命窮，影與形殊，而醜心妍，利居衆後，責在人先。又其次曰交窮，磨肌戛骨，吐出心肝，企足以待，寘我讎寃。凡此五鬼，爲吾五患。飢我寒我，興訛造訕。能使我迷，人莫能間。朝悔其行，暮已復然。蠅營狗苟，驅去復還。」言未畢，五鬼相與張眼吐舌，跳踉偃仆，抵掌頓脚，失笑相顧。徐謂主人曰：「子知我名，凡我所爲，驅我令去，小黠大癡。人生一世，其久幾何？吾立子名，百世不磨。小人君子，其心不同，惟乖於時，乃與天通。携持琬琰，易一羊皮，飫於肥甘，慕彼糠糜。天下知子，誰過於余？雖遭斥逐，不忍子疏。謂予不信，請質《詩》《書》。」

主人於是垂頭喪氣，上手稱謝，燒車與船，延之上座。

因逐貧而託爲鬼詞，因鬼詞而思出五鬼，因五鬼而思出送鬼，因送鬼而思出五鬼之不肯去。自悲而加自負，筆如龍蛇捉不住，可謂神矣。

張文潛曰：「公《送窮文》蓋出子雲《逐貧賦》，然文采過《逐貧》矣。」〔一〕余謂此文所以勝《逐貧》者，惟其驅使富，點綴奇也。使文人而果得上五鬼相隨，何患不傳？

編者謹按：唐先生《韓退之〈送窮文〉研究法》〔二〕講義詳述研究法，具録如下：

一、段落綫索

此文分四段，自首句起至「久乃可明」爲第一段，自「若有言者」起至「敢不迴避」爲第二段，自「主人應之曰」起至「驅去復還」爲第三段，自「言未畢」至末爲第四段。其綫索在第一段「携朋挈儔」句先伏一筆，第二段乃云：「單獨一身，誰爲朋儔？」第三段乃云：「子之朋儔。」開出智窮、學窮、文窮、命窮、交窮五鬼名目。汪洋恣肆，萬怪惶惑。曾文正《作文怪字訣》云：「奇趣橫生，人駭鬼眩。」〔三〕讀者但咋舌此文之詭奇，而不知其綫索之精密。其屬稿前胸有成竹

〔一〕《唐宋文醇》卷一〇引録張文潛評語。

〔二〕原載上海《辰光》雜誌第一卷第二期，一九三九年，頁二七。並載入《交通大學演講録》第二集下卷（文學類）第十期《韓退之〈送窮文〉（少陽詼詭之趣）》。

〔三〕曾國藩《日記》同治四年正月二十二日《作文八字訣》文。

乎？抑作文時信手拈來，都成妙諦乎？殆所謂「文章本天成，妙手偶得之」[一]爾。

二、精神抱負

《孟子》曰「動心忍性」、「生於憂患」。天下之至美者莫如窮，人生之至美者亦莫如窮，故曰：「君子固窮。」惟窮乃能通，《易》所謂「困窮而通」也。此文淺言之，衹是守窮，深言之即「樂天知命」之學。觀五窮品詣，得其一二，已足自豪，況兼有五窮乎！末段「吾立子名，百世不磨」二句、「小人君子，其心不同，惟乖於時，乃與天通」四句，抱負何等遠大！俗人惟恐乖於時，隨潮流而轉脚跟，是以不能與天通而卒爲小人，一國受其影響，哀哉！

三、摹繪法造句法

昔人謂：「韓子善學古人，專取其精華，而不襲其面貌，此文係倣揚子雲《逐貧賦》而勝於《逐貧》。」[二]此説洵然。余謂韓子《進學解》脱胎於子雲之《解嘲》，而此篇則又《進學解》之變相也。子雲以字法勝，韓子以句法勝。篇中「駕塵彍風」二句，以奇特勝；「捩手覆羹」二句，以刻畫勝。《解嘲》中如「乘鴈集不爲之多，雙鳧飛不爲之少」，可謂工於點綴矣，而此文末段「攜

〔一〕陸游《文章》詩。

〔二〕黄淳耀《陳義扶近藝序》曰：「昌黎之文學孟子者也，歐陽子之文學韓子者也。二子之似古人者，神也，非貌也。」又浦銑輯《復小齋賦話》卷下曰：「揚子雲《逐貧賦》，昌黎《送窮文》所本也，至宋明而斥窮、驅戆、禮貧之作紛紛矣。」

持琬琰」四句，絢染尤勝。至如「若嘯若啼」數句、「張眼吐舌」數句，可謂摹繪盡致；並「在十去五，滿七除二」及「語言無味，面目可憎」「垂頭喪氣」等句，均不嫌其俗，與《進學解》中「牛溲馬勃，敗鼓之皮」句法無異。然惟大名家方能化俗爲雅，若以庸手爲之，則貽笑大方矣。

柳子厚《乞巧文》

柳子夜歸自外庭，有設祠者，飧餌馨香，蔬果交羅，插竹垂綏，剖瓜犬牙，且拜且祈。怪而問焉。女隸進曰：「今兹秋孟七夕，天女之孫，將嬪於河鼓。邀而祠者，幸而與之巧，驅去蹇拙，手目開利，組紝縫製，將無滯於心焉。爲是禱也。」

柳子曰：「苟然歟？吾亦有所大拙，倘可因是以求去之。」乃纓弁束袵，促武縮氣，旁趨曲折，傴僂將事。再拜稽首，稱臣而進曰：「下土之臣，竊聞天孫，專巧於天，轇轕璇璣，經緯星辰，能成文章，黼黻帝躬，以臨下民。欽聖靈、仰光耀之日久矣。今聞天孫不樂其獨，得貞卜於元龜，將蹈石梁，款天津，儷於神夫，於漢之濱。兩旗開張，中星耀芒。靈氣翕欻，兹辰之良。幸而弭節，薄游民間，臨臣之庭，曲聽臣言：臣有大拙，智所不化，醫所不攻，威不能遷，寬不能容。乾坤之量，包含海岳，臣身甚微，無所投足。蟻適於垤，蝸休於殼。黿鼉螺蜯，皆有所伏。臣物之靈，進退惟辱。彷徉爲狂，局束爲諂，吁吁爲詐，坦坦爲忝。他人有身，動必得宜，周旋獲笑，顛倒逢嘻。己所尊昵，人或怒之。變情徇勢，射利抵巇。中心甚憎，爲彼所奇。忍仇佯喜，悦譽遷隨。胡執臣心，常使不移？反人是己，曾不惕疑。貶名絶命，不負所知。抃嘲似傲，貴者啓齒。臣旁震驚，彼且不耻。叩稽匍匐，言語譎詭。令臣縮恧，彼則大喜。臣若效之，瞋怒叢己。彼誠大巧，臣拙無比。王侯之門，狂吠狴犴。臣到百步，喉喘顛汗。睢盱逆走，魄遁神叛。欣欣巧夫，徐入縱誕。毛羣掉尾，百怒一散。世途昏險，擬步如漆，左低右昂，鬭冒衝突。鬼神恐悸，聖智危慄。泯焉直透，所至如一。是獨何工，縱横不恤。非天所假，彼智焉出？獨嗇於臣，恒使玷黜。沓沓騫騫，恣口所言。迎知喜惡，默測憎憐。摇唇一發，徑中心原。膠加鉗夾，誓死無遷。探心扼膽，踊躍拘牽。彼雖佯退，胡可得旃！獨結臣舌，喑抑銜冤。擘眥流血，一辭莫宣。胡爲賦授，有此奇偏？眩耀爲文，瑣碎排偶。抽黄對白，啽哢飛走。駢四儷六，錦心繡口。宫沈羽振，笙簧觸手。觀者舞悦，誇談雷吼。獨溺臣心，使甘老醜。嚚昏莽鹵，樸鈍枯朽。不期一時，以俟悠久。旁羅萬金，不鬻弊帚。跪呈豪傑，投棄不有。眉矉頞蹙，喙唾胸歐。大赧而歸，填恨低首。天孫司巧，而窮臣若是，卒不余畀，獨何酷歟？敢願聖靈悔禍，矜臣獨艱。付與姿媚，易臣頑顏。鑿臣方心，規以大圓。拔去吶舌，納以工言。文詞婉軟，步武輕便。齒牙饒美，眉睫增妍。突梯卷臠，爲世所賢。公侯卿士，五步十連。彼獨何人，長享終天！」

言訖，又再拜稽首，俯伏以俟。至夜半，不得命，疲極而睡。見有青褏朱裳，手持絳節而來告曰：「天孫告汝，汝詞良苦。凡汝之言，吾所極知。汝擇而行，嫉彼不爲。汝之所欲，汝自可期。胡不爲之，而誑我爲！汝唯知耻，諂貌淫辭，寧辱不貴，自適其宜。中心已定，胡妄而祈？堅汝之心，密汝所持，得之爲大，失不汚卑。凡吾所有，不敢汝施，致命而昇，汝慎勿疑。」

嗚呼！天之所命，不可中革。泣拜欣受，初悲後懌。抱拙終身，以死誰惕！

與《送窮文》同工異曲，才氣縱横，神光燦爛，天孫爲織雲錦裳矣！使宋以後人爲之，恐不能到此。

唐蔚芝《説龍》

自太極既判，馮翼肇分，烟烟熅熅，庶類混成。大瀛海環其外，裨海環其中，驚流駴碭，泱漭無窮。望洋向若，不知西東。中有靈物，厥名曰龍。時則宓羲當陽，踬远記迹。龍爰負圖以獻，通神明，類萬物，而八卦以成。肇造文字，龍爲功臣。太皡氏嘉迺丕績，以龍紀官，故爲龍師而龍名。虞、夏禪代，鴻水湯湯，下民昏墊，己溺斯傷。龍迺奮翼，周歷河海，大禹因之，曳銜並匿。

當殷之際，首陽有仁人，雲龍相從，得名益彰，而龍見於西山。孔子見老聃，問禮訪道，驚怖其言，不能知其乘風雲而上天。而龍再見於函谷之關。

當是時，葉公頗好龍，遺客鉤致，將以豢之。龍曰："庸子不足與共事。"立謝客。騶奭慕其名，莫能見，爲文以雕畫之，終不得其真焉。秦有祖龍，燔燒《詩》《書》，毒痡四海。龍迺歎曰："嗟乎！世有冒我名以讎儒士者乎！"遂蟄伏不出。時有譚封禪者，或諛之曰黄龍，或頌之曰青龍、蒼龍，以推五德終始之運。而劉季者故武人，以貌隆準，謬附於龍種，與叙譜牒。龍惡其溷，韜晦惟恐不深。東漢之季，龍益高卧。是後樓船駕櫓，舟師大興，伏波騰沸，龍更厭棄世俗，或潛於地中海、太平洋中。不意祖沖之千里船又至，蚩霧横飛，驚霆震空，神州赤縣，幾莫能容。龍遂訪北溟之鯤，天池之鵬，將偕隱於太空。一出一入，泛濫鴻濛；一鱗一爪，靡闚其蹤。而世之耳食者，遂謂三代以上有龍，三代以下無龍；中國以内有龍，中國以外無龍。

君子曰：時之爲義大矣哉！天降時雨，山川出雲，維嶽降神，生甫及申。有開必先，品物流形，本天本地，各以其親。聖君賢相，六位時成，而龍於是乎見焉。其見也時也，龍無容心也。不幸而時丁否塞，宇宙晦盲，茫茫大地，知我無人。觀雷觀火，爲益爲盈。尺蠖之屈，利用安身，而龍於是乎隱焉。其隱也時也，龍無容心也。因其見而世知之，因其隱而世莫知之。知之而以爲有，莫知之而以爲無者，亦時也，而龍無容心也。世無可易，則不易乎世；名無可成，則不成乎名。若歲大旱而霖雨終弗施者，憂則違之，確乎其不可拔，是龍之德也，非龍之悖時也，而龍無容心也。同心之言，則同類相求；重明麗正，則同明相照。世有聖人，首出庶物。黄河倏清，陰陽不測。遂躡雲梯，横奮八極，不崇朝而萬彙被其闓澤者，亦龍之德也，非龍之趨時也，而龍無容心也。《易》曰：「終日乾乾，與時偕行。」又曰：「先天而天弗違，後天而奉天時。」龍乎龍乎！其知時乎？時之爲義大矣哉！

此文自謂仿《毛穎傳》，而不能逮其古雅；後半篇乃自負之意。初學讀之，却可以開發心思，增壯才氣。

倒捲珠簾法

適用於敘事説理之文，宜綫索分明，忌淩雜無序。

《左傳·晏平仲論踴貴屨賤》（昭公三年）

齊侯使晏嬰請繼室於晉，曰：「寡君使嬰曰：『寡人願事君，朝夕不倦，將奉質幣，以無失時，則國家多難，是以不獲。不腆先君之適，以備内官，焜燿寡人之望，則又無禄，早世殞命，寡人失望。君若不忘先君之好，惠顧齊國，辱收寡人，徼福於太公、丁公，照臨敝邑，鎮撫其社稷，則猶有先君之適及遺姑姊妹若而人。君若不棄敝邑，而辱使董振擇之，以備嬪嬙，寡人之望也。』」韓宣子使叔向對曰：「寡君之願也。寡君不能獨任其社稷之事，未有伉儷，在縗絰之中，是以未敢請。君有辱命，惠莫大焉。若惠顧敝邑，撫有晉國，賜之内主，豈唯寡君，舉羣臣實受其貺。其自唐叔以下，實寵嘉之。」

既成昏，晏子受禮，叔向從之宴，相與語。叔向曰：「齊其何如？」晏子曰：「此季世也，吾弗知，齊其爲陳氏矣！公棄其民，而歸於陳氏。齊舊四量：豆、區、釜、鍾。四升爲豆，各自其四，以登於釜。釜十則鍾。陳氏三量，皆登一焉，鍾乃大矣。以家量貸，而以公量收之。山木如市，弗加於山；魚鹽蜃蛤，弗加於海。民參其力，二入於公，而衣食其一。公聚朽蠹，而三老凍餒。國之諸市，屨賤踊貴。民人痛疾，而或燠休之。其愛之如父母，而歸之如流水。欲無獲民，將焉辟之？箕伯、直柄、虞遂、伯戲，其相胡公、大姬，已在齊矣。」

叔向曰：「然。雖吾公室，今亦季世也。戎馬不駕，卿無軍行，公乘無人，卒列無長。庶民罷敝，而宫室滋侈。道殣相望，而女富溢尤。民聞公命，如逃寇讎。欒、郤、胥、原、狐、續、慶、伯，降在皁隸。政在家門，民無所依。君日不悛，以樂慆憂。公室之卑，其何日之有？讒鼎之銘曰：『昧旦丕顯，後世猶怠。』況日不悛，其能久乎？」

晏子曰：「子將若何？」叔向曰：「晉之公族盡矣。肸聞之，公室將卑，其宗族枝葉先落，則公從之。肸之宗十一族，唯羊舌氏在而已。肸又無子。公室無度，幸而得死，豈其獲祀？」

初，景公欲更晏子之宅，曰：「子之宅近市，湫隘囂塵，不可以居，請更諸爽塏者。」辭曰：「君之先臣容焉，臣不足以嗣之，於臣侈矣。且小人近市，朝夕得所求，小人之利也，敢煩里旅？」公笑曰：「子近市，識貴賤乎？」對曰：「既利之，敢不識乎？」公曰：「何貴何賤？」於是景公繁於刑，有鬻踊者，故對曰：「踊貴屨賤。」既已告於君，故與叔向語而稱之。景公爲是省於刑。君子曰：「仁人之言，其利博哉！晏子一言，而齊侯省刑。《詩》曰：『君子如祉，亂庶遄已。』其是之謂乎！」

及晏子如晉，公更其宅，反，則成矣。既拜，乃毁之，而爲里室，皆如其舊。則使宅人反之。「且諺曰：『非宅是卜，唯鄰是卜。』二三子先卜鄰矣，違卜不祥。君子不犯非禮，小人不犯不祥，古之制也。吾敢違諸乎？」卒復其舊宅。公弗許。因陳桓子以請，乃許之。

此文因平仲、叔向論齊、晉皆季世，而先以婚姻之事爲辭，此倒捲法也。平仲與景公論「踊貴屨賤」，當敘在前，乃與叔向先言之，而追敘更宅之事，此倒捲法也。及平仲自晉反，乃又敘更宅之事，則又賓中之賓也。至賓中之主，則論「踊貴屨賤」而已。悟得此法，則無論倒捲、斜捲，參差錯落，皆成至文。

起處何等堂皇，中後何等衰颯。中間言民歸陳氏，末即以陳桓子作結，見其勢力之大。讀之曷勝慨然。

韓退之《送高閑上人序》

苟可以寓其巧智，使機應於心，不挫於氣，則神完而守固，雖外物至，不膠於心。堯、舜、禹、湯治天下，養叔治射，庖丁治牛，師曠治音聲，扁鵲治病，僚之於丸，秋之於弈，伯倫之於酒，樂之終身不厭，奚暇外慕？夫外慕徙業者，皆不造其堂，不嚌其胾者也。

往時張旭善艸書，不治他伎。喜怒窘窮、憂悲愉佚、怨恨思慕、酣醉無聊不平，有動於心，必於艸書焉發之。觀於物，見山水崖谷、鳥獸蟲魚、艸木之花實、日月列星、風雨水火、雷霆霹靂、歌舞戰鬭、天地事物之變，可喜可愕，一寓於書。故旭之書，變動猶鬼神，不可端倪。以此終其身而名後世。今閑之於艸書，有旭之心哉？不得其心，而逐其迹，未見其能旭也。爲旭有道，利害必明，無遺錙銖，情炎於中，利欲鬭進，有得有喪，勃然不釋，然後一決於書，而後旭可幾也。今閑師浮圖氏，一死生，解外膠。是其爲心，必泊然無所起；其於世，必淡然無所嗜。泊與淡相遭，頹墮委靡，潰敗不可收拾。則其於書，得無象之然乎？然吾聞浮屠人善幻，多技能，閑如通其術，則吾不能知矣。

此文以常人爲之，必先叙高閑喜艸書，再叙其近於張旭，再勉其不外慕徒業，然後能神完而守固。乃退之以倒捲珠簾法行之，先言神完守固，次言不外慕徒業，次入張旭，次入高閑之艸書不如旭，文便處處得力，而勉勵高閑之意，自在言外，亦可謂神品矣。至其氣之蒼茫突兀，凌厲無前，猶爲餘事。

唐蔚芝《大孝終身慕父母義》

慕，愛情也。愛情之發，不衷於性，則有流蕩忘返而不止者。吾得而推慕之情，致慕之紛：慕少艾、慕妻子、慕君、慕禄位、慕壽富；貪夫慕財，烈士慕名，農家慕收，商家慕賄。雞鳴而起，日入而息，憧憧往來，朋從爾思，日奔騁於嗜欲之中，天性汩滈而無所復存，夫是之謂「雜慕」。

於是有矯雜慕之害者，以爲天者人始，父母者人本。禮義作則，荄乎天真；教育萌柢，肇於家庭。繇是敷《曲禮》之訓，循《内則》之文，櫛縰笄總，搢笏端紳，曰如有慕也。庸詎知后王命冢宰，降德於衆兆民者，皆基於至誠而不繫乎繁文。苟不揣其本而齊其末，進而弗敬，温而弗柔，則將率天下以爲僞，戕賊人性以爲仁義。夫是之謂「浮慕」。

於是有矯浮慕之弊者，以爲「能」貴返乎不學，「知」宜探乎不慮，收視返聽，吾性吾情，軒豁呈露。是故有深愛者，必有和氣；有和氣者，必有愉色；有愉色者，必有婉容。吾心知有愛，而慕生焉。嚴威儼恪，語必以時；或先或後，兢兢扶持。吾心知有敬，而慕生焉。顧往往不能持之以恒，譬諸爲雹爲火，成俄頃之光明。舉凡天下之形形色色，口之於味，耳之於聲，鼻之於臭，四肢之於安佚，皆足以移吾慕父母之心。幼而粹然，長而昧焉；入而壯然，出而忘焉。有俶而靡終，父母縱諒之乎，將何所倚賴以永其天年？夫是之謂「無恒之慕」。

君子於是返之於初。元氣起於子，褱妊於巳，懵焉無所知也。及夫墜地，呱呱是聲，胥五洲而皆同。故夫東海、北海、西海、南海，此心此理，放而皆準。形既生焉，神發知焉，五性森然而覺生焉，而感生焉。拊我畜我，長我育我，顧我復我。當其拊畜、長育、顧復之時，其慕不自知也。倏而煦嫗我，倏而緣督我，俄而鞭笞我，俄而誥誡我，當其煦嫗、緣督、鞭笞、誥誡之時，其慕莫能名也。夫是之謂「赤子之慕」。

君子於是繼之以學。十年出就外傅，居宿於外，此始離父母之時也，而慕未嘗漓也。十有三年，成童舞勺，二十而學禮，三十而博學無方，四十而方物，出謀發慮，五十而服官政，離父母日遠矣。然而方其處也，固慕父母之時也；及其出也，尤慕父母之時也。思慮之萌，依依於几杖也；夢魂之越，戀戀於庭闈也。恍兮如見吾親也，醒兮感極而涕零也；怵天時之寒燠而謀所適也，審人事之變遷而擇所安也。念生活之艱劬，奉養之或缺，而知吾親之憂思而莫殫也。夫是之謂「中年之慕」。

君子於是要之以終。服美不安，聞樂不樂，食旨不甘，三年之慕，無待言已。至於「霜露既降，履之必有悽愴之心」，此悽愴之心何心也？「雨露既濡，履之必有怵惕之心」，此怵惕之心何心也？「齋之日，思其居處，思其笑語，思其志意，思其所樂所嗜。」人生而得天幸，當亟於其逮存之日思之。若既不幸矣，充其視於無形，聽於無聲之心，直無往而不見吾父母。色不忘乎目，聲不絶乎耳，心志嗜欲不忘乎心。愛慤著存，松楸瞻拜，恒有涕泣而不自已者，此又何心也？夫是之謂「終身之慕」。

有子與子游立，見孺子慕者。有子曰：「情在於斯，其是也夫？」子游曰：「人喜則斯陶，陶斯咏，咏斯猶，猶斯舞，舞斯慍，慍斯戚，戚斯歎，歎斯辟，辟斯踊矣。」品節斯，斯之謂禮。蓋孺子之心，發現乎踊，其慕父母也以踊始，故生人之事父母也以踊終。以踊始者愛也，以踊終者，愛盡而不能復從，於是爲極哀。而其自少至老，層累曲折之數，則皆隨良心之消長以爲轉移。故夫慕者，孺子心也。聖人因孺子之心以制爲禮，使天下皆生慕父母之心。而其盡一己之良心，必先提撕警覺以存之。譬諸父母喜而吾喜焉，父母憂而吾憂焉；得一衣而先父母焉，得一食而先父母焉。此至微至細之慕思，而聖人常兢兢於此者，蓋以教孝之大源，務嚴誠僞之辨。惟因至誠之發，而察識之，而擴充之。推恩不匱，錫類以至於無窮，庶俾天下人子，咸有以遂其慕父母之情，而致其慕父母之實。夫子曰：「先王有至德要道以順天下。」意在斯乎。夫是之謂「大孝終身慕父母」。

先釋「慕」字，次釋慕父母，次釋終身慕父母，次釋大孝終身慕父母，此謂「倒捲珠簾法」。然必須縱橫變化，意義不窮，乃佳。若呆滯不靈，則索然無味矣。

此題余共有三篇，刊入《孝經大義》中，惟本法則僅有一篇，宜參考之。

本法最宜於説經。譬如《〈周易〉「君子以思，不出其位」論》，宜先釋「位」字，次釋出其位，次釋不出其位。然如何能不出其位，要在有以深思之；如何能思不出其位，要在用《艮·象》以定之，故曰「君子以思，不出其位」。又如《孟子「不嗜殺人者能一之」論》，當先言天下宜統一；次言求統一者不知仁義，乃事殺人；次言殺人日多，乃嗜殺人；次言惟仁人君子，能不嗜殺人；然不嗜殺人，要非徒託空言，必須實有不忍人之政，故曰「不嗜殺人者能一之」。如此逐層詮釋，更以大氣包舉之，行文方能得勢。

布局神化法

適用於紀人叙事之文，惟天資穎悟，方克臻此；至學力精深熟極，則亦能爲之。

《史記·伯夷列傳》

夫學者載籍極博，猶考信於六藝。《詩》《書》雖缺，然虞、夏之文可知也。堯將遜位，讓於虞舜，舜、禹之間，岳牧咸薦，乃試之於位，典職數十年，功用既興，然後授政。示天下重器，王者大統，傳天下若斯之難也。而説者曰：「堯讓天下於許由，許由不受，耻之逃隱。及夏之時，有卞隨、務光者。」此何以稱焉？太史公曰：「余登箕山，其上蓋有許由冢云。」

孔子序列古之仁聖賢人，如吴太伯、伯夷之倫，詳矣。余以所聞由、光義至高，其文辭不少概見，何哉？孔子曰：「伯夷、叔齊，不念舊惡，怨是用希。」「求仁得仁，又何怨乎？」余悲伯夷之意，睹軼詩可異焉。其傳曰：「伯夷、叔齊，孤竹君之二子也。父欲立叔齊。及父卒，叔齊讓伯夷。伯夷曰：『父命也。』遂逃去。叔齊亦不肯立而逃之。國人立其中子，於是伯夷、叔齊聞西伯昌善養老，盍往歸焉。及至，西伯卒，武王載木主，號爲文王，東伐紂。伯夷、叔齊叩馬而諫曰：『父死不葬，爰及干戈，可謂孝乎？以臣弑君，可謂仁乎？』左右欲兵之。太公曰：『此義人也。』扶而去之。武王已平殷亂，天下宗周，而伯夷、叔齊耻之，義不食周粟，隱於首陽山，采薇而食之。及餓且死，作歌，其辭曰：『登彼西山兮，采其薇矣。以暴易暴兮，不知其非矣。神農、虞、夏，忽焉没兮，我安適歸矣？于嗟徂兮！命之衰矣。』遂餓死於首陽山。」由此觀之，怨邪非邪？

或曰：「天道無親，常與善人。」若伯夷、叔齊，可謂善人者非邪？積仁絜行如此而餓死。且七十子之徒，仲尼獨薦顔淵爲好學。然回也屢空，糟糠不厭，而卒蚤夭。天之報施善人，其何如哉？盜跖日殺不辜，肝人之肉，暴戾恣睢，聚黨數千人，横行天下，竟以壽終，是遵何德哉？此其尤大彰明較著者也。若至近世，操行不軌，專犯忌諱，而終身逸樂富厚，累世不絶。或擇地而蹈之，時然後出言，行不由徑，非公正不發憤，而遇禍災者，不可勝數也。余甚惑焉！儻所謂天道，是邪非邪？子曰：「道不同，不相爲謀。」亦各從其志也。故曰：「富貴如可求，雖執鞭之士，吾亦爲之。如不可求，從吾所好。」「歲寒然後知松柏之後凋。」舉世混濁，清士乃見。豈以其重若彼，其輕若此哉？「君子疾没世而名不稱焉」。

賈子曰：「貪夫徇財，烈士徇名，夸者死權，衆庶馮生。」同明相照，同類相求。「雲從龍，風從虎，聖人作而萬物覩。」伯夷、叔齊雖賢，得夫子而名益彰；顔淵雖篤學，附驥尾而行益顯。巖穴之士，趣舍有時若此，類名堙滅而不稱。悲夫！閭巷之人，欲砥行立名者，非附青雲之士，惡能施于後世哉！

此文劉海峰先生以爲神奇，以其所叙，多不倫不類也。然以余觀之，並無奇奥之處，其命意不過尊孔而已，特揭明如下。

一起「夫學者」四句，因係列傳第一篇，故爲此大排場。固屬全篇總冒，實全書中之綫索。「堯將遜位」以下，引起「讓」字。至「傳天下若斯之難也」一重頓，而「説者曰」以下推開法，惜許由、務光不得孔子之品題。「太史公曰」三句，歸震川先生特賞之，見許由確有其人，何以不爲孔子所表章？其神光直射到末段。

「孔子序列」一段提筆法，醒出命意。以吴泰伯並提者，泰伯居世家之首，爲第一人；伯夷居列傳之首，亦爲第一人：皆以讓國傳者也。由此觀之，「怨邪非邪」，宕筆法。「或曰」以下，亦推開法，而尊孔意益見。獨引顔淵者，以孔子屢贊顔子也。夷、跖並稱者，古書之例皆然，玩《孟子》《莊子》可見。雜引《論語》成句，皆尊孔意，非不倫不類也。

「子曰：道不同，不相爲謀」一段，用提筆法，潛氣内轉，至「君子疾没世而名不稱焉」，即用孔子之言揭出一「名」字，何等有力。

「賈子曰」以下，言士欲得名，必經孔子品題，皆尊孔意。「巖穴之士」以下，慨山林隱逸之士，未經孔子品題，因致湮没不彰，深可痛惜。結處如神龍掉尾，神光直迴抱「許由、務光」一段，感嘆無窮。此爲天地間至文，然並無奇奥之旨也。後世史書所以不及子長者，不獨格局板滯，蓋後人不過於本人本事叙述明白，而子長則於傳外别有命意，如此作是也。

編者謹按：唐先生《交通大學演講録》第一集下卷（文學類）第十一期《史記·伯夷列傳（太陰識度兼少陰情韻）》講義詳述其研究法，具録如下：

一、練意

余於《國文大義》中，曾講練意之法。所謂練意者，凡用意必須比人高一層、深一層也。此篇命意全在尊孔，自「夫學者」起至「許由冢云」，爲第一段，盤旋作勢，祇是慨歎許由等不得孔子品題。自「孔子序列」至「怨耶非耶」爲第二段，孔子一提，全神俱振，爲一篇柱意。自「或曰」至「名不稱焉」爲第三段，提明「仲尼獨薦顔淵爲好學」，又雜引《論語》文，無非「折衷孔子」之意。自「賈子曰」以下爲末段，繹如以成，結出「伯夷、叔齊雖賢，得夫子而名益彰」，命意乃益明顯。曾文正評「遠」字訣云：「寤寐周、孔，落落寡羣。」〔一〕必如此類文字，方足當之。

〔一〕曾國藩《日記》同治四年正月二十二日《作文八字訣》文。

二、微言

夷、齊譏周武以暴易暴，且曰：「神農、虞、夏，忽焉没矣，我安適歸矣？」是其意主禪讓，有識者類能知之；然武王、周公非有利天下之心也。紂之焚炙忠良、斮脛剖心、作威殺戮，百姓憔悴顛連，不可終日；向使周武聽夷、齊之言，幡然返轍，則如水益深、如火益熱，助紂爲虐，人將以夷、齊爲罪人矣！且周武非不欲禪讓也，維時微子行遯荒野，無從訪求，以武庚之昏庸，且因而封之，武、周之意可見矣！迨後武庚叛，三監平，始遷九鼎於洛邑，其心無非安人、安百姓耳。孔子曰：「唐、虞禪，夏后、殷、周繼，其義一也。」〔一〕故扣馬一事，後人以爲傳聞之誤。且此事早可闕疑。惟首陽槁餓，可與日月争光。善乎韓子之頌伯夷曰：「彼獨非聖人，而自是如此。」夫聖人乃萬世之標準也。「雖然，微二子，亂臣賊子接迹於後世矣！」其説最爲正大。後人徒持高論，不究當時事實，至謂武王非聖人，豈不謬哉！

三、布局

凡叙事文布局，最易平衍。次第鋪叙，毫無精采。晉以後史書不及《史記》者，正由布局呆滯少變化也。《史記》則神化無方，如本篇前後議論，列傳在中間，以「其傳曰」三字點清，其爲

〔一〕《孟子·萬章上》述孔子語。

舊史之傳歟？抑子長所作歟？不可知已。至《孟子荀卿列傳》《屈原傳》又各變一格局（余别有論）。譬之造屋然，各國有各國之屋式，中國各省屋式亦迥異；又譬之構園然，一丘一壑各具巧思，善營造者，隨時隨地變化從新矣。

四、練辭

一起「夫學者」四句，因係列傳第一篇，故爲此大排場。固屬全篇總冒，實全書中之綫索。「堯將遜位」以下，引起「讓」字。至「傳天下若斯之難也」一重頓，「而説者曰」以下推開法，惜許由、務光不得孔子品題。「太史公曰」三句，歸震川先生特賞之，見許由確有其人，何以不爲孔子所表章？其神光直射到末段。

「孔子序列」一段，以吴泰伯並提者，泰伯居「世家」之首，爲第一人；伯夷居「列傳」之首，亦爲第一人：皆以讓國傳者也。「由此觀之，怨耶非耶」，宕筆法，與下「儻所謂是耶非耶」相應。

「或曰」以下亦推開法。獨引顔淵者，以孔子屢贊顔子也。夷、跖並稱者，古書之例皆然，玩《孟子》《莊子》可見。凡畫家繪人物，倘專畫一人一物，寂寞不能生動，必用陪襯人物以點綴之。此段引用顔淵、盗跖，乃文家煊染法，最宜學步。

「子曰：道不同不相爲謀」一段，用提筆法，潛氣内轉，至「君子疾没世而名不稱焉」，即用孔子之言揭出一「名」字，何等有力！「賈子曰」以下，言士欲得名，必經孔子品題。「巖穴之士」

以下，慨山林隱逸之士，未經孔子品題，因致湮没不彰，深可痛惜。結處如神龍掉尾，神光直迴抱「許由、務光」一段，感嘆無窮。此爲天地間至文，實出於練局練辭之妙也。

《史記·孟子荀卿列傳》（節録）

太史公曰：余讀孟子書，至梁惠王問「何以利吾國」，未嘗不廢書而歎也。曰：嗟乎！利誠亂之始也。夫子罕言利者，常防其原也。故曰「放於利而行，多怨」。自天子至於庶人，好利之弊，何以異哉！

孟軻，鄒人也。受業子思之門人。道既通，游事齊宣王，宣王不能用。適梁，梁惠王不果所言，則見以爲迂遠而闊於事情。當是之時，秦用商君，富國彊兵；楚、魏用吴起，戰勝弱敵；齊威王、宣王用孫子、田忌之徒，而諸侯東面朝齊。天下方務於合從連衡，以攻伐爲賢，而孟軻乃述唐、虞、三代之德，是以所如者不合。退而與萬章之徒，序《詩》《書》，述仲尼之意，作《孟子》七篇。

其後有騶子之屬。齊有三騶子。其前騶忌，以鼓琴干威王，因及國政，封爲成侯，而受相印，先孟子。其次騶衍，後孟子。騶衍睹有國者益淫侈，不能尚德，若《大雅》整之於身，施及黎庶矣。乃深觀陰陽消息，而作怪迂之變，《終始》《大聖》之篇，十餘萬言。其語閎大不經，必先驗小物，推而大之，至於無垠。先序今，以上至黄帝，學者所共術，大並世盛衰，因載其禨祥度制，推而遠之，至天地未生，窈冥不可考而原也。先列中國名山大川通谷禽獸，水土所殖，物類所珍，因而推之，及海外人之所不能睹。稱引天地剖判以來，五德轉移，治各有宜，而符應若茲。以爲儒者所謂中國者，於天下乃八十一分居其一分耳。中國名曰赤縣神州。赤縣神州内，自有九州，禹之序九州是也，不得爲州數。中國外如赤縣神州者九，乃所謂九州也。於是有裨海環之，人民禽獸，莫能相通者，如一區中者，乃爲一州。如此者九，乃有大瀛海環其外，天地之際焉。其術皆此類也。然要其歸，必止乎仁義節儉，君臣上下六親之施，始也濫耳。王公大人，初見其術，懼然顧化，其後不能行之。是以騶子重於齊。適梁，梁惠王郊迎，執賓主之禮。適趙，平原君側行襒席。如燕，昭王擁彗先驅，請列弟子之座而受業，築碣石宫，身親往師之。作《主運》。其游諸侯，見尊禮如此，豈與仲尼菜色陳、蔡，孟軻困於齊、梁同乎哉！故武王以仁義伐紂而王，伯夷餓不食周粟；衛靈公問陳而孔子不答；梁惠王謀欲攻趙，孟軻稱太王去邠。此豈有意阿世俗苟合而已哉！持方枘，欲内圓鑿，其能入乎？或曰：伊尹負鼎而勉湯以王，百里奚飯牛車下而繆公用霸，作先合，然後引之大道。騶衍其言雖不軌，儻亦有牛鼎之意乎？自騶衍與齊之稷下先生，如淳于髡、慎到、環淵、接子、田駢、騶奭之徒，各著書言治亂之事，以干世主，豈可勝道哉！

此傳更爲奇特，叙孟子事不過數行，其後不啻爲鄒衍作傳，何也？蓋天人古今之消息，俱於此傳矣。「大九州」發現後，天下方務於合從連横，以攻伐爲賢，争奪相殺，遂無已時。故必以仁義道德救之，子長之特識也。總冒曰「利誠亂之始」，又曰「夫子罕言利，常防其原也」，嗚呼！非好學深思，心知其意者，烏能見及此耶！龍門而後，誰能道其隻字？

「先驗小物，推而大之，至於無垠」，此即物理學也。數千年後讀此傳，乃更覺有味。

以孟子、荀卿作主，中包無數游説家，固屬奇文，益徵高識。

《史記・屈原賈生列傳》（節録）

屈原者，名平，楚之同姓也。爲楚懷王左徒。博聞彊志，明於治亂，嫻於辭令。入則與王圖議國事，以出號令；出則接遇賓客，應對諸侯。王甚任之。上官大夫與之同列，爭寵而心害其能。懷王使屈原造爲憲令，屈平屬草藁未定。上官大夫見而欲奪之，屈平不與，因讒之曰：「王使屈平爲令，衆莫不知，每一令出，平伐其功，曰：以爲『非我莫能爲』也。」王怒而疏屈平。

屈平疾王聽之不聰也，讒諂之蔽明也，邪曲之害公也，方正之不容也，故憂愁幽思而作《離騷》。離騷者，猶離憂也。夫天者人之始也，父母者人之本也。人窮則反本，故勞苦倦極，未嘗不呼天也；疾痛慘怛，未嘗不呼父母也。屈平正道直行，竭忠盡智以事其君，讒人間之，可謂窮矣。信而見疑，忠而被謗，能無怨乎？屈平之作《離騷》，蓋自怨生也。《國風》好色而不淫，《小雅》怨誹而不亂，若

《離騷》者，可謂兼之矣。上稱帝嚳，下道齊桓，中述湯、武，以刺世事。明道德之廣崇，治亂之條貫，靡不畢見。其文約，其辭微，其志潔，其行廉，其稱文小而其指極大，舉類邇而見義遠。其志潔，故其稱物芳；其行廉，故死而不容自疏。濯淖汙泥之中，蟬蛻於濁穢，以浮游塵埃之外，不獲世之滋垢，皭然泥而不滓者也。推此志也，雖與日月争光可也。

屈平既絀，其後秦欲伐齊。齊與楚從親，惠王患之，乃令張儀詳去秦，厚幣委質事楚，曰：「秦甚憎齊。齊與楚從親，楚誠能絶齊，秦願獻商於之地六百里。」楚懷王貪而信張儀，遂絶齊，使使如秦受地。張儀詐之曰：「儀與王約六里，不聞六百里。」楚使怒去，歸告懷王。懷王怒，大興師伐秦。秦發兵擊之，大破楚師於丹、淅，斬首八萬，虜楚將屈匄，遂取楚之漢中地。懷王乃悉發國中兵，以深入擊秦，戰於藍田。魏聞之，襲楚至鄧。楚兵懼，自秦歸。而齊竟怒不救楚，楚大困。明年，秦割漢中地與楚以和。楚王曰：「不願得地，願得張儀而甘心焉。」張儀聞，乃曰：「以一儀而當漢中地，臣請往如楚。」如楚，又因厚幣用事者臣靳尚，而設詭辯於懷王之寵姬鄭袖。懷王竟聽鄭袖，復釋去張儀。是時屈平既疏，不復在位，使於齊，顧反，諫懷王曰：「何不殺張儀？」懷王悔，追張儀不及。其後諸侯共擊楚，大破之，殺其將唐眛。時秦昭王與楚婚，欲與懷王會。懷王欲行，屈平曰：「秦虎狼之國，不可信，不如無行。」懷王稚子子蘭勸王行：「奈何絶秦歡？」懷王卒行。入武關，秦伏兵絶其後，因留懷王以求割地。懷王怒不聽，亡走趙。趙不内，復之秦，竟死於秦而歸葬。長子頃襄王立，以其弟子蘭爲令尹。

楚人既咎子蘭以勸懷王入秦而不反也。屈平既嫉之，雖放流，睠顧楚國，繫心懷王，不忘欲反，冀幸君之一悟，俗之一改也。其存君興國，而欲反覆之，一篇之中，三致志焉。然終無可奈何，故不可以反，卒以此見懷王之終不悟也。人君無愚智賢不肖，莫不欲求忠以自爲，舉賢以自佐，然亡國破家相隨屬，而聖君治國，累世而不見者，其所謂忠者不忠，而所謂賢者不賢也。懷王以不知忠臣之分，故內惑於鄭袖，外欺於張儀，疏屈平而信上官大夫、令尹子蘭。兵挫地削，亡其六郡，身客死於秦，爲天下笑。此不知人之禍也。《易》曰：「井渫不食，爲我心惻，可以汲。王明並受其福。」王之不明，豈足福哉！

令尹子蘭聞之，大怒，卒使上官大夫短屈原於頃襄王。頃襄王怒而遷之。屈原至於江濱，被髮行吟澤畔，顏色憔悴，形容枯槁。漁父見而問之曰：「子非三閭大夫歟？何故而至此？」屈原曰：「舉世混濁而我獨清，衆人皆醉而我獨醒，是以見放。」漁父曰：「夫聖人者，不凝滯於物，而能與世推移。舉世混濁，何不隨其流而揚其波？衆人皆醉，何不餔其糟而啜其醨？何故懷瑾握瑜，而自令見放爲？」屈原曰：「吾聞之：新沐者必彈冠，新浴者必振衣。人又誰能以身之察察，受物之汶汶者乎！寧赴常流，而葬乎江魚腹中耳，又安能以皓皓之白，而蒙世俗之温蠖乎！」乃作《懷沙》之賦。於是懷石，遂自投汨羅以死。屈原既死之後，楚有宋玉、唐勒、景差之徒者，皆好辭而以賦見稱，然皆祖屈原之從容辭令，終莫敢直諫。其後，楚日以削，數十年，竟爲秦所滅。自屈原沈汨羅後，百有餘年，漢有賈生，爲長沙王太傅，過湘水，投書以弔屈原。

太史公曰：余讀《離騷》《天問》《招魂》《哀郢》，悲其志。適長沙，觀屈原所自沈淵，未嘗不垂涕，想見其爲人。及見賈生弔之，又怪屈原以彼其材，遊諸侯，何國不容，而自令若是。讀《鵩鳥賦》，同死生，輕去就，又爽然自失矣。

三國以下史書，所以不及《史記》者，由布局呆滯也。《史記》則神化無方，如《伯夷列傳》，前後議論，列傳在中間，以「其傳曰」三字點清。其爲舊史之傳歟？抑子長所作歟？不可知已。至《屈原傳》，則一段敘事，一段議論，用虛實相間法，其文義遥遥相承，尤爲列傳中之創格。讀本法三傳，可以悟《史記》變化之法。後來史家，雖歐陽永叔，亦不能逮也。

「心害其能」，「害」字下得辣，從《國策》「韓隗、嚴遂二人相害」得來。讒人離間君子，衹須一二語，曰「非我莫能爲也」，而靈均死矣。小人舌鋒，可畏如此。

第二段吸收《離騷》之菁華，朗麗哀志，聲調千古獨絶。「其文約」數語，從《易繫辭傳》「其稱名也小」數語得來。

「人君無愚智賢不肖」一段，是傳外意。結處連綰賈生，餘音嫋嫋，翔於虛廓之表。

傳贊丰神摇曳，與《魏公子傳》贊，同爲《史記》中絶調。

韓退之《太學生何蕃傳》中段「歐陽詹生言曰」至結尾，以傳論作傳文，亦係布局神化法，惟氣局較小，故本編未録，閲者宜參考之。

響遏行雲法

各種文均適用，尤宜於典制、金石之文，務求高遠，求厚重，忌浮滑。

《書·秦誓篇》

公曰：「嗟！我士聽無譁！予誓告汝羣言之首，古人有言曰：『民訖自若是多盤。』責人斯無難，惟受責俾如流，是惟艱哉！我心之憂，日月逾邁，若弗云來。惟古之謀人，則曰未就予忌。惟今之謀人，姑將以爲親。雖則云然，尚猷詢兹黄髮，則罔所愆。番番良士，旅力既愆，我尚有之。仡仡勇夫，射御不違，我尚不欲。惟截截善諞言，俾君子易辭，我皇多有之，昧昧我思之。如有一介臣，斷斷猗，無他技，其心休休焉，其如有容。人之有技，若己有之；人之彦聖，其心好之，不啻如自其口出，是能容之。以保我子孫黎民，亦職有利哉。人之有技，冒疾以惡之。人之彦聖，而違之俾不達，是不能容，以不能保我子孫黎民，亦曰殆哉。邦之杌隉，曰由一人；邦之榮懷，亦尚一人之慶。」也。「響遏行雲」者，如鶴鳴九皋，鳳鳴朝陽，清音嘹亮，行雲若爲之停滯，彌覺有姿態不足信。此文後人以爲孔子知秦之將王，故以之殿於典謨訓誥之後。此等讖緯之說，固得者。惟吴季子觀樂，以秦聲爲夏聲；夏者大也，此文聲大而遠，實古書中不易

穆公求賢若渴，託之理想之中。「昧昧我思之」一句，爲憑空提筆。其餘虛字旁邊圈處，皆屬摹繪思想，如見至誠之意。

《詩·緜篇》

緜緜瓜瓞。民之初生，自土沮漆。古公亶父，陶復陶穴，未有家室。古公亶父，來朝走馬，率西水滸，至于岐下。爰及姜女，聿來胥宇。周原膴膴，堇荼如飴。爰始爰謀，爰契我龜。曰「止」、曰「時」，「築室于兹」。迺慰迺止，迺左迺右；迺疆迺理，迺宣迺畝。自西徂東，周爰執事。乃召司空，乃召司徒，俾立室家。其繩則直，縮版以載，作廟翼翼。

捄之陾陾，度之薨薨。築之登登，削屢馮馮。百堵皆興，鼛鼓弗勝。

迺立皋門，皋門有伉。迺立應門，應門將將。迺立冢土，戎醜攸行。

肆不殄厥愠，亦不隕厥問。柞棫拔矣，行道兑矣。混夷駾矣，維其喙矣。

虞芮質厥成，文王蹶厥生。予曰有疏附，予曰有先後，予曰有奔奏，予曰有禦侮。

《孟子》曰：「苟爲善，後世子孫，必有王者矣。」太王之德，愈韜晦而愈發祥。此詩爲周公所作，心知此意，故爲詩愈唱愈高，收筆硬住，更有千鈞之力。

謝叠山先生云：「周原風雨所會，陰陽所和，泉甘土肥，郭景純所謂『沖陽和陰，山高水深，蔚草茂林』。雖鳥喙苦荼，亦變而爲甘，太王所以卜居於此也。」〔一〕《禮記》云：「君子將營宫室，宗廟爲先。」〔二〕故《斯干》詩曰：「似續妣祖，築室百堵。」此詩「作廟翼翼」，即尊祖敬宗之意，立室家者，皆當知之。《楚茨》詩曰：「子子孫孫，勿替引之。」其可忽乎？

〔一〕謝枋得《詩傳注疏·大雅·緜》文。
〔二〕《禮記·曲禮下》文。

《詩·皇矣篇》

皇矣上帝，臨下有赫。監觀四方，求民之莫。維此二國，其政不獲。維彼四國，爰究爰度。上帝耆之，憎其式廓；乃眷西顧，此維與宅。

作之屏之，其菑其翳。脩之平之，其灌其栵。啓之辟之，其檉其椐。攘之剔之，其檿其柘。帝遷明德，串夷載路；天立厥配，受命既固。

帝省其山，柞棫斯拔，松柏斯兑。帝作邦作對，自大伯王季。維此王季，因心則友；則友其兄，則篤其慶。載錫之光，受禄無喪，奄有四方。

維此王季，帝度其心，貊其德音。其德克明，克明克類，克長克君。王此大邦，克順克比。比于文王，其德靡悔。既受帝祉，施于孫子。

帝謂文王，無然畔援，無然歆羡，誕先登于岸。密人不恭，敢距大邦，侵阮徂共。王赫斯怒，爰整其旅，以按徂旅。以篤于周祜，以對于天下。

依其在京，侵自阮疆。陟我高岡，無矢我陵，我陵我阿，無飲我泉，我泉我池。度其鮮原，居岐之陽，在渭之將，萬邦之方，下民之王。

帝謂文王，予懷明德，不大聲以色，不長夏以革。不識不知，順帝之則。帝謂文王，詢爾仇方，同爾弟兄；以爾鉤援，與爾臨衝，以伐崇墉。

臨衝閑閑。崇墉言言。執訊連連。攸馘安安。是類是禡，是致是附，四方以無侮。臨衝茀茀。崇墉仡仡。是伐是肆，是絶是忽，四方以無拂。

與上《緜》篇格調同，而「帝謂文王」數節，局度整齊，聲音乃益響亮。「作之屏之」章，與《生民》「誕后稷之穡」兩章，古藻樸茂，同爲《文選》詩之祖。「以其在京」章及「臨衝閑閑」章，更有浩浩落落之致。

《詩·江漢篇》

江漢浮浮，武夫滔滔。匪安匪遊，淮夷來求。既出我車，既設我旟。匪安匪舒，淮夷來鋪。

江漢湯湯，武夫洸洸。經營四方，告成于王。四方既平，王國庶定。時靡有争，王心載寧。

江漢之滸，王命召虎：「式辟四方，徹我疆土。匪疚匪棘，王國來極。于疆于理，至于南海。」

王命召虎，來旬來宣：「文武受命，召公維翰。無曰予小子，召公是似。」肇敏戎公，用錫爾祉。

釐爾圭瓚，秬鬯一卣。告于文人，錫山土田。于周受命，自召祖命。虎拜稽首：「天子萬年！」

虎拜稽首：「對揚王休，作召公考。天子萬壽！明明天子，令聞不已。矢其文德，洽此四國。」

《江漢》《常武》二詩並稱，而《常武》不及此詩之響亮，具徵中興盛事。

謝疊山先生云：「『王國來極』，四方之諸侯來朝京師者，再見王道同歸皇極。極者，標準也。《商頌》曰：『商邑翼翼，四方之極。』亦以京師爲四方之標準也。」〔一〕

又云：「錫山土田，必使召虎，受賜於岐周，用文、武封康公之禮以待之。於此見賞非宣王之賞，如稟命於乃祖文、武也；功非召虎之功，如受教於乃祖康公也。召虎思文、武之德，思康公之德，必能盡心竭力以報宣王之德矣。三代令王，不責臣子以事功，惟勉臣子以忠孝，本於人心天理而感動之也，盤庚亦得此意。」〔二〕

《詩·那篇》

猗與那與，置我鞉鼓。奏鼓簡簡，衎我烈祖。湯孫奏假，綏我思成。鞉鼓淵淵，嘒嘒管聲。既和且平，依我磬聲。於赫湯孫，穆穆厥聲。庸鼓有斁，萬舞有奕。我有嘉客，亦不夷懌。自古在昔，先民有作。温恭朝夕，執事有恪。顧予烝嘗，湯孫之將。

〔一〕謝枋得《詩傳注疏·大雅·江漢》文。
〔二〕謝枋得《詩傳注疏·大雅·江漢》文，文中「於此見賞非宣王之賞」句，作「此時此意，見賞非宣王之賞」。

昔曾子居武城，讀《商頌》，聞之者淵淵然如聆金石之聲。蓋商以契之德，敬敷五教，功在人倫。傳十餘世而得湯與伊尹，故其聲大而遠。余於《讀詩提綱》中已詳論之，讀此詩可見一斑。

《詩·玄鳥篇》

天命玄鳥，降而生商，宅殷土芒芒。古帝命武湯，正域彼四方。方命厥后，奄有九有。商之先后，受命不殆，在武丁孫子。武丁孫子，武王靡不勝。龍旂十乘，大糦是承。邦畿千里，維民所止，肇域彼四海。四海來假，來假祁祁；景員維河，殷受命咸宜，百禄是何。

此詩於《商頌》中最爲響亮，以其選韻高也。《長發》《殷武》兩詩，已入「選韻精純法」，故不重録。

《左傳·鄭子家與趙宣子書》（文公十七年）

晉侯蒐于黄父，遂復合諸侯于扈，平宋也。公不與會，齊難故也。書曰「諸侯」，無功也。於是晉侯不見鄭伯，以爲貳於楚也。鄭子家使執訊而與之書，以告趙宣子曰：「寡君即位三年，召蔡侯而與之事君。九月，蔡侯入于敝邑以行。敝邑以侯宣多之難，寡君是以不得與蔡侯偕。十一月，克減侯宣多，而隨蔡侯以朝于執事。十二年六月，歸生佐寡君之嫡夷，以請陳侯于楚而朝諸君。十四年七月，寡君又朝，以蕆陳事。十五年五月，陳侯自敝邑往朝于君。往年正月，燭之武往朝夷也。八月，寡君又往朝，以陳、蔡之密邇於楚，而不敢貳焉，則敝邑之故也。雖敝邑之事君，何以不免？在位之中，一朝于襄，而再見于君。夷與孤之二三臣相及於絳。雖我小國，則蔑以過之矣。今大國曰：『爾未逞吾志。』敝邑有亡，無以加焉。古人有言曰：『畏首畏尾，身其餘幾？』又曰：『鹿死不擇音。』小國之事大國也，德則其人也，不德則其鹿也。鋌而走險，急何能擇？命之罔極，亦知亡矣，將悉敝賦，以待於鯈。唯執事命之！文公二年六月壬申，朝于齊。四年二月壬戌，爲齊侵蔡，亦獲成於楚。居大國之間，而從於彊令，豈其罪也？大國若弗圖，無所逃命！」

晉鞏朔行成於鄭，趙穿、公壻池爲質焉。

「子産有辭，鄭國賴之」〔一〕。此書開子産之先，惟其理直氣壯，故其聲音極爲强硬。近人云：「弱國無外交。」豈其然哉！

或疑《晉侯使吕相絶秦書》，亦當入本法，不知非也。《吕相絶秦書》可以謂之和，

〔一〕《左傳》襄公三十一年叔向讚子産語。「鄭國賴之」句《左傳》原文作「諸侯賴之」。

非以響取勝，故編入「鐘鼓鏗鏘法」，會心人自能知之。

韓退之《祭河南張員外文》

維年月日，彰義軍行軍司馬守太子右庶子兼御史中丞韓愈，謹遣某乙，以庶羞清酌之奠，祭於亡友故河南縣令張十二員外之靈。

貞元十九，君爲御史；余以無能，同詔並跱。君德渾剛，標高揭己；有不吾如，唾猶泥滓。余戆而狂，年未三紀；乘氣加人，無挾自恃。彼婉孌者，實憚吾曹；側肩帖耳，有舌如刀。我落陽山，以尹鼯猱；君飄臨武，山林之牢。歲弊寒凶，雪虐風饕；顛於馬下，我泗君咷。夜息南山，同卧一席；守隸防夫，觝頂交跖。洞庭漫汗，黏天無壁；風濤相豗，中作霹靂；追程盲進，颿船箭激。南上湘水，屈氏所沈，二妃行迷，淚蹤染林。山哀浦思，鳥獸叫音，余唱君和，百篇在吟。

君止於縣，我又南逾；把觴相飲，後期有無？期宿界上，一又相語；自別幾時，遽變寒暑。枕臂欹眠，加余以股；僕來告言，虎入厩處，無敢驚逐，以我䮒去。君云是物，不駿於乘；虎取而往，來寅其徵。我預在此，與君俱膺；猛獸果信，惡禱而憑。

余出嶺中，君竢州下；偕掾江陵，非余望者。郴山奇變，其水清瀉；泊砂倚石，有遌無捨。衡陽放酒，熊咆虎嗥；不存令章，罰籌蝟毛。委舟湘流，往觀南嶽；雲壁潭潭，穹林攸擢。避風太湖，七日鹿角；鉤登大鮎，怒頰豕狗。臠盤炙酒，羣奴餘啄。走官階下，首下尻高。下馬伏塗，從事是遭。

予徵博士，君以使已；相見京師，過願之始。分教東生，君掾雍首；兩都相望，於別何有？解手背面，遂十一年；君出我入，如相避然；生闊死休，吞不復宣。刑官屬郎，引章訐奪；權臣不愛，南昌是斡。明條謹獄，氓獠户歌；用遷澧浦，爲人受瘥。還家東都，起令河南；屈拜後生，憤所不堪。屢以正免，身伸事蹇；竟死不昇，孰勸爲善！

丞相南討，余辱司馬；議兵大梁，走出洛下。哭不憑棺，奠不親斝；不撫其子，葬不送野。望君傷懷，有隕如瀉。銘君之績，納石壤中；爰及祖考，紀德事功。外著後世，鬼神與通；君其奚憾，不余鑒衷。嗚呼哀哉！尚饗。

此文不入「淒入心脾法」，而入本法，何也？蓋因其生平憤懣之致，其音流於激烈，故覺愈唱愈高。讀者不當求其淒涼，當賞其激越也。至其叙述交誼至此，令人酸鼻，更可謂純篤之極矣。

歐陽永叔《豐樂亭記》

脩既治滁之明年夏，始飲滁水而甘。問諸滁人，得於州南百步而近。其上豐山，聳然而特立；下則幽谷，窈然而深藏；中有清泉，滃然而仰出。俯仰左右，顧而樂之。於是疏泉鑿石，闢地以爲亭，而與滁人往遊其間。

滁於五代干戈之際，用武之地也。昔太祖皇帝嘗以周師破李景兵十五萬於清流山下，生擒其將皇甫暉、姚鳳於滁東門之外，遂以平滁。修嘗考其山川，按其圖記，升高以望清流之關，欲求暉、鳳就擒之所，而故老皆無在者，蓋天下之平久矣。自唐失其政，海内分裂，豪傑並起而争，所在爲敵國者，何可勝數！及宋受天命，聖人出而四海一。嚮之憑恃險阻，剗削消磨，百年之間，漠然徒見山高而水清，欲問其事，而遺老盡矣。今滁介於江、淮之間，舟車商賈、四方賓客之所不至，民生不見外事，安於畎畝衣食，以樂生送死，而孰知上之功德，休養生息，涵煦百年之深也！

修之來此，樂其地僻而事簡，又愛其俗之安閑。既得斯泉於山谷之間，乃日與滁人仰而望山，俯而聽泉。掇幽芳而蔭喬木，風霜冰雪，刻露清秀，四時之景，無不可愛。又幸其民樂其歲物之豐成，而喜與予遊也。因爲本其山川，道其風俗之美，使民知所以安此豐年之樂者，幸生無事之時也。夫宣上恩德，以與民共樂，刺史之事也。遂書以名其亭焉。

凡作文必須愈唱愈高，不宜愈唱愈低。其人之富貴貧賤、窮通壽夭，皆可於文之聲音驗之。此文「滁於五代干戈之際」一段，兼奇峰特起法，而其音愈提愈高，如鳳凰鳴於寥廓。歐公生平性情事業，均屬不凡，於此可見。讀者學其文，當學其人也。

編者謹按：唐先生《交通大學演講録》第二集下卷（文學類）第七期《歐陽永叔〈豐樂亭記〉〈少陽閑適之趣〉》講義詳説研究法，謹具録如下：

一、佈局

方望溪先生論文，引《易傳》曰「言有序」，謂佈置取捨，適得其宜，是爲構局最要之方。此篇自首句起至「與滁人往遊其間」爲第一段，須學其簡潔明浄之法。自「滁於五代」起至「百年之深也」爲第二段，是全篇精神貫注處。「天下之平久矣」，與「遺老盡矣」，語氣似重複，要知「自唐失其政」後，係推開説，更進一層，故局度更爲宏遠。「自修之來此」起至末爲第三段，揭出命意。「掇幽芳而蔭喬木」數句，是宋以後寫景點綴法，若六朝、唐代，則語厚辭醲，然不免堆垛字面矣。

二、煉氣煉聲法

韓文公云：「氣盛，則言之短長與聲之高下皆宜。」故煉聲必先煉氣。當愈唱愈高，不宜愈唱愈低。此文余於《國文經緯貫通大義》中編入「響遏行雲法」，因第二段奇峰突起，其音愈提愈高，如鳳凰鳴於寥廓。曾文正所謂「其氣翔於虚無之表」〔一〕。又云：「九天俯視，落落寡

〔一〕曾國藩《復陳右銘太守書》文曰：「明兹數者，持守勿失。然後下筆造次，皆有法度，乃可專精以理吾之氣，深求韓公所謂與相如、子雲同工者。熟讀而强探，長吟而反覆，使其氣若翔翥於虚無之表，其辭跌宕俊邁，而不可以方物。」

輩。」〔二〕學者讀時，務宜體會此意。朗誦高騫，庶作文精采飛騰。《文心雕龍·神思篇》云：「登山則情滿於山，觀海則意溢於海。我才之多少，與風雲而並驅矣。」文章家樂事，無逾於此。

三、題之本旨

「生無事之時，安豐年之樂」二語，吾輩生值患難，讀之歆羨，所以能致此者，自有本原在。《易傳》曰「各正性命」「保合太和」「首出庶物」「萬國咸寧」。可見百姓所以各正性命，萬國所以咸寧，要在保合太和，而無乖戾之氣。《周禮·行人》之職，輯和親康樂爲一書。惟和而後能親，惟和親而後能康樂。本篇宗旨，上有恩德，故能與民共樂。蓋當宋仁宗時，韓魏公、范文正公、富鄭公與歐公共枋國政，乃極一時之盛，非偶然也（歐公生平，性情事業均屬不凡）。學者讀其文當學其人。

〔二〕曾國藩《日記》同治四年正月二十二日《作文八字訣》「遠」字訣。

國文經緯貫通大義卷五

摹繪炎涼法

世態、人情、經歷之極爲可歎，適用於叙事感慨之文，忌板滯腐氣。

《禮記·檀弓》「吴侵陳」

吴侵陳，斬祀殺厲。師還出竟，陳太宰嚭使於師，夫差謂行人儀曰：「是夫也多言，盍嘗問焉？師必有名，人之稱斯師也者，則謂之何？」太宰嚭曰：「古之侵伐者，不斬祀，不殺厲，不獲二毛。今斯師也殺厲與？其不謂之殺厲之師與？」曰：「反爾地，歸爾子，則謂之何？」曰：「君王討敝邑之罪，又矜而赦之，師與有無名乎？」

語氣當時立即轉換，小人變幻若此，可笑抑亦可嘆。此等摹繪法，宜緊不宜緩；

宜窮形盡相，不宜略有放鬆。則如鑄鼎象物，無遁形也。

《國策・蘇秦始將連横説秦惠王》

蘇秦始將連横，説秦惠王曰：「大王之國，西有巴、蜀、漢中之利，北有胡貉、代馬之用，南有巫山、黔中之限，東有殽、函之固。田肥美，民殷富，戰車萬乘，奮擊百萬。沃野千里，蓄積饒多，地勢形便。此所謂天府，天下之雄國也。以大王之賢，士民之衆，車騎之用，兵法之教，可以并諸侯，吞天下，稱帝而治。願大王少留意。臣請奏其效。」秦王曰：「寡人聞之，毛羽不豐滿者，不可以高飛；文章不成者，不可以誅罰；道德不厚者，不可以使民；政教不順者，不可以煩大臣。今先生儼然不遠千里而庭教之，願以異日。」蘇秦曰：「臣固疑大王之不能用也。昔者神農伐補遂，黄帝伐涿鹿而禽蚩尤，堯伐驩兜，舜伐三苗，禹伐共工，湯伐有夏，文王伐崇，武王伐紂，齊桓任戰而伯天下。由此觀之，惡有不戰者乎？古者使車轂擊馳，言語相結，天下爲一；約從連横，兵革不藏；文士並飭，諸侯亂惑；萬端俱起，不可勝理；科條既備，民多僞態；書策稠濁，百姓不足；上下相愁，民無所聊；明言章理，兵甲愈起；辯言偉服，戰攻不息；繁稱文辭，天下不治；舌弊耳聾，不見成功；行義約信，天下不親。於是乃廢文任武，厚養死士，綴甲厲兵，效勝於戰場。夫徒處而致利，安坐而廣地，雖古五帝、三王、五伯，明主賢君，常欲坐而致之。其勢不能，故以戰續之。寬則兩軍相攻，迫則杖戟相撞，然後可建大功。是故兵勝於外，義强於内；威立於上，民服於下。今欲并天下，凌萬乘，詘敵國，制海内，子元元，臣諸侯，非兵不可。今之嗣主，忽於至道，皆惛於教，亂於治，迷於言，惑於語，沈於辯，溺於辭。以此論之，王固不能行也。」

說秦王書十上而説不行。黑貂之裘弊，黄金百斤盡，資用乏絶，去秦而歸。羸縢履蹻，負書擔橐，形容枯槁，面目黧黑，狀有愧色。歸至家，妻不下紝，嫂不爲炊，父母不與言。蘇秦喟然歎曰：「妻不以我爲夫，嫂不以我爲叔，父母不以我爲子，是皆秦之罪也。」乃夜發書，陳篋數十，得《太公陰符》之謀，伏而誦之，簡練以爲揣摩。讀書欲睡，引錐自刺其股，血流至足。曰：「安有説人主，不能出其金玉錦繡，取卿相之尊者乎？」朞年揣摩成，曰：「此真可以説當世之君矣。」於是乃摩燕烏集闕，見説趙王於華屋之下，抵掌而談。趙王大悦，封爲武安君，受相印。革車百乘，錦繡千純，白璧百雙，黄金萬溢，以隨其後。約從散横，以抑强秦。故蘇秦相於趙而關不通。

當此之時，天下之大，萬民之衆，王侯之威，謀臣之權，皆欲決于蘇秦之策。不費斗糧，未煩一兵，未戰一士，未絶一弦，未折一矢，諸侯相親，賢於兄弟。夫賢人在而天下服，一人用而天下從。故曰：「式於政不式於勇，式於廊廟之内，不式於四境之外。」當秦之隆，黄金萬溢爲用，轉轂連騎，炫熿於道，山東之國，從風而服，使趙大重。且夫蘇秦特窮巷掘門、桑户棬樞之士耳，伏軾撙銜，横歷天下，廷説諸侯之主，杜左右之口，天下莫之能伉。

將説楚王，路過洛陽。父母聞之，清宫除道，張樂設飲，郊迎三十里。妻側目而視，傾耳而聽。嫂虵行匍伏，四拜，自跪而謝。蘇秦曰：「嫂何前倨而後卑也？」嫂曰：「以季子之位尊而多金。」蘇秦曰：「嗟乎！貧窮則父母不子，富貴則親戚畏懼。人生世上，勢位富貴，蓋可以忽乎哉？」

摹繪炎涼有要法，涼處寫得足，則炎處寫得更足，所謂一抑一揚，一頓挫一軒昂是也。讀時涼處有嗚咽感慨之致，炎處宜有興高采烈之致。世情變幻無常，余亦深嘗此味者，曷勝慨然！

蘇秦游説之得失勝敗，在文字之散漫與簡練耳。説秦惠王文，竟體散漫，無扼要處，焉得不下第而歸？及得太公書，「簡練以爲揣摩」，言揣摩其簡練之法耳。此後説六國，皆用簡練之訣。故讀此文，前半篇亦毫無精彩，讀後半篇不覺興會淋漓。文章足以動人心之炎涼，讀文可不慎哉？

編者謹按：唐先生《交通大學演講録》第二集下卷（文學類）第十一期《國策·蘇秦始將連横（太陽噴礴之勢）》講義詳述研究法，謹録如下：

鄙人所編《國文經緯貫通大義》，列此文爲「摹繪炎涼法」，原評云：「涼處寫得足，則炎處寫得更足，所謂一頓挫，一抗墜是也。」惟摹繪涼處，宜有嗚咽感慨之致。描寫炎處，宜有興高采烈之致。要而言之，須明抑揚之法。此文「歸至家」一段，抑得極重，故下文揚得愈高。於是

「乃摩燕」句下一揚，至「蘇秦相於趙而關不通」頓住。「當此之時」一提作一揚，至「使趙大重」句重頓。「且夫蘇秦」又一提作一揚，至「天下莫之能伉」頓足，結處乃更有力量、更有趣味矣。賈生《過秦論》氣局氣勢，與此文息息相通。惟《過秦論》先揚而後抑，此文則先抑而後揚。學者熟讀之，自能領會。

文章勝人處，全在「精采」。若乏「精采」，腐敗不能振足，安能動人？此文上半篇説秦惠王，泛言當戰，一味散漫，毫無扼要之處，焉得不下第而歸？及得太公書，「簡練以爲揣摹」，言揣摹其簡練之法也。言語最當簡練，文章亦當簡練，能簡練始有「精采」。故下文叙得意處，興會淋漓，蓋其文亦能簡練也。特是簡練非枯寂之謂。詳者略之，略者詳之；或數百言練成數十言，或數十言練足數百言，務在得其要領耳。而練氣爲尤重，韓子曰：「氣盛，則言之短長皆宜。」

朱子有言：「六經盛世之文也（除《變風》《變雅》言），《左傳》衰世之文也，《國策》亂世之文也。」〔一〕可謂名言。蘇秦讀書，志在得金玉錦繡，取卿相之尊，卑鄙之極。父母而郊迎其子三十里，父母之荒謬可知，其子驕恣無禮，均可概見。至於蛇行匍匐之怪狀，「位尊多金」之俚詞，幾乎令人作嘔。雖文章家「烘雲托月」，未必果有其事，然不肖者讀之，即不免動勢利之念。此陸清獻

〔一〕《朱子語類·論文上》卷一三九載朱子曰：「六經，治世之文也。如《國語》委靡繁絮，真衰世之文耳。是時語言議論如此，宜乎周之不能振起也。至於亂世之文，則《戰國》是也。然有英偉氣，非衰世《國語》之文之比也。」

所以作《戰國策去毒》也。雖然，姚姬傳先生嘗謂：「《國策》文體最備，指陳利害，不煩言而解。太史公爲文，亦多仿《國策》。」學者當學其文之恢奇，不可學其壞心術處。猶學莊子者，但當學其文之洸洋恣肆，不當學其誣慢聖賢也。

《史記·魏其武安侯列傳》

魏其侯竇嬰者，孝文后從兄子也。父世觀津人。喜賓客。孝文時，嬰爲吳相，病免。孝景初即位，爲詹事。

梁孝王者，孝景弟也，其母竇太后愛之。梁孝王朝，因昆弟燕飲。是時上未立太子，酒酣，從容言曰：「千秋之後，傳梁王。」太后驩。竇嬰引卮酒進上曰：「天下者，高祖天下，父子相傳，此漢之約也，上何以得擅傳梁王！」太后由此憎竇嬰。竇嬰亦薄其官，因病免。太后除竇嬰門籍，不得入朝請。

孝景三年，吳楚反。上察宗室諸竇，毋如竇嬰賢，乃召嬰。嬰入見，固辭，謝病不足任。太后亦慚。於是上曰：「天下方有急，王孫寧可讓邪？」乃拜嬰爲大將軍，賜金千斤。嬰乃言袁盎、欒布諸名將賢士在家者進之。所賜金，陳之廊廡下，軍吏過，輒令財取爲用，金無入家者。竇嬰守滎陽，監齊、趙兵。七國兵已盡破，封嬰爲魏其侯。諸游士賓客爭歸魏其侯。孝景時，每朝議大事，條侯、魏其侯，諸列侯莫敢與亢禮。

孝景四年，立栗太子，使魏其侯爲太子傅。孝景七年，栗太子廢，魏其數争不能得。魏其謝病，屏居藍田南山之下。數月，諸賓客辯士説之，莫能來。梁人高遂乃説魏其曰：「能富貴將軍者上也，能親將軍者太后也。今將軍傅太子，太子廢而不能争，争不能得，又弗能死。自引謝病，擁趙女，屏閑處而不朝。相提而論，是自明揚主上之過。有如兩宮螫將軍，則妻子毋類矣。」魏其侯然之，乃遂起朝請如故。

桃侯免相，竇太后數言魏其侯。孝景帝曰：「太后豈以爲臣有愛不相魏其？魏其者，沾沾自喜耳，多易。難以爲相，持重。」遂不用。用建陵侯衛綰爲丞相。

武安侯田蚡者，孝景后同母弟也，生長陵。魏其已爲大將軍後，方盛。蚡爲諸郎，未貴，往來侍酒魏其，跪起如子姪。及孝景晚節，蚡益貴幸，爲太中大夫。蚡辯有口，學《槃盂》諸書，王太后賢之。孝景崩，即日太子立稱制，所鎮撫多有田蚡賓客計筴。蚡弟田勝，皆以太后弟，孝景後三年，封蚡爲武安侯，勝爲周陽侯。

武安侯新欲用事爲相，卑下賓客，進名士，家居者貴之，欲以傾魏其諸將相。建元元年，丞相綰病免，上議置丞相、太尉。籍福説武安侯曰：「魏其貴久矣，天下士素歸之。今將軍初興，未如魏其，即上以將軍爲丞相，必讓魏其。魏其爲丞相，將軍必爲太尉。太尉、丞相尊等耳，又有讓賢名。」武安侯乃微言太后風上，於是乃以魏其侯爲丞相，武安侯爲太尉。籍福賀魏其侯，因弔曰：「君侯資性，喜善疾惡，方今善人譽君侯，故至丞相。然君侯且疾惡，惡人衆，亦且毁君侯。君侯能兼容則幸久；不能，今以毁去矣。」魏其不聽。

魏其、武安俱好儒術，推轂趙綰爲御史大夫，王臧爲郎中令。迎魯申公，欲設明堂，令列侯就國除關，以禮爲服制，以興太平。舉適諸竇宗室毋節行者，除其屬籍。時諸外家爲列侯，列侯多尚公主，皆不欲就國，以故毁日至竇太后。太后好黄老之言，而魏其、武安、趙綰、王臧等，務隆推儒術，貶道家言，是以竇太后滋不説魏其等。及建元二年，御史大夫趙綰，請無奏事東宫。竇太后大怒，乃罷逐趙綰、王臧等，而免丞相、太尉。以柏至侯許昌爲丞相，武彊侯莊青翟爲御史大夫。魏其、武安由此以侯家居。

武安侯雖不任職，以王太后故親幸，數言事多效，天下吏士趨勢利者，皆去魏其歸武安。武安日益横。建元六年，竇太后崩，丞相昌、御史大夫青翟，坐喪事不辦免，以武安侯蚡爲丞相，以大司農韓安國爲御史大夫。天下士、郡國諸侯，愈益附武安。

武安者貌寢，生貴甚。又以爲諸侯王多長，上初即位，富於春秋，蚡以肺腑，爲京師相，非痛折節以禮詘之，天下不肅。當是時，丞相入奏事，坐語移日，所言皆聽。薦人或起家至二千石，權移主上。上乃曰：「君除吏已盡未？吾亦欲除吏。」嘗請考工地益宅，上怒曰：「君何不遂取武庫！」是後乃退。嘗召客飲，坐其兄蓋侯南鄉，自坐東鄉，以爲漢相尊，不可以兄故私橈。武安由此滋驕，治宅甲諸第，田園極膏腴，而市買郡縣器物，相屬於道。前堂羅鐘鼓，立曲旃；後房婦女以百數。諸侯奉金玉狗馬玩好，不可勝數。

魏其失竇太后，益疏不用，無勢。諸客稍稍自引而怠傲，惟灌將軍獨不失故。魏其日默默，不得志，而獨厚遇灌將軍。

灌將軍夫者，潁陰人也。夫父張孟，嘗爲潁陰侯嬰舍人，得幸，因進之至二千石，故蒙灌氏姓爲灌孟。吴楚反時，潁陰侯灌何爲將軍，屬太尉，請灌孟爲校尉。夫以千人與父俱。灌孟年老，潁陰侯彊請之，鬱鬱不得意，故戰常陷堅，遂死吴軍中。軍法父子俱從軍，有死事，得與喪歸。灌夫不肯隨喪歸，奮曰：「願取吴王若將軍頭以報父之仇。」於是灌夫被甲持戟，募軍中壯士所善願從者數十人。及出壁門，莫敢前。獨二人及從奴十數騎，馳入吴軍，至吴將麾下，所殺傷數十人。不得前，復馳還，走入漢壁，皆亡其奴，獨與一騎歸。夫身中大創十餘，適有萬金良藥，故得無死。夫創少瘳，又復請將軍曰：「吾益知吴壁中曲折，請復往。」將軍壯義之，恐亡夫，乃言太尉，太尉乃固止之。吴已破，灌夫以此名聞天下。

潁陰侯言之上，上以夫爲中郎將。數月坐法去。後家居長安，長安中諸公莫弗稱之。孝景時至代相。孝景崩，今上初即位，以爲淮陽天下交勁兵處，故徙夫爲淮陽太守。建元元年，入爲太僕。二年，夫與長樂衛尉竇甫飲，輕重不得。夫醉，搏甫。甫，竇太后昆弟也。上恐太后誅夫，徙爲燕相。數歲，坐法去官，家居長安。

灌夫爲人，剛直使酒，不好面諛。貴戚諸有勢在己之右，不欲加禮，必陵之。諸士在己之左，愈貧賤，尤益敬與鈞。稠人廣衆，薦寵下輩。士亦以此多之。夫不喜文學，好任俠，已然諾。諸所與交通，無非豪傑大猾。家累數千萬，食客日數十百人。陂池田園，宗族賓客，爲權利，横於潁川。潁川兒乃歌之曰：「潁水清，灌氏寧；潁水濁，灌氏族。」

灌夫家居雖富，然失勢，卿相侍中賓客益衰。及魏其侯失勢，亦欲倚灌夫，引繩批根，生平慕之，後棄之者。灌夫亦倚魏其而通列侯宗室，爲名高。兩人相爲引重，其游如父子然，相得驩甚，無厭，恨相知晚也。

灌夫有服，過丞相。丞相從容曰：「吾欲與仲孺過魏其侯，會仲孺有服。」灌夫曰：「將軍乃肯幸臨，況魏其侯，夫安敢以服爲解！請語魏其侯，帳具，將軍旦日蚤臨！」武安許諾。灌夫具語魏其侯，如所謂武安侯。魏其與其夫人，益市牛酒，夜灑埽，早帳具，至旦平明，令門下候伺。至日中，丞相不來。魏其謂灌夫曰：「丞相豈忘之哉？」灌夫不懌曰：「夫以服請宜往。」乃駕自往迎丞相。丞相特前戲語灌夫，殊無意往。及夫至門，丞相尚卧。於是夫入見曰：「將軍昨日幸許過魏其，魏其夫妻治具，自旦至今，未敢嘗食。」武安愕謝曰：「吾昨日醉，忽忘與仲孺言。」乃駕往，又徐行，灌夫愈益怒。及飲酒酣，夫起舞，屬丞相。丞相不起，夫從坐上語侵之。魏其乃扶灌夫去，謝丞相。丞相卒飲至夜，極驩而去。

丞相嘗使籍福，請魏其城南田。魏其大望曰：「老僕雖棄，將軍雖貴，寧可以勢奪乎！」不許。灌夫聞，怒罵籍福。籍福惡兩人有郄，乃謾自好謝丞相曰：「魏其老且死，易忍，且待之。」已而武安聞魏其、灌夫實怒不予田，亦怒曰：「魏其子嘗殺人，蚡活之。蚡事魏其無所不可，何愛數頃田？且灌夫何與也？吾不敢復求田。」武安由此大怨灌夫、魏其。

元光四年春，丞相言：「灌夫家在潁川，橫甚，民苦之。請案。」上曰：「此丞相事，何請。」灌夫亦持丞相陰事爲奸利，受淮南王金，與語言。賓客居間，遂止，俱解。

夏，丞相取燕王女爲夫人。有太后詔召列侯宗室皆往賀。魏其侯過灌夫，欲與俱。夫謝曰：「夫數以酒失得過丞相，丞相今者又與夫有郄。」魏其曰：「事已解。」彊與俱。飲酒酣，武安起爲壽，坐皆避席伏。已魏其侯爲壽，獨故人避席耳，餘半膝席。灌夫不悦，起行酒至武安。武安膝席曰：「不能滿觴。」夫怒，因嘻笑曰：「將軍貴人也，屬之！」時武安不肯行酒。次至臨汝侯，臨汝侯方與程不識耳語，又不避席。夫無所發怒，乃罵臨汝侯曰：「生平毁程不識不直一錢，今日長者爲壽，乃效女兒呫囁耳語！」武安謂灌夫曰：「程、李俱東西宫衛尉，今衆辱程將軍，仲孺獨不爲李將軍地乎？」灌夫曰：「今日斬頭陷胸，何知程、李乎！」坐乃起更衣，稍稍去。魏其侯去，麾灌夫出。武安遂怒曰：「此吾驕灌夫罪。」乃令騎留灌夫。灌夫欲出不得。籍福起爲謝，案灌夫項令謝。夫愈怒，不肯謝。武安乃麾騎縛夫，置傳舍，召長史曰：「今日召宗室，有詔。」劾灌夫罵坐不敬，繫居室，遂按其前事，遣吏分曹逐捕諸灌氏支屬，皆得棄市罪。魏其侯大愧，爲資使賓客請，莫能解。武安吏皆爲耳目，諸灌氏皆亡匿。夫繫，遂不得告言武安陰事。

魏其鋭身爲救灌夫，夫人諫魏其曰：「灌將軍得罪丞相，與太后家忤，寧可救邪？」魏其侯曰：

「侯自我得之，自我捐之，無所恨。且終不令灌仲孺獨死，嬰獨生。」乃匿其家，竊出上書。立召入，具言灌夫醉飽事，不足誅。上然之，賜魏其食曰：「東朝廷辨之。」

魏其之東朝，盛推灌夫之善，言其醉飽得過，乃丞相以他事誣罪之。武安又盛毁灌夫所爲横恣，罪逆不道。魏其度不可奈何，因言丞相短。武安曰：「天下幸而安樂無事，蚡得爲肺腑，所好音樂狗馬田宅。蚡所愛倡優巧匠之屬，不如魏其、灌夫日夜招聚天下豪傑壯士與論議，腹誹而心謗，不仰視天而俯畫地，辟倪兩宫間，幸天下有變，而欲有大功。臣乃不知魏其等所爲。」於是上問朝臣兩人孰是。御史大夫韓安國曰：「魏其言灌夫父死事，身荷戟，馳入不測之吴軍，身被數十創，名冠三軍，此天下壯士，非有大惡，争杯酒，不足引他過以誅也。魏其言是也。丞相亦言灌夫通奸猾，侵細民，家累巨萬，横恣潁川，凌轢宗室，侵犯骨肉，此所謂『枝大於本，脛大於股，不折必披』，丞相言亦是。惟明主裁之。」主爵都尉汲黯是魏其。内史鄭當時是魏其，後不敢堅對。餘皆莫敢對。上怒内史曰：「公平生數言魏其、武安長短，今日廷論，局趣效轅下駒，吾並斬若屬矣。」即罷起入，上食太后。太后亦已使人候伺，具以告太后。太后怒不食曰：「今我在也，而人皆藉吾弟，令我百歲後，皆魚肉之矣。且帝寧能爲石人邪！此特帝在即録録，設百歲後，是屬寧有可信者乎？」上謝曰：「俱宗室外家，故廷辨之。不然，此一獄吏所決耳。」是時郎中令石建爲上分别言兩人事。

武安已罷朝，出止車門，召韓御史大夫載，怒曰：「與長孺共一老秃翁，爲何首鼠兩端？」韓御史良久謂丞相曰：「君何不自喜？夫魏其毁君，君當免冠解印綬歸，曰『臣以肺腑，幸得待罪，固非其任，魏其言皆是』。如此，上必多君有讓，不廢君。魏其必内愧，杜門咋舌自殺。今人毀君，君亦毀之，譬如賈豎女子争言，何其無大體也！」武安謝罪曰：「争時急，不知出此。」

於是上使御史簿責魏其所言，灌夫頗不讐，欺謾。劾繫都司空。孝景時，魏其常受遺詔曰：「事有不便，以便宜論上。」及繫，灌夫罪至族。事日急，諸公莫敢復明言於上。魏其乃使昆弟子上書言之，幸得復召見。書奏上，而案尚書大行無遺詔。詔書獨藏魏其家，家丞封。乃劾魏其矯先帝詔，罪當棄市。五年十月，悉論灌夫及家屬。魏其良久乃聞，聞即恚，病痱不食，欲死。或聞上無意殺魏其，魏其復食治病。議定不死矣，乃有蜚語爲惡言聞上，故以十二月晦論棄市渭城。其春武安侯病，專呼服謝罪。使巫視鬼者視之，見魏其、灌夫共守欲殺之。竟死。子恬嗣。

元朔三年，武安侯坐衣襜褕入宮不敬，國除。淮南王安謀反覺，治。王前朝，武安侯爲太尉，時迎王至霸上，謂王曰：「上未有太子，大王最賢，高祖孫。即宮車晏駕，非大王立，當誰哉！」淮南王大喜，厚遺金財物。上自魏其時，不直武安，特爲太后故耳。及聞淮南王金事，上曰：「使武安侯在者，族矣。」

太史公曰：魏其、武安，皆以外戚重，灌夫用一時決筴而名顯。魏其之舉以吴楚，武安之貴在日月之際。然魏其誠不知時變，灌夫無術而不遜，兩人相翼，乃成禍亂。武安負貴而好權，杯酒責望，陷彼兩賢。嗚呼哀哉！遷怒及人，命亦不延。衆庶不載，竟被惡言。嗚呼哀哉！禍所從來矣！

《史記》文如萬壑千流，曲折澎湃，同歸於海，而支派一絲不亂，真天下之至文也。武安通淮南王事，用「匣劍帷燈法」，至結末始露出，光采乃眩耀奪目，此子長最擅長處。田太后之言，摹繪婦人口氣，最得神。按大行無遺詔，詔獨藏魏其家，又有以蜚語白上者，孰爲之？皆武安爲之也。隱約其詞，又是「匣劍帷燈法」。

魏其、灌夫之所以死者，不過爲勢利耳。若能高自位置，不與武安相近，何至罹殺身之禍哉！剛直之士，亦不免此，爲之三歎！

韓退之《藍田縣丞廳壁記》

丞之職所以貳令，於一邑無所不當問。其下主薄、尉，主薄、尉乃有分職。丞位高而逼，例以嫌，不可否事。文書行，吏抱成案詣丞，卷其前，鉗以左手，右手摘紙尾，雁鶩行以進，平立睨丞曰：「當署。」丞涉筆佔位，署惟謹。目吏問：「可不可？」吏曰：「得。」則退，不敢略省，漫不知何事。官雖尊，力勢反出主薄、尉下。諺數慢，必曰「丞」，至以相訾謷。丞之設，豈端使然哉？

博陵崔斯立，種學績文，以蓄其有，泓涵演迤，日大以肆。貞元初，挾其能，戰藝於京師，再進再屈人。元和初，以前大理評事，言得失黜官，再轉而爲丞茲邑。始至，喟曰：「官無卑，顧材不足塞職。」既噤不得施用，又喟曰：「丞哉丞哉！余不負丞，而丞負余。」則盡枿去牙角，一躡故迹，破崖岸而爲之。丞廳故有記，壞漏污不可讀。斯立易桷與瓦，墁治壁，悉書前任人名氏。庭有老槐四行，南牆鉅竹千梃，儼立若相持，水潀潀循除鳴。斯立痛埽溉，對樹二松，日哦對樹二松，日哦其間。有問者，輒對曰：「余方有公事，子姑去。」

窮妍盡態，文章詼詭至此，無以復加。曾文正嘗手書此文以示門人，可謂能得味外之味哉！讀者能學其摹繪之法，則於世態人情，無不畢肖矣。

絶處了而不了，官止神行，高絶。

摹繪英鷙法

訓練智勇，爲國民必讀之文，千萬注意；適用於叙事紀人，惟不可蹈流弊而壞心術。

《左傳·費無極讒伍奢並欲執其二子》（昭公二十年）

費無極言於楚子曰：「建與伍奢，將以方城之外叛，自以爲猶宋、鄭也。齊、晉又交輔之，將以害楚。其事集矣。」王信之，問伍奢。伍奢對曰：「君一過多矣，何言於讒？」王執伍奢，使城父司馬奮揚殺大子，未至，而使遣之。三月，大子建奔宋。王召奮揚。奮揚使城父人執己以至。王曰：「言出於余口，入於爾耳，誰告建也？」對曰：「臣告之。君王命臣曰：『事建如事余。』臣不佞，不能苟貳。奉初以還，不忍後命，故遣之。既而悔之，亦無及已。」王曰：「而敢來何也？」對曰：「使而失命，召而不來，是再奸也。逃無所入。」王曰：「歸，從政如他日。」

無極曰：「奢之子材，若在吳，必憂楚國，盍以免其父召之。彼仁，必來。不然，將爲患。」王使召之，曰：「來，吾免而父。」棠君尚謂其弟員曰：「爾適吳，我將歸死。吾知不逮，我能死，爾能報。聞免父之命，不可以莫之奔也；親戚爲戮，不可以莫之報也。奔死免父，孝也；度功而行，仁也；擇任而往，智也；知死不辟，勇也。父不可棄，名不可廢，爾其勉之！相從爲愈。」伍尚歸。奢聞員不來，曰：「楚君、大夫，其旰食乎！」楚人皆殺之。

員如吳，言伐楚之利於州于。公子光曰：「是宗爲戮，而欲反其讎，不可從也。」員曰：「彼將有他志，余姑爲之求士，而鄙以待之。」乃見鱄設諸焉，而耕於鄙。

《左傳・鱄設諸刺吳王僚》（昭公二十七年）

吳子欲因楚喪而伐之，使公子掩餘、公子燭庸，帥師圍潛。使延州來季子聘于上國，遂聘于晉，以觀諸侯。楚莠尹然、工尹麇帥師救潛。左司馬沈尹戌帥都君子，與王馬之屬以濟師，與吳師遇于窮。令尹子常以舟師及沙汭而還。左尹郤宛、工尹壽帥師至于潛，吳師不能退。

吴公子光曰："此時也，弗可失也。"告鱄設諸曰："上國有言曰：『不索，何獲？』我王嗣也，吾欲求之。事若克，季子雖至，不吾廢也。"鱄設諸曰："王可弑也。母老子弱，是無若我何。"光曰："我，爾身也。"

夏四月，光伏甲於堀室而享王。王使甲坐於道，及其門。門、階、户、席，皆王親也，夾之以鈹。羞者獻體改服於門外，執羞者坐行而入，執鈹者夾承之，及體以相授也。光僞足疾，入于堀室。鱄設諸寘劍於魚中以進，抽劍刺王，鈹交於胸，遂弑王。闔廬以其子爲卿。

季子至，曰："苟先君無廢祀，民人無廢主，社稷有奉，國家無傾，乃吾君也。吾誰敢怨？哀死事生，以待天命。非我生亂，立者從之，先人之道也。"復命哭墓，復位而待。吴公子掩餘奔徐，公子燭庸奔鍾吾。楚師聞吴亂而還。

《左傳·柏舉之戰》（定公四年，節録）

沈人不會于召陵，晉人使蔡伐之。夏，蔡滅沈。

秋，楚爲沈故圍蔡。伍員爲吴行人以謀楚。

初，伍員與申包胥友。其亡也，謂申包胥曰："我必復楚國。"申包胥曰："勉之！子能復之，我必能興之。"及昭王在隨，申包胥如秦乞師，曰："吴爲封豕、長蛇，以薦食上國，虐始於楚。寡君失守社稷，越在草莽，使下臣告急，曰：『夷德無厭，若鄰於君，疆埸之患也。逮吴之未定，君其取分焉。

若楚之遂亡，君之土也。若以君靈撫之，世以事君。』」秦伯使辭焉，曰：「寡人聞命矣。子姑就館，將圖而告。」對曰：「寡君越在草莽，未獲所伏，下臣何敢即安？」立依於庭牆而哭，日夜不絶聲，勺飲不入口七日。秦哀公爲之賦《無衣》。九頓首而坐，秦師乃出。

伍奢父子，英鷙之人也；吴公子光、鱄設諸，亦英鷙之人也；申包胥，亦英鷙之人也。讒人煽亂，而羣雄乃構成此大變。讀者當學其舉重若輕之法，不可冗累，亦不可散漫。鍊之愈簡浄，則英鷙之態，勃然紙上矣。

《史記·越王句踐世家》（節録）

句踐之困會稽也，喟然歎曰：「吾終於此乎？」大夫〔一〕種曰：「湯繫夏臺，文王囚羑里，晉重耳犇翟，齊小白犇莒，其卒王霸。由是觀之，何遽不爲福乎？」

吴既赦越，越王句踐反國，乃苦身焦思，置膽於坐，坐卧即仰膽，飲食亦嘗膽也。曰：「女忘會稽之耻邪？」身自耕作，夫人自織，食不加肉，衣不重采，折節下賢人，厚遇賓客，振貧弔死，與百姓同其

〔一〕《史記》原文無「大夫」二字，此處乃因節録文字，故於起首補充。

勞。欲使范蠡治國政，蠡對曰：「兵甲之事，種不如蠡；填撫國家，親附百姓，蠡不如種。」於是舉國政屬大夫種，而使范蠡與大夫柘稽行成，爲質於吳。二歲而吳歸蠡。

句踐自會稽歸七年，拊循其士民，欲用以報吳。大夫逢同諫曰：「國新流亡，今乃復殷給，繕飾備利，吳必懼，懼則難必至。且鷙鳥之擊也，必匿其形。今夫吳兵加齊、晉，怨深於楚、越，名高天下，實害周室，德少而功多，必淫自矜。爲越計，莫若結齊，親楚，附晉，以厚吳。吳之志廣，必輕戰。是我連其權，三國伐之，越承其弊，可克也。」句踐曰：「善。」

居二年，吳王將伐齊。子胥諫曰：「未可。臣聞句踐食不重味，與百姓同苦樂。此人不死，必爲國患。吳有越，腹心之疾，齊與吳疥癬也。願王釋齊先越。」吳王弗聽，遂伐齊，敗之艾陵，虜齊高、國以歸。讓子胥。子胥曰：「王毋喜！」王怒，子胥欲自殺，王聞而止之。越大夫種曰：「臣觀吳王政驕矣，請試嘗之，貸粟以卜其事。」請貸，吳王欲與，子胥諫勿與，王遂與之，越乃私喜。子胥言曰：「王不聽諫，後三年，吳其墟乎！」太宰嚭聞之，乃數與子胥爭越議，因讒子胥曰：「伍員貌忠而實忍人，其父兄不顧，安能顧王？王前欲伐齊，員彊諫，已而有功，用是反怨王。王不備伍員，員必爲亂。」與逢同共謀讒之王。王始不從，乃使子胥於齊，聞其託子於鮑氏，王乃大怒曰：「伍員果欺寡人！」役反，使人賜子胥屬鏤劍以自殺。子胥大笑曰：「我令而父霸，我又立若，若初欲分吳國半予我，我不受，已，今若反以讒誅我。嗟乎嗟乎！一人固不能獨立。」報使者曰：「必取吾眼，置吳東門，以觀越兵入也！」於是吳任嚭政。

居三年，句踐召范蠡曰：「吴已殺子胥，導諛者衆，可乎？」對曰：「未可。」

至明年春，吴王北會諸侯於黄池，吴國精兵從王，惟獨老弱與太子留守。句踐復問范蠡，蠡曰「可矣」。乃發習流二千人，教士四萬人，君子六千人，諸御千人，伐吴。吴師敗，遂殺吴太子。吴告急於王，王方會諸侯于黄池，懼天下聞之，乃祕之。吴王已盟黄池，乃使人厚禮以請成越。越自度亦未能滅吴，乃與吴平。

其後四年，越復伐吴。吴士民罷弊，輕鋭盡死於齊、晉。而越大破吴，因而留圍之，三年，吴師敗，越遂復棲吴王於姑蘇之山。吴王使公孫雄肉袒膝行而前，請成越王曰：「孤臣夫差，敢布腹心，異日嘗得罪於會稽，夫差不敢逆命，得與君王成以歸。今君王舉玉趾而誅孤臣，孤臣惟命是聽，意者亦欲如會稽之赦孤臣之罪乎？」句踐不忍，欲許之。范蠡曰：「會稽之事，天以越賜吴，吴不取。今天以吴賜越，越其可逆天乎？且夫君王蚤朝晏罷，非爲吴邪？謀之二十二年，一旦而棄之可乎？且夫天與弗取，反受其咎。『伐柯者其則不遠』，君忘會稽之厄乎？」句踐曰：「吾欲聽子言，吾不忍其使者。」范蠡乃鼓進兵，曰：「王已屬政於執事，使者去，不者且得罪。」吴使者泣而去。句踐憐之，乃使人謂吴王曰：「吾置王甬東，君百家。」吴王謝曰：「吾老矣，不能事君！」王遂自殺。乃蔽其面，曰：「吾無面以見子胥也！」

范蠡事越王句踐，既苦身戮力，與句踐深謀二十餘年，竟滅吴，報會稽之耻，北渡兵於淮，以臨齊、晉，號令中國，以尊周室，句踐以霸，而范蠡稱上將軍。還反國，范蠡以爲大名之下，難以久居，且句踐爲人，可與同患，難與處安，爲書辭句踐曰：「臣聞主憂臣勞，主辱臣死。昔者君王辱於會稽，所以不死，爲此事也。今既以雪恥，臣請從會稽之誅。」句踐曰：「孤將與子分國而有之。不然，將加誅於子。」范蠡曰：「君行令，臣行意。」乃裝其輕寶珠玉，自與其私徒屬，乘舟浮海以行，終不反。於是句踐表會稽山以爲范蠡奉邑。

范蠡浮海出齊，變姓名，自謂鴟夷子皮，耕於海畔，苦身戮力，父子治産。居無幾何，致産數千萬。齊人聞其賢，以爲相。范蠡喟然嘆曰：「居家則致千金，居官則至卿相，此布衣之極也。久受尊名不祥。」乃歸相印，盡散其財，以分與知友鄉黨，而懷其重寶，間行以去，止於陶，以爲此天下之中，交易有無之路通，爲生可以致富矣。於是自謂陶朱公。復約要父子，耕畜，廢居，候時轉物，逐什一之利。居無何，則致貲累巨萬。天下稱陶朱公。

朱公居陶，生少子。少子及壯，而朱公中男殺人，囚於楚。朱公曰：「殺人而死，職也。然吾聞千金之子，不死於市。」告其少子往視之。乃裝黄金千溢，置褐器中，載以一牛車。且遣其少子，朱公長男固請欲行，朱公不聽。長男曰：「家有長子曰家督，今弟有罪，大人不遣，乃遣少弟，是吾不肖。」欲自殺。其母爲言曰：「今遣少子，未必能生中子也，而先空亡長男，奈何？」朱公不得已，而遣長子，爲一封書，遺故所善莊生。曰：「至則進千金于莊生所，聽其所爲，慎無與争事。」長男既行，亦自私齎數百金至楚。

莊生家負郭，披藜藋。到門，居甚貧。然長男發書進千金，如其父言。莊生曰：「可疾去矣，慎毋留！即弟出，勿問所以然。」長男既去，不過莊生而私留，以其私齎獻遺楚國貴人用事者。莊生雖居窮閻，然以廉直聞於國，自楚王以下皆師尊之。及朱公進金，非有意受也，欲以成事後復歸之，以爲信耳。故金至，謂其婦曰：「此朱公之金。有如病不宿誡，後復歸，勿動。」而朱公長男不知其意，以爲殊無短長也。

莊生間時入見楚王，言「某星宿某，此則害於楚」。楚王素信莊生，曰：「今爲奈何？」莊生曰：「獨以德爲可以除之。」楚王曰：「生休矣，寡人將行之。」王乃使使者封三錢之府。楚貴人驚告朱公長男曰：「王且赦。」曰：「何以也？」曰：「每王且赦，常封三錢之府。昨暮王使使封之。」朱公長男以爲赦，弟固當出也，重千金虛棄，莊生無所爲也，乃復見莊生。莊生驚曰：「若不去邪？」長男曰：「固未也。初爲事弟，弟今議自赦，故辭生去。」莊生知其意，欲復得其金，曰：「若自入室取金。」長男即自入室取金，持去，獨自歡幸。

莊生羞爲兒子所賣，乃入見楚王曰：「臣前言某星事，王言欲以修德報之。今臣出，道路皆言陶之富人朱公之子，殺人囚楚，其家多持金錢賂王左右，故王非能恤楚國而赦，乃以朱公子故也。」楚王大怒曰：「寡人雖不德耳，奈何以朱公之子故而施惠乎！」令論殺朱公子，明日，遂下赦令。朱公長男竟持其弟喪歸。

至，其母及邑人盡哀之，唯朱公獨笑曰：「吾固知必殺其弟也！彼非不愛其弟，顧有所不能忍者也。是少與我俱，見苦爲生難，故重棄財。至如少弟者，生而見我富，乘堅驅良，逐狡兔，豈知財所從來，故輕棄之，非所惜吝。前日吾所爲欲遣少子，固爲其能棄財故也。而長者不能，故卒以殺其弟，事之理也，無足悲者。吾日夜固以望其喪之來也。」

故范蠡三徙成名於天下，非苟去而已，所止必成名。卒老死于陶，故世傳曰陶朱公。

吾友山陽丁衡甫云：「人皆知智勇之可貴，不知智不深、勇不沈，足以僨事，猶未足貴也。惟至深至沈，乃爲可貴，而能成天下之大事。」諒哉斯言！人生所以不能成大事者，浮躁淺露耳。觀句踐、范蠡之所爲，其智深勇沈何如！吾國民皆嘗讀此篇，庶幾韜晦而有以自立乎！

范蠡之成功，在陰而辣；莊生之爲人，亦陰而辣。末以仲男殺人一事作結，可謂奇絶，此又是「神光離合法」。

《史記·仲尼弟子列傳》（節録）

齊田〔一〕常使子貢南見吴王。

〔一〕「齊田」二字乃唐先生補入以完足句意。

說曰：「臣聞之，王者不絕世，霸者無彊敵，千鈞之重，加〔一〕銖兩而移。今以萬乘之齊，而私千乘之魯，與吴爭彊，竊爲王危之。且夫救魯，顯名也；伐齊，大利也。以撫泗上諸侯，誅暴齊，以服彊晉，利莫大焉。名存亡魯，實困彊齊，智者不疑也。」吴王曰：「善。雖然，吾嘗與越戰，棲之會稽。越王苦身養士，有報我心。子待我伐越而聽子。」子貢曰：「越之勁不過魯，吴之彊不過齊，王置齊而伐越，則齊已平魯矣。且王方以存亡繼絕爲名，夫伐小越而畏彊齊，非勇也。夫勇者不避難，仁者不窮約，智者不失時，王者不絕世以立其義。今存越，示諸侯以仁，救魯伐齊，威加晉國，諸侯必相率而朝吴，霸業成矣。且王必惡越，臣請東見越王，令出兵以從，此實空越，名從諸侯以伐也。」吴王大說，乃使子貢之越。

越王除道郊迎，身御至舍而問曰：「此蠻夷之國，大夫何以儼然辱而臨之？」子貢曰：「今者吾說吴王以救魯伐齊，其志欲之而畏越，曰『待我伐越乃可』。如此，破越必矣。且夫無報人之志，而令人疑之，拙也；有報人之意，使人知之，殆也；事未發而先聞，危也。三者舉事之大患。」句踐頓首再拜曰：「孤嘗不料力，乃與吴戰，困於會稽，痛入於骨髓，日夜焦脣乾舌，徒欲與吴王接踵而死，孤之願也。」遂問子貢。子貢曰：「吴王爲人猛暴，羣臣不堪；國家敝以〔二〕數戰，士卒弗忍；百姓怨上，

〔一〕「加」字原作「如」。
〔二〕「以」字原作「於」。

大臣内變；子胥以諫死，太宰嚭用事，順君之過以安其私：是殘國之治也。今王誠發士卒佐之以徼其志，重寶以説其心，卑辭以尊其禮，其伐齊必也。彼戰不勝，王之福矣。戰勝，必以兵臨晉，臣請北見晉君，令共攻之，弱吴必矣。其鋭兵盡於齊，重甲困於晉，而王制其敝，此滅吴必矣。」越王大説，許諾。送子貢金百鎰，劍一，良矛二。子貢不受，遂行。

報吴王曰：「臣敬以大王之言告越王，越王大恐曰：『孤不幸，少失先人，内不自量，抵罪於吴，軍敗身辱，棲于會稽，國爲虚莽，賴大王之賜，使得奉俎豆而修祭祀，死不敢忘，何謀之敢慮！』」後五日，越使大夫種頓首言於吴王曰：「東海役臣孤句踐使者臣種，敢修下吏，問於左右。今竊聞大王將興大義，誅彊救弱，困暴齊而撫周室，請悉起境内士卒三千人，孤請自被堅執鋭，以先受矢石。因越賤臣種，奉先人藏器，甲二十領，鈇屈盧之矛，步光之劍，以賀軍吏。」吴王大説，以告子貢曰：「越王欲身從寡人伐齊，可乎？」子貢曰：「不可。夫空人之國，悉人之衆，又從其君，不義。君受其幣，許其師而辭其君。」吴王許諾，乃謝越王。於是吴王乃遂發九郡兵伐齊。

子貢因去之晉，謂晉君曰：「臣聞之，慮不先定，不可以應卒；兵不先辨，不可以勝敵。今夫齊與吴將戰，彼戰而不勝，越亂之必矣；與齊戰而勝，必以其兵臨晉。」晉君大恐，曰：「爲之奈何？」子貢曰：「修兵休卒以待之。」晉君許諾。

子貢去而之魯。吴王果與齊人戰於艾陵，大破齊師，獲七將軍之兵而不歸，果以兵臨晉，與晉人相遇黄池之上。吴晉争彊。晉人擊之，大敗吴師。越王聞之，涉江襲吴，去城七里而軍。吴王聞之，去晉而歸，與越戰於五湖。三戰不勝，城門不守，越遂圍王宮，殺夫差而戮其相。破吴三年，東向而霸。

故子貢一出，存魯，亂齊，破吴，彊晉而霸越。

或疑此傳係戰國策士之習，非子貢所爲，不知子貢之志在救魯耳。夫差驕盈殘忍，天滅之也。其所以亡國者，天道人事之必然也。子貢爲語言之科，子長容或裝點其説，故有縱横捭闔之致。若謂非子貢事，未免持論過高矣。

「無報人之志」數語，深入句踐之心，可謂千古名論。吾國民其知耻矣乎？

一結總收束，有千鈞之力。

摹繪激昂法

任俠好義，亦我國民要務；適用於叙事紀人，惟要必衷於大道，勿爲變徵迫促之音。

《國策・豫讓報讎》

晉畢陽之孫豫讓，始事范中行氏而不説，去而就知伯，知伯寵之。及三晉分知氏，趙襄子最怨知伯，而將其頭以爲飲器。豫讓遁逃山中曰：「嗟乎！士爲知己者死，女爲悦己者容。吾其報知氏之讎矣。」乃變姓名，爲刑人。入宮塗廁，欲以刺襄子。襄子如廁，心動，執問塗者，則豫讓也。刃其扞曰：「欲爲知伯報讎！」左右欲殺之。趙襄子曰：「彼義士也，吾謹避之耳。且知伯已死無後，而其臣至爲報讎，此天下之賢人也。」卒釋之。豫讓又漆身爲厲，滅鬚去眉，自刑以變其容，爲乞人而往乞。其妻不識曰：「狀貌不似吾夫，其音何類吾夫之甚也？」又吞炭爲啞，變其音。其友謂之曰：「子之道甚難而無功。謂子有志則然矣，謂子智則否。以子之才，而善事襄子，襄子必近幸子；子之得近而行所欲，此甚易而功必成。」豫讓乃笑而應之曰：「是爲先知報後知，爲故君賊新君，大亂君臣之義者，無此矣。凡吾所謂爲此者，以明君臣之義，非從易也。且夫委質而事人，而求弒之，是懷二心以事君也。吾所爲難，亦將以愧天下後世人臣懷二心者。」

居頃之，襄子當出，豫讓伏所當過橋下。襄子至橋而馬驚，襄子曰：「此必豫讓也。」使人問之，果豫讓。於是趙襄子面數豫讓曰：「子不嘗事范中行氏乎？知伯滅范中行氏，而子不爲報讎，反委質事知伯。知伯已死，子獨何爲報讎之深也？」豫讓曰：「臣事范中行氏，范中行氏以衆人遇臣，臣故衆人報之；知伯以國士遇臣，臣故國士報之。」襄子乃喟然嘆泣曰：「嗟乎豫子！豫子之爲知伯，名既成矣。寡人舍子，亦以足矣。子自爲計，寡人不舍子。」使兵環之。豫讓曰：「臣聞明主不掩人之義，忠臣不愛死以成名。君前已寬舍臣，天下莫不稱君之賢。今日之事，臣故伏誅，然願請君之衣而擊之，雖死不恨。非所望也，敢布腹心。」於是襄子義之，乃使使者持衣與豫讓。豫讓拔劍三躍，呼天擊之曰：「而可以報知伯矣。」遂伏劍而死。死之日，趙國之士聞之，皆爲涕泣。

凛凛生氣，千載如生，焉得謂非義俠之士耶？讀者須玩其精神團結之處。

《國策·聶政刺韓傀》

韓傀相韓，嚴遂重於君，二人相害也。嚴遂政議直指，舉韓傀之過。韓傀以之叱之於朝，嚴遂拔劍趨之，以救解。於是嚴遂懼誅，亡去遊，求人可以報韓傀者。

至齊，齊人或言：「軹深井里聶政，勇敢士也，避仇隱於屠者之間。」嚴遂陰交於聶政，以意厚之。聶政問之曰：「子欲安用我乎？」嚴遂曰：「吾得爲役之日淺，事今薄，奚敢有請？」於是嚴遂乃具酒，自觴聶政母前。仲子奉黄金百鎰，前爲聶政母壽。聶政驚，愈怪其厚，固謝嚴仲子。仲子固進，而聶政謝曰：「臣有老母，家貧，客遊以爲狗屠，可旦夕得甘脆以養親。親供養備，義不敢當仲子之賜。」嚴仲子辟人，因爲聶政語曰：「臣有仇，而行遊諸侯衆矣。然至齊，聞足下義甚高，故直進百金者，特以爲夫人麤糲之費，以交足下之讙，豈敢以有求邪！」聶政曰：「臣所以降志辱身，居市井屠者，徒幸而養老母。老母在前，政身未敢以許人也。」嚴仲子固讓，聶政竟不肯受。然仲子卒備賓主之禮而去。

久之，聶政母死，既葬，除服。聶政曰：「嗟乎！政乃市井之人，鼓刀以屠，而嚴仲子乃諸侯之卿相也，不遠千里，枉車騎而交臣，臣之所以待之者至淺矣，未有大功可以稱者，而嚴仲子舉百金爲親壽，我義不受，然是深知政也。夫賢者以感忿睚眦之意，而親信窮僻之人，而政獨安可嘿然而止乎？且前日要政，政徒以老母。老母今以天年終，政將爲知己者用。」

遂西至濮陽，見嚴仲子曰：「前日所以不許仲子者，徒以親在。今親不幸，仲子所欲報仇者爲誰？」嚴仲子具告曰：「臣之仇韓傀，傀又韓君之季父也，宗族盛，兵衛設，臣使人刺之，終莫能就。今足下幸而不棄，請益具車騎壯士，以爲羽翼。」政曰：「韓與衛，中間不遠，今殺人之相，相又國君之親，此其勢，不可以多人。多人不能無生得失。生得失，則語泄。語泄，則韓舉國而與仲子爲讎也，豈不殆哉！」遂謝車騎人徒，辭。獨行仗劍至韓。

韓適有東孟之會，韓王及相皆在焉，持兵戟而衛侍者甚衆。聶政直入上階，刺殺韓傀。韓傀走而抱哀侯，聶政刺之，兼中哀侯，左右大亂。聶政大呼，所擊殺者數十人。因自皮面抉眼，自屠出腸，遂以死。韓取聶政屍，暴於市。縣購之千金，久之莫知誰。

政姊嫈聞之，曰：「弟至賢，不可愛妾之軀，滅吾弟之名，非弟意也。」乃之韓。視之曰：「勇哉氣矜之隆！是其軼賁、育而高成荆矣！今死而無名，父母既殁矣，兄弟無有，此爲我故也。夫愛身不揚弟之名，吾不忍也。」乃抱屍而哭之曰：「此吾弟軹深井里聶政也。」亦自殺於屍下。

晉、楚、齊、衛聞之曰：「非獨聶政之能，乃其姊者，亦烈女也。」聶政之所以名施於後世者，其姊不避菹醢之誅，以揚其名也。

前段閑閑布置，中腹酣暢淋漓，末段又如奇峰特起。中間佳處，語語血性，字字血淚，動魄驚心，可謂《刺客傳》中第一人。論者謂「天下有刺客，能出於正道，則在上之驕奢横恣者，亦可稍抑其氣燄，足輔政刑之所不逮。」讀此文爲之神往矣。

《國策》文結處最宜研究。如此文與《豫讓報讎》，結處均有絃外音。他如《蘇秦説秦王》、《鄒忌諷齊王》，結處亦與此二篇相類。

《漢書・李陵蘇武傳》（節録）

初，武與李陵，俱爲侍中。武使匈奴，明年陵降，不敢求武。久之，單于使陵至海上，爲武置酒設樂，因謂武曰：「單于聞陵與子卿素厚，故使陵來説足下，虚心欲相待。終不得歸漢，空自苦亡人之地，信義安所見乎？前長君爲奉車，從至雍棫陽宫，扶輦下除，觸柱折轅，劾大不敬，伏劍自刎，賜錢二百萬以葬。孺卿從祠河東后土，宦騎與黄門駙馬争船，推墮駙馬河中溺死，宦騎亡，詔使孺卿逐捕不得，惶恐飲藥而死。來時太夫人已不幸，陵送葬至陽陵。子卿婦年少，聞已更嫁矣。獨有女弟二人，兩女一男，今復十餘年，存亡不可知。人生如朝露，何久自苦如此！陵始降時，忽忽如狂，自痛負漢，加以老母繫保宮，子卿不欲降，何以過陵？且陛下春秋高，法令亡常，大臣亡罪夷滅者數十家，安危不可知，子卿尚復誰爲乎？願聽陵計，勿復有云。」武曰：「武父子亡功德，皆爲陛下所成就，位列將，爵通侯，兄弟親近，常願肝腦塗地。今得殺身自效，雖蒙斧鉞湯鑊，誠甘樂之。臣事君，猶子事父也。子爲父死，無所恨，願勿復再言。」陵與武飲數日，復曰：「子卿壹聽陵言。」武曰：「自分已死久矣！王必欲降武，請畢今日之驩，效死於前。」陵見其至誠，喟然嘆曰：「嗟呼義士！陵與衛律之罪，上通於天。」因泣下霑衿，與武決去。

陵惡自賜武，使其妻賜武牛羊數十頭。後陵復至北海上，語武：「區脱捕得雲中生口，言太守以下吏民皆白服，曰上崩。」武聞之，南鄉號哭歐血，旦夕臨。數月。昭帝即位，數年，匈奴與漢和親。漢求武等，匈奴詭言武死。後漢使復至匈奴，常惠請其守者與俱，得夜見漢使。具自陳過。教使者謂單于，言天子射上林中，得鴈足有係帛書，言武等在某澤中。使者大喜，如惠語，以讓單于。單于視左右而驚，謝漢使曰：「武等實在。」於是李陵置酒賀武曰：「今足下還歸，揚名於匈奴，功顯於漢室，雖古竹帛所載，丹青所畫，何以過子卿！陵雖駑怯，令漢且貰陵罪，全其老母，使得奮大辱之積志，庶幾乎曹柯之盟，此陵宿昔之所不忘也。收族陵家，爲世大戮，陵尚復何顧乎？已矣！令子卿知吾心耳。異域之人，一別長絶。」陵起舞，歌曰：「徑萬里兮度沙幕，爲君將兮奮匈奴。路窮絶兮矢刃摧，士衆滅兮名已隤。老母已死，雖欲報恩將安歸！」陵泣下數行，因與武決。單于召會武官屬，前以降及物故，凡隨武還者九人。

蘇武固血性中人，李陵亦是血性中人，兩兩相對，雖一降一不降，而其沈痛之極則一也，可謂千古絶調。

李陵之言，句句欲絶武之望；而蘇武則語語不忘漢室。末段李陵語及歌詞，實亦未能忘漢者。漢實負陵，陵未負漢也。

何子青《項王垓下聞楚歌賦》（是何楚人之多也）

頭募生王，心攜死士；劍氣如生，鼓聲已死。驚霸業之全灰，倏悲歌之颯起。重圍唱合，倒戈絶望於刀頭；四顧憂來，警枕獨愁於里耳。壯歲學萬人之敵，庸有濟乎？中原收百戰之功，而今去矣！一霎風號虎帳，酒醒時身世都非；千秋波咽烏江，浪淘盡英雄如是。

當項王之阿房縱炬，函谷衝戈；大王風布，壯士星羅。惟猶豫而莫知所主，亦狼貪而遑恤其他。竦諸侯壁上之觀，臂使八千子弟；背義帝關中之約，手提百二山河。鬥智絀而鬥力贏，善戰終嬰天忌；私仇多而私恩少，分疆尤盭人和。封三縣於南皮，突見異軍起趙；畔九江於北面，驚聞間使迎何。

蓋其上遊迫故主之終，善地濫諸臣之與；印刓則麾下情漓，玦舉而席間謀沮。田榮發難以連衡，彭越貪封而反距。脣齒寒而螳欲吞蟬，爪牙落而虎將變鼠。范亞父怒撞玉斗，投暗珠湮；漢高皇祥治金刀，摩天刃巨。矧復登壇大將，相當鶩旗鼓之來；何期仗劍亡人，反間恣金錢之子。悔未手鏦項伯，竟完功狗於興劉；祇應舌爛韓生，猶笑沐猴於傖楚。

方其受垓下之圍也，雲屯壁壘，星厄句陳。正敵氛之旁午，忽宵籟之酸辛。抗鄉音其互遞，挫霸氣以難伸。宛然下里之吟，觸聽而此隨彼唱；直是原田之誦，反顔而舍舊謀新。帳中膺喑嚄之聲，獨嘆逝騅不利；隍下破倉皇之夢，始知得鹿非真。諸王之印難銷，前著先輸漢策；降卒之阬未遠，後車已續秦輪。長離曲且和虞兮，我憐卿卿當憐我；變徵聲都成楚些，人負汝汝亦負人。

明月欲黯，雄風忽雌。悵南音之不競，慨東首之無期。豈乞食朝雲，歌散思歸之士？豈升陴越石，歌迴索門之師？遏雲而志鬱飛揚，愴甚胡笳之拍；晞露而情傷契闊，颯如虞殯之辭。天將扶火德而王，胡不預銷劍戟？地則據咸陽爲勝，奈何自撤藩籬！從茲衣錦晝行，富貴故鄉何在？不識潰圍宵遁，君王末路安之？

誠以楚歌之聞也，驚疑唳鶴，傀雜吹螺。千百人如謳郢市，一再行如奏《陽阿》。嫋嫋其音，兼楚咻之紛沓；行行且止，和楚舞之婆娑。顧此頭顱，盡今夕一杯之酒；將何面目，見來時千頃之波。豈期相偉重瞳，壽考異蒼梧之狩；不分兵譁十面，荒涼同《黃竹》之歌。鄉心落亭長船中，春漲與軍聲並息；戰血灑老君巖下，秋燐則鬼唱猶多。迄今廟貌荒寒，英姿瀟灑。高臺悵宋玉之登，殘碣恫魯公之寫。泣窮途於杜默，淚流冥漠之中；褒特筆於史遷，名列諦煌之下。婦人仁而匹夫勇，夙疑此論非公；敵國破而謀臣亡，堪笑何王不假。善將兵，善將將，蒙有猜焉；不學劍，不學書，公真健者。走馬定兩軍成敗，天實爲之；斬蛇爭一代江山，今安在也？

奇情壯志，騰躍飛騫。用筆沈鬱頓挫，如聞變徵之音，此才豈可以斗石計！

摹繪旖旎法

適用於言情之文，雖有瑕於纏綿，宜正之以大雅，勿多寫兒女子態。

《詩·女曰雞鳴篇》

女曰雞鳴，士曰昧旦。子興視夜，明星有爛。將翺將翔，弋鳧與雁。弋言加之，與子宜之。宜言飲酒，與子偕老。琴瑟在御，莫不静好。

知子之來之，雜佩以贈之。知子之順之，雜佩以問之。知子之好之，雜佩以報之。

警戒之意，柔婉之情。末章音節尤佳。

《國語·優施教驪姬夜半而泣》

優施教驪姬夜半而泣，謂公曰：「吾聞申生甚好仁而彊，甚寬惠而慈於民，皆有所行之。今謂君惑於我，必亂國，夫無乃以國故而行彊於君。君未終命而不歿，君其苦之何？盍殺我，無以一妾亂百姓。」公曰：「夫豈惠其民而不惠於其父乎？」驪姬曰：「妾亦懼矣。吾聞之外人之言曰：爲仁與爲國不同，爲仁者愛親之謂仁，爲國者利國之謂仁。故長民者無親，衆以爲親。苟利衆而百姓和，豈能憚君？以衆故不敢愛親，衆況厚之，彼將惡始而美終，以晚蓋者也。凡民利是生，殺君而厚利衆，衆孰沮之？殺親無惡於人，人孰去之？苟交利而得寵，志行而衆悦，欲其甚矣，孰不惑焉？雖欲愛君，惑不釋也。今夫以君爲紂，若紂有良子而先喪紂，無章其惡而厚其敗。鈞之死也，無必假手於武王，而其世不廢祀，至于今，吾豈知紂之善否哉？君欲勿恤，其可乎？若大難至而恤之，其何及矣！」公懼曰：「若何而可？」驪姬曰：「君盍老而授之政？彼得政而行其欲，得其所索，乃其釋君。且君其圖之，自桓叔以來，孰能愛親？唯無親，故能兼翼。」公曰：「不可與政。我以武與威，是以臨諸侯。未没而亡政，不可謂武；有子而不勝，不可謂威。我授之政，諸侯必絶，能絶於我，必能害我。失政而害國，不可忍也。爾勿憂，吾將圖之。」

孫月峰云：「鑿空生論，意巧刺骨，而辭特工陗，可謂奇之又奇。」余謂此文以狠辣之心，作柔婉之語，此其所以能奇也。

一層逼進一層，使獻公不得不入其圈中。浸潤之譖，可畏已極，有國者其鑒諸。

《楚辭·九歌·湘夫人篇》

帝子降兮北渚，目眇眇兮愁予。嫋嫋兮秋風，洞庭波兮木葉下。登白薠兮騁望，與佳期兮夕張。鳥何萃兮蘋中？罾何爲兮木上？沅有芷兮澧有蘭，思公子兮未敢言。慌惚兮遠望，觀流水兮潺湲。麋何食兮庭中？蛟何爲兮水裔？朝馳余馬兮江皋，夕濟兮西澨。聞佳人兮召予，將騰駕兮偕逝。築室兮水中，葺之兮荷蓋。蓀壁兮紫壇，播芳椒兮成堂。桂棟兮蘭橑，辛夷楣兮藥房。罔薜荔兮爲帷，擗蕙櫋兮既張。白玉兮爲鎮，疏石蘭兮爲芳。芷葺兮荷屋，繚之兮杜衡。合百草兮實庭，建芳馨兮廡門。

九疑繽兮並迎，靈之來兮如雲。捐余袂兮江中，遺余褋兮澧浦。搴汀洲兮杜若，將以遺兮遠者。時不可兮驟得，聊逍遥兮容與！

《楚辭·九歌·少司命篇》

秋蘭兮麋蕪，羅生兮堂下。緑葉兮素華，芳菲菲兮襲予。夫人自有兮美子，蓀何以兮愁苦？秋蘭兮青青，緑葉兮紫莖。滿堂兮美人，忽獨與余兮目成。入不言兮出不辭，乘回風兮載雲旗。悲莫悲兮生别離，樂莫樂兮新相知。荷衣兮蕙帶，儵而來兮忽而逝。夕宿兮帝郊，君誰須兮雲之際？與女遊兮九河，衝風至兮水揚波。與女沐兮咸池，晞女髮兮陽之阿。望美人兮未來，臨風怳兮浩歌。孔蓋兮翠旌，登九天兮撫彗星。竦長劍兮擁幼艾，荃獨宜兮爲民正。

朗麗淒哀，神韻不匱，熟讀之而味益長。

何子青《齊姜醉遣晉公子賦》（以題爲韻）

新人燕笑，故國烏嘑；心寒金玦，夢熟璇閨。繫閑情於風月，鬱壯志於雲霓。正宜自建鴻圖，早夷吾而返晉；未許常諧鳳卜，隨敬仲以留齊。蛾眉具有雄心，不愧桓之女；駿骨竟逢巨眼，何論[二]僖氏之妻？

方晉公子重耳之出亡也，馳驅雨雪，閱歷星霜。莫滌薰蕕之臭，轉穠桃李之香。訂來離别之詞，白首曾盟季隗。注到因緣之簿，紅絲又繫齊姜。爲思贈馬情高，匹配敢云非偶；懺念攘羭恨切，温柔何可爲鄉。奈繞樹以無依，羈鳥聊從塞雁；幸飄蓬之有託，食魚竟得河魴。

於是巢穩鳩營，琯諧鳳吹；綺閣花濃，羽觴月醉。比蛩駏之相依，遂嬰蜺之久寄。却借杯交鸚鵡，慰去家去國之思；從教佩戢鴛鴦，極憐我憐卿之意。公子固翩翩絶世，未免有情；少年而碌碌因人，安能成事？

幸哉！前著工謀，後車交勉。嗟予尾之脩脩，篤匪躬之蹇蹇。將以蘇鴆毒於宴安，將以柅燕私於婉孌。豔婦每能傾國，驪姬誠後事之師；哲夫自足成城，狐舅實從公之選。惟是諸君子者，藉林下以叢談；孰知有婦人焉，翳桑間而俯眄。差幸蠶姑言泄，手刃旋加；轉令騶從謀成，腸輪頓遣。

誠以姜之慧性珠圓，淵思玉鎮。銀手斷而無疑，金口緘而尤慎。式微憂甚於歌黎，蕃庶冀深於筮晉。想從者雲龍風虎，安能墨墨爲懷？慨寓公春燕秋鴻，不覺蒼蒼在鬢。未肯香衾孤負，淬露遄

[二]「論」字原作「諭」，據何氏《悔餘庵詩文稿》卷七所載文爲正。

征；且看〔一〕翠袖殷勤，流霞競進。願一盃之更盡，開筵敢訴離襟；已百兩之潛裝，把盞莫辭餘酳。時則天涯草緑，人面花紅。怕春光之漏洩，戒秋駕之朦朧。弄機關於掌上，澆磊塊於胸中。願金屋以貯之，對傾緑蟻；儼玉山其頽也，扶上青驄。幾度纏綿，正夭桃之灼灼；者〔二〕番惆悵，又行李之匆匆。歎從兹勞燕東西，難免情長兒女；願此去山河表裏，無忘險設王公〔三〕。

一程兩程，千里萬里。蝶夢方酣，驪歌已起。揮戈之怒何爲？沈璧之盟何已？糟臺罷築，埒鄉非投老之鄉；畫楫横飛，帶水是銷魂之水。儻使令收逐客，百年好合齊眉；安能業著尊王，五霸聲威震耳。始識帷房之内，無大丈夫；從知巾幗之中，有奇女子。

奈之何燕燕多愁，鶼鶼虚慕！非白雲遠間金華，豈黄土長埋玉樹？未合房中之樂，錦瑟分張；徒留襟上之痕，金罍枉賦。嘆嘉耦翻成怨耦，可堪鏡對孤鸞；悔有情莫若無情，空爲窟謀狡兔。是以介推負母，共戚者不必同休；何如趙季迎妻，憐新者未嘗忘故也。

〔一〕「看」字原作「見」，據何氏《悔餘庵詩文稿》卷七所載文爲正。

〔二〕「者」字，何氏《悔餘庵詩文稿》卷七作「若」。按：「者番」意即這番、這次，以上句視之，「者」較合文意。

〔三〕「歎從兹勞燕東西，難免情長兒女；願此去山河表裏，無忘險設王公」四句原文無，乃唐先生尊父唐受祺補入，以足題韻。又據何氏《悔餘庵詩文稿》卷七載，「又行李之匆匆」下四句則作「從今兩地，相思難免。情長兒女，可奈一身未了，不堪氣短英雄。」李元度《賦學正鵠·層次類》所載四句亦與何氏同。

李次青云：「人奇、事奇、文奇。香温玉輭中，顯出智深勇沈手段；亦兒女，亦英雄，彤史不能有二。然非此生龍活虎、錦簇花團之筆，亦不足爲奇女子寫生。」又云：「此叙事題中之才雄力厚、盡態極妍者，然層次正自分明，眉目仍極醒豁，並非浪使才華也。」〔一〕晉文歸國後，迎秦嬴何等煊赫，而齊姜則竟無消息。人情勢利若此，宜作者於末段代鳴不平。

原本第六漏押宫韻「公」字，「勞燕東西」四句，係先君所手改，讀之愴然。

何子青《梁夫人桴鼓助戰賦》（以題爲韻）

風生刁斗，雲想衣裳；紅妝讋敵，彤史留香。翊中興於宋室，懃内助於蘄王。撼山易而撼軍難，方面等岳家之重；得雄王而得雌霸，同心儷陳寶之祥。銜金支翠羽之光，莫謂美人傾國；壯錦纈繡旂之色，肯容小醜跳梁。

蓋梁夫人者，鳴雞夜勖，走馬朝徂。比肩玉帳，分掌銅符。胡天胡帝，如火如荼。後乘引仙乎之節，前驅從伯也之殳。六朝之金粉無顔，高牙坐擁；半壁之江山有警，纖手交扶。帷壇驚大漠之軍，

〔一〕李元度《賦學正鵠·層次類》載何栻《齊姜醉遣晉公子賦》文末語。

不櫛安能將將；板屋賦《小戎》之什，同裳豈但夫夫。

方其困兀朮於黃天蕩也，艅艎雲蔽，樓櫓星陳。縹緲閃旌旗之影，蹁躚著羅綺之身。何期師旅之交，見此粲者；并以止齊之節，謀及婦人。漫云女子從行，鼓聲不起；政起莫邪爲佐，劍氣能馴。炯照水之丹心，操櫼異趙津之女；攘臨風之皓腕，倚旄疑洛浦之神。

坎其擊鼓，與子同仇；不衰不竭，能發能收。《六韜》以鸞鳳爲名，久嫻閨閣；一鼓而貔貅作氣，共整戈矛。機鈐洩玄女之傳，擒來赤手；號令比飛奴之捷，突起蒼頭。有不共戴天之憤，有不甘割地之羞。所由怒激三撾，直等禰生之奮杖；夫豈戎興一笑，漫同郤子之援桴。

蓋謂欲張吾軍，必滅此虜。齊五伐而效三驅，轉四輪而翔八櫓。指山半仙仙倩影，宛排十二金釵；聽江中浩浩軍聲，同射三千鐵弩。想通靈於楚澤，擊起馮夷；疑習戰於吳宮，教成孫武。一震破蚩尤之霧，直下雷車；九霄猜織女之星，遥臨河鼓。

時則羽葆飛揚，鱗堂軒翥。拏空之雌霓生芒，薦食之長蛇失據。手揮雨點，濤轟迴胥母之狂；膽落風聲，飆舉借封姨之助。始識靈鼉警衆，極使船如馬之能；豈知老鸛潛通，竟化舄爲鳧而去。恨未黃龍直擣，地輿從此全收；縱教白雁橫飛，天塹那容偷覷。

吁嗟乎！國有人，邦之媛。叶珩璜，精組練。手一麾，心百鍊。固宜倚若長城，封之大縣。伉儷旌忠，神仙健羨。漢飛將虎頭燕頷，儘誇將夫婿奇姿；衛碩人螓首蛾眉，誰識是英雄真面？倘畫像麒麟閣上，何須多買臙脂；即提兵鸛鶴營中，不啻輕拈鍼綫。何事六橋花柳，湖山賡偕隱之詩；至今兩岸菰蒲，風雨效當年之戰。

客有嘆逝水於東流，話劫灰於南渡。想夫翩若驚鴻，出如脱兔。大小喬無此施爲，左右甄聽其調度。有聲有色，指揮落天女之花；其事其人，美豔奪將軍之樹。相當浮白深杯，談夢虎因緣；合付汗青煒管，記從龍遭遇。孰意傾城之哲，足以成城；願移作賦之才，爲之治賦。

李次青云：「才情富豔，藻思紛披。人苦寒儉，此獨如萬斛泉源，隨地湧出，無一不巧合題情，更無一不自心源濬出。思靈而筆足以達之，是謂力餘於題。從層次入門者，擴充至此，極才人之能事矣。」〔一〕

押「夫」字韻，工巧尤絶。

刻畫物理法

適用於小品趣味之文，宜超脱而渾成，即小以喻大，意在言外，勿使呆鈍；又近

〔一〕李元度《賦學正鵠·層次類》載何栻《梁夫人桴鼓助戰賦》文末評語。

世科學大明，刻畫體狀，尤有合用之處。

《詩·無羊篇》

誰謂爾無羊？三百維羣；誰謂爾無牛？九十其犉。爾羊來思，其角濈濈。爾牛來思，其耳濕濕。

或降于阿，或飲于池，或寢或訛。爾牧來思，何蓑何笠，或負其餱。三十維物，爾牲則具。

爾牧來思，以薪以蒸，以雌以雄。爾羊來思，矜矜兢兢。不騫不崩。麾之以肱，畢來既升。

牧人乃夢，衆維魚矣，旐維旟矣。大人占之：衆維魚矣，實維豐年；旐維旟矣，室家溱溱。

此詩爲宣王考牧而作。上三章宛然一幅畫圖，而造語均有趣味。末章以頌揚作結，乃託於牧人之夢，可謂異想天開。

宋玉《大言賦》

楚襄王與唐勒、景差、宋玉游於陽雲之臺。王曰：「能爲寡人大言者上坐。」王因唏曰：「操是太阿剥一世，流血沖天，車不可以厲。」至唐勒曰：「壯士憤兮絶天維，北斗戾兮太山夷。」至景差曰：

「校士猛毅皋陶嘻，大笑至兮摧覆思；鋸牙雲，晞甚大，吐呑萬里唾一世。」至宋玉曰：「方地爲輿，圓天爲蓋，長劍耿介倚天外。」王曰：「未也。」玉曰：「并呑四夷，溷飲枯河海；跋越九州，無所容止。身大四塞，愁不可長；據地跆天，迫不得仰。」

「莅中國而撫四夷」，徒爲大言，何啻夢想。居覆載間，寥廓無偶，徒爲大言，豈能容於人世？刻畫固極精陗，而諷喻之意至矣。

宋玉《小言賦》

楚襄王既登陽雲之臺，令諸大夫景差、唐勒、宋玉等並造《大言賦》。賦畢，而宋玉受賞。王曰：「此賦之迂誕則極巨偉矣，抑未備也。且一陰一陽，道之所貴；小往大來，《剥》《復》之類也。是故卑高相配，而天地定位；三光並照，則大小備。能高而不能下，非兼通也；能粗而不能細，非妙工也。然則上坐者，未足明賞，賢人有能爲《小言賦》者，賜之雲夢之田。」景差曰：「載氛埃兮乘剽塵，體輕蚤翼，形微蚤鱗。聿遑浮踊，凌雲縱身。經由鍼孔，出入羅巾，飄眇翩緜，乍見乍泯。」唐勒曰：「析飛糠以爲輿，剖粃糟以爲舟，汎然投乎杯水中，淡若巨海之洪流。憑蚋眥以顧盼，附蠛蠓而遨遊。寧隱微以無準，原存亡而不憂。」又曰：「館於蠅鬚，宴於毫端；烹蝨脛，切蟣肝；會九族而同嚌，猶委餘而不殫。」宋玉曰：「無内之中，微物潛生，比之無象，言之無名。蒙蒙滅景，昧昧遺形。超於太虚之域，出於未兆之庭。纖於毳末之微蔑，陋於茸毛之方生。視之則眇眇，望之則冥冥。離朱爲之歎悶，神明不能察其情。二子之言磊磊皆不小，何如此之爲精？」王曰：「善。」賜以雲夢之田。

由小而入於無，恍兮惚兮，其知道乎！其近於空虚乎！毛猶有倫，無聲無臭，豈所謂語小莫能破者乎？

韓退之《畫記》

雜古今人物小畫共一卷。騎而立者五人，騎而被甲載兵立者十人，一人騎執大旗前立，騎而被甲載兵行且下牽者十人，騎且負者二人，騎執器者二人，騎擁田犬者一人，騎而牽者二人，騎而驅者三人，執羈靮立者二人，騎而下倚馬臂隼而立者一人，騎而驅涉者二人，徒而驅牧者二人，坐而指使者一人，甲胄手弓矢鈇鉞植者七人，甲胄執幟植者十人，負者七人，偃寢休者二人，甲胄坐睡者一人，方涉者一人，坐而脱足者一人，寒附火者一人，雜執器物役者八人，奉壺矢者一人，舍而具食者十有一人，挹且注者四人，牛牽者二人，驢驅者四人，一人杖而負者，婦人以孺子載而可見者六人，載而上下者三人，孺子戲者九人：凡人之事三十有二，爲人大小百二十有三，而莫有同者焉。馬大者九匹，於馬之中，又有上者，下者，行者，牽者，涉者，陸者，翹者，顧者，鳴者，寢者，訛者，立者，人立者，齕者，飲者，溲者，陟者，降者，痒磨樹者，噓者，嗅者，喜相戲者，怒相踶齧者，秣者，騎者，驟者，走者，載服物者，載狐兔者：凡馬之事二十有七，爲馬大小八十有三，而莫有同者焉。牛大小十一頭，橐駝三頭，驢如橐駝之數而加其一焉。隼一，犬、羊、狐、兔、麋、鹿共三十，旃車三兩。雜兵器、弓矢、旌旗、刀劍、矛楯、弓服、矢房、甲胄之屬，缾、盂、簦、笠、筐、筥、錡、釜、飲食服用之器，壺矢博弈之具，二百五十有一，皆曲極其妙。

貞元甲戌年，余在京師，甚無事。同居有獨孤生申叔者，始得此畫，而與余彈棋，余幸勝而獲焉。意甚惜之，以爲非一工人之所能運思，蓋蘩集衆工人之所長耳，雖百金不願易也。明年出京師，至河陽，與二三客論畫品格，因出而觀之。座有趙侍御者，君子人也。見之戚然若有感然，少而進曰：「噫！余之手摸也。亡之且二十年矣！余少時，常有志乎兹事，得國本，絶人事而摸得之。遊閩中而喪焉。居閑處獨，時往來余懷也，以其始爲之勞，而夙好之篤也。今雖遇之，力不能爲已。且命工人存其大都焉。」余既甚愛之，又感趙君之事，因以贈之，而記其人物之形狀與數，而時觀之，以自釋焉。

有此奇畫，乃有此奇文。其來無端，其去無迹，不可方物。此等刻畫法，純從《考工記》中來。

方望溪云：「周人以後無此種格力。歐公自謂不能爲，所謂曉其深處。而東坡以所傳爲妄，於此見知言之難。」

柳子厚《序棋》

房生直温，與予二弟遊，皆好學。予病其確也，思所以休息之者。得木局，隆其中而規焉，其下方以直。置棋二十有四，貴者半，賤者半。貴曰上，賤曰下，咸自第一至十二。下者二乃敵一，用朱、墨以別焉。房于是取二毫，如其第書之。既而抵戲者二人，則視其賤者而賤之，貴者而貴之。其使之擊觸也，必先賤者，不得已而使貴者，則皆慄焉惛焉，亦鮮克以中。其獲也，得朱焉則若有餘，得墨焉則若不足。

余諦睨之，以思其始則皆類也，房子一書之，而輕重若是。適近其手而先焉，非能擇者其善而朱之，否而墨之也。然而上焉而上，下焉而下，貴焉而貴，賤焉而賤，其易彼而敬此，遂以遠焉。然則若世之所以貴賤人者，有異房之貴賤茲棋者歟？無亦近而先之耳！有果能擇其善否者歟？其敬而易者，亦從而動心矣。有敢議其善否者歟？其得於貴者，有不氣揚而志蕩者歟？其得於賤者，有不貌慢而心肆者歟？其所謂貴者，有敢輕而使之者歟？其所謂賤者，有敢避其使之擊觸者歟？彼朱而墨者，相去千萬不啻，有敢以二敵其一者歟？余墨者徒也，覩其始與末有似棋者，故叙。

因物理而悟人情。前半刻畫精細，後路感慨之情，乃噴薄而出，此神奇之品也。

《唐宋文醇》評此文，不免過於堅深，學者參考之可也。

柳子厚《蝜蝂傳》

蝜蝂者，善負小蟲也。行遇物，輒持取，卬其首負之。背愈重，雖困劇不止也。其背甚澀，物積因不散，卒躓仆不能起。人或憐之，爲去其負。苟能行，又持取如故。又好上高，極其力不已，至墜地死。今世之嗜取者，遇貨不避，以厚其室，不知爲己累也，唯恐其不積。及其怠而躓也，黜棄之，遷徙之，亦以病矣。苟能起，又不艾。日思高其位，大其禄，而貪取滋甚，以近於危墜，觀前之死亡不知戒。雖其形魁然大者也，其名人也，而智則小蟲也，亦足哀夫！

孔子曰：「德薄而位尊。」「力小而重，鮮不及矣。」〔一〕此文以小喻大，而人終莫之喻也，讀之不禁三嘆。

此文與《序棋》同例，後路微嫌發之太盡，若以司馬子長爲之，必益含蓄，則更高矣。

〔一〕《易・繫辭下傳》文。

鐘鼓鏗鏘法

普通適用，淺者讀之，可得誦讀之方；深者讀之，可通聲音之蘊；是爲文學家之要訣。

《詩·七月篇》

七月流火，九月授衣。一之日觱發，二之日栗烈。無衣無褐，何以卒歲？三之日于耜，四之日舉趾。同我婦子，饁彼南畝，田畯至喜。

七月流火，九月授衣。春日載陽，有鳴倉庚。女執懿筐，遵彼微行，爰求柔桑。春日遲遲，采蘩祁祁。女心傷悲，殆及公子同歸！

七月流火，八月萑葦。蠶月條桑，取彼斧斨，以伐遠揚，猗彼女桑。七月鳴鵙，八月載績。載玄載黄，我朱孔陽，爲公子裳。

四月秀葽，五月鳴蜩。八月其穫，十月隕蘀。一之日于貉，取彼狐貍，爲公子裘。二之日其同，載纘武功，言私其豵，獻豜于公。

五月斯螽動股，六月莎雞振羽。七月在野，八月在宇，九月在户，十月蟋蟀入我牀下。穹窒熏鼠，塞向墐户。嗟我婦子，曰爲改歲，入此室處。

六月食鬱及薁，七月亨葵及菽。八月剥棗，十月穫稻。爲此春酒，以介眉壽。七月食瓜，八月斷壺。九月叔苴，采荼薪樗，食我農夫。

九月築場圃，十月納禾稼，黍、稷、重、穋，禾、麻、菽、麥。嗟我農夫！我稼既同，上入執宫功。晝爾于茅，宵爾索綯，亟其乘屋，其始播百穀。

二之日，鑿冰沖沖。三之日，納于淩陰。四之日其蚤，獻羔祭韭。九月肅霜，十月滌場。朋酒斯饗，曰殺羔羊。躋彼公堂，稱彼兕觥，萬壽無疆！

謝叠山云：「民生莫重乎衣食，飢寒則過累〔一〕，飽煖則無思，此人之常情也。《邠風》則不然。觀往而知來，見微而知著，憂深而思遠；不以目前之飽煖，忘後日之飢寒。《中庸》曰：『凡事豫則立。』又曰：『道前定則不窮。』《商書》曰：『惟事事乃其有備，有備無患。』《七月》一詩，事皆豫立，道皆前定，事事有備而無患也。」〔二〕

〔一〕「累」字原作「慮」，據謝枋得《詩傳注疏・豳風・七月》原文爲正。
〔二〕謝枋得《詩傳注疏・豳風・七月》文。

鍾伯敬云：「各章配月分，有複，有倒，有錯，文法出没藏露，莫可端倪，非聖手不能。」〔一〕

余按：《豳風》所以陳王業。中國以農立國，王業首在稔農事。彼騃豎不知稼穡之艱難，而以治天下，豈不殆哉！

李漢云「周情孔思」，然如《鴟鴞》《東山》等詩，不過悲鬱之情，而此詩則係纏綿婉委之情。音節之鏗鏘，自古以來，未有過於此者矣。

周公文字，每篇結處，其聲多大而遠，此其所以爲大聖人也。此詩「躋彼公堂」三句一結，聲音何等洪大！讀者宜注意。

《詩・卷阿篇》

有卷者阿，飄風自南。豈弟君子，來游來歌，以矢其音。

伴奐爾游矣，優游爾休矣。豈弟君子，俾爾彌爾性，似先公酋矣。

爾土宇昄章，亦孔之厚矣。豈弟君子，俾爾彌爾性，百神爾主矣。

〔一〕鍾伯敬評《詩經・七月》語，載唐先生《十三經讀本評點劄記》卷一〇。

爾受命長矣，茀祿爾康矣。豈弟君子，俾爾彌爾性，純嘏爾常矣。
有馮有翼，有孝有德，以引以翼。豈弟君子，四方爲則。
顒顒卬卬，如圭如璋，令聞令望。豈弟君子，四方爲綱。
鳳凰于飛，翽翽其羽，亦集爰止。藹藹王多吉士，維君子使，媚于天子。
鳳凰于飛，翽翽其羽，亦傅于天。藹藹王多吉人，維君子命，媚于庶人。
鳳凰鳴矣，于彼高岡。梧桐生矣，于彼朝陽。菶菶萋萋，雝雝喈喈。
君子之車，既庶且多。君子之馬，既閑且馳。矢詩不多，維以遂歌。

鍾伯敬云：「前四章渾然不露。五章以後，本旨歸乎用人，所謂以人事君，大臣之義也。」〔一〕

謝疊山云：「王所馮翼之人，不取非常之才，而止曰『有孝有德』，何也？曰：孝於親者，必忠於君。取其孝，正求其忠也。唐、虞而上，惟取人以德，無才德之分，如皋陶九德皆才也，舜舉八元八愷之才，皆德也。有德則才在其中矣。」〔二〕

〔一〕鍾伯敬評《卷阿》語，載唐先生《十三經讀本評點劄記》卷一〇。
〔二〕謝枋得《詩傳注疏·大雅·卷阿》文。

余按：此《詩序》謂召康公戒成王求賢用吉士而作，而歸本於彌性受命。威儀爲定命之符，必本身以作則，然後賢才可進。善哉其有周公之意乎！音節之妙，冠絶千古。

《詩・有駜篇》

有駜有駜，駜彼乘黃。夙夜在公，在公明明。振振鷺，鷺于下。鼓咽咽，醉言舞。于胥樂兮。
有駜有駜，駜彼乘牡。夙夜在公，在公飲酒。振振鷺，鷺于飛。鼓咽咽，醉言歸。于胥樂兮。
有駜有駜，駜彼乘駽。夙夜在公，在公載燕。自今以始，歲其有，君子有穀，詒孫子。于胥樂兮。

此《詩序》謂「頌僖公君臣之有道」，有民康物阜、時和年豐之氣象。然但知樂而不知憂，得無有缺然於中者乎？而節奏特妙。

《左傳・鄭伯伐許》（隱公十一年）

秋七月，公會齊侯、鄭伯伐許。庚辰，傅于許，潁考叔取鄭伯之旗蝥弧以先登。子都自下射之，顛。瑕叔盈又以蝥弧登，周麾而呼曰：「君登矣！」鄭師畢登。壬午，遂入許。許莊公奔衛。

齊侯以許讓公。公曰：「君謂許不共，故從君討之。許既伏其罪矣，雖君有命，寡人弗敢與聞。」乃與鄭人。

鄭伯使許大夫百里奉許叔以居許東偏，曰：「天禍許國，鬼神實不逞于許君，而假手于我寡人。寡人唯是一二父兄，不能共億，其敢以許自爲功乎？寡人有弟，不能和協，而使餬其口於四方，其況能久有許乎？吾子其奉許叔，以撫柔此民也，吾將使獲也佐吾子。若寡人得没于地，天其以禮，悔禍于許？無寧兹許公復奉其社稷。唯我鄭國之有請謁焉，如舊昏媾，其能降以相從也。無滋他族，實偪處此，以與我鄭國争此土也。吾子孫其覆亡之不暇，而況能禋祀許乎？寡人之使吾子處此，不唯許國之爲，亦聊以固吾圉也。」

乃使公孫獲處許西偏，曰：「凡而器用財賄，無寘於許。我死，乃亟去之。吾先君新邑於此，王室而既卑矣，周之子孫，日失其序。夫許，大岳之胤也，天而既厭周德矣，吾其能與許争乎？」

君子謂：「鄭莊公於是乎有禮。禮，經國家，定社稷，序民人，利後嗣者也。許無刑而伐之，服而舍之，度德而處之，量力而行之，相時而動，無累後人，可謂知禮矣。」

抑揚委婉，鏗然有金石之音，《左傳》中精采文字。

鄭莊爲人，奸猾詐僞，此文則語語謙讓者，實則皆自危之詞也。曰「無滋他族」，懼齊、魯之侵略其間也；曰「子孫覆亡」，知突忽輩之不肖，鄭之將衰也；使公孫獲處許西偏，防範許叔也；曰「天禍許國」、曰「天厭周德」，皆假託之詞也，至此而奸猾之情盡露矣！而文字特工妙，皆左氏爲之粉飾耳。「君子謂鄭莊公知禮」一段，爲劉歆輩增入，先儒已論之矣。

四「乎」字，句法暗相應，在有意無意之間，丰神獨絶。

《左傳・晉侯使呂相絶秦》（成公十三年）

夏四月戊午，晉侯使呂相絶秦，曰：「昔逮我獻公及穆公相好，戮力同心，申之以盟誓，重之以昏姻。天禍晉國，文公如齊，惠公如秦。無禄，獻公即世。穆公不忘舊德，俾我惠公，用能奉祀于晉。又不能成大勳，而爲韓之師。亦悔于厥心，用集我文公，是穆之成也。

「文公躬擐甲冑，跋履山川，逾越險阻，征東之諸侯，虞、夏、商、周之胤，而朝諸秦，則亦既報舊德矣。鄭人怒君之疆埸，我文公帥諸侯及秦圍鄭。秦大夫不詢于我寡君，擅及鄭盟。諸侯疾之，將致命於秦。文公恐懼，綏静諸侯，秦師克還無害，則是我有大造於西也。

「無禄，文公即世；穆爲不弔，蔑死我君，寡我襄公，迭我殽地，奸絶我好，伐我保城。殄滅我費滑，散離我兄弟，撓亂我同盟，傾覆我國家。我襄公未忘君之舊勳，而懼社稷之隕，是以有殽之師。猶願赦罪于穆公，穆公弗聽，而即楚謀我。天誘其衷，成王隕命，穆公是以不克逞志于我。

「穆、襄即世，康、靈即位。康公我之自出，又欲闕翦我公室，傾覆我社稷，帥我蝥賊，以來蕩搖我邊疆，我是以有令狐之役。康猶不悛，入我河曲，伐我涑川，俘我王官，翦我羈馬，我是以有河曲之戰。東道之不通，則是康公絶我好也。

「及君之嗣也，我君景公引領西望曰：『庶撫我乎！』君亦不惠稱盟，利吾有狄難，入我河縣，焚我箕、郜，芟夷我農功，虔劉我邊垂。我是以有輔氏之聚。君亦悔禍之延，而欲徼福于先君獻、穆，使伯車來命我。景公曰：『吾與女同好棄惡，復修舊德，以追念前勳。』言誓未就，景公即世，我寡君是以有令狐之會。君又不祥，背棄盟誓。白狄及君同州，君之仇讎，而我之昏姻也。君來賜命曰：『吾與女伐狄。』寡君不敢顧昏姻，畏君之威，而受命于吏。君有二心於狄，曰：『晉將伐女。』狄應且憎，是用告我。楚人惡君之二三其德也，亦來告我曰：『秦背令狐之盟，而來求盟于我，昭告昊天上帝、秦三公、楚三王曰：「余雖與晉出入，余唯利是視。」不穀惡其無成德，是用宣之，以懲不壹。』諸侯備聞此言，斯是用痛心疾首，暱就寡人。寡人帥以聽命，唯好是求。君若惠顧諸侯，矜哀寡人，而賜之盟，則寡人之願也，其承寧諸侯以退，豈敢徼亂！君若不施大惠，寡人不佞，其不能以諸侯退矣。

敢盡布之執事，俾執事實圖利之。」

孫月峰云：「通篇雖是造作語言，就文而論，最爲工錬。叙事婉曲有條理，字法

細，句法古，章法整，篇法密，誦之數十過不厭，在辭令中又是一種格調。古今無兩，可謂神品。」〔一〕

茅鹿門云：「述己之功，過爲崇讓；數秦之罪，曲加詆誣。」余謂此所謂「知有我而不知有人」也，故通篇以「我」字作骨，中間虛字以「是以」「是用」作爲貫串。

自古辭令之委婉，無過此文。或謂其近於策士習氣，殊不然，《國策》文字不若是也。

《國語·周襄王不許晉文公請隧》

晉文公既定襄王于郟，王勞之以地，辭，請隧焉。王不許，曰：「昔我先王之有天下也，規方千里以爲甸服，以供上帝山川百神之祀，以備百姓兆民之用，以待不庭不虞之患。其餘以均分公侯伯子男，使各有寧宇，以順及天地，無逢其災害。先王豈有賴焉？內官不過九御，外官不過九品，足以供給神祇而已，豈敢厭縱其耳目心腹以亂百度？亦唯是死生之服物采章，以臨長百姓，而輕重布之，王

〔一〕孫鑛《春秋左傳·成公十三年》眉批，文中「通篇雖是」作「通篇俱是」，沒有「就文而論」四字；在「字法細」「句法古」「章法整」「篇法密」四句前皆有「其」字；「在辭令中又是一種格調」作「在辭令中又別是一種格調」；「古今無兩」作「古今罕有兩」。

何異之有？今天降禍災於周室，余一人僅亦守府，又不佞以勤叔父，而班先王之大物以賞私德，其叔父實應且憎，以非余一人，余一人豈敢有愛也？先民有言曰：『改玉改行。』叔父若能光裕大德，更姓改物，以創制天下，自顯庸也。而縮取備物，以鎮撫百姓，余一人其流辟，旅於裔土，何辭之與有！若由是姬姓也，尚將列爲公侯，以復先王之職，大物其未可改也。叔父其懋昭明德，物將自至，余何敢以私勞變前之大章，以忝天下，其若先王與百姓何？何政令之爲也。若不然，叔父有地而隧焉，余安能知之？」文公遂不敢請，受地而還。

極嚴厲之意，而以極婉轉之筆出之，音節琅然，令人不厭百回讀。昔人謂《内傳》未有代德二語，彼約而能該，此煩而不厭，信然。

唐荆川云：「拜胙與請隧二者，俱大禮所關。一則命之而不敢，一則無命而自請，於此見齊桓、晉文之優劣。」

國文經緯貫通大義卷六

俯仰進退法

適用於叙跋説理之文，宜雍容華貴，不宜浮泛迂緩；知此者，可以覘其人之性情態度。

曾子固《書魏鄭公傳》

予觀太宗嘗屈己以從羣臣之議，而魏鄭公之徒，喜遭其時，感知己之遇，事之大小，無不諫諍，雖其忠誠自至，亦得君以然也。則思唐之所以治，太宗之所以稱賢主，而前世之君不及者，其淵源皆出於此也。能知其有此者，以其書存也。及觀鄭公以諫諍事付史官，太宗怒之，薄其恩禮，失始終之義，則未嘗不反覆嗟惜，恨其不思，而益知鄭公之賢焉。

夫君之使臣，與臣之事君者何？大公至正之道而已矣。大公至正之道，非滅人言以掩己過，取小亮以私其君，此其不可者也。又有甚不可者。夫以諫諍爲當掩，是以諫諍爲非美也，則後世誰復當諫諍乎？況前代之君，有納諫之美，而後世不見，則非惟失一時之公，將使後世之君，謂前代無諫諍之事，是啓其怠且忌矣。太宗末年，羣下既知此意而不言，漸不知天下之得失。至于遼東之敗，而始恨鄭公不在，世未嘗知其悔之萌芽出於此也。

夫伊尹、周公何如人也？伊尹、周公之諫切其君者，其言至深，而其事至迫。存之於《書》，未嘗掩焉。至今稱太甲、成王爲賢君，而伊尹、周公爲良相者，以其書可見也。令當時削而棄之，成區區之小讓，則後世何所據依而諫，又何以知其賢且良與？桀、紂、幽、厲、始皇之亡，則其臣之諫詞無見焉。非其史之遺，乃天下不敢言而然也。則諫諍之無傳，乃此數君之所以益暴其惡於後世而已矣。

或曰：「《春秋》之法，爲尊親賢者諱，與此戾矣。」夫《春秋》之所以諱者惡也，納諫諍豈惡乎？「然則焚稿者非歟？」曰：焚稿者誰歟？非伊尹、周公爲之也。近世取區區之小亮者爲之耳。其事又未是也。何則？以焚其稿爲掩君之過，而使後世傳之，則是使後世不見稿之是非，而必其過常在于君，美常在于己也，豈愛其君之謂歟？孔光之去其稿之所言，其在正邪，未可知也。而焚之而惑後世，庸詎知非謀己之奸計乎？或曰：「造辟而言，詭辭而出，異乎此。」曰：此非聖人之所曾言也。令萬一有是理，亦謂君臣之間，議論之際，不欲漏其言於一時之人耳，豈杜其告萬世也？噫！以誠信待己而事其君，而不欺乎萬世者，鄭公也。益知其賢云。豈非然哉？豈非然哉？

俯仰進退者，猶人生揖讓周旋之禮，宜行徐而不宜迫促，宜周到而不宜疏略，專以態度勝者也。子固最爲擅長，後來惟朱子能得其傳。此文後半曲折夷猶，盡從容委婉之妙。

本法最宜於説理論事，倘不善學之，一味迂緩，則失其宗旨矣。

曾子固《戰國策目録序》

劉向所定《戰國策》三十三篇，《崇文總目》稱十一篇者闕，臣訪之士大夫家，始盡得其書。正其誤謬，而疑其不可考者，然後《戰國策》三十三篇復完。敘曰：

向叙此書，言周之先，明教化，修法度，所以大治。及其後，謀詐用而仁義之路塞，所以大亂。其説既美矣。卒以謂此書，戰國之謀士，度時君之所能行，不得不然，則可謂惑於流俗而不篤於自信者也。

夫孔、孟之時，去周之初，已數百歲，其舊法已亡，舊俗已熄久矣。二子乃獨明先王，以謂不可改者，豈將强天下之主以後世之不可爲哉？亦將因其所遇之時，所遭之變，而爲當世之法，使不失乎先王之意而已。二帝三王之治，其變固殊，其法固異，而其爲國家天下之意，本末先後，未嘗不同也。二子之道，如是而已。蓋法者所以適變也，不必盡同；道者所以立本也，不可不一。此理之不易者也。故二子者守此，豈好爲異論哉？能勿苟而已矣。可謂不惑乎流俗而篤於自信者也。故論戰國之游士則不然。不知道之可信，而樂於説之易合。其設心注意，偷爲一切之計而已。故論詐之便而諱其敗，言戰之善而蔽其患。其相率而爲之者，莫不有利焉而不勝其害也，有得焉而不勝其失也。卒至蘇秦、商鞅、孫臏、吴起、李斯之徒以亡其身，而諸侯及秦用之者，亦滅其國。其爲世之大禍明矣，而俗猶莫之寤也。惟先王之道，因時適變，爲法不同，而考之無疵，用之無弊，故古之聖賢，未有以此而易彼也。

或曰："邪説之害正也，宜放而絶之。則此書之不泯，其可乎？"對曰：君子之禁邪説也，固將明其説於天下，使當世之人，皆知其説之不可從，然後以禁則齊；使後世之人，皆知其説之不可爲，然後以戒則明。豈必滅其籍哉？放而絶之，莫善於是。是以孟子之書，有爲神農之言者，有爲墨子之言者，皆著而非之。至於此書之作，則上繼春秋，下至楚、漢之起，二百四十五年之間，載其行事，固不可得而廢也。

此書有高誘注者，二十一篇，或曰三十二篇。《崇文總目》存者八篇，今存者十篇。

明先聖之要道，黜處士之横議，有功世道人心，實非淺鮮。陸清獻作《戰國策去毒》，即本此意，而其文之曲折紆徐，尤爲古來僅見之作。

曾子固《宜黄縣縣學記》

古之人自家至於天子之國皆有學；自幼至於長，未嘗去於學之中。學有《詩》《書》六藝、弦歌洗爵、俯仰之容、升降之節，以習其心體耳目手足之舉措；又有祭祀、鄉射、養老之禮，以習其恭讓；進材、論獄、出兵授捷之法，以習其從事。師友以解其惑，勸懲以勉其進，戒其不率，其所爲具如此。而其大要，則務使人人學其性，不獨患其邪僻放肆也。雖有剛柔緩急之異，皆可以進之中而無過不及。使其識之明。氣之充於其心，則用之於進退語默之際，而無不得其宜；臨之以禍福死生之故，無足動其意者。爲天下之士，爲所以養其身之備如此，則又使知天地事物之變，古今治亂之理，至於損益廢置、先後始終之要，無所不知。其在堂户之上，而四海九州之業、萬世之策皆得。及出而履天下之任，列百官之中，則隨所施爲無不可者。何則？其素所學問然也。

蓋凡人之起居、飲食、動作之小事，至於修身爲國家天下之大體，皆自學出，而無斯須去於教也。其動於視聽四肢者，必使其洽於内；其謹於初者，必使其要於終。馴之以自然，而待之以積久。噫！何其至也。故其俗之成，則刑罰措；其材之成，則三公百官得其士；其爲法之永，則中材可以守；其入人之深，則雖更衰世而不亂。爲教之極至此，鼓舞天下而人不知其從之，豈用力也哉？

及三代衰，聖人之制作盡壞。千餘年之間，學有存者，亦非古法。人之體性之舉動，唯其所自肆，而臨政治人之方，固不素講。士有聰明樸茂之質，而無教養之漸，則其材之不成，夫然。蓋以不學未成之材，而爲天下之吏，又承衰弊之後，而治不教之民。嗚呼！仁政之所以不行，賊盜刑罰之所以積，其不以此也歟！

宋興幾百年矣。慶曆三年，天子圖當世之務，而以學爲先，於是天下之學乃得立。而方此之時，撫州之宜黄，猶不能有學，士之學者，皆相率而寓於州，以羣聚講習。其明年，天下之學復廢，士亦皆散去，而《春秋》釋奠之事，以著於令，則常以廟祀孔氏，廟又不復理。皇祐元年，會令李君詳至，始議立學。而縣之士某某，與其徒皆自以謂得發憤於此，莫不相勵而趨爲之。故其材不賦而羡，匠不發而多。其成也，積屋之區若干，而門序正位，講藝之堂、棲士之舍皆足。積器之數若干，而祀飲寢食之用皆具。其像，孔氏而下，從祭之士皆備；其書，經史百氏、翰林子墨之文章，無外求者。其相基會作之本末，總爲日若干而已，何其周且速也！

當四方學廢之初，有司之議，固以謂學者，人情之所不樂。及觀此學之作，在其廢學數年之後，唯其令之一唱，而四境之内，響應而圖之，如恐不及。則夫言人之情不樂於學者，其果然也歟？

宜黄之學者，固多良士。而李君之爲令，威行愛立，訟清事舉，其政又良也。夫及良令之時，而順其慕學發憤之俗，作爲宫室教肄之所，與圖書器用之須，莫不皆有以養其良材之士。雖古之去今遠矣，然聖人之典籍皆在，其言可考，其法可求。使其相與學而明之，禮樂節文之詳，固有所不得爲者。若夫正心修身，爲國家天下之大務，則在其進之而已。使一人之行修，移之於一家；一家之行修，移之於鄉鄰族黨，則一縣之風俗成，人材出矣。教化之行，道德之歸，非遠人也，可不勉歟！縣之士來請，曰：「願有記。」故記之。十二月某日也。

《孟子》曰：「流水之爲物也，不盈科不行。君子之志於道也，不成章不達。」流水彎環，其妙全在曲折而能遠，而其間波瀾瀲灩自有天然姿態，惟此文足以喻之。後之有志於道者，皆當依此爲法。

凡對此等文，當收斂身心以從容閑雅之致讀之，切忌張皇浮躁。相傳歸震川赴公車時，在中途讀《書魏鄭公傳》，至百餘遍不厭。余謂本法三篇，皆當如是讀法，庶幾作文時俯仰進退，動合天則。然亦有自性之所近焉，不可强也，研究道德者方能知之。

皎潔無塵法

適用於辭賦、遊記之屬，宜有空山鼓琴、月明天外之致；身有俗骨者，不能爲此。

《詩・蒹葭篇》

蒹葭蒼蒼，白露爲霜。所謂伊人，在水一方。遡洄從之，道阻且長；遡游從之，宛在水中央。

蒹葭萋萋，白露未晞。所謂伊人，在水之湄。遡洄從之，道阻且躋；遡游從之，宛在水中坻。

蒹葭采采，白露未已。所謂伊人，在水之涘。遡洄從之，道阻且右；遡游從之，宛在水中沚。

鍾伯敬云：「異人異境，使人欲仙。」〔一〕余按：此《詩序》以爲「刺秦襄公而作，未能用周禮，將無以固其國。」竊謂秋水之蒹葭無異歲寒之松柏，能醫國者斯人，能傳道者亦斯人也。「道阻且長」，豈終不出歟？亦待時而已。

《詩・白駒篇》

皎皎白駒，食我場苗；縶之維之，以永今朝。所謂伊人，於焉逍遥。

皎皎白駒，食我場藿；縶之維之，以永今夕。所謂伊人，於焉嘉客。

皎皎白駒，賁然來思。爾公爾侯，逸豫無期。慎爾優游，勉爾遁思。

皎皎白駒，在彼空谷。生芻一束，其人如玉。毋金玉爾音，而有遐心。

〔一〕鍾伯敬評《詩經・蒹葭》語，載唐先生《十三經讀本評點劄記》卷一〇。

謝疊山云：「皎皎者，潔白可愛，敬其人亦美其駒也。」「『所謂伊人』何人也？宜坐於廟堂之上者也。今乃逍遥乎此地而爲嘉客乎，敬之深亦惜之至也。」〔二〕又云：「古之隱者，或巖居穴處，影響惟恐聞於人；自尊自貴，言語不與人通，雖故交舊識，不免遐棄，此金玉爾音而有遐心者也。」〔三〕余按：此《詩序》以爲大夫刺宣王而作，以其不能留賢，乃特以殷勤之筆出之。末章飄飄欲仙，有「桃花流水杳然去，别有天地非人間」之概。

陶淵明《歸去來辭》

歸去來兮，田園將蕪，胡不歸！既自以心爲形役，奚惆悵而獨悲？悟已往之不諫，知來者之可追。實迷途其未遠，覺今是而昨非。舟摇摇以輕颺，風飄飄而吹衣。問征夫以前路，恨晨光之熹微。乃瞻衡宇，載欣載奔。僮僕歡迎，稚子候門。三徑就荒，松菊猶存。携幼入室，有酒盈樽。引壺觴以自酌，眄庭柯以怡顔。倚南牕以寄傲，審容膝之易安。園日涉以成趣，門雖設而常關。

〔二〕謝枋得《詩傳注疏·小雅·白駒》文，文中「宜坐於廟堂之上者也。今乃逍遥乎此地而爲嘉客乎？敬之深亦惜之至也」作「宜坐於廟堂與王共天位，治天職者也。今于此地而逍遥乎于此地而爲嘉客乎？既幸其人之爲此而來，而喜其人之爲我留，又深惜其人之不遇，而痛恨其時之不明也」。

〔三〕謝枋得《詩傳注疏·小雅·白駒》文，文中「影響惟恐聞於人；自尊自貴」作「或影響惟恐聞于人，或使人不得窺尋其吉光，自珍自貴」。

策扶老以流憩，時矯首而遐觀。雲無心以出岫，鳥倦飛而知還。景翳翳以將入，撫孤松而盤桓。歸去來兮！請息交以絶遊。世與我而相遺，復駕言兮焉求？悦親戚之情話，樂琴書以消憂。農人告余以春及，將有事於西疇。或命巾車，或棹孤舟。既窈窕以尋壑，亦崎嶇而經丘。木欣欣以向榮，泉涓涓而始流。羨萬物之得時，感吾生之行休。已矣乎！寓形宇内復幾時，曷不委心任去留，胡爲乎遑遑欲何之？富貴非吾願，帝鄉不可期。懷良辰以孤往，或植杖而耘耔。登東皋以舒嘯，臨清流而賦詩。聊乘化以歸盡，樂夫天命復奚疑！

皓月當空，纖雲不染，是即皎潔無塵之象。然文之皎潔無塵者，必其心之皎潔無塵者也。陶公不爲五斗米折腰，其性靈何等光明！其氣節何等高峻！天君泰然，冰壺朗徹，故其文高潔如此，讀之可以一洗俗情俗骨。凡依回於出處進退之間者，可以鑒矣。其有益於心術人品，非淺鮮也。

蘇子瞻《石鐘山記》

《水經》云：「彭蠡之口，有石鐘山焉。」酈元以爲下臨深潭，微風鼓浪，水石相搏，聲如洪鐘。是説也，人常疑之。今以鍾磬置水中，雖大風浪不能鳴也，而況石乎！至唐李渤始訪其遺蹤，得雙石於潭上，扣而聆之，南聲函胡，北音清越，枹止響騰，餘韻徐歇，自以爲得之矣。然是説也，余尤疑之。石之鏗然有聲者，所在皆是也，而此獨以鐘名何哉？

元豐七年，六月丁丑，余自齊安，舟行適臨汝，而長子邁將赴饒之德興尉，送之至湖口，因得觀所謂石鐘者。寺僧使小童持斧，於亂石間，擇其一二扣之，硿硿焉，余固笑而不信也。至其夜月明，獨與邁乘小舟至絶壁下。大石側立千尺，如猛獸奇鬼，森然欲搏人。而山上棲鶻，聞人聲，亦驚起，磔磔雲霄間。又有若老人欬且笑於山谷中者，或曰此鸛鶴也。余方心動欲還，而大聲發於水上，噌吰如鐘鼓不絶。舟人大恐，徐而察之，則山下皆石穴罅，不知其淺深，微波入焉，涵澹澎湃而爲此也。舟迴至兩山間，將入港口，有大石當中流，可坐百人，空中而多竅，與風水相吞吐，有窾坎鏜鞳之聲，與向之噌吰者，相應如樂作焉。因笑謂邁曰：「汝識之乎？噌吰者，周景王之無射也。窾坎鏜鞳者，魏獻子之歌鐘也。古之人不余欺也！」

事不目見耳聞，而臆斷其有無可乎？酈元之所見聞，殆與余同，而言之不詳；士大夫終不肯以小舟夜泊絶壁之下，故莫能知；而漁工水師，雖知而不能言，此世所以不傳也。而陋者乃以斧斤考擊而求之，自以爲得其實。余是以記之，蓋歎酈元之簡，而笑李渤之陋也。

此文近刻畫物理，而特以淡遠高潔之筆出之，翛然神遠，有如仙境，非親煙火者所能知也。

吴穀人《春水緑波賦》

迢迢南浦，渺渺伊人。波長怨水，緑遠愁春。迺進騷客，召吟賓，申契於采蘭之渚，寄懷於挑菜之津。則見膏融地脈，泉落天紳；雪水消而煙水活，大波瀾而小波淪。舊時漲碧之痕，橋平雁齒；此日縈青之態，浪蹙魚鱗。花落成文，萬紫之雲藍不斷；鏡開如畫，一峰之眉黛低皴。

於是歡侶鷗鳧，延芳蘅芷。戲拋堉於清明，約流觴於上巳。鴛鴦湖上，軟翠三篙；鸚鵡洲邊，晴漪十里。采欄曲曲以虹流，白羽翻翻而雪起。浄無可唾，蘆芽荻筍之間；空欲生寒，雲影天光之裏。洗梅花之豔骨，方能修到仙人；除桃葉之深情，安得有如此水。

試觀其樹樹如浮，帆帆相屬；紋作韡迴，羅將帶束。蜻蜓偷眼而空窺，翡翠潛身而出浴。吹來圓沫，齊化紺珠；折出方流，都疑碧玉。船真天上，捫星斗而皆青；人在鏡中，染須眉而盡緑。然且照影徘徊，臨厓躑躅。薄采則一匊難盈，相思則千尋欲續。蘼蕪浩渺，寫空江如夢之詩；楊柳迷離，唱何處尋君之曲。

豈不以我居水涘，子去山阿；子懷杜若，我念薜蘿？期蹇修兮不至，隱潭煙兮奈何。徒見茫茫遠水，瑟瑟空波；衣香人影，艤唱漁歌。涵世界之鶯花，蔚藍無際；盪樓臺之煙雨，金碧偏多。念余情其信芳，相對一汀之草；願在髮而爲澤，常留五斛之螺。

是知感莫感於懷人，難莫難於行路；況春水兮方生，又春光兮欲暮。浣兔毫於江上，難染丹青；剖魚腹於船頭，不逢尺素。愁欲翦而偏長，時以閲而成故。流水三生，東風一度；就令花全作絮，猶留波面之萍。正恐葉易成陰，又换天涯之樹。張平子所思不見，未免生愁；江文通黯然銷魂，因之作賦。

李次青云：「題出自《别賦》，自應就送别生情。然非醖釀於《騷》《選》者深，誰能有此深情遠韻。」又云：「遒鍊爲賦家超凡脱俗之一關，然過鍊或恐傷氣，須知其洗鍊而出以渾成處。開手『波長怨水，緑遠愁春』八字，便令人百思不能到。」〔一〕余謂如此雅筆，方當得「脱盡俗塵」四字。

心境兩閑法

普通適用，記遊山水尤佳；當有鳳翔千仞，脩然世外之意；惟性静、心清、品潔

〔一〕李元度《賦學正鵠・遒鍊類》載吴錫麒《春水緑波賦》文末評語；文中「須知其洗鍊而出以渾成處」作「須看他洗鍊而出以渾成處」。

者乃能爲之。

柳子厚《始得西山宴遊記》

自余爲僇人，居是州，恒惴慄。其隟也，則施施而行，漫漫而遊。日與其徒，上高山，入深林，窮迴溪，幽泉怪石，無遠不到。到則披草而坐，傾壺而醉。醉則更相枕以卧，意有所極，夢亦同趣。覺而起，起而歸。以爲凡是州之山水，有異態者，皆我有也，而未始知西山之怪特。

今年九月二十八日，因坐法華西亭，望西山，始指異之。遂命僕過湘江，緣染溪，斫榛莽，焚茅茷，窮山之高而止。攀援而登，箕踞而遨，則凡數州之土壤，皆在衽席之下。其高下之勢，岈然洼然，若垤若穴，尺寸千里，攢蹙累積，莫得遯隱。縈青繚白，外與天際，四望如一。然後知是山之特出，不與培塿爲類。悠悠乎與灝氣俱，而莫得其涯；洋洋乎與造物者遊，而不知其所窮。引觴滿酌，頹然就醉，不知日之入。蒼然暮色，自遠而至，至無所見，而猶不欲歸。心凝形釋，與萬化冥合，然後知吾嚮之未始游，游於是乎始。故爲之文以志。是歲元和四年也。

柳子厚《鈷鉧潭記》

鈷鉧潭在西山西。其始蓋冉水自南奔注，抵山石，屈折東流。其顛委勢峻，盪擊益暴，齧其涯，故旁廣而中深，畢至石乃止。流沫成輪，然後徐行。其清而平者且十畝餘，有樹環焉，有泉懸焉。

其上有居者，以予之亟游也。一旦款門來告曰：「不勝官租、私券之委積，既芟山而更居，願以潭上田貿財以緩禍。」

予樂而如其言。則崇其臺，延其檻，行其泉於高者墜之潭，有聲潨然。尤與中秋觀月爲宜，於以見天之高，氣之迥。孰使予樂居夷而忘故土者，非兹潭也歟？

柳子厚《鈷鉧潭西小丘記》

得西山後八日，尋山口西北道二百步，又得鈷鉧潭。潭西二十五步，當湍而浚者爲魚梁。梁之上有丘焉，生竹樹，其石之突怒偃蹇，負土而出，争爲奇狀者，殆不可數。其嶔然相累而下者，若牛馬之飲於溪；其衝然角列而上者，若熊羆之登於山。

丘之小不能一畝，可以籠而有之。問其主，曰：「唐氏之棄地，貨而不售。」問其價，曰：「止四百。」余憐而售之。李深源、元克己時同游，皆大喜，出自意外。即更取器用，剷刈穢草，伐去惡木，烈火而焚之。嘉木立，美竹露，奇石顯。由其中以望，則山之高，雲之浮，溪之流，鳥獸之遨遊，舉熙熙然迴巧獻技，以效兹丘之下。枕席而卧，則清泠之狀與目謀，瀯瀯之聲與耳謀，悠然而虚者與神謀，淵然而静者與心謀。不匝旬而得異地者二，雖古好事之士，或未能至焉。

噫！以兹丘之勝，致之澧、鎬、鄠、杜，則貴游之士，争買者日增千金，而愈不可得。今棄是州也，農夫漁父，過而陋之，賈四百，連歲不能售。而我與深源、克己獨喜得之，是其果有遭乎！書於石，所以賀兹丘之遭也。

柳子厚《小石城山記》

自西山道口，徑北逾黄茅嶺而下，有二道：其一西出，尋之無所得；其一少北而東，不過四十丈，土斷而川分，有積石横當其垠。其上爲睥睨、梁欐之形，其旁出堡塢，有若門焉。窺之正黑，投以小石，洞然有水聲，其響之激越，良久乃已。環之可上，望甚遠，無土壤而生嘉樹美箭，益奇而堅，其疏數偃仰，類智者所施設也。

噫！吾疑造物者之有無久矣。及是愈以爲誠有。又怪其不爲之於中州，而列是夷狄，更千百年不得一售其伎，是固勞而無用，神者儻不宜如是。則其果無乎？或曰：「以慰夫賢而辱於此者。」或曰：「其氣之靈，不爲偉人而獨爲是物，故楚之南少人而多石。」是二者，余未信之。

天地清淑之氣鍾於人間，惟英奇之士得之，則發而爲文，如此數篇是也。然余有進焉。如西山、鈷鉧潭等，藉非得子厚之文傳之，亦終淹没不彰耳。則地之有傳有不傳，亦有幸有不幸歟！然余更有進焉。子厚抑鬱之氣，一變而爲恬適，乃發之於此數記。韜而藏之，豈不更善？發而露之，其猶有蓬之心也夫！

《唐宋文醇》評云：「酈道元《水經注》，史家地理志之流也。子厚《永州八記》，雖非一時所成，而若斷若續，令讀者如陸務觀詩所云：『山重水複疑無路，柳暗花明又一村』也。絶似《水經注》文字，讀者宜合而觀之。」

歐陽永叔《醉翁亭記》

環滁皆山也。其西南諸峰，林壑尤美，望之蔚然而深秀者，琅琊也。山行六七里，漸聞水聲潺潺而瀉出於兩峰之間者，釀泉也。峰回路轉，有亭翼然，臨於泉上者，醉翁亭也。作亭者誰？山之僧曰智僊也。名之者誰？太守自謂也。太守與客來飲於此，飲少輒醉，而年又最高，故自號曰醉翁也。醉翁之意不在酒，在乎山水之間也。山水之樂，得之心而寓之酒也。

若夫日出而林霏開，雲歸而巖穴暝，晦明變化者，山間之朝暮也。野芳發而幽香，佳木秀而繁陰，風霜高潔，水落而石出者，山間之四時也。朝而往，暮而歸，四時之景不同，而樂亦無窮也。

至於負者歌於塗，行者休於樹，前者呼，後者應，傴僂提攜，往來而不絶者，滁人游也。臨溪而漁，溪深而魚肥；釀泉爲酒，泉香而酒洌；山肴野蔌，雜然而前陳者，太守宴也。宴酣之樂，非絲非竹，射者中，弈者勝，觥籌交錯，起坐而喧譁者，衆賓懽也。蒼顏白髮，頽然乎其間者，太守醉也。

已而夕陽在山，人影散亂，太守歸而賓客從也。樹林陰翳，鳴聲上下，游人去而禽鳥樂也。然而禽鳥知山林之樂，而不知人之樂；人知從太守游而樂，而不知太守之樂其樂也。醉能同其樂，醒能述以文者，太守也。太守謂誰？廬陵歐陽脩也。

清微淡遠，翛然弦外之音。「醉翁之意不在酒」，孰知其滿腹經綸，屈而爲此乎！蓋永叔在滁，乃蒙被垢汙而遭謫貶，君子處此，或不能無動於心。而永叔此文，獨能遊乎物外，先儒謂其深造自得之功，發於心聲而不可强者，豈非然歟？

通篇用「也」字調，爲特創格。然必須曲折多，乃佳，否則轉成庸俗矣。

蘇子瞻《赤壁賦》

壬戌之秋，七月既望，蘇子與客汎舟遊於赤壁之下。清風徐來，水波不興。舉酒屬客，誦《明月》之詩，歌《窈窕》之章。少焉月出於東山之上，徘徊於斗、牛之間。白露横江，水光接天。縱一葦之所如，凌萬頃之茫然。浩浩乎如馮虚御風而不知其所止，飄飄乎如遺世獨立羽化而登仙。

於是飲酒樂甚，扣舷而歌之。歌曰：「桂棹兮蘭槳，擊空明兮泝流光。渺渺兮予懷，望美人兮天一方。」客有吹洞簫者，倚歌而和之。其聲嗚嗚然，如怨如慕，如泣如訴，餘音嫋嫋，不絶如縷。舞幽壑之潛蛟，泣孤舟之嫠婦。

蘇子愀然，正襟危坐，而問客曰：「何爲其然也？」客曰：「『月明星稀，烏鵲南飛。』此非曹孟德之詩乎？西望夏口，東望武昌，山川相繆，鬱乎蒼蒼，此非孟德之困於周郎者乎？方其破荆州，下江陵，順流而東也，舳艫千里，旌旗蔽空，釃酒臨江，横槊賦詩，固一世之雄也，而今安在哉！況吾與子，漁樵於江渚之上，侣魚蝦而友麋鹿。駕一葉之扁舟，舉匏尊以相屬。寄蜉蝣於天地，眇滄海之一粟。哀吾生之須臾，羨長江之無窮。挾飛仙以遨遊，抱明月而長終。知不可乎驟得，託遺響於悲風。」

蘇子曰：「客亦知夫水與月乎？逝者如斯，而未嘗往也。盈虚者如彼，而卒莫消長也。蓋將自其變者而觀之，則天地曾不能以一瞬；自其不變者而觀之，則物與我皆無盡也，而又何羨乎？且夫天地之間，物各有主，苟非吾之所有，雖一毫而莫取。惟江上之清風，與山間之明月，耳得之而爲聲，目遇之而成色，取之無禁，用之不竭。是造物者之無盡藏也，而吾與子之所共適。」

客喜而笑，洗盞更酌。肴核既盡，杯盤狼籍。相與枕藉乎舟中，不知東方之既白。

遥情勝慨，横空而來，所謂「萬斛泉隨地湧出」是也。然非天懷高曠，曷克臻此？

唐蔚芝《游日光山記》

壬寅秋八月，余隨使日本，約諸同人遊日光山。自客舍出，緣山澗行，瀑布瀧瀧聲不絶。過大橋，隔澗有石佛數十森立。行數里，有村市田疇，植菜蔬，雞犬間聞。

又行數里，已至山中。仰視高峰，雲氣翁蓌，上與霄接。兩旁樹木陰森，一片秋聲與瀑聲相和也。自是路稍滑澾。又行數里至馬返，小池渟滀，居民植菊數本，風景猗幽，去俗塵萬斛矣。自馬返行，山徑盤紆，車夫傴僂，蟻旋上。瀑布灑漫，時從石隙迸濺，延屬九層。行數里許，爲劍峰。又盤迤六層，行數里許，爲華巖。爰觀大瀑布，寬約二丈許，長七十丈許，煙雲繚繞其間，奔騰澎湃，洶旭如雷鳴。日人有《華巖瀑布歌》刻碑上。

迤邐行，至中禪寺，登臨湖樓。湖長十八里，居山之巔，蓋係山穴流瀑成河，深亦數十丈。居民垂釣，意閑如也。樓上小飲，旋泛小舟，容與其間。余喟然嘆曰：《易》言：「山上有澤，君子以虛受人。」〔一〕兹湖在山頂，豈非山澤通氣之徵歟！「上下交而其志通」〔二〕，樂山水者，其知此理乎？興盡而歸，此景縈繞于心目間也。

昔人詩云：「山色湖光共一樓。」不啻爲日光山樓寫景。此文尚未盡遊山之妙，惟閑適之致，已足心曠神怡耳。

〔一〕《易·咸卦·象辭》云：「山上有澤，咸，君子以虛受人。」

〔二〕《易·泰卦·彖辭》云：「泰，小往大來，吉亨。則是天地交而萬物通也，上下交而其志同也。」

畫龍點睛法

適用於言事小品之文，當如點水蜻蜓，栩栩欲活，或有羣龍見首、不可方物之象，忌流入空泛。

《孟子》「逄蒙」章

逄蒙學射於羿，盡羿之道，思天下惟羿爲愈己，於是殺羿。孟子曰：「是亦羿有罪焉。」公明儀曰：「宜若無罪焉。」曰：「薄乎云爾，惡得無罪？鄭人使子濯孺子侵衛，衛使庾公之斯追之。子濯孺子曰：『今日我疾作，不可以執弓，吾死矣夫！』問其僕曰：『追我者誰也？』其僕曰：『庾公之斯也。』曰：『吾生矣！』其僕曰：『庾公之斯，衛之善射者也。夫子曰「吾生」，何謂也？』曰：『庾公之斯學射於尹公之他，尹公之他學射於我。夫尹公之他，端人也，其取友必端矣。』庾公之斯至，曰：『夫子何爲不執弓？』曰：『今日我疾作，不可以執弓。』曰：『小人學射於尹公之他，尹公之他學射於夫子。我不忍以夫子之道，反害夫子。雖然，今日之事，君事也，我不敢廢。』抽矢扣輪去其金，發乘矢，而後反。」

此文命意，祇是羿取友不端，以致殺身而獲罪。逢蒙是主，子濯孺子、庚公之斯是賓，而兩節並列，轉令人迷離惝恍。一經點睛，則命意飛舞而出，豈非神品？「爲巨室」章兩節、「姑舍女所學而從我」，亦是此法，惟尚不若此章文法之奇。

《孟子》「無或乎王之不智」章

孟子曰：「無或乎王之不智也。雖有天下易生之物也，一日暴之，十日寒之，未能生者也。吾見亦罕矣，吾退而寒之者至矣，吾如有萌焉何哉？今夫弈之爲數，小數也；不專心致志，則不得也。弈秋，通國之善弈者也。使弈秋誨二人弈，其一人專心致志，惟弈秋之爲聽；一人雖聽之，一心以爲有鴻鵠將至，思援弓繳而射之，雖與之俱學，弗若之矣。爲是其智弗若與？曰：非然也。」

此題命意，祇是言齊王之不智，乃偏用「兩節譬喻法」，點睛在一首一尾；一係本意，一係推廣言之，令人不測。較之前「逢蒙」章又一格局。可見《孟子》文法，變化無窮。

《國策・宋玉對楚王問》

楚襄王問於宋玉曰：「先生其有遺行與？何士民衆庶不譽之甚也？」宋玉對曰：「唯，然，有之。

願大王寬其罪，使得畢其辭。客有歌於郢中者，其始曰《下里》《巴人》，國中屬而和者，數千人；其爲《陽阿》《薤露》，國中屬而和者數百人；其爲《陽春》《白雪》，國中屬而和者，不過數十人；引商刻羽，雜以流徵，國中屬而和者，不過數人而已。是其曲彌高，其和彌寡。

「故鳥有鳳而魚有鯤，鳳凰上擊九千里，絶雲霓，負蒼天，足亂浮雲，翶翔乎杳冥之上。夫藩籬之鷃，豈能與之料天地之高哉！鯤魚朝發崑崙之墟，暴鬐於碣石，暮宿於孟諸。夫尺澤之鯢，豈能與之量江海之大哉！

「故非獨鳥有鳳而魚有鯤也，士亦有之。夫聖人瑰意琦行，超然獨處；世俗之民，又安知臣之所爲哉！」

用兩節譬喻，至結末點睛。負聲有力，振采欲飛，亦能品也。

本法只宜用譬喻，若用正言莊論，則散漫矣。或疑盤空亦係「點睛法」，非也。盤空須隨處擒題，本法只宜在一二處點睛，不宜多説，方爲高絶。要知「盤空法」宜用於實題，「點睛法」宜用於虚題。

韓退之《應科目時與人書》

天地之濱，大江之濆，曰有怪物焉，蓋非常鱗凡介之品彙匹儔也。

其得水，變化風雨，上下於天不難也；其不及水，蓋尋常尺寸之間耳。無高山大陵、曠途絶險，爲之關隔也。然其窮涸不能自致乎水，爲獱獺之笑者，蓋十八九矣。如有力者，哀其窮而運轉之，蓋一舉手，一投足之勞也。然是物也，負其異於衆也，且曰：「爛死於沙泥，吾寧樂之。若俯首帖耳，摇尾而乞憐者，非我之志也。」是以有力者遇之，熟視之若無覩也。其死其生，固不可知也。

今又有有力者當其前矣，聊試仰首一鳴號焉，庸詎知有力者不哀其窮，而忘一舉手一投足之勞，而轉之清波乎？其哀之，命也；其不哀之，亦命也；知其在命，而且鳴號之者，亦命也。

愈今者實有類於是，是以忘其疏愚之罪，而有是説焉。閣下其亦憐察之。

純用譬喻，至末點睛，如天馬行空，不可羈勒。文字之奇，無逾於此矣。

或謂：「退之《雜説》，亦畫龍點睛法。」其實不然。《雜説》數篇，用意皆在寓言之外，蓋畫龍而未嘗點睛者也。

風雲變態法

適用於紀人叙事之文，紀兵事尤宜；當掩藏取勢，及其變化不測，乃有神駭鬼眩之致；與「匣劍帷燈法」參看。

《公羊傳·齊陳乞弒其君舍》（哀公六年）

齊陳乞弒其君舍。

弒而立者，不以當國之辭言之，此其以當國之辭言之何？爲諼也。此其爲諼奈何？景公謂陳乞曰：「吾欲立舍何如？」陳乞曰：「所樂乎爲君者，欲立之則立之，不欲立則不立。君如欲立之，則臣請立之。」陽生謂陳乞曰：「吾聞子蓋將不欲立我也。」陳乞曰：「夫千乘之主，將廢正而立不正，必殺正者。吾不立子者，所以生子者也。走矣！」與之玉節而走之。景公死而舍立。陳乞使人迎陽生，于諸其家。除景公之喪，諸大夫皆在朝，陳乞曰：「常之母有魚菽之祭，願諸大夫之化我也。」諸大夫皆曰：「諾。」于是皆之陳乞之家坐。陳乞曰：「吾有所爲甲，請以示焉。」諸大夫皆曰：「諾。」于是使力士舉巨囊，而至于中霤。諸大夫見之，皆色然而駭。開之，則闖然公子陽生也。陳乞曰：「此君也已。」諸大夫不得已，皆逡巡北面再拜稽首而君之爾。自是往弒舍。

只因爲諼，用筆遂種種詭異，玩君、玩諸大夫，如在股掌之上，而陳乞機械變詐之心，乃昭然若揭矣！

上文均閑閑布置，至「闖然公子陽生」一句，忽然變態，令人一驚，可謂千古奇聞。

《史記·項羽本紀》（節録）

章邯已破項梁軍，則以爲楚地兵不足憂，乃渡河擊趙，大破之。當此時，趙歇爲王，陳餘爲將，張耳爲相，皆走入鉅鹿城。章邯令王離、涉間圍鉅鹿，章邯軍其南，築甬道而輸之粟。陳餘爲將，將卒數萬人，而軍鉅鹿之北，此所謂河北之軍也。

楚兵已破於定陶，懷王恐，從盱台之彭城，並項羽、吕臣軍自將之。以吕臣爲司徒，以其父吕青爲令尹。以沛公爲碭郡長，封爲武安侯，將碭郡兵。

初，宋義所遇齊使者高陵君顯，在楚軍，見楚王曰：「宋義論武信君之軍必敗，居數日，軍果敗。兵未戰而先見敗徵，此可謂知兵矣。」王召宋義，與計事而大悦之，因置以爲上將軍；項羽爲魯公，爲次將，范增爲末將，救趙。諸别將皆屬宋義，號爲卿子冠軍。行至安陽，留四十六日不進。項羽曰：「吾聞秦軍圍趙王鉅鹿，疾引兵渡河，楚擊其外，趙應其内，破秦軍必矣。」宋義曰：「不然。夫搏牛之蝱，不可以破蟣蝨。今秦攻趙，戰勝則兵罷，我承其敝；不勝則我引兵鼓行而西，必舉秦矣。故不如先鬬秦、趙。夫被堅執鋭，義不如公；坐而運策，公不如義。」因下令軍中曰：「猛如虎，很如羊，貪如狼，彊不可使者，皆斬之！」乃遣其子宋襄相齊，身送之至無鹽，飲酒高會。天寒大雨，士卒凍飢。項羽曰：「將戮力而攻秦，久留不行。今歲饑民貧，士卒食芋菽，軍無見糧，乃飲酒高會，不引兵渡河因趙食，與趙並力攻秦，乃曰『承其敝』。夫以秦之彊，攻新造之趙，其勢必舉趙。趙舉而秦彊，何敝之承！且國兵新破，王坐不安席，埽境内而專屬於將軍，國家安危，在此一舉。今不恤士卒，而徇其私，非社稷之臣。」項羽晨朝上將軍宋義，即其帳中斬宋義頭，出令軍中曰：「宋義與齊謀反楚，楚王陰令羽誅之。」當是時，諸將皆慴服，莫敢枝梧。皆曰：「首立楚者，將軍家也。今將軍誅亂。」乃相與共立羽爲假上將軍。使人追宋義子，及之齊，殺之。使桓楚報命於懷王。懷王因使項羽爲上將軍，當陽君〔一〕、蒲將軍皆屬項羽。

項羽已殺卿子冠軍，威震楚國，名聞諸侯。乃遣當陽君〔二〕、蒲將軍，將卒二萬渡河，救鉅鹿。戰少利，陳餘復請兵。項羽乃悉引兵渡河，皆沈船，破釜甑，燒廬舍，持三日糧，以示士卒必死，無一還心。于是至則圍王離，與秦軍遇，九戰，絶其甬道，大破之，殺蘇角，虜王離。涉間不降楚，自燒殺。當是時，楚兵冠諸侯。諸侯軍救鉅鹿下者十餘壁，莫敢縱兵。及楚擊秦，諸將皆從壁上觀。楚戰士無不一以當十，楚兵呼聲動天，諸侯軍無不人人惴恐。於是已破秦軍，項羽召見諸侯將，諸侯將入轅門，無不膝行而前，莫敢仰視。項羽由是始爲諸侯上將軍，諸侯皆屬焉。

驚流駭浪，泱莽奔騰。連用「當是時」提筆，如風雲並馳，雷電交作，令人不敢逼

〔一〕「君」字原作「軍」，據《史記》爲正。
〔二〕「君」字原作「軍」，據《史記》爲正。

視。筆端若有數萬甲兵之聲，千古文人讀之無不斂手矣。

《史記·淮陰侯列傳》（節録）

信與張耳以兵數萬，欲東下井陘擊趙。趙王、成安君陳餘，聞漢且襲之也，聚兵井陘口，號稱二十萬。廣武君李左車，説成安君曰：「聞漢將韓信涉西河，虜魏王，禽夏説，新喋血閼與，今乃輔以張耳，議欲下趙，此乘勝而去國遠鬬，其鋒不可當。臣聞千里餽糧，士有飢色，樵蘇後爨，師不宿飽。今井陘之道，車不得方軌，騎不得成列，行數百里，其勢糧食必在其後。願足下假臣奇兵三萬人，從間道絶其輜重；足下深溝高壘，堅營勿與戰。彼前不得鬬，退不得還，吾奇兵絶其後，使野無所掠，不至十日，而兩將之頭，可致於戲下。願君留意臣之計，否，必爲二子所禽矣。」成安君儒者也，常稱義兵，不用詐謀奇計，曰：「吾聞兵法：十則圍之，倍則戰之。今韓信兵號數萬，其實不過數千。能千里而襲我，亦已罷極。今如此避而不擊，後有大者，何以加之！則諸侯謂我怯，而輕來伐我。」不聽廣武君策，廣武君策不用。

韓信使人間視，知其不用，還報，則大喜，乃敢引兵遂下。未至井陘口三十里，止舍。夜半傳發，選輕騎二千人，人持一赤幟，從間道，萆山而望趙軍，誡曰：「趙見我走，必空壁逐我，若疾入趙壁，拔趙幟，立漢赤幟。」令其裨將傳飱，曰：「今日破趙會食！」諸將皆莫信，詳應曰：「諾。」謂軍吏曰：「趙已先據便地爲壁，且彼未見吾大將旗鼓，未肯擊前行，恐吾至阻險而還。」信乃使萬人先行，出背水陳。趙軍望見而大笑。平旦，信建大將之旗鼓，鼓行出井陘口，趙開壁擊之，大戰良久。於是信、張耳詳棄鼓旗，走水上軍。水上軍開入之，復疾戰。趙果空壁争漢鼓旗，逐韓信、張耳。韓信、張耳已入水上軍，軍皆殊死戰，不可敗。信所出奇兵二千騎，共候趙空壁逐利，則馳入趙壁，皆拔趙旗，立漢赤幟二千。趙軍已不勝，不能得信等，欲還歸壁，壁皆漢赤幟，而大驚，以爲漢皆已得趙王將矣，兵遂亂，遁走，趙將雖斬之，不能禁也。於是漢兵夾擊，大破虜趙軍，斬成安君泜水上，禽趙王歇。

拔趙幟，立漢幟，此奇兵也。奇兵必須以奇文出之，其妙在紛紜萬變之中，叙事舉重若輕，毫不費力。迨讀畢後，耳目一新，始知其倏忽變幻，不可方物，焉得不謂之神乎！

《後漢書·光武帝紀》（節録）

莽聞阜、賜死，漢帝立，大懼，遣大司徒王尋、大司空王邑，將兵百萬，其甲士四十二萬人，五月，到潁川〔一〕，復與嚴尤、陳茂合。

初，王莽徵天下能爲兵法者六十三家，數百人，並以爲軍吏；選練武衛，招募猛士，旌旗輜重，千里不絶。時有長人巨無霸，長一丈，大十圍，以爲壘尉；又驅諸猛獸虎豹犀象之屬，以助威武。自

〔一〕「川」字原誤作「州」。

秦、漢出師之盛，未嘗有也。光武將數千兵，徼之於陽關。諸將見尋、邑兵盛，反走，馳入昆陽，皆惶怖，憂念妻孥，欲散歸諸城。光武議曰：「今兵穀既少，而外寇彊大，并力禦之，功庶可立；如欲分散，勢無俱全。且宛城未拔，不能相救，昆陽即破，一日之間，諸部亦滅矣。今不同心膽共舉功名，反欲守妻子財物邪？」諸將怒曰：「劉將軍何敢如是！」光武笑而起。會候騎還，言大兵且至城北，軍陳數百里，不見其後。諸將遽相謂曰：「更請劉將軍計之。」光武復爲圖畫成敗。諸將憂迫，皆曰：「諾。」時城中唯有八九千人，光武乃使成國上公王鳳、廷尉大將軍王常留守，夜自與驃騎大將軍宗佻、五威將軍李軼等十三騎出城南門，於外收兵。時莽軍到城下者且十萬，光武幾不得出。既至郾、定陵，悉發諸營兵，而諸將惜貪財貨，欲分留守之。光武曰：「今若破敵，珍寶萬倍，大功可成；如爲所敗，首領無餘，何財物之有！」衆乃從。

嚴尤説王邑曰：「昆陽城小而堅，今假號者在宛，亟進大兵，彼必奔走。宛敗，昆陽自服。」邑曰：「吾昔以虎牙將軍圍翟義，坐不生得，以見責讓。今將百萬之衆，遇城而不能下，何謂邪？」遂圍之數十重，列營百數，雲車十餘丈，瞰臨城中，旗幟蔽野，埃塵連天，鉦鼓之聲，聞數百里。或爲地道，衝輣橦城。積弩亂發，矢下如雨，城中負户而汲。王鳳等乞降，不許。尋、邑自以爲功在漏刻，意氣甚逸。夜有流星墜營中，晝有雲如壞山，當營而隕，不及地尺而散，吏士皆厭伏。

六月己卯，光武遂與營部俱進，自將步騎千餘，前去大軍四五里而陳。尋、邑亦遣兵數千，合戰。光武奔之，斬首數十級。諸部喜曰：「劉將軍平生見小敵怯，今見大敵勇，甚可怪也。且復居前，請助將軍。」光武復進，尋、邑兵却，諸部共乘之，斬首數百千級。連勝，遂前。時值伯升拔宛已三日，而光武尚未知，乃僞使持書報城中，云「宛下兵到」，而陽墮其書。尋、邑得之，不憙。諸將既經累捷，膽氣益壯，無不一當百。光武乃與敢死者三千人，從城西水上，衝其中堅。尋、邑陳亂，乘鋭崩之，遂殺王尋。城中亦鼓譟而出，中外合勢，震呼動天地。莽兵大潰，走者相騰踐，奔殪百餘里間。會大雷風，屋瓦皆飛，雨下如注，滍川盛溢，虎豹皆股戰，士卒争赴，溺死者以萬數，水爲不流。王邑、嚴尤、陳茂輕騎乘死人度水逃去。盡獲其軍實輜重，車甲珍寶，不可勝算，舉之連月不盡，或燔燒其餘。

九月庚戌，三輔豪傑，共誅王莽，傳首詣宛。

以英鋭善謀之主，當麻木不仁之師，其勝之者天也，實人也。其妙處在描寫莽兵之盛，爲古來所未有。迨光武破之，出其不意，行文乃全體震動，亦有屋瓦皆飛之勢，雖不逮子長之精神，亦爲范書中第一篇文字。

典綴華藻法

普通適用，宜以義理爲質幹，鍊辭鍊氣，均宜古雅，忌塗坿；子雲所謂：「雕蟲篆刻，壯夫不爲。」至於浮煙漲墨，更無取焉。

《詩·大東篇》

有饛簋飧，有捄棘匕。周道如砥，其直如矢。君子所履，小人所視。睠言顧之，潸焉出涕。小東大東，杼柚其空。糾糾葛屨，可以履霜？佻佻公子，行彼周行，既往既來，使我心疚。有洌氿泉，無浸穫薪！契契寤歎，哀我憚人。薪是穫薪，尚可載也。哀我憚人，亦可息也。東人之子，職勞不來；西人之子，粲粲衣服。舟人之子，熊羆是裘；私人之子，百僚是試。或以其酒，不以其漿；鞙鞙佩璲，不以其長。維天有漢，監亦有光。跂彼織女，終日七襄。雖則七襄，不成報章。睆彼牽牛，不以服箱。東有啓明，西有長庚。有捄天畢，載施之行。維南有箕，不可以簸揚。維北有斗，不可以挹酒漿。維南有箕，載翕其舌。維北有斗，西柄之揭。

此《詩序》以爲刺亂而作。蓋幽王之時，東國困於役而傷於財，譚大夫作詩以告病。其時閭閻杼柚，搜括一空矣，故命意在「小東大東」二句。自「跂彼織女」以下，皆用點綴，歷數織女、牽牛、啓明、長庚、天畢、南箕、北斗，理想甚奇，變幻鼓舞，總是窮極呼天之意。而末章八句，造語尤爲横絶。退之云「《詩》正而葩」，極正之義，而以華藻之思出之，可稱才人之筆。

謝叠山云：「織女無織成文錦之實，牽牛無服箱之實，啓明非真能啓日之明，長庚非真能續日之長，畢不可以掩捕鳥獸，不過設施於經星之行列耳，皆有其名而無其實也。」〔一〕余按：此兩章謂爲在上者空言條教亦可，謂爲在下者空言理財亦可。總之民力已竭，雖多方羅掘，不過望梅止渴耳。詞愈工而心愈痛矣！

《詩・生民篇》

厥初生民，時維姜嫄。生民如何？克禋克祀，以弗無子。履帝武敏歆，攸介攸止，載震載夙，載生載育，時維后稷。

誕彌厥月，先生如達，不坼不副，無菑無害。以赫厥靈，「上帝不寧，不康禋祀，居然生子！」誕寘之隘巷，牛羊腓字之；誕寘之平林，會伐平林；誕寘之寒冰，鳥覆翼之。鳥乃去矣，后稷呱矣。實覃實訏，厥聲載路。

〔一〕謝枋得《詩傳注疏・小雅・大東》文。

誕實匍匐，克岐克嶷，以就口食。蓺之荏〔一〕菽，荏菽旆旆，禾役穟穟，麻麥幪幪，瓜瓞唪唪。

誕后稷之穡，有相之道。茀厥豐草，種之黄茂。實方實苞，實種實褎，實發實秀，實堅實好，實穎實栗，即有邰家室。

誕降嘉種：維秬維秠，維穈維芑。恒之秬秠，是穫是畝。恒之穈芑，是任是負，以歸肇祀。

誕我祀如何？或舂或揄，或簸或蹂，釋之叟叟，烝之浮浮。載謀載惟，取蕭祭脂，取羝以軷。載燔載烈，以興嗣歲。

卬盛于豆，于豆于登，其香始升。上帝居歆，胡臭亶時。后稷肇祀，庶無追悔，以迄于今。

凡擒辭藻，不貴塗坿，塗坿即俗矣。惟鍊之至而入於淡淨，乃爲上品。此詩須玩其鍊法，實《蕭選》詩之祖也。

此《詩序》以爲尊祖而作，文、武之初起於后稷，故推以配天。謝叠山評末章云：「天地間惟理與氣而已。」「鬼神無形無聲，惟有理有氣在冥漠之間耳。凡祭皆以心感

〔一〕「荏」字原誤作「任」。

神，以氣合神者也。『于豆于登，其香始升』，蓋以香氣求神，神馨香此氣耳。」〔一〕余按：近陳蘭甫論此詩，專重末二句，以爲：「尊祖配天，即所以垂範後世；無罪悔者，明德之本原也。」可謂精微之論。

《詩·公劉篇》

篤公劉，匪居匪康。迺埸迺疆，迺積迺倉，迺裹餱糧，于橐于囊，思輯用光。弓矢斯張，干戈戚揚，爰方啓行。

篤公劉，于胥斯原，既庶既繁；既順迺宣，而無永歎。陟則在巘，復降在原。何以舟之？維玉及瑶，鞞琫容刀。

篤公劉，逝彼百泉，瞻彼溥原；迺陟南岡，乃覯于京。京師之野，于時處處，于時廬旅，于時言言，于時語語。

篤公劉，于京斯依。蹌蹌濟濟，俾筵俾几。既登乃依，乃造其曹：「執豕于牢，酌之用匏。」食之飲之，君之宗之。

〔一〕謝枋得《詩傳注疏·大雅·生民》文，文中「『于豆于登，其香始升』，蓋以香氣求神，神馨香此氣耳」作「黍稷必馨香，酒肴必芬芳，用椒用桂，用蕭用鬱金草，皆以香氣求神，神以歆饗此氣耳」。

篤公劉，既溥既長，既景迺岡，相其陰陽，觀其流泉。其軍三單。度其隰原，徹田爲糧。度其夕陽，豳居允荒。

篤公劉，于豳斯館。涉渭爲亂，取厲取鍛。止基迺理，爰衆爰有。夾其皇澗，遡其過澗，止旅迺密，芮鞫之即。

此《詩序》以爲召康公戒成王而作。成王將莅政，戒以民事，美公劉之厚於民而獻是詩。謝疊山云：「周人以忠厚爲家法。此詩六章皆曰『篤公劉』。篤者，厚之至也，言公劉之厚，子孫不可忘也。」〔一〕此論極精。

此詩鍊法，與《皇矣》詩不同。《皇矣》詩愈鍊神味愈發皇，此詩愈鍊而神味愈高淡。再以《七月》《生民》二詩參觀之，人不厭百回讀。

《文選》枚叔《七發》

楚太子有疾，而吴客往問之，曰：「伏聞太子玉體不安，亦少間乎？」太子曰：「憊！謹謝客。」客

〔一〕謝枋得《詩傳注疏·大雅·公劉》文。

因稱曰：「今時天下安寧，四宇和平，太子方富於年。意者久耽安樂，日夜無極；邪氣襲逆，中若結轖。紛屯澹淡，噓唏煩酲。惕惕怵怵，卧不得瞑。虚中重聽，惡聞人聲；精神越渫，百病咸生。聰明眩曜，悦怒不平。久執不廢，大命乃傾。太子豈有是乎？」太子曰：「謹謝客。賴君之力，時時有之，然未至於是也。」客曰：「今夫貴人之子，必宫居而閨處。内有保母，外有傅父，欲交無所。飲食則温淳甘膬，脭醲肥厚，衣裳則雜遝曼煖，燂爍熱暑。雖有金石之堅，猶將銷鑠而挺解也，況其在筋骨之間乎哉？故曰：縱耳目之欲，恣支體之安者，傷血脈之和。且夫出輿入輦，命曰蹷痿之機；洞房清宫，命曰寒熱之媒；皓齒娥眉，命曰伐性之斧；甘脆肥膿，命曰腐腸之藥。今太子膚色靡曼，四支委隨，筋骨挺解，血脈淫濯，手足墮窳。越女侍前，齊姬奉後；往來游醼，縱恣于曲房隱閑之中。此甘餐毒藥，戲猛獸之爪牙也。所從來者至深遠，淹滯永久而不廢，雖令扁鵲治内，巫咸治外，尚何及哉！今如太子之病者，獨宜世之君子博見强識，承間語事，變度易意，常無離側，以爲羽翼。淹沈之樂，浩唐之心，遁佚之志，其奚由至哉！」太子曰：「諾。病已，請事此言。」

客曰：「今太子之病，可無藥石針刺灸療而已，可以要言妙道説而去也。不欲聞之乎？」太子曰：「僕願聞之。」

客曰：「龍門之桐，高百尺而無枝；中鬱結之輪菌，根扶疏以分離。上有千仞之峰，下臨百丈之谿；湍流遡波，又澹淡之。其根半死半生。冬則烈風漂霰，飛雪之所激也，夏則雷霆、霹靂之所感也。朝則鸝黄、鳱鴠鳴焉，暮則羈雌、迷鳥宿焉。獨鵠晨號乎其上，鵾雞哀鳴翔乎其下。於是背秋涉冬，使琴摯斫斬以爲琴，野繭之絲以爲弦，孤子之鉤以爲隱，九寡之珥以爲約。使師堂操《暢》，伯子牙爲之歌。歌曰：『麥秀蔪兮雉朝飛，向虛壑兮背槁槐，依絶區兮臨迴溪。』飛鳥聞之，翕翼而不能去；野獸聞之，垂耳而不能行；蚑蟜螻蟻聞之，拄喙而不能前。此亦天下之至悲也，太子能彊起聽之乎？」太子曰：「僕病未能也。」

客曰：「犓牛之腴，菜以筍蒲；肥狗之和，冒以山膚。楚苗之食，安胡之飯，摶之不解，一啜而散。於是使伊尹煎熬，易牙調和。熊蹯之臑，勺藥之醬，薄耆之炙，鮮鯉之鱠，秋黄之蘇，白露之茹；蘭英之酒，酌以滌口。山梁之餐，豢豹之胎。小飯大歠，如湯沃雪。此亦天下之至美也，太子能彊起嘗之乎？」太子曰：「僕病未能也。」

客曰：「鍾、岱之牡，齒至之車；前似飛鳥，後類距虛。穱麥服處，躁中煩外；羈堅轡，附易路，於是伯樂相其前後，王良、造父爲之御，秦缺、樓季爲之右。此兩人者，馬佚能止之，車覆能起之。於是使射千鎰之重，争千里之逐。此亦天下之至駿也，太子能彊起乘之乎？」太子曰：「僕病未能也。」

客曰：「既登景夷之臺，南望荆山，北望汝海，左江右湖，其樂無有。於是使博辯之士，原本山川，極命草木；比物屬事，離辭連類。浮游覽觀，乃下置酒於虞懷之宮。連廊四注，臺城層構，紛紜玄緑，輦道邪交，黄池紆曲。溷章白鷺，孔鳥鶤鵠，鵷鶵鵁鶄，翠鬣紫纓。螭龍、德牧，邕邕羣鳴。陽魚騰躍，奮翼振鱗。漃漻薵蓼，蔓草芳苓。女桑、河柳，素葉紫莖。苗松、豫章，條上造天。梧桐、并閭，極望成林。衆芳芬鬱，亂於五風。從容猗靡，消息陽陰。列坐縱酒，蕩樂娱心。景春佐酒，杜連理音。滋味雜陳，肴糅錯該。練色娛目，流聲悦耳。於是乃發《激楚》之結風，揚鄭衛之皓樂。使先施、徵舒、陽文、段干、吴娃、閭娵、傅予之徒，雜裾垂髾，目挑心與；揄流波，雜杜若，蒙清塵，被蘭澤，嬿服而御。此亦天下之靡麗皓侈廣博之樂也，太子能彊起游乎？」太子曰：「僕病未能也。」

客曰：「將爲太子馴騏驥之馬，駕飛軨之輿，乘牡駿之乘。右夏服之勁箭，左烏號之彫弓。游涉乎雲林，周馳乎蘭澤，弭節乎江潯。掩青蘋，游清風，陶陽氣，蕩春心。逐狡獸，集輕禽。於是極犬馬之才，困野獸之足，窮相御之智巧。恐虎豹，慴鷙鳥。逐馬鳴鑣，魚跨麋角。履游麕兔，蹈踐麖鹿，汗流沫墜，冤伏陵窘。無創而死者，固足充後乘矣。此校獵之至壯也。太子能彊起游乎？」太子曰：「僕病未能也。」然陽氣見於眉宇之間，侵淫而上，幾滿大宅。客見太子有悦色也，遂推而進之曰：「冥火薄天，兵車雷運，旍旗偃蹇，羽毛肅紛。馳騁角逐，慕味争先。徼墨廣博，觀望之有圻。純粹全犧，獻之公門。」太子曰：「善。願復聞之。」客曰：「未既。於是榛林深澤，煙雲闇莫，兕虎並作。毅武孔猛，袒裼身薄。白刃磑磑，矛戟交錯。收獲掌功，賞賜金帛。掩蘋肆若，爲牧人席。旨酒嘉肴，羞炰膾炙，以御賓客。涌觴並起，動心驚耳。誠必不悔，決絶以諾；貞信之色，形于金石。高歌陳唱，萬歲無斁。此真太子之所喜也，能彊起而游乎？」太子曰：「僕甚願從，直恐爲諸大夫累耳。」然而有起色矣。

客曰：「將以八月之望，與諸侯遠方交游兄弟，並往觀濤乎廣陵之曲江。至則未見濤之形也，徒觀水力之所到，則卹然足以駭矣。觀其所駕軼者，所擢拔者，所揚汩者，所温汾者，所滌汔者，雖有心略辭給，固未能縷形其所由然也。怳兮忽兮，聊兮慄兮，混汩汩兮，忽兮慌兮，俶兮儻兮，浩瀇瀁兮，慌曠曠兮。秉意乎南山，通望乎東海；虹洞兮蒼天，極慮乎崖涘。流攬無窮，歸神日母。汩乘流而下降兮，或不知其所止。或紛紜其流折兮，忽繆往而不來。臨朱汜而遠逝兮，中虛煩而益怠。莫離散而發曙兮，內存心而自持。於是澡槩胸中，灑練五藏，澹澉手足，頮濯髮齒。揄棄恬怠，輸寫淟濁。分決狐疑，發皇耳目。當是之時，雖有淹病滯疾，猶將伸傴起躄，發瞽披聾，而觀望之也。況直眇小煩懣，酲醲病酒之徒哉！故曰：發蒙解惑，不足以言也。」太子曰：「善！然則濤何氣哉？」客曰：「不記也。然聞於師曰，似神而非者三：疾雷聞百里；江水逆流，海水上潮；山出內雲，日夜不止。衍溢漂疾，波涌而濤起。其始起也，洪淋淋焉，若白鷺之下翔。其少進也，浩浩溰溰，如素車白馬帷蓋之張。其波涌而雲亂，擾擾焉如三軍之騰裝。其旁作而奔起也，飄飄焉如輕車之勒兵。六駕蛟龍，附從太白。純馳浩蜺，前後駱驛。顒顒卬卬，椐椐彊彊，莘莘將將。壁壘重堅，沓雜似軍行。訇隱匈礚，軋盤涌裔，原不可當。觀其兩傍，則滂渤怫鬱，闇漠感突，上擊下硉。有似勇壯之卒，突怒而無畏。蹈壁衝津，窮曲隨隈，逾岸出追；遇者死，當者壞。初發乎或圍之津涯，荄軫谷分；迴翔青篾，銜枚檀桓。弭節伍子之山，通厲骨母之場。凌赤岸，篲扶桑，橫奔似雷行。誠奮厥武，如振如怒。沌沌渾渾，狀如奔馬。混混庉庉，聲如雷鼓。發怒庢沓，清升逾跇，侯波奮振，合戰於藉藉之口。鳥不及飛，魚不及迴，獸不及走。紛紛翼翼，波涌雲亂。蕩取南山，背擊北岸；覆虧丘陵，平夷西畔。險險戲戲，崩壞陂池，決勝乃罷。瀄汩潺湲，披揚流灑，横暴之極，魚鼈失勢，顛倒偃側。沇沇湲湲，蒲伏連延。神物恠疑，不可勝言。直使人踣焉，洄闇悽愴焉。此天下恠異詭觀也，太子能彊起觀之乎？」太子曰：「僕病未能也。」

客曰：「將爲太子奏方術之士有資略者，莊周、魏牟、楊朱、墨翟、便蜎、詹何之倫，使之論天下之精微，理萬物之是非。孔、老覽觀，孟子持籌而算之，萬不失一。此亦天下要言妙道也，太子豈欲聞之乎？」於是太子據几而起曰：「涣乎若〔二〕一聽聖人辯士之言！」涊然汗出，霍然病已。

寶光異彩，璀璨陸離，皆所謂「點綴法」也，實則不過屏耳目之好，返性命之情而已，學者不可迷於所嚮。

散漫處宜注意，參閲以上所選《詩經》，即可悟鍊字訣。

《文選》陸士衡《演聯珠》（節録）

臣聞任重於力，才盡則困；用廣其器，應博則凶。是以物勝權而衡殆，形過鏡則照窮。故明主程才以效業，貞臣底力而辭豐。

〔二〕「若」字原闕，據《七發》原文補入。

臣聞世之所遺，未爲非寶；主之所珍，不必適治。是以俊乂之藪，希蒙翹車之招；金碧之巖，必辱鳳舉之使。

臣聞靈輝朝覯，稱物納照；時風夕灑，程形賦音。是以至道之行，萬類取足於世；大化既洽，百姓無匱於心。

臣聞頓綱探淵，不能招龍；振綱羅雲，不必招鳳。是以巢箕之叟，不眄丘園之幣；洗渭之民，不發傅巖之夢。

臣聞鑑之積也無厚，而照有重淵之深；目之察也有畔，而眂周天壤之際。何則？應事以精不以形，造物以神不以器。是以萬邦凱樂，非悦鍾鼓之娱；天下歸仁，非感玉帛之惠。

臣聞郁烈之芳，出於委灰；繁會之音，生於絶紘。是以貞女要名於没世，烈士赴節於當年。

臣聞因雲灑潤，則芬澤易流；乘風載響，則音徽自遠。是以德教俟物而濟，榮名緣時而顯。

臣聞春風朝煦，蕭艾蒙其温；秋霜宵墜，芝蕙被其涼。是故威以齊物爲肅，德以普濟爲弘。

臣聞傾耳求音，眂優聽苦；澄心徇物，形逸神勞。是以天殊其數，雖同方不能分其慼；理塞其通，則並質不能共其休。

臣聞示應於近，遠有可察；託驗於顯，微或可包。是以寸管下傃，天地不能以氣欺；尺表逆立，日月不能以形逃。

臣聞適物之技，俯仰異用；應事之器，通塞異任。是以烏栖雲而繳飛，魚藏淵而網沈；賁鼓密而含響，朗笛疎而吐音。

臣聞虐暑熏天，不減堅冰之寒；涸陰凝地，無累陵火之熱。是以吞縱之强，不能反蹈海之志；漂鹵之威，不能降西山之節。

藻采紛綸中，時有見道之言，所謂文質相宜是也。後世作者，枝葉大於本幹，實爲詞章家之流弊。

《文心雕龍·原道篇》

文之爲德也大矣，與天地並生者何哉？夫玄黃色雜，方圓體分。日月疊璧，以垂麗天之象；山川焕綺，以鋪理地之形：此蓋道之文也。仰觀吐曜，俯察含章，高卑定位，故兩儀既生矣；惟人參之，性靈所鍾，是謂三才。爲五行之秀，實天地之心，心生而言立，言立而文明，自然之道也。傍及萬品，動植皆文，龍鳳以藻繪呈瑞，虎豹以炳蔚凝姿；雲霞雕色，有逾畫工之妙；草木賁華，無待錦匠之奇；夫豈外飾，蓋自然耳。至於林籟結響，調如竽瑟；泉石激韻，和若球鍠；故形立則章成矣，聲發則文生矣。夫以無識之物，鬱然有彩，有心之器，其無文歟！

人文之元，肇自太極，幽贊神明，《易》象惟先。庖犧畫其始，仲尼翼其終。而乾坤兩位，獨制《文言》。言之文也，天地之心哉！若迺《河圖》孕乎八卦，《洛書》韞乎九疇，玉板金鏤之實，丹文緑牒之華，誰其尸之，亦神理而已。自鳥迹代繩，文字始炳，炎皞遺事，紀在《三墳》，而年世渺邈，聲采靡追。唐、虞文章，則焕乎始盛。元首載歌，既發吟詠之志；益稷陳謨，亦垂敷奏之風。夏后氏興，業峻鴻績，九序惟歌，勳德彌縟。逮及商、周，文勝其質。《雅》《頌》所被，英華日新。文王患憂，《繇辭》炳曜，符采複隱，精義堅深。重以公旦多材，振其徽烈，剬詩緝頌，斧藻羣言。至夫子繼聖，獨秀前哲，鎔鈞六經，必金聲而玉振；雕琢性情，組織辭令，木鐸起而千里應，席珍流而萬世響，寫天地之輝光，曉生民之耳目矣。

爰自風姓，暨於孔氏，玄聖創典，素王述訓，莫不原道心以敷章，研神理而設教，取象乎《河》《洛》，問數乎蓍龜，觀天文以極變，察人文以成化；然後能經緯區宇，彌綸彝憲，發揮事業，彪炳辭義。故知道沿聖以垂文，聖因文而明道，旁通而無滯，日用而不匱。《易》曰：「鼓天下之動者存乎辭。」辭之所以能鼓天下者，迺道之文也。（贊略）

本《易・賁卦・彖傳》以爲化成之始，探原道心，歸結神理。自漢以來，論文者罕能及此。彥和以此發端，所見在六朝文士之上。音節琅然，猶其餘事。

《文心雕龍・神思篇》

古人云：「形在江海之上，心存魏闕之下。」神思之謂也。文之思也，其神遠矣。故寂然凝慮，思接千載；悄焉動容，視通萬里。吟咏之間，吐納珠玉之聲；眉睫之前，卷舒風雲之色。其思理之致乎！故思理爲妙，神與物遊。神居胸臆，而志氣統其關鍵；物沿耳目，而辭令管其樞機。樞機方通，則物無隱貌；關鍵將塞，則神有遯心。

是以陶鈞文思，貴在虛静，疏瀹五藏，澡雪精神。積學以儲寶，酌理以富才，研閱以窮照，馴致以懌辭。然後使玄解之宰，尋聲律而定墨；獨照之匠，闚意象而運斤。此蓋馭文之首術，謀篇之大端。

夫神思方運，萬塗競萌，規矩虛位，刻鏤無形。登山則情滿於山，觀海則意溢於海，我才之多少，將與風雲而並驅矣。方其搦翰，氣倍辭前；暨乎篇成，半折心始。何則？意翻空而易奇，言徵實而難巧也。是以意授於思，言授於意，密則無際，疏則千里。或理在方寸，而求之域表；或義在咫尺，而思隔山河。是以秉心養術，無務苦慮，含章司契，不必勞情也。

人之禀才，遲速異分；文之制體，大小殊功。相如含筆而腐毫，揚雄輟翰而驚夢，桓譚疾感於苦思，王充氣竭於思慮，張衡研《京》以十年，左思練《都》以一紀。雖有巨文，亦思之緩也。淮南崇朝而賦《騷》，枚皋應詔而成賦，子建援牘如口誦，仲宣舉筆似宿構，阮瑀據案而制書，禰衡當食而草奏。雖有短篇，亦思之速也。

若夫駿發之士，心總要術，敏在慮前，應機立斷；覃思之人，情饒歧路，鑒在疑後，研慮方定。機敏故造次而成功，慮疑故愈久而致績。難易雖殊，並資博練。若學淺而空遲，才疏而徒速，以斯成器，未之前聞。是以臨篇綴慮，必有二患：理鬱者苦貧，辭溺者傷亂。然則博見爲饋貧之糧，貫一爲拯亂之藥，博而能一，亦有助乎心力矣。

若情數詭雜，體變遷貿，拙辭或孕於巧義，庸事或萌於新意。視布於麻，雖云未費，杼軸獻功，煥然乃珍。至於思表纖旨，文外曲致，言所不追，筆固知止。至精而後闡其妙，至變而後通其數，伊摯不能言鼎，輪扁不能語斤，其微矣乎！（贊略）

精思窈冥，游神寥廓，而後可以爲文。蓋不凝聚，則不能發散也。「疏瀹五藏」二句，與柳子厚《論師道書》「不以怠氣、昏氣乘之」〔一〕相契合。「登山則情滿於山」二句，又可與《孟子》「登泰山」章相參看，皆見道之言也。然則文章可率爾操觚乎？

〔一〕柳宗元《答韋中立論師道書》曰：「故吾每爲文章，未嘗敢以輕心掉之，懼其剽而不留也；未嘗敢以怠心易之，懼其弛而不嚴也；未嘗敢以昏氣出之，懼其昧没而雜也；未嘗敢以矜氣作之，懼其偃蹇而驕也。」

國文經緯貫通大義卷七

層波疊浪法

適用於序記之文，宜以淡遠爲貴，如弇州所謂「風定波息，與水相忘」，別有獨到之致，忌空論多而意義少。

《莊子·天下篇》

天下之治方術者多矣，皆以其有爲不可加矣。古之所謂道術者，果惡乎在？曰：「无乎不在。」曰：「神何由降？明何由出？」「聖有所生，王有所成，皆原於一。」不離於宗，謂之天人；不離於精，謂之神人；不離於真，謂之至人。以天爲宗，以德爲本，以道爲門，兆於變化，謂之聖人；以仁爲恩，以義爲理，以禮爲行，以樂爲和，薰然慈仁，謂之君子；以法爲分，以名爲表，以參爲驗，以稽爲決，其數一二三四是也，百官以此相齒；以事爲常，以衣食爲主，蕃息畜藏老弱孤寡爲意，皆有以養，民之理也。古之人其備乎！配神明，醇天地，育萬物，和天下，澤及百姓；明於本數，係於末度；六通四辟，小大精粗，其運无乎不在。其明而在數度者，舊法世傳之，史尚多有之；其在於《詩》《書》《禮》《樂》者，鄒魯之士，搢紳先生多能明之。《詩》以道志，《書》以道事，《禮》以道行，《樂》以道和，《易》以道陰陽，《春秋》以道名分。其數散於天下，而設於中國者，百家之學，時或稱而道之。天下大亂，賢聖不明，道德不一，天下多得一，察焉以自好。譬如耳目鼻口皆有所明，不能相通。猶百家衆技也，皆有所長，時有所用。雖然，不該不徧，一曲之士也。判天地之美，析萬物之理，察古人之全，寡能備於天地之美，稱神明之容。是故内聖外王之道，闇而不明，鬱而不發，天下之人，各爲其所欲焉以自爲方。悲夫！百家往而不反，必不合矣。後世之學者，不幸不見天地之純，古人之大體，道術將爲天下裂。

不侈於後世，不靡於萬物，不暉於數度，以繩墨自矯，而備世之急。古之道術有在於是者，墨翟、禽滑釐聞其風而説之。爲之大過，已之大順；作爲非樂，命之曰節用，生不歌，死無服。墨子汎愛兼利而非鬬，其道不怒。又好學而博不異，不與先王同。毁古之禮樂。黄帝有《咸池》，堯有《大章》，舜有《大韶》，禹有《大夏》，湯有《大濩》，文王有辟雍之樂，武王、周公作《武》。古之喪禮，貴賤有儀，上下有等，天子棺槨七重，諸侯五重，大夫三重，士再重。今墨子獨生不歌，死不服，桐棺三寸而無槨，以爲法式。以此教人，恐不愛人；以此自行，固不愛己。未敗墨子道，雖然，歌而非歌，哭而非哭，樂而非樂，是果類乎？其生也勤，其死也薄，其道大觳；使人憂，使人悲，其行難爲也，恐其不可以爲聖人之道，反天下之心，天下不堪。墨子雖獨能任，奈天下何！離於天下，其去王也遠矣！墨子稱道曰：「昔者禹之湮洪水，决江河，而通四夷九州也，名山三百，支川三千，小者无數。禹親自操橐耜，而九雜天下之川。腓無胈，脛無毛，沐甚雨，櫛疾風，置萬國。禹大聖也，而形勞天下也如此。」使後世之墨者，多以裘褐爲衣，以跂蹻爲服，日夜不休，以自苦爲極，曰：「不能如此，非禹之道也，不足謂墨。」相里勤之弟子五侯之徒，南方之墨者，苦獲、已齒、鄧陵子之屬，俱誦《墨經》，而倍譎不同，相謂「別墨」；以堅白同異之辯相訾，以觭偶不仵之辭相應，以巨子爲聖人，皆願爲之尸，冀得爲其後世，至今不決。墨翟、禽滑釐之意則是，其行則非也。將使後世之墨者，必自苦以腓無胈、脛無毛相進而已矣。亂之上也，治之下也。雖然，墨子真天下之好也，將求之不得也，雖枯槁不舍也，才士也夫！

不累於俗，不飾於物，不苟於人，不忮於衆，願天下之安寧以活民命，人我之養，畢足而止，以此白心。古之道術有在於是者，宋鈃、尹文，聞其風而悦之。作爲華山之冠以自表，接萬物以別宥爲始。語心之容，命之曰心之行。以聏合驩，以調海内，請欲置之以爲主。見侮不辱，救民之鬭，禁攻寢兵，救世之戰。以此周行天下，上説下教，雖天下不取，强聒而不舍者也。故曰上下見厭而强見也。雖然，其爲人太多，其自爲太少，曰：「請欲固置五升之飯足矣。」先生恐不得飽，弟子雖飢，不忘天下，日夜不休，曰：「我必得活哉！」圖傲乎救世之士哉！曰：「君子不爲苛察，不以身假物。」以爲無益於天下者，明之不如已也。以禁攻寢兵爲外，以情欲寡淺爲内，其小大精粗，其行適至是而止。

公而不當，易而無私，決然無主；趣物而不兩，不顧於慮，不謀於知；於物無擇，與之俱往。古之道術有在於是者，彭蒙、田駢、慎到聞其風而悦之。齊萬物以爲首，曰：「天能覆之而不能載之，地能載之而不能覆之，大道能包之而不能辯之。」知萬物皆有所可，有所不可，故曰：「選則不徧，教則不至，道則無遺者矣。」是故慎到棄知去己，而緣不得已。泠汰於物，以爲道理，曰：「知不知，將薄知而後鄰傷之者也。」謑髁無任，而笑天下之尚賢也；縱脱無行，而非天下之大聖。椎拍輐斷，與物宛轉；舍是與非，苟可以免。不師知慮，不知前後，魏然而已矣。推而後行，曳而後往，若飄風之還，若羽之旋，若磨石之隧，全而無非，動静無過，未嘗有罪。是何故？夫無知之物，無建己之患，無用知之累，動静不離於理，是以終身無譽。故曰：「至於若無知之物而已，無用賢聖，夫塊不失道。」豪傑相與笑之曰：「慎到之道，非生人之行，而至死人之理，適得怪焉。」田駢亦然，學於彭蒙，得不教焉。彭蒙之師曰：「古之道人，至於莫之是、莫之非而已矣。其風窢然，惡可而言？」常反人不見觀，而不免於魭斷。其所謂道非道，而所言之韙不免於非。彭蒙、田駢、慎到不知道。雖然，概乎皆嘗有聞者也。

以本爲精，以物爲粗，以有積爲不足，澹然獨與神明居。古之道術有在於是者，關尹、老聃聞其風而悦之。建之以常無有，主之以太一；以濡弱謙下爲表，以空虚不毁萬物爲實。關尹曰：「在己無居，形物自著；其動若水，其静若鏡，其應若響；芴乎若亡，寂乎若清；同焉者和，得焉者失；未嘗先人，而常隨人。」老聃曰：「知其雄，守其雌，爲天下谿；知其白，守其辱，爲天下谷。」人皆取先，己獨取後，曰「受天下之垢」；人皆取實，己獨取虛，无藏也，故有餘，巋然而有餘；其行身也，徐而不費，無爲也而笑巧；人皆求福，己獨曲全，曰「苟免於咎」；以深爲根，以約爲紀，曰「堅則毁矣，鋭則挫矣」。常寬容於物，不削於人，可謂至極。關尹、老聃乎，古之博大真人哉！

芴漠無形，變化無常。死與生與，天地並與，神明往與！芒乎何之，忽乎何適，萬物畢羅，莫足以歸。古之道術有在於是者，莊周聞其風而悦之。以謬悠之説、荒唐之言、無端崖之辭，時恣縱而不儻，不以觭見之也。以天下爲沈濁，不可與莊語，以卮言爲曼衍，以重言爲真，以寓言爲廣。獨與天地精神往來，而不傲倪於萬物，不譴是非，以與世俗處。其書雖瓌瑋，而連犿無傷也，其辭雖參差，而諔詭可觀。彼其充實，不可以已，上與造物者游，而下與外死生、無終始者爲友。其於本也，弘大而辟，深閎而肆；其於宗也，可謂稠適而上遂矣。雖然，其應於化而解於物也，其理不竭，其來不蜕，芒乎昧乎，未之盡者。

惠施多方，其書五車，其道舛駁，其言也不中。歷物之意，曰：「至大無外，謂之大一；至小無内，謂之小一。無厚不可積也，其大千里。天與地卑，山與澤平。日方中方睨，物方生方死。大同而與小同異，此之謂小同異；萬物畢同畢異，此之謂大同異。南方無窮而有窮。今日適越而昔來。連環可解也。我知天下之中央，燕之北、越之南是也。氾愛萬物，天地一體也。」惠施以此爲大觀於天下，而曉辯者，天下之辯者相與樂之。卵有毛，雞有三足，郢有天下。犬可以爲羊，馬有卵，丁子有尾。火不熱，山出口，輪不蹍地，目不見，指不至，至不絶。龜長於蛇，矩不方，規不可以爲圓，鑿不圍枘。飛鳥之景未嘗動也，鏃矢之疾而有不行不止之時。狗非犬，黄馬驪牛三，白狗黑，孤駒未嘗有母。一尺之捶，日取其半，萬世不竭。辯者以此與惠施相應，終身無窮。桓團、公孫龍辯者之徒，飾人之心，易人之意，能勝人之口，不能服人之心，辯者之囿也。惠施日以其知與人之辯，特與天下之辯者爲怪，此其柢也。然惠施之口談自以爲最賢，曰：「天地其壯乎！」施存雄而無術。南方有倚人焉，曰黄繚，問天地所以不墜不陷、風雨雷霆之故。惠施不辭而應，不慮而對，徧爲萬物説。説而不休，多而無已，猶以爲寡，益之以怪。以反人爲實，而欲以勝人爲名，是以與衆不適也。弱於德，强於物，其塗隩矣。由天地之道，觀惠施之能，其猶一蚉一虻之勞者也。其於物也何庸！夫充一尚可，曰愈貴道幾矣！惠施不能以此自寧，散〔一〕於萬物而不厭，卒以善辯爲名。惜乎！惠施之才，駘蕩而不得，逐萬物而不反，是窮響以聲，形與影競走也，悲夫！

此爲《莊子》末篇。一部大著作之末，作此洋洋大文，溯古道之淵源，推末流之散失。前作總冒，中分五段，隱隱以老子及己所欲者壓倒諸家，接古學真派。末用惠子反襯自己。其體大，其色蒼，超世之文也。

〔一〕「散」字原作「放」，據《莊子》原文爲正。

蘇老泉謂：「此文序古今之學問，猶《孟子》末篇意，自列其書於數家中，而序鄒魯於總序前，便見學問本來甚正。」〔二〕余按：《太史公自序》亦本於此，惟奇情恣肆，更非子長所能及。

《史記·太史公自序》（節録）

太史公既掌天官，不治民。有子曰遷。遷生龍門，耕牧河山之陽。年十歲，則誦古文。二十而南游江、淮，上會稽，探禹穴，闚九疑，浮於沅、湘；北涉汶、泗，講業齊、魯之都，觀孔子之遺風，鄉射鄒、嶧；戹困鄱、薛、彭城，過梁、楚以歸。於是遷仕爲郎中，奉使西征巴、蜀以南，南略邛、筰、昆明，還報命。是歲天子始建漢家之封，而太史公留滯周南，不得與從事，故發憤且卒。而子遷適使反，見父於河洛之間。太史公執遷手而泣曰：「余先周室之太史也，自上世嘗顯功名於虞、夏，典天官事。後世中衰，絶於予乎？汝復爲太史，則續吾祖矣。今天子接千歲之統，封泰山，而余不得從行，是命也夫！命也夫！余死，汝必爲太史；爲太史，無忘吾所欲論著矣。且夫孝始於事親，中於事君，終於立身。揚名於後世，以顯父母，此孝之大者。夫天下稱誦周公，言其能論歌文、武之德，宣周、召之

〔二〕蘇氏評語載於湘綺老人輯評《百大家評注莊子南華經》中。

風，達太王、王季之思慮，爰及公劉，以尊后稷也。幽、厲之後，王道缺，禮樂衰，孔子修舊起廢，論《詩》《書》，作《春秋》，則學者至今則之。自獲麟以來，四百餘歲，而諸侯相兼，史記放絶。今漢興，海内一統，明主賢君忠臣死義之士，余爲太史而弗論載，廢天下之史文，余甚懼焉，汝其念哉！」遷俯首流涕曰：「小子不敏，請悉論先人所次舊聞，弗敢闕。」卒三歲，而遷爲太史令，紬史記石室金匱之書。五年而當太初元年，十一月甲子朔旦冬至，天曆始改，建於明堂，諸神受紀。太史公曰：「先人有言：『自周公卒，五百歲而有孔子。孔子卒後，至於今五百歲，有能紹明世，正《易傳》，繼《春秋》，本《詩》《書》《禮》《樂》之際？』意在斯乎！意在斯乎！小子何敢讓焉。」

上大夫壺遂曰：「昔孔子何爲而作《春秋》哉？」太史公曰：「余聞董生曰：『周道衰廢，孔子爲魯司寇，諸侯害之，大夫壅之。孔子知言之不用，道之不行也，是非二百四十二年之中，以爲天下儀表，貶天子，退諸侯，討大夫，以達王事而已矣。』子曰：『我欲載之空言，不如見之於行事之深切著明也。』夫《春秋》上明三王之道，下辨人事之紀，别嫌疑，明是非，定猶豫，善善惡惡，賢賢賤不肖，存亡國，繼絶世，補敝起廢，王道之大者也。《易》著天地陰陽四時五行，故長於變；《禮》經紀人倫，故長於行；《書》記先王之事，故長於政；《詩》記山川谿谷禽獸草木牝牡雌雄，故長於風；《樂》樂所以立，故長於和；《春秋》辯是非，故長於治人。是故《禮》以節人，《樂》以發和，《書》以道事，《詩》以達意，《易》以道化，《春秋》以道義。撥亂世反之正，莫近於《春秋》。《春秋》文成數萬，其指數千。萬物之散聚，皆在《春秋》。《春秋》之中，弑君三十六，亡國五十二，諸侯奔走不得保其社稷者，不可勝數。察其所以，皆失其本已。故《易》曰：『失之豪釐，差以千里。』故曰：『臣弒君，子弒父，非一旦一夕之故也，其漸久矣。』故有國者不可以不知《春秋》，前有讒而弗見，後有賊而不知；爲人臣者不可以不知《春秋》，守經事而不知其宜，遭變事而不知其權。爲人君父而不通於《春秋》之義者，必蒙首惡之名；爲人臣子而不通於《春秋》之義者，必陷簒弒之誅，死罪之名。其實皆以爲善，爲之不知其義，被之空名而不敢辭。夫不通禮義之旨，至於君不君，臣不臣，父不父，子不子。夫君不君則犯，臣不臣則誅，父不父則無道，子不子則不孝。此四行者，天下之大過也。以天下之大過予之，則受而弗敢辭。故《春秋》者，禮義之大宗也。夫禮禁未然之前，法施已然之後。法之所爲用者易見，而禮之所爲禁者難知。」

壺遂曰：「孔子之時，上無明君，下不得任用，故作《春秋》，垂空文以斷禮義，當一王之法。今夫子上遇明天子，下得守職，萬事既具，咸各序其宜，夫子所論，欲以何明？」太史公曰：「唯唯否否，不然。余聞之先人曰：『伏羲至純厚，作《易》八卦。堯、舜之盛，《尚書》載之，禮樂作焉。湯、武之隆，詩人歌之。《春秋》采善貶惡，推三代之德，褒周室，非獨刺譏而已也。』漢興以來，至明天子，獲符瑞，封禪，改正朔，易服色，受命於穆清，澤流罔極。海外殊俗，重譯款塞，請來獻見者，不可勝道。臣下百官，力誦聖德，猶不能宣盡其意。且士賢能而不用，有國者之耻；主上明聖而德不布聞，有司之過也。且余嘗掌其官，廢明聖盛德不載，滅功臣世家、賢大夫之業不述，墮先人所言，罪莫大焉。余所謂述故事，整齊其世傳，非所謂作也，而君比之於《春秋》謬矣。」於是論次其文。七年，而太史公遭李陵之禍，幽於縲紲。乃喟然而歎曰：「是余之罪也夫！是余之罪也夫！身毀不用矣。」退而深惟曰：「夫《詩》《書》隱約者，欲遂其志之思也。昔西伯拘羑里演《周易》；孔子戹陳、蔡作《春秋》；屈原放逐著《離騷》；左丘失明，厥有《國語》；孫子臏脚而論兵法；不韋遷蜀，世傳《吕覽》；韓非囚秦，《説難》《孤憤》；《詩》三百篇，大抵賢聖發憤之所爲作也。此人皆意有所鬱結，不得通其道也，故述往事，思來者。」於是卒述陶唐以來，至于麟止，自黄帝始。

與《莊子·天下篇》意義同，而機局各異。《天下篇》以學派作「層疊法」，此篇以答述作「層疊法」。中間以六藝作陪，以禮義作主，以《春秋》作綫索，如波浪起伏，曲折瀠迴。此爲「太陰識度」之文，《史記》中所僅見者。

唐蔚芝《論語子張篇大義》

文治讀《論語》至「聖賢相與授受」之際，蓋未嘗不太息也。嗟乎！古之親師、尊師、敬師，崇師法也，亦已至矣。孔子之道，大而能博，門弟子不能偏觀而盡識也，故學焉而皆得其性之所近。孔子既殁，諸弟子相與進德修業，傳道不倦。門人裒録其語，得五人焉，曰子張，曰子夏，曰子游，曰曾子，曰子貢，此即後世學案之屬也。至於述之者，或離其宗，或且詆毀，其道謬矣。

寬而博，弘而篤，容衆以爲天下谷，斯子張氏之學派也。後世聞其風而學之，其得之者懷含宏之雅度，致明遠之極功；而其弊也，或流於務外。「博學而篤志，切問而近思」，譬草木之區別，咸有卒而有始，斯子夏氏之學派也。後世聞其風而學之，其得之者篤信謹守，喻傳經之家法；而其弊也，或失之拘墟。

子游氏文學家也，而是篇所記三章，皆切實務本之語，後世沈溺華藻之士，其亦廢然返乎？

體天地之性，戰戰兢兢，孝以立身，忠恕以及人，斯曾子之學派也。是篇所記四章，「以友輔仁」，自致惟親，論孝難能，又推而及於哀矜下民。蓋仁人之於孝，猶手足之有腹心。「孝弟之至，光於四海，通於神明」〔一〕，曾子而見用也，吾民之流離蕩析、奔走無門者鮮矣。

辨而通，億而屢中，等百世之王，而獨折厥衷，斯子貢氏之學派也。是篇所記六章，二章與人爲善改過，四章則皆贊孔子之辭，蓋諸賢皆奉孔子爲依歸者也。而子貢之智，尤足以知聖者也。門牆之高峻，日月之昭明，無所疑而無可訾也。是故七十子之服孔子，若江漢之朝宗也。

孔子往矣，而諸賢追思孔子之深情，又昭然其若揭也。而子貢善爲論贊之辭，則尤千古所獨絶也。嗚呼！「立斯立，道斯行，綏斯來，動斯和」，生榮死哀，吾夫子之功績，既不獲稍見於世，則用行之志，不能無望於門弟子也。然而諸賢者，亦相與沈淪下位，負才以終，何哉？或曰：「伊尹負鼎而勉湯以王，百里奚飯牛車下而繆公用霸，諸賢當時盍亦稍貶其節乎？」孟子曰：「未聞以道殉乎人者

〔一〕《孝經·感應章》文。

也。」孔子惟不屑自貶其道，是以卒老於洙泗。諸賢不忍違背師法，亦不肯以斯道殉人，故寧雲散風流，没世牖下而不自悔。嗚呼悲矣！不百年後，如儀、秦，如悝、武，如鞅、斯，皆用揣摩苟合，取將相之尊，而以其學亂天下。而如諸賢者，方且於闃寂無聞之中，出其學派，傳嬗四方，淑世淑人，功德不可以勝紀。然則聖賢之徒，亦何負於世哉！有用人之權者，可以鑒矣。然而後之讀是篇者，感師生之沉瀣，概大道之終湮，則往往欷歔不置云。

前半專彷《天下篇》體，後半舉頭天外，擲筆空中，摺疊千重，紆迴震盪。其爲諸賢慨乎？抑不僅爲諸賢慨乎？其爲春秋戰國時悲乎？抑不僅爲春秋戰國時悲乎？後世儻有子雲乎？

本法與「議論錯綜法」不同，蓋本法專以逐層摺疊爲主，尚有才氣縱横，一片蒼茫，風水激蕩之概。至「議論錯綜法」，則才氣斂抑，綫索在手，變化從心，較本法爲更進矣。

典重喬皇法

兼「琢句古雅法」，適用於典制、金石之文，以燦爛莊嚴爲主；宜原本《詩》《書》，澤古功深，乃能爲之。

《詩·車攻篇》

我車既攻，我馬既同。四牡龐龐，駕言徂東。田車既好，四牡孔阜。東有甫草，駕言行狩。之子于苗，選徒囂囂。建旐設旄，搏獸于敖。駕彼四牡，四牡奕奕。赤芾金舄，會同有繹。決拾既佽，弓矢既調。射夫既同，助我舉柴。四黄既駕，兩驂不猗。不失其馳，舍矢如破。蕭蕭馬鳴，悠悠旆旌。徒御不驚，大庖不盈。之子于征，有聞無聲。允矣君子，展也大成。

此《詩序》謂：「宣王能内修政事，外攘夷狄，復會諸侯於東都，修車馬，備器械，因田獵而選車徒焉。」是此詩爲中興時所作，故其聲音雖不逮周初之盛，而其典重之致，自有整齊嚴肅氣象。知此者，可與論治道矣。

「之子于苗」「之子于征」二章遥相應；「蕭蕭馬鳴」四句，寫太平景象，自然高遠。本法當與「響遏行雲法」參讀，彼法柳子厚所謂「激而發之欲其清」，此法所謂「固而沈之欲其重」是也。曾文正謂讀文：「其氣當翔翥於虛無之表，而字字若履危石而下，則虛實兼盡矣。」〔一〕

《論語》「君子不重則不威」，厚重與虛無之别，人之窮通、貴賤、壽夭，實分於此，非獨品詣爲然也。即於文章中驗之，十不失一，學者切宜注意。

《詩·韓奕篇》

奕奕梁山，維禹甸之，有倬其道。韓侯受命，王親命之：「纘戎祖考，無廢朕命。夙夜匪解，虔共爾位。朕命不易，榦不庭方，以佐戎辟。」

四牡奕奕，孔修且張。韓侯入覲，以其介圭，入覲于王。王錫韓侯，淑旂綏章，簟茀錯衡，玄衮赤舄，鉤膺鏤鍚，鞹鞃淺幭，鞗革金厄。

〔一〕曾國藩《覆吴南屏書》文曰：「大集古文敬讀一過，視昔年僅見零篇斷幅者，尤爲卓絶。大抵節節頓挫，不矜奇辭奥句，而字字若履危石而下，落紙乃遲重絶倫。」

韓侯出祖，出宿于屠。顯父餞之，清酒百壺。其殽維何？炰鼈鮮魚。其蔌維何？維筍及蒲。其贈維何？乘馬路車。籩豆有且，侯氏燕胥。

韓侯取妻，汾王之孫，蹶父之子。韓侯迎止，于蹶之里。百兩彭彭，八鸞鏘鏘，不顯其光。諸娣從之，祁祁如雲。韓侯顧之，爛其盈門。

蹶父孔武，靡國不到，爲韓姞相攸，莫如韓樂。孔樂韓土，川澤訏訏。魴鱮甫甫，麀鹿噳噳，有熊有羆，有貓有虎。慶既令居，韓姞燕譽。

溥彼韓城，燕師所完。以先祖受命，因時百蠻。王錫韓侯，其追其貊，奄受北國，因以其伯。實墉實壑。實畝實藉，獻其貔皮，赤豹黄羆。

此《詩序》謂尹吉甫美宣王能錫命諸侯。謝疊山云：「王命仲山甫曰『纘戎祖考』，命韓侯亦曰『纘戎祖考』。」「申伯之行，王親餞之；韓侯之行，王使顯父餞之。」「申伯之行，有路車乘馬；韓侯之行，亦贈路車乘馬。」「城謝則命召伯，城東方則命仲山甫」，「城韓則以燕師完之」，「宣王之尊賢臣，重邊方至矣」〔一〕。余按：《崧高》《烝

〔一〕 謝枋得《詩傳注疏・大雅・韓奕》文。其中「宣王之尊賢臣，重邊方至矣」二句，原作「宣王爲邊方，慮亦詳矣」。

民》《韓奕》之詩，同爲吉甫所作。惟《崧高》《烝民》二詩，皆錬之歸於清淡，而此詩寫宣王錫予韓侯旂旂、車馬、衣服，洪纖精粗，靡所不備；而又借蹶父相攸、韓姞燕譽，形容韓之富饒。文章善於映帶，氣象更覺崢嶸，而神味倍極醇厚，是爲「典重裔皇法」之祖。

《詩·閟宫篇》

閟宫有侐，實實枚枚。赫赫姜嫄，其德不回，上帝是依，無災無害。彌月不遲，是生后稷。降之百福，黍稷重穋，稙穉菽麥，奄有下國，俾民稼穡。有稷有黍，有稻有秬。奄有下土，纘禹之緒。后稷之孫，實維大王，居岐之陽，實始翦商。至于文、武，纘大王之緒，致天之届，于牧之野。「無貳無虞！上帝臨女！」敦商之旅，克咸厥功。王曰：「叔父，建爾元子，俾侯于魯，大啓爾宇，爲周室輔。」

乃命魯公，俾侯于東，錫之山川，土田附庸。周公之孫，莊公之子，龍旂承祀，六轡耳耳，春秋匪解，享祀不忒。皇皇后帝，皇祖后稷，享以騂犧，是饗是宜，降福既多。周公皇祖，亦其福女。秋而載嘗，夏而楅衡，白牡騂剛。犧尊將將，毛炰胾羹，籩豆大房。萬舞洋洋，孝孫有慶。俾爾熾而昌，俾爾壽而臧，保彼東方，魯邦是常。不虧不崩，不震不騰，三壽作朋，如岡如陵。公車千乘，朱英緑縢，二矛重弓。公徒三萬，貝冑朱綅，烝徒增增。戎狄是膺，荆舒是懲，則莫我敢承。俾爾昌而熾，俾爾壽而富，黄髮台背，壽胥與試。俾爾昌而大，俾爾耆而艾，萬有千歲，眉壽無有害。

泰山巖巖，魯邦所詹。奄有龜蒙，遂荒大東，至于海邦，淮夷來同。莫不率從，魯侯之功。保有鳧繹，遂荒徐宅。至于海邦，淮夷蠻貊。及彼南夷，莫不率從。莫敢不諾，魯侯是若。天錫公純嘏，眉壽保魯，居常與許，復周公之宇。魯侯燕喜，令妻壽母。宜大夫庶士，邦國是有。既多受祉，黄髮兒齒。

徂來之松，新甫之柏，是斷是度，是尋是尺。松桷有舄。路寢孔碩。新廟奕奕，奚斯所作。孔曼且碩，萬民是若。

此《詩序》謂頌僖公能復周公之宇也。余按：第一章本《生民詩》，第二章本《大明詩》。自「王曰叔父」起，精神一振，而「泰山巖巖」「天錫公純嘏」兩章，氣象尤爲高遠。僖公時，魯已衰矣，而文章尚典重如此，知周公之遺澤孔長也。

司馬相如《封禪文》

伊上古之初肇，自昊穹兮生民，歷撰列辟，以迄于秦。率邇者踵武，逖聽者風聲。紛綸葳蕤，湮滅而不稱者，不可勝數也。續《韶》《夏》，崇號謚，略可道者七十有二君。罔若淑而不昌，疇逆失而能存？軒轅之前，遐哉邈乎，其詳不可得聞已。五三六經載籍之傳，維見可觀也。

《書》曰：「元首明哉，股肱良哉！」因斯以談，君莫盛於唐堯，臣莫賢於后稷。后稷創業於唐堯，公劉發迹於西戎，文王改制，爰周郅隆，大行越成，而後陵夷衰微，千載無聲，豈不善始善終哉！然無異端，慎所由於前，謹遺教於後耳。故軌迹夷易，易遵也；湛恩濛涌，易豐也；憲度著明，易則也；垂統理順，易繼也。是以業隆於繈褓，而崇冠於二后。揆厥所元，終都攸卒，未有殊尤絶迹可考於今者也。然猶躡梁父，登泰山，建顯號，施尊名。

大漢之德，逢涌原泉，沕潏漫衍，旁魄四塞，雲布霧散，上暢九垓，下泝八埏。懷生之類，霑濡浸潤，協氣横流，武節猋逝，邇陿遊原，迥闊泳沫，首惡湮没，闇昧昭晢，昆蟲凱澤，迴首面内。然後囿騶虞之珍羣，徼麋鹿之怪獸，䆃一莖六穗於庖，犧雙觡共抵之獸，獲周餘珍，放龜於岐，招翠黄、乘龍於沼。鬼神接靈圉，賓於閒館。奇物譎詭，俶儻窮變。欽哉！符瑞臻茲，猶以爲德薄，不敢道封禪。蓋周躍魚隕航，休之以燎，微夫斯之爲符也，以登介丘，不亦恧乎！進讓之道，其何爽與？

於是大司馬進曰：「陛下仁育羣生，義征不憓，諸夏樂貢，百蠻執贄，德侔往初，功無與二，休烈浹洽，符瑞衆變，期應紹至，不特創見。意者泰山、梁父，設壇場望幸，蓋號以況榮，上帝垂恩儲祉，將以薦成，陛下謙讓而弗發也。挈三神之驩，缺王道之儀，羣臣恧焉。或謂且天爲質闇，示珍符，固不可辭；若然辭之，是泰山靡記，而梁父靡幾也。亦各並時而榮，咸濟厥世而屈，説者尚何稱於後，而云七十二君乎？夫修德以錫符，奉符以行事，不爲進越也。故聖王弗替，而修禮地祇，謁款天神，勒功中嶽，以彰至尊，舒盛德，發號榮，受厚福，以浸黎民也。皇皇哉斯事！天下之壯觀，王者之丕業，不可貶也。願陛下全之，而後因雜搢紳先生之略術，使獲燿日月之末光絶炎，以展采錯事。猶兼正列其義，祓飾厥文，作《春秋》一藝。將襲舊六爲七，攄之亡窮，俾萬世得激清流，揚微波，蜚英聲，騰茂實。前聖之所以永保鴻名，而常爲稱首者用此。宜命掌故，悉奏其儀而覽焉。」

於是天子沛然改容，曰：「愉乎，朕其試哉！」乃遷思回慮，總公卿之議，詢封禪之事，詩大澤之博，廣符瑞之富。乃作頌曰：

自我天覆，雲之油油。甘露時雨，厥壤可游。滋液滲漉，何生不育；嘉穀六穗，我穡曷蓄？非唯雨之，又潤澤之。非唯濡之，氾布濩之。萬物熙熙，懷而慕思。名山顯位，望君之來。君乎君乎，侯不邁哉！

般般之獸，樂我君囿。白質黑章，其儀可嘉。旼旼睦睦，君子之態。蓋聞其聲，今視其來。厥塗靡從，天瑞之徵。兹亦於舜，虞氏以興。

濯濯之麟，遊彼靈畤。孟冬十月，君徂郊祀。馳我君輿，帝以享祉。三代之前，蓋未嘗有。

宛宛黄龍，興德而升。采色炫燿，熿炳煇煌。正陽顯見，覺寤黎烝。於傳載之，云受命所乘。

厥之有章，不必諄諄。依類託寓，喻以封巒。披藝觀之，天人之際已交，上下相發允答。聖王之德，兢兢翼翼。故曰於興必慮衰，安必思危。是以湯、武至尊嚴，不失肅祇，舜在假典，顧省闕遺，此之謂也。

瑰瑋鴻紛，崒嶽竝出，此才黼黻河漢，豈非信然！頌辭歸結到「興必慮衰，安必思危」，頗思抑武帝之雄心，不失譎諫之義。惟文中菲薄文、武，罔知輕重，後人謂其佞辭逢君，怙寵身後，辭章家弊病，學者當引爲大戒也。

本法原名「鍊氣凝重法」，擬略選《江賦》《海賦》等，作爲凝鍊之助。繼思曾文正欲以《選》賦〔一〕之氣，鍊入散文，本屬不易。初學不察，或多用四六句，尤恐流於板滯，故改名爲「典重裔皇法」，多選散文，以發揚其氣。惟程度較高者，仍須參讀《文選》諸賦，庶文體文氣，日益厚重。《易傳》所謂「含宏光大，品物咸亨」，有此氣象，方極文家之妙。

韓退之《平淮西碑》

天以唐克肖其德，聖子神孫，繼繼承承，於千萬年，敬戒不怠，全付所覆，四海九州，罔有内外，悉

〔一〕「《選》賦」謂《昭明文選》之辭賦作品。

主悉臣。高祖、太宗，既除既治；高宗、中、睿，休養生息；至于玄宗，受報收功，極熾而豐，物衆地大，孽牙其間；肅宗、代宗，德祖順考，以勤以容，大慝適去。稂莠不薅，相臣將臣，文恬武嬉，習熟見聞，以爲當然。

睿聖文武皇帝，既受羣臣朝，乃考圖數貢，曰：「嗚呼！天既全付予有家，今傳次在予，予不能事事，其何以見於郊廟？」羣臣震懾，奔走率職。明年平夏，又明年平蜀，又明年平江東，又明年平澤潞，遂定易、定，致魏、博、貝、衛、澶、相，無不從志。皇帝曰：「不可究武，予其少息。」

九年，蔡將死。蔡人立其子元濟以請，不許。遂燒舞陽，犯葉、襄城，以動東都，放兵四劫。皇帝歷問于朝，一二臣外，皆曰：「蔡帥之不廷授，于今五十年，傳三姓四將；其樹本堅，兵利卒頑，不與他等。因撫而有，順且無事。」大官臆決唱聲，萬口和附，並爲一談，牢不可破。

皇帝曰：「惟天惟祖宗，所以付任予者，庶其在此，予何敢不力。況一二臣同，不爲無助。」曰：「光顔，汝爲陳、許帥，維是河東、魏博、郃陽三軍之在行者，汝皆將之。」曰：「重胤，汝故有河陽、懷，今益以汝，維是朔方、義成、陝、益、鳳翔、延、慶七軍之在行者，汝皆將之。」曰：「弘，汝以卒萬二千屬而子公武往討之。」曰：「文通，汝守壽，維是宣武、淮南、宣歙、浙西四軍之行于壽者，汝皆將之。」曰：「道古，汝其觀察鄂岳。」曰：「愬，汝帥唐、鄧、隨，各以其兵進戰。」曰：「度，汝長御史，其往視師。」曰：「度，惟汝予同，汝遂相予，以賞罰用命不用命。」曰：「弘，汝其以節都統諸軍。」曰：「守謙，汝出入左右，汝惟近臣，其往撫師。」曰：「度，汝其往，衣服飲食予士，無寒無飢。以既厥事，遂生蔡人。賜汝節斧，通天御帶，衛卒三百。凡兹廷臣，汝擇自從，惟其賢能，無憚大吏。庚申，予其臨門送汝。」曰：「御史，予閔士大夫戰甚苦，自今以往，非郊廟祠祀，其無用樂。」

顏、胤、武，合攻其北，大戰十六，得柵、城、縣二十三，降人卒四萬。道古攻其東南，八戰，降萬三千；再入申，破其外城。文通戰其東，十餘遇，降萬二千。愬入其西，得賊將，輒釋不殺，用其策，戰比有功。十二年八月，丞相度至師，都統弘責戰益急；顏、胤、武合戰益用命，元濟盡并其衆，洄曲以備。十月壬申，愬用所得賊將，自文城，因天大雪，疾馳百二十里，用夜半到蔡，破其門，取元濟以獻，盡得其屬人卒。辛巳，丞相度入蔡，以皇帝命赦其人。淮西平，大饗賚功，師還之日，因以其食賜蔡人。凡蔡卒三萬五千，其不樂爲兵願歸爲農者十九，悉縱之。斬元濟京師。

册功：弘加侍中，愬爲左僕射，帥山南東道；顏、胤皆加司空；公武以散騎常侍帥鄜、坊、丹、延；道古進大夫；文通加散騎常侍。丞相度朝京師，道封晉國公，進階金紫光禄大夫，以舊官相，而以其副總爲工部尚書，領蔡任。既還奏，羣臣請紀聖功，被之金石。皇帝以命臣愈。臣愈再拜稽首而獻文曰：

唐承天命，遂臣萬邦；孰居近土，襲盜以狂。往在玄宗，崇極而圮。河北悍驕，河南附起。四聖不宥，屢興師征。有不能剋，益戍以兵。夫耕不食，婦織不裳。輸之以車，爲卒賜糧。外多失朝，曠不嶽狩。百隸怠官，事亡其舊。

帝時繼位，顧瞻咨嗟。惟汝文武，孰恤予家。既斬吴、蜀，旋取山東。魏將首義，六州降從。淮、蔡不順，自以爲强。提兵叫讙，欲事故常。始命討之，遂連奸鄰。陰遣刺客，來賊相臣。方戰未利，内驚京師。羣公上言，莫若惠來。帝爲不聞，與神爲謀。乃相同德，以訖天誅。

乃敕顔、胤、愬、武古通，咸統於弘，各奏汝功。三方分攻，五萬其師。大軍北乘，厥數倍之。常兵時曲，軍士蠢蠢。既翦陵雲，蔡卒大窘。勝之邵陵，郾城來降。自夏人秋，復屯相望。兵頓不勵，告功不時。帝哀征夫，命相往釐。士飽而歌，馬騰於槽。試之新城，賊遇敗逃。盡抽其有，聚以防我。西師躍人，道無留者。

頟頟蔡城，其疆千里。既入而有，莫不順俟。帝有恩言，相度來宣：「誅止其魁，釋其下人。」蔡之卒夫，投甲呼舞；蔡之婦女，迎門笑語。蔡人告飢，船粟往哺；蔡人告寒，賜以繒布。始時蔡人，禁不往來；今相從戲，里門夜開。始時蔡人，進戰退戮；今旰而起，左飧右粥。爲之擇人，以收餘憊；選吏賜牛，教而不稅。

蔡人有言，始迷不知。今乃大覺，羞前之爲。蔡人有言，天子明聖；不順族誅，順保性命。汝不吾信，視此蔡方；孰爲不順，往斧其吭。凡叛有數，聲勢相倚；吾强不支，汝弱奚恃；其告而長，而父而兄；奔走偕來，同我太平。淮、蔡爲亂，天子伐之。既伐而飢，天子活之。

始議伐蔡，卿士莫隨。既伐四年，小大並疑。不赦不疑，由天子明。凡此蔡功，惟斷乃成。既定淮、蔡，四夷畢來。遂開明堂，坐以治之。

此文淵淵作金石聲，如聞鈞天之奏，如聆韶舞之樂。退之自負爲大手筆，後有作者，弗可及已。

李義山《讀韓碑詩》云：「點竄《堯典》《舜典》字，塗改《清廟》《生民》詩。」此評最確。蓋兹篇叙文，全出於《堯典》，而銘辭則全出於《江漢》《常武》諸詩也。

袁爽秋先生云：「中段裴相三叙，弘兩叙，終虚一筆叙詔御史語，此化板爲活之法；如握奇八陣，變化無常。美哉嘆觀止矣！」

韓退之《南海神廟碑》

海於天地間爲物最鉅。自三代聖王莫不祀事，考於傳記，而南海神次最貴，在北東西三神、河伯之上，號爲祝融。天寶中，天子以爲古爵莫貴於公侯，故海嶽之祝，犧幣之數，放而依之，所以致崇極於大神。今王亦爵也，而禮海嶽，尚循公侯之事，虚王儀而不用，非致崇極之意也。由是册尊南海神爲廣利王。祝號祭式，與次俱昇；因其故廟，易而新之，在今廣州治之東南，海道八十里，扶胥之口，黄木之灣。常以立夏氣至，命廣州刺史行事祠下，事訖驛聞。

而刺史常節度五嶺諸軍，仍觀察其郡邑，於南方事無所不統。地大以遠，故常選用重人。既貴而〔一〕

〔一〕「而」字原誤作「且」。

富，且不習海事，又當祀時，海常多大風，將往，皆憂慼。既進，觀顧怖悸，故常以疾爲解，而委事於其副，其來已久。故明宫齋廬，上雨旁風，無所蓋障；牲酒瘠酸，取具臨時；水陸之品，狼藉籩豆；薦祼興俯，不中儀式；吏滋不供，神不顧享。盲風怪雨，發作無節，人蒙其害。

元和十二年，始詔用前尚書右丞、國子祭酒魯國孔公爲廣州刺史兼御史大夫，以殿南服。公正直方嚴，中心樂易，祗慎所職；治人以明，事神以誠；内外單盡，不爲表襮。至州之明年，將夏，祝册自京師至，吏以時告。公乃齋祓視册，誓羣有司曰：「册有皇帝名，乃上所自署，其文曰『嗣天子某，謹遣官某敬祭』，其恭且嚴如是，敢有不承！明日，吾將宿廟下以供晨事。」明日，吏以風雨白，不聽。於是州府文武吏士凡百數，交謁更諫，皆揖而退。公遂陞舟，風雨少弛；櫂夫奏功，雲陰解駮，日光穿漏，波伏不興。省牲之夕，載暘載陰。將事之夜，天地開除，月星明概。五鼓既作，牽牛正中，公乃盛服執笏，以入即事。文武賓屬，俯首聽位，各執其職；牲肥酒香，罇爵静潔，降登有數，神具醉飽。海之百靈祕怪，慌惚畢出，蜿蜿虵虵，來享飲食。闔廟旋艫，祥飆送颿，旗纛旄麾，飛揚晻藹。鐃鼓嘲轟，高管噭譟，武夫奮櫂，工師唱和。穹龜長魚，踴躍後先，乾端坤倪，軒豁呈露。祀之之歲，風災熄滅，人厭魚蟹，五穀胥熟。明年祀歸，又廣廟宫而大之。治其庭壇，改作東西兩序、齋庖之房，百用具修。明年其時，公又固往，不懈益虔，歲仍大和，耋艾歌詠。

始公之至，盡除他名之稅，罷衣食於官之可去者。四方之使，不以資交；以身爲帥，燕享有時，賞與以節；公藏私畜，上下與足。於是免屬州負逋之緡錢廿有四萬、米三萬二千斛。賦金之州，耗金一歲八百，困不能償，皆以丐之。加西南守長之俸，誅其尤無良不聽令者，由是皆自重慎法。人士之落南不能歸者，與流徙之胄百廿八族，用其才良而廩其無告者。其女子可嫁，與之錢財，令無失時。刑德竝流，方地數千里，不識盜賊；山行海宿，不擇處所；事神治人，其可謂備至耳矣。咸願刻廟石以著厥美，而繫以詩。乃作詩曰：

南海陰墟，祝融之宅。即祀於旁，帝命南伯。吏惰不躬，正自今公。明用享錫，右我家邦。惟明天子，惟慎厥使。我公在官，神人致喜。海嶺之陬，既足既濡。胡不均弘，俾執事樞。公行勿遲，公無遽歸。匪我私公，神人具依。

此文與《封禪文》及《平淮西碑》同兼「琢句古雅法」，語樸以質，氣厚而凝，加以古藻爛斑，波瀾壯闊，非宋元以後人所能逮。不善學者，加以塗坿，即成明七子流弊矣。

蘇子瞻《表忠觀碑》

熙寧十年十月戊子，資政殿大學士、右諫議大夫、知杭州軍州事臣抃言：故吴越國王錢氏墳廟，及其父、祖、妃、夫人、子孫之墳，在錢塘者二十有六，在臨安者十有一，皆蕪廢不治。父老過之，有流涕者。

謹按：故武肅王鏐，始以鄉兵破走黄巢，名聞江淮。復以八都兵破劉漢宏，并越州以奉董昌，而自居於杭。及昌以越叛，則誅昌而并越，盡有浙東西之地。傳其子文穆王元瓘。至其孫忠顯王仁佐，遂破李景兵，取福州。而仁佐之弟忠懿王俶，又出大兵攻景，以迎周世宗之師。其後卒以國入覲，三世四王，與五代相終始。天下大亂，豪傑蜂起。方是時，以數州之地盜名字者，不可勝數。既覆其族，延及於無辜之民，罔有孑遺。而吴越地方千里，帶甲十萬，鑄山煮海，象犀珠玉之富，甲於天下，然終不失臣節，貢獻相望於道。是以其民至於老死，不識兵革，四時嬉游，歌鼓之聲相聞，至於今不廢。其有德於斯民甚厚。

皇宋受命，四方僭亂，以次削平。西蜀、江南，負其嶮遠。兵至城下，力屈勢窮，然後束手。而河東劉氏，百戰守死，以抗王師，積骸爲城，釃血爲池，竭天下之力，僅乃克之。獨吴越不待告命，封府庫，籍郡縣，請吏於朝，視去其國，如去傳舍，其有功於朝廷甚大。

昔竇融以河西歸漢，光武詔右扶風修理其父祖墳塋，祠以太牢。今錢氏功德，殆過於融，而未及百年，墳廟不治，行道傷嗟，甚非所以勸獎忠臣，慰答民心之義也。臣願以龍山廢佛寺曰「妙因院」者爲觀，使錢氏之孫爲道士曰「自然」者居之。凡墳廟之在錢塘者，以付自然。其在臨安者，以付其縣之净土寺僧曰道微。歲各度其徒一人，使世掌之。籍其地之所入，以時修其祠宇，封殖其草木。有不治者，縣令丞察之，甚者易其人。庶幾永終不墜，以稱朝廷待錢氏之意。臣抃昧死以聞。制曰「可」。其妙因院，改賜名曰「表忠觀」。銘曰：

天目之山，苕水出焉。龍飛鳳舞，萃於臨安。篤生異人，絶類離羣。奮梃〔一〕大呼，從者如雲。仰天誓江，月星晦蒙。强弩射潮，江海爲東。殺宏誅昌，奄有吴越。金券玉册，虎符龍節。大城其居，包絡山川。左江右湖，控引島蠻。歲時歸休，以燕父老。曄如神人，玉帶毬馬。四十一年，寅畏小心。厥篚相望，大貝南金。五胡昏亂，罔堪託國。三王相承，以待有德。既獲所歸，弗謀弗咨。先王之志，我維行之。天祚忠孝，世有爵邑。允文允武，子孫千億。帝謂守臣，治其祠墳。毋俾樵牧，愧其後昆。龍山之陽，巋焉新宫。匪私於錢，唯以勸忠。非忠無君，非孝無親。凡百有位，視此刻文。

袁爽秋先生云：「閎實茂美，此西京人文氣，荆公以爲彷彿太史公《秦楚之際月表叙》。」余按：荆公之論，固賞其氣之蒼莽耳。銘辭亦臻鍊闊矣。

蘇子瞻《潮州韓文公廟碑》

匹夫而爲百世師，一言而爲天下法，是皆有以參天地之化，關盛衰之運，其生也有自來，其逝也

〔一〕「梃」字原誤作「奮」。

有所爲。故申、吕自嶽降，傅説爲列星，古今所傳，不可誣也。孟子曰：「吾善養吾浩然之氣。」是氣也，寓於尋常之中，而塞乎天地之間。卒然遇之，則王公失其貴，晉、楚失其富，良、平失其智，賁、育失其勇，儀、秦失其辯。是孰使之然哉？其必有不依形而立，不恃力而行，不待生而存，不隨死而亡者矣。故在天爲星辰，在地爲河嶽；幽則爲鬼神，而明則復爲人。此理之常，無足怪者。

自東漢以來，道喪文弊，異端並起。歷唐貞觀、開元之盛，輔以房、杜、姚、宋而不能救。獨韓文公起布衣，談笑而麾之，天下靡然從公，復歸於正，蓋三百年於此矣。文起八代之衰，而道濟天下之溺，忠犯人主之怒，而勇奪三軍之帥。豈非參天地，關盛衰，浩然而獨存者乎？

蓋嘗論天人之辨，以謂人無所不至，惟天不容僞。智可以欺王公，不可以欺豚魚；力可以得天下，不可以得匹夫匹婦之心。故公之精誠，能開衡山之雲，而不能回憲宗之惑；能馴鱷魚之暴，而不能弭皇甫鎛、李逢吉之謗；能信於南海之民，廟食百世，而不能使其身一日安於朝廷之上。蓋公之所能者天也，所不能者人也。

始潮人未知學，公命進士趙德爲之師。自是潮之士皆篤於文行，延及齊民，至於今號稱易治。信乎孔子之言「君子學道則愛人，小人學道則易使」也。潮人之事公也，飲食必祭，水旱疾疫，凡有求必禱焉。而廟在刺史公堂之後，民以出入爲艱。前太守欲請諸朝作新廟，不果。元祐五年，朝散郎王君滌來守是邦，凡所以養士治民者，一以公爲師。民既悦服，則出令曰：「願新公廟者聽。」民讙趨之，卜地於州城之南七里，期年而廟成。或曰：「公去國萬里，而謫於潮，不能一歲而歸，没而有知，其不眷戀於潮，審矣！」軾曰：「不然。公之神在天下者，如水之在地中，無所往而不在也。而潮人獨信之深，思之至，焄蒿悽愴，若或見之。譬如鑿井得泉，而曰水專在是，豈理也哉！」元豐七年，詔封公昌黎伯，故榜曰「昌黎伯韓文公之廟」。潮人請書其事於石，因作詩以遺之，使歌以祀公。其詞曰：

公昔騎龍白雲鄉，手抉雲漢分天章，天孫爲織雲錦裳。飄然乘風來帝旁，下與濁世掃粃糠。西游咸池略扶桑，草木衣被昭回光。追逐李、杜參翱翔，汗流籍、湜走且僵，滅没倒景不可望。作詩詆佛譏君王，要觀南海窺衡湘，歷舜九疑弔英、皇。祝融先驅海若藏，約束蛟鱷如驅羊。鈞天無人帝悲傷，謳吟下招遣巫陽。犦牲雞卜羞我觴，於粲荔丹與蕉黄。公不少留我涕滂，翩然被髮下大荒。

朱子曰：「東坡作《韓文廟碑》，不能得一起語，起行百十遭，忽得『匹夫』兩句，下面只如此掃去。」〔二〕余謂子瞻爲此，蓋文過於力矣。然吾鄉王弇州謂：「此碑自始至末，無一字懈怠。嘉言格論，層見叠出；太牢悦口，夜明奪目。蘇文古今所推，此尤

〔二〕《朱子語類·論文上》卷一三九載朱子曰：「向嘗聞東坡作《韓文公廟碑》，一日思得頗久。（饒録云：「不能得一起頭，起行百十遭。」）忽得兩句云：『匹夫而爲百世師，一言而爲天下法。』遂掃將去。」

其最得意者，其關係世道人心亦大矣。」〔二〕蓋非虚譽也。銘辭尤奇奥，可與退之《樊紹述銘》同讀，而理想之新穎過之。

子瞻作《司馬温公神道碑》，體格與此相近，文氣亦極雄健，惟此文遒練過之，故舍彼而取此。

追魂攝魄法

凡索諸幽渺之鄉者，皆精神魂魄，非儘宜於説鬼之文也；當倏忽變幻，不可思議，忌穿鑿庸陋。

《左傳·晉侯改葬共大子》（僖公十年）

晉侯改葬共大子。秋，狐突適下國，遇大子。大子使登，僕，而告之曰：「夷吾無禮，余得請於帝矣。將以晉畀秦，秦將祀余。」對曰：「臣聞之，神不歆非類，民不祀非族。君祀無乃殄乎？且民何

〔二〕王世貞評語見引於《唐宋文醇》卷四九。

罪？失刑乏祀，君其圖之。」君曰：「諾。吾將復請。七日新城西偏，將有巫者而見我焉。」許之，遂不見。及期而往，告之曰：「帝許我罰有罪矣，敝於韓。」

吴摯甫云：「寫狐突遇共大子登僕如常，問答如常，竟與生人無異，絶無牛鬼蛇神之狀，可謂平常之極。直至『遂不見』三字，方寫出神蹤鬼迹，令人不寒而慄，可謂奇幻之極。」余按：此段極恍惚，却極悽楚。狐突爲大子之知己，而夷吾無禮，晉國將亡，則狐突心中之事也，故有是夢。新城爲大子所縊之地，特再點出，所謂追魂攝魄，悽愴在心脾者也，後人殆未有能效之者。

《左傳·秦晉伐鄀》（僖公二十五年）

秋，秦、晉伐鄀。楚鬭克、屈禦寇以申、息之師戍商密。秦人過析隈，入而係輿人，以圍商密，昏而傅焉。宵，坎血加書，僞與子儀、子邊盟者。商密人懼曰：「秦取析矣，戍人反矣。」乃降秦師。秦師囚申公子儀、息公子邊以歸。楚令尹子玉追秦師弗及，遂圍陳，納頓子于頓。

吴摯甫云：「戰功必以奇勝。此文寫秦人處處用奇，陰謀變化，如鬼如神。尤妙在用精鍊簡括之筆，使其蹤迹不甚了，然後兵之奇見，文之奇亦見。若遇此種奇功，而筆不足以傳之，是以真金作頑鐵用矣，豈不惜哉！」又云：「於精鍊簡括中，獨詳僞盟一事；又於商密人口中蕩漾二語，皆筆墨變化處。歸結楚圍陳納頓子，將破軍亡將之楚，略一生色，亦變化處。」

余按：兵，陰道也。秦人用陰謀，此文覺有一種陰森之氣。

秦人蓋用潛師，故子儀之兵不能覺。而「坎血加書」事，其謀蓋係先定。若以他人爲之，必十數語始明，而此則以一筆括之。「商密人懼曰」兩句，是爲「追魂攝魄法」。

《左傳·晉侯夢大厲》（成公十年）

晉侯夢大厲，被髮及地，搏膺而踊曰：「殺余孫不義，余得請於帝矣。」壞大門及寢門而入。公懼，入于室，又壞户。公覺，召桑田巫。巫言如夢，公曰：「何如？」曰：「不食新矣。」

公疾病，求醫于秦。秦伯使醫緩爲之。未至，公夢疾爲二豎子曰：「彼良醫也，懼傷我，焉逃之？」其一曰：「居肓之上，膏之下，若我何？」醫至，曰：「疾不可爲也。在肓之上，膏之下，攻之不可，達之不及，藥不至焉，不可爲也。」公曰：「良醫也。」厚爲之禮而歸之。六月丙午，晉侯欲麥，使甸人獻麥。饋人爲之。召桑田巫，示而殺之。將食，張，如厠，陷而卒。小臣有晨夢負公以登天，及日中，負晉侯出諸厠，遂以爲殉。

因夢成病，因病又夢，而巫、醫皆來，卒因夢而遂死，因死而小臣又夢。惡孽交作，迷離惝恍之文，其警世者深矣。

《左傳・鄭人相驚以伯有》（昭公七年）

鄭人相驚以伯有，曰「伯有至矣」，則皆走，不知所往。鑄刑書之歲二月，或夢伯有介而行曰：「壬子，余將殺帶也。明年壬寅，余又將殺段也。」及壬子，駟帶卒。國人益懼。齊、燕平之月壬寅，公孫段卒，國人愈懼。其明月，子産立公孫洩及良止以撫之，乃止。子大叔問其故，子産曰：「鬼有所歸，乃不爲厲，吾爲之歸也。」大叔曰：「公孫洩何爲？」子産曰：「説也。爲身無義而圖説，從政有所反之以取媚也。不媚不信，不信民不從也。」

及子産適晉，趙景子問焉，曰：「伯有猶能爲鬼乎？」子産曰：「能。人生始化曰魄，既生魄，陽曰魂。用物精多，則魂魄强。是以有精爽，至於神明。匹夫匹婦强死，其魂魄猶能馮依於人，以爲淫厲。況良霄，我先君穆公之冑，子良之孫，子耳之子，敝邑之卿，從政三世矣。鄭雖無腆，抑諺曰『蕞爾國』，而三世執其政柄，其用物也弘矣，其取精也多矣。其族又大，所馮厚矣。而强死，能爲鬼，不亦宜乎?」

鬼神之事,人心爲之,故《中庸》曰:「誠不可掩。」若迷信則大愚矣。此文記事,飄忽而無蹤,記言若知鬼神之情狀,實則爲强死者鳴冤,即爲刑政者垂戒耳!而用筆則如「上窮碧落下黄泉」,令人恍惚不可測。一起陡然而來,尤有天馬行空之概,非程度高者,不能學步也。

《史記·樂書》(節録)

衛靈公之時,將之晉,至於濮水之上舍。夜半時,聞鼓琴聲,問左右,皆對曰「不聞」。乃召師涓曰:「吾聞鼓琴音,問左右皆不聞。其狀似鬼神,爲我聽而寫之。」師涓曰:「諾。」因端坐援琴,聽而寫之。明日,曰:「臣得之矣。然未習也,請宿習之。」靈公曰:「可。」因復宿。明日報,曰:「習矣。」即去之晉。見晉平公,平公置酒於施惠之臺。酒酣,靈公曰:「今者來,聞新聲,請奏之。」平公曰:「可。」即令師涓坐師曠旁,援琴鼓之。未終,師曠撫而止之曰:「此亡國之聲也,不可聽。」平公曰:「何道出?」師曠曰:「師延所作也。與紂爲靡靡之樂,武王伐紂,師延東走,自投濮水之中,故聞此聲,必於濮水之上。先聞此聲者國削。」平公曰:「寡人所好者音也,願遂聞之。」師涓鼓而終之。

平公曰：「音無此最悲乎？」師曠曰：「有。」平公曰：「可得聞乎？」師曠曰「君德義薄，不可以聽之。」平公曰：「寡人所好者音也，願聞之。」師曠不得已，援琴而鼓之。一奏之，有玄鶴二八集乎廊門；再奏之，延頸而鳴，舒翼而舞。

平公大喜，起而爲師曠壽。反坐，問曰：「音無此最悲乎？」師曠曰：「有。昔者黄帝以大合鬼神，今君德義薄，不足以聽之，聽之將敗。」平公曰：「寡人老矣，所好者音也，願遂聞之。」師曠不得已，援琴而鼓之。一奏之，有白雲從西北起；再奏之，大風至而雨隨之，飛廊瓦，左右皆奔走。平公恐懼，伏於廊屋之間。晉國大旱，赤地三年。

聽者或吉或凶，夫樂不可妄興也。

《史記》頗有後人附益之文。此段節自《樂書》，疑出褚先生手。按：晉平公時，無衛靈入晉事，考諸《左傳》《史記年表》暨《晉衛世家》而可知。其事尤詭誕，然其文則能追取神氣，乃若有物憑之者，故可取耳。

《易傳》曰：「同聲相應，同氣相求。」一家有善聲善氣，則子弟皆感之而爲善；一家有惡聲惡氣，則子弟皆感之而爲惡，在於無形之中，而莫可名者也。故《中庸》曰：「體物而不可遺。」又曰：「夫微之顯，誠之不可掩。」是以君子敬畏天命，載魂抱魄，亡敢恣肆。否則子弟流蕩忘返，或致失魂而落魄矣，可不畏哉？

韓退之《原鬼》

「有嘯於梁，從而燭之，無見也。斯鬼乎？」曰：非也。鬼無聲。「有立於堂，從而視之，無見也。斯鬼乎？」曰：非也。鬼無形。「有觸吾躬，從而執之，無得也。斯鬼乎？」曰：非也。鬼無聲與形，安有氣。曰：「鬼無聲也，無形也，無氣也。果無鬼乎？」

曰：有形而無聲者，物有之矣，土石是也；有聲而無形者，物有之矣，風霆是也；有聲有形者，物有之矣，人獸是也；無聲與形者，物有之矣，鬼神是也。

曰：「然則有怪而與民物接者何也？」曰：是有二，有鬼有物。漠然無形與聲者，鬼之常也。民有忤於天，有違於民，有爽於物，逆於倫，而感於氣，於是乎鬼有形於形，有凴於聲以應之，而下殃禍焉，皆民之爲之也。其既也，又反乎其常。曰：「何謂物？」曰：成於形與聲者，土石、風霆、人獸是也；反乎無聲與形者，鬼神是也；不能有形與聲，不能無形與聲者，物怪是也。

故其作而接於民也無恒，故有動於民而爲禍，亦有動於民而爲福，亦有動於民而莫之爲禍福，適丁民之有是時也。作《原鬼》。

天地間之鬼神，皆人心之魂魄爲之也。因人心之魂魄，感召天地間之鬼神，故曰

「皆民之爲之」也。《左氏傳》所載，有託形於豕者，有託聲於牛者，其偶也。若謂鬼必託形聲於豕牛，其可乎？人無釁焉，鬼不自作。文能道鬼神之情狀，而歸本於正理。鍊氣亦極廉悍，是以卓然可傳。

韓退之《柳州羅池廟碑》

羅池廟者，故刺史柳侯廟也。柳侯爲州，不鄙夷其民，動以禮法。三年，民各自矜奮：「兹土雖遠京師，吾等亦天氓，今天幸惠仁侯，若不化服，我則非人。」於是老少相教語，莫違侯令。凡有所爲於其鄉閭，及於其家，皆曰：「吾侯聞之，得無不可於意否？」莫不忖度而後從事。凡令之期，民勸趨之，無有後先，必以其時。於是民業有經，公無負租，流逋四歸，樂生興事。宅有新屋，步有新船，池園潔修，豬牛鴨雞，肥大蕃息。子嚴父詔，婦順夫指，嫁娶葬送，各有條法，出相弟長，入相慈孝。先時民貧，以男女相質，久不得贖，盡没爲隸。我侯之至，按國之故，以傭除本，悉奪歸之。大修孔子廟。城郭巷道，皆治使端正，樹以名木。

柳民既皆悦喜。嘗與其部將魏忠、謝寧、歐陽翼，飲酒驛亭，謂曰：「吾棄於時，而寄於此，與若等好也。明年吾將死，死而爲神，後三年爲廟祀我。」及期而死。三年孟秋辛卯，侯降於州之後堂，歐陽翼等見而拜之。其夕，夢翼而告曰：「館我於羅池。」其月景辰，廟成大祭，過客李儀醉酒，慢侮堂上，得疾，扶出廟門即死。

明年春，魏忠、歐陽翼使謝寧來京師，請書其事于石。余謂柳侯生能澤其民，死能驚動禍福之，以食其土，可謂靈也已。作《迎享送神詩》遺柳民，俾歌以祀焉，而并刻之。柳侯，河東人，諱宗元，字子厚。賢而有文章。嘗位於朝，光顯矣，已而擯不用。其辭曰：

荔子丹兮蕉黄，雜肴蔬兮進侯堂。侯之船兮兩旗，度中流兮風泊之，待侯不來兮不知我悲。侯乘駒兮入廟，慰我民兮不嚬以笑。鵝之山兮柳之水，桂樹團團兮白石齒齒。侯朝出遊兮暮來歸，春與猨吟兮秋鶴與飛。北方之人兮爲侯是非，千秋萬歲兮侯無我違。福我兮壽我，驅厲鬼兮山之左。下無苦濕兮高無乾，秔稌充羡兮蛇蛟結蟠。我民報事兮無怠其始，自今兮欽於世世。

精光掩遏，不可逼視。子厚生而爲英，殁而爲神，理有固然，無足怪者。若以爲迷信，則謬矣。

曾文正最愛此銘辭，其《日記》云：「常於輿中誦之，音節鏘然。内云『驅厲鬼』，蓋即龍城柳碑語。」〔一〕

〔一〕曾國藩《日記》咸豐九年九月十七日日記曰：「夜，温韓文《柳州羅池廟碑》，覺情韻不匱，聲調鏗鏘，及文章中第一妙境。情以生文，文亦足以生情；文以引聲，聲亦足以引文。循環互發，油然不能自已，庶漸漸可入佳境。」

洸洋詼詭法

宜縱横馳驟，有黄河一瀉千里之勢；曾文正所謂：「跌宕頓挫，捫之有鋩。」奔放中必須凝鍊，忌浮囂，忌粗率。

自此法以下，已升堂而入於室，爲極至之文矣。

《荀子·賦篇》

爰有大物，非絲非帛，文理成章；非日非月，爲天下明；生者以壽，死者以葬，城郭以固，三軍以强；粹而王，駁而伯，無一焉而亡。臣愚不識，敢請之王？王曰：此夫文而不采者與？簡然易知而致有理者與？君子所敬而小人所不者與？性不得則若禽獸，性得之則甚雅似者與？匹夫隆之則爲聖人，諸侯隆之則一四海者與？致明而約，甚順而體，請歸之禮。（右《禮賦》）

皇天隆物，以示下民，或厚或薄，常不齊均；桀、紂以亂，湯、武以賢；湣湣淑淑，皇皇穆穆；周流四海，曾不崇日，君子以修，跖以穿室；大参乎天，精微而無形。行義以正，事業以成。可以禁暴足窮，百姓待之而後寧泰。臣愚不識，願問其名？曰：此夫安寬平而危險隘者邪？修潔之爲親而雜汙之爲狄者邪？甚深藏而外勝敵者邪？法禹、舜而能弃迹者邪？行爲動静，待之而後適者邪？血氣之精也，志意之榮也，百姓待之而後寧也，天下待之而後平也，明達純粹而無疵也，夫是之謂君子之知。（右《知賦》）

有物於此，居則周静致下，動則綦高以鉅；圓者中規，方者中矩；大參天地，德厚堯、禹；精微乎毫毛，而大盈乎大寓；忽兮其極之遠也，攭兮其相逐而返也，卬卬兮天下之咸蹇也。德厚而不捐，五采備而成文；往來惛憊，通于大神，出入甚極，莫知其門，天下失之則滅，得之則存。弟子不敏，此之願陳，君子設辭，請測意之？曰：此夫大而不塞者與？充盈大宇而不窕，入郄穴而不偪者與？行遠疾速而不可託訊者與？往來惛憊而不可爲固塞者與？暴至殺傷而不億忌者與？功被天下而不私置者與？託地而游宇，友風而子雨，冬日作寒，夏日作暑，廣大精神，請歸之雲。（右《雲賦》）

有物於此，𠑗𠑗兮其狀，屢化如神，功被天下，爲萬世文。禮樂以成，貴賤以分，養老長幼，待之而後存[一]；名號不美，與暴爲鄰；功立而身廢，事成而家敗；棄其耆老，收其後世；人屬所利，飛鳥所害。臣愚不識，請占之五泰？五泰占之曰：此夫身女好而頭馬首者與？屢化而不壽者與？善壯而拙老者與？有父母而無牝牡者與？冬伏而夏游，食桑而吐絲，前亂而後治，夏生而惡暑，喜濕而惡雨，蛹以爲母，蛾以爲父，三俯三起，事乃大已，夫是之謂蠶理。」（右《蠶賦》）

[一]「存」字原作「成」。

有物於此，生於山阜，處於室堂；無知無巧，善治衣裳；不盜不竊，穿窬而行；日夜合離，以成文章；以能合從，又善連衡；下覆百姓，上飾帝王；功業甚博，不見賢良；時用則存，不用則亡。臣愚不識，敢請之王？王曰：此夫始生鉅其成功小者邪？長其尾而鋭其剽者邪？頭銛達而尾趙繚者邪？一往一來，結尾以爲事；無羽無翼，反覆甚極；尾生而事起，尾邅而事已；簪以爲父，管以爲母；既以縫表，又以連裏；夫是之謂箴理。（右《箴賦》）

天下不治，請陳《佹詩》：天地易位，四時易鄉；列星殞墜，旦暮晦盲；幽晦登昭，日月下藏；公正無私，反見從横；志愛公利，重樓疏堂；無私罪人，憼革貳兵；道德純備，讒口將將。仁人絀約，敖暴擅强；天下幽險，恐失世英；螭龍爲蝘蜓，鴟梟爲鳳皇；比干見刳，孔子拘匡，昭昭乎其知之明也，郁郁乎其遇時之不祥也，拂乎其欲禮義之大行也，闇乎天下之晦盲也，皓天不復，憂無疆也；千歲必反，古之常也；弟子勉學，天不忘也；聖人共手，時幾將矣；與愚以疑，願聞反辭。

其《小歌》曰：念彼遠方，何其塞矣；仁人絀約，暴人衍矣；忠臣危殆，讒人服矣。

琁、玉、瑤、珠，不知佩也；雜布與錦，不知異也；閭娵、子奢，莫之媒也；嫫母、力父，是之喜也。以盲爲明，以聾爲聰，以危爲安，以吉爲凶。嗚呼上天，曷維其同？

前數段連卷縱横，惟意所適。後路嗚咽淋漓，苦心畢露。嗟真儒之不遇，痛滄海之横流，能無悲乎？

《荀子·成相篇》

請成相，世之殃，愚闇愚闇墮賢良；人主無賢，如瞽無相何倀倀。請布基，慎聖人，愚而自專事不治；主忌苟勝，羣臣莫諫必逢災。論臣過，反其施，尊主安國尚賢義；拒諫飾非，愚而上同國必禍。曷謂罷？國多私，比周還主黨與施；遠賢近讒，忠臣蔽塞主勢移。曷謂賢？明君臣，上能尊主愛下民。主誠聽之，天下爲一海内賓。主之孽，讒人達，賢能遁逃國乃蹷；愚以重愚，闇以重闇成爲桀。世之災，妒賢能，飛廉知政任惡來；卑其志意，大其園囿高其臺。武王怒，師牧野，紂卒易鄉啓乃下；武王善之，封之於宋立其祖。世之衰，讒人歸，比干見刳箕子累；武王誅之，吕尚招麾殷民懷。世之禍，惡賢士，子胥見殺百里徙；穆公任之，强配五伯六卿施。世之愚，惡大儒，逆斥不通孔子拘；展禽三絀，春申道綴基畢輸。請牧基，賢者思，堯在萬世如見之；讒之罔極，險陂傾側此之疑。基必施，辨賢罷，文、武之道同伏戲；由之者治，不由者亂何疑爲！凡成相，辨法方，至治之極復後王；復〔一〕慎、墨、季、惠，百家之説誠不詳。治復一，修之吉，君子執之心如結；衆人貳之，讒夫棄之形是詰。水至平，端不傾，心術如此象聖人；□而有執〔二〕，直而

〔一〕「復」字原誤作「法」。
〔二〕「□而有執」，原無「□」，據王先謙《荀子集解》，「而」前當脱一字，姑補一缺字符。

用拙，必參天。世無王，窮賢良，暴人芻豢，仁人糟糠；禮樂滅息，聖人隱伏，墨術行。治之經，禮與刑，君子以修百姓寧；明德慎罰，國家既治四海平。治之志，後埶富，君子誠之好以待；處之敦固，有深藏之能遠思。思乃精，志之榮，好而壹之神以成；精神相反，一而不貳爲聖人。治之道，美不老，君子由之佼以好；下以教誨子弟，上以事祖考。《成相》竭，辭不蹷，君子道之順以達；宗其賢良，辨其殃孽。

請成相，道聖王，堯、舜尚賢身辭讓；許由、善卷，重義輕利行顯明。堯讓賢，以爲民，氾利兼愛德施均；辨治上下，貴賤有等明君臣。堯授能，舜遇時，尚賢推德天下治；雖有賢聖，適不遇世孰知之。堯不德，舜不辭，妻以二女任以事；大人哉舜，南面而立萬物備！舜授禹，以天下，尚得推賢不失序；外不避仇，內不阿親賢者予。禹勞力〔一〕，堯有德，干戈不用三苗服；舉舜甽畝，任之天下身休息。得后稷，五穀殖，夔爲樂正鳥獸服；契爲司徒，民知孝弟尊有德。禹有功，抑下鴻，辟除民害逐共工；北決九河，通十二渚疏三江。禹傅土，平天下，躬親爲民行勞苦；得益、皋陶、横革、直成爲輔。契玄王，生昭明，居于砥石遷于商；十有四世，乃有天乙是成湯。天乙湯，論舉當，身讓卞隨舉牟光；□□□□〔二〕，道古賢聖基必張。

〔一〕原作「禹勞心力」，王念孫《讀書雜誌》卷八强調後人據《左傳》「君子勞心，小人勞力」而添「心」字。按：張衡《論衡·祭意》言「禹勞力天下」，則漢人尚見原本。謹據全篇句式及漢人書證，刪除「心」字。

〔二〕「道古賢聖基必張」句前當缺一四字句，姑補四缺字符。

願陳辭，世亂惡善不此治；隱諱疾賢，良（王念孫曰：「良，當爲長。楊注：『長用奸詐。』是其證。」）用奸詐鮮無災。患難哉！阪爲先，聖知不用愚者謀；前車已覆，後未知更何覺時。不覺悟，不知苦，迷惑失指易上下；中不上達，蒙揜耳目塞門户。門户塞，大迷惑，悖亂昏莫不終極；是非反易，比周欺上惡正直。正直惡，心無度，邪枉辟回失道途。己無郵人，我獨自美，豈獨無故不知戒，後必有恨。後遂過，不肯悔〔一〕；讒夫多進，反覆言語生詐態。人之態，不如備，爭寵嫉賢利惡忌；妒功毀賢，下斂黨與上蔽匿。上壅蔽，失輔埶，任用讒夫不能制；郭公長父之難，厲王流于彘。周幽、厲，所以敗，不聽規諫忠是害；嗟我何人，獨不遇時當亂世。欲衷對，言不從，恐爲子胥身離凶；進諫不聽，剄而獨鹿棄之江。觀往事，以自戒，治亂是非亦可識；□□□□〔二〕，託於成相以喻意。

請成相，言治方，君論有五約以明；君謹守之，下皆平正國乃昌。臣下職，莫游食，務本節用財無極；事業聽上，莫得相使一民力。守其職，足衣食，厚薄有等明爵服；利往卬上，莫得擅與

〔一〕自「我獨自美」至「不肯悔」，現行版本多標點作：「我獨自美豈獨無故？不知戒，後必有，恨後遂過不肯悔」，唐先生之斷句，是基於此篇之表述特色，爲每組之首句句意，有承接前一組末句語意之特點。由此找到「後必有恨」與「後遂過」兩句語意相近，遂以此確定斷句之分野處。故以「後必有恨」以上爲一組句，「後必有恨」以下爲另一組句。

〔二〕「託於」句前當脱一四字句，姑補四缺字符。

孰私得。君法明，論有常，表儀既設民知方；進退有律，莫得貴賤孰私王。君法儀，禁不爲，莫不説教名不移；修之者榮，離之者辱孰它師。刑稱陳，守其銀，下不得用輕私門；罪禍有律，莫得輕重威不分。請牧祺，明有基，主好論議必善謀；五聽修領，莫不理續主執持。聽之經，明其請，參伍明謹施賞刑；顯者必得，隱者復顯民反誠。言有節，稽其實，信誕以分賞罰必；下不欺上，皆以情言明若日。上通利，隱遠至，觀法不法見不視；耳目既顯，吏敬法令莫敢恣。君教出，行有律，吏謹將之無鈹滑；下不私請，各以宜，舍巧拙。臣謹修，君制變，公察善思論不亂；以治天下，後世法之成律貫。

與《離騷經》用意略同，而造語之詠奇過之。

按：成相者，非謂成功在相也。《禮記》「治亂以相」，相乃樂器，所謂「舂牘」。又古者瞽必有相，審此篇音節，即後世彈詞之祖。篇首即稱「如瞽無相何倀倀」，其義已明。首句「請成相」，言請奏此曲也。然則此文體，亦非荀卿所特創矣。

《莊子·逍遥遊篇》（節録）

北冥有魚，其名爲鯤。鯤之大，不知其幾千里也。化而爲鳥，其名爲鵬。鵬之背，不知其幾千里也。怒而飛，其翼若垂天之雲。是鳥也，海運則將徙於南冥。南冥者，天池也。《齊諧》者，志怪者也。《諧〔一〕》之言曰：「鵬〔二〕之徙於南冥也，水擊三千里，摶扶摇而上者九萬里，去以六月息者也。」野馬也，塵埃也，生物之以息相吹也。天之蒼蒼，其正色邪？其遠而無所至極邪？其視下也，亦若是則已矣。且夫水之積也不厚，則負大舟也無力。覆杯水於坳堂之上，則芥爲之舟；置杯焉則膠，水淺而舟大也。風之積也不厚，則其負大翼也無力。故九萬里則風斯在下矣，而後乃今培風；背負青天，而莫之夭閼者，而後乃今將圖南。蜩與學鳩笑之曰：「我決起而飛，槍榆枋，時則不至，而控於地而已矣，奚以之九萬里而南爲？」適莽蒼者，三飡而反，腹猶果然；適百里者宿舂糧；適千里者三月聚糧。之二蟲又何知！小知不及大知，小年不及大年。奚以知其然也？朝菌不知晦朔，蟪蛄不知春秋，此小年也。楚之南有冥靈者，以五百歲爲春，五百歲爲秋；上古有大椿者，以八千歲爲春，八千歲爲秋。而彭祖乃今以久特聞，衆人匹之，不亦悲乎！湯之問棘也是已。窮髮之北，有冥海者，天池也。有魚焉，其廣數千里，未有知其修者，其名爲鯤。有鳥焉，其名爲鵬，背若泰山，翼若垂天之雲，摶扶摇羊角而上者九萬里，絶雲氣，負青天，然後圖南，且適南冥也。斥鴳笑之曰：「彼且奚適也？我騰躍而上，不過數仞而下，翱翔蓬蒿之間，此亦飛之至也，而彼且奚適也？」此小大之辯也。

〔一〕「諧」字原誤作「鵬」。
〔二〕「鵬」字原誤作「諧」。

故夫知效一官，行比一鄉，德合一君，而徵一國者，其自視也亦若此矣。而宋榮子猶然笑之。且舉世而譽之而不加勸，舉世而非之而不加沮，定乎内外之分，辨乎榮辱之境，斯已矣。彼其於世，未數數然也。雖然，猶有未樹也。夫列子御風而行，泠然善也，旬有五日而後反；彼於致福者，未數數然也。此雖免乎行，猶有所待者也。若夫乘天地之正，而御六氣之辯，以遊無窮者，彼且惡乎待哉！故曰至人無己，神人無功，聖人無名。（中略）

肩吾問於連叔曰：「吾聞言於接輿，大而無當，往而不反。吾驚怖其言，猶河漢而無極也；大有逕庭，不近人情焉。」連叔曰：「其言謂何哉？」曰：「『藐姑射之山，有神人居焉。肌膚若冰雪，淖約若處子；不食五穀，吸風飲露；乘雲氣，御飛龍，而遊乎四海之外；其神凝，使物不疵癘，而年穀熟。』吾以是狂而不信也。」連叔曰：「然。瞽者無以與乎文章之觀，聾者無以與乎鐘鼓之聲。豈唯形骸有聾盲哉！夫知亦有之。是其言也，猶時女也。之人也，之德也，將磅礴萬物以爲一世蘄乎亂，孰弊弊焉以天下爲事！之人也，物莫之傷，大浸稽天而不溺，大旱金石流、土山焦而不熱。是其塵垢粃糠，將猶陶鑄堯、舜者也，孰肯以物爲事！」宋人資章甫而適諸越，越人斷髮文身無所用之。堯治天下之民，平海内之政，往見四子，藐姑射之山，汾水之陽，窅然喪其天下焉。

首段是神化，次段是沖漠。其本在於養氣，故曰「乘天地之正，御六氣之辨」，與孟子之學相似而實不同。

《莊子·齊物論篇》(節録)

南郭子綦隱几而坐,仰天而噓,嗒焉似喪其耦。顔成子游立侍乎前,曰:「何居乎?形固可使如槁木,而心固可使如死灰乎?今之隱几者,非昔之隱几者也。」子綦曰:「偃,不亦善乎,而問之也!今者吾喪我,汝知之乎!女聞人籟,而未聞地籟;女聞地籟,而未聞天籟夫!」子游曰:「敢問其方。」子綦曰:「夫大塊噫氣,其名爲風。是唯無作,作則萬竅怒呺。而獨不聞之翏翏乎?山林之畏佳,大木百圍之竅穴,似鼻,似口,似耳,似枅,似圈,似臼,似洼者,似污者;激者謞者,叱者,吸者,叫者,譹者,宎者,咬者。前者唱于,而隨者唱喁。泠風則小和,飄風則大和,厲風濟則衆竅爲虚。而獨不見之調調、之刁刁乎?」子游曰:「地籟則衆竅是已,人籟則比竹是已,敢問天籟。」子綦曰:「夫吹萬不同,而使其自已也,咸其自取,怒者其誰邪?」

大知閑閑,小知閒閒;大言炎炎,小言詹詹。其寐也魂交,其覺也形開;與接爲構,日以心鬭。縵者、窖者、密者。小恐惴惴,大恐縵縵。其發若機栝,其司是非之謂也;其留如詛盟,其守勝之謂也;其殺若秋冬,以言其日消也;其溺之所爲之,不可使復之也;其厭也如緘,以言其老洫也;近死之心,莫使復陽也。喜怒哀樂,慮嘆變慹,姚佚啓態。樂出虚,蒸成菌。日夜相代乎前,而莫知其所萌。已乎已乎!旦暮得此,其所由以生乎!(中略)夫隨其成心而師之,誰獨且無師乎?奚必知代,而心自取者有之?愚者與有焉。未成乎心而有是非,是今日適越而昔至也。是以無有爲有。無有爲有，雖有神禹，且不能知，吾獨且奈何哉！

夫言非吹也。言者有言，其所言者，特未定也。果有言邪？其未嘗有言邪？其以爲異於鷇音，亦有辨乎？其無辨乎？道惡乎隱而有真僞？言惡乎隱而有是非？道惡乎往而不存？言惡乎存而不可？道隱於小成，言隱於榮華。故有儒墨之是非，以是其所非，而非其所是。欲是其所非而非其所是，則莫若以明。物无非彼，物無非是。自彼則不見，自知則知之。故曰彼出於是，是亦因彼。彼是方生之説也。雖然，方生方死，方死方生；方可方不可，方不可方可；因是因非，因非因是。是以聖人不由而照之於天，亦因是也。是亦彼也，彼亦是也。彼亦一是非，此亦一是非。果且有彼是乎哉？果且無彼是乎哉？彼是莫得其偶，謂之道樞。樞始得其環中，以應無窮。是亦一無窮，非亦一無窮也。故曰莫若以明。

以指喻指之非指，不若以非指喻指之非指也；以馬喻馬之非馬，不若以非馬喻馬之非馬也。天地一指也，萬物一馬也。可乎可，不可乎不可。道行之而成，物謂之而然。惡乎然？然於然。惡乎不然？不然於不然。物固有所然，物固有所可。無物不然，無物不可。故爲是舉莛與楹，厲與西施，恢恑憰怪，道通爲一。其分也成也，其成也毁也。凡物無成與毁，復通爲一。唯達者知通爲一，爲是不用而寓諸庸。庸也者，用也；用也者，通也；通也者，得也；適得而幾矣。因是已。已而不知其然謂之道。勞神明爲一，而不知其同也，謂之「朝三」。何謂「朝三」？曰：「狙公賦芧曰：『朝三而暮四。』衆狙皆怒。曰：『然則朝四而暮三。』」衆狙皆悦。名實未虧，而喜怒爲用，亦因是也。是以聖人

和之以是非，而休乎天鈞，是之謂兩行。（中略）

罔兩問景曰：「曩子行，今子止；曩子坐，今子起。何其無特操與？」景曰：「吾有待而然者邪？吾所待又有待而然者邪？吾待蛇蚹蜩翼邪？惡識所以然？惡識所以不然？」

昔者莊周夢爲胡蝶，栩栩然胡蝶也。自喻適志與，不知周也。俄然覺，則蘧蘧然周也。不知周之夢爲胡蝶與，胡蝶之夢爲周與？周與胡蝶，則必有分矣。此之謂物化。

人生三百六十空竅，皆所謂「翏翏刁刁」者也，人不能自聞之耳，知此而一死生、齊是非，合可不可歸於物化，所謂「離形去知，同乎大通」者也。至此心歸於無，氣亦歸於無。

《莊子·秋水篇》（節録）

秋水時至，百川灌河，涇流之大，兩涘渚崖之間，不辨牛馬。於是焉河伯欣然自喜，以天下之美爲盡在己。順流而東行，至於北海，東面而視，不見水端。於是焉河伯始旋其面目，望洋向若而歎曰：「野語有之曰『聞道百，以爲莫己若』者，我之謂也。且夫我嘗聞少仲尼之聞而輕伯夷之義者，始吾弗信；今我睹子之難窮也，吾非至於子之門，則殆矣，吾長見笑於大方之家。」北海若曰：「井鼃不可以語於海者，拘於虚也；夏蟲不可以語於冰者，篤於時也；曲士不可以語於道者，束於教也。今爾出於崖涘，觀於大海，乃知爾醜，爾將可與語大理矣。天下之水，莫大於海，萬川歸之，不知何時止而不盈；尾閭泄之，不知何時已而不虚；春秋不變，水旱不知。此其過江河之流，不可爲量數。而吾未嘗以此自多者，自以比形於天地，而受氣於陰陽，吾在於天地之間，猶小石小木之在大山也。方存乎見少，又奚以自多！計四海之在天地之間也，不似礨空之在大澤乎？計中國之在海内，不似稊米之在太倉乎？號物之數謂之萬，人處一焉；人卒九州，穀食之所生，舟車之所通，人處一焉，此其比萬物也，不似豪末之在於馬體乎？五帝之所連，三王之所争，仁人之所憂，任士之所勞，盡此矣。伯夷辭之以爲名，仲尼語之以爲博，此其自多也，不似爾向之自多於水乎？」

河伯曰：「然則吾大天地而小豪末，可乎？」北海若曰：「否。夫物量無窮，時無止，分無常，終始無故。是故大知觀於遠近，故小而不寡，大而不多，知量無窮；證曏今故，故遥而不悶，掇而不跂，知時無止；察乎盈虚，故得而不喜，失而不憂，知分之無常也；明乎坦途，故生而不説，死而不禍，知終始之不可故也。計人之所知，不若其所不知；其生之時，不若未生之時；以其至小求窮其至大之域，是故迷亂而不能自得也。由此觀之，又何以知豪末之足以定至細之倪？又何以知天地之足以窮至大之域？」

此篇本係一層進一層，如剥蕉心，不盡不止。兹僅節録兩段，以見其趣。蓋其意不過小仲尼、伯夷，而借河伯以發之，亦不足爲訓也。

袁爽秋先生云：「惟道術深廣，而心君尚恭者，爲能虛己斂德，而孱焉處之。否則如蟹之處罾，時露其一螯二螯，而受縶於人矣，淺躁故也。」此語見道極深。

唐蔚芝《釋氣》

大同之世，喜氣婆娑。卿雲糺縵，吐氣含和。百姓鼓腹，擊壤謳歌。爰有通人達士，方領矩步之倫，羣萃淑氣之佳亭，相與討論乎斯氣之升降，與夫斯氣之本真。

政治家言曰：「政貴行健，同氣相求。雲從龍，風從虎；本天本地，親上親下，一氣之相應也。聖人乘六龍，保太和，播元氣，感人心，而天下和平。嗚球拊石，於變時雍，鳥獸蹌蹌，鳳凰來儀，一氣之相感也。是以聲名洋溢中國，凡有血氣，莫不尊親。反是而大塊噫氣，鬱極爲風，蜚屋拔木，靡測其蹤。曰『蒙恒風』，曰『狂恒雨』，曰『僭恒暘』，《洪範》咎徵，其皆沴氣〔一〕乎。六氣失節，陰陽糾棼；寒暑不時，饑饉薦臻；山崩川竭，深谷爲陵，其皆氣之所爲乎。」

道學家言曰：「良知者根於一心，一心，氣之精英也；良能者達於五官，五官，氣之感覺也。本

〔一〕「沴氣」，咎惡之氣。

心昧而良知泯、良能没，靈氣爲之窒塞焉。好惡拂人之性〔一〕，『梏之反覆，則其夜氣不足以存』〔二〕。復之之道，在先存其『平旦之氣』，《詩》所謂『明發不寐，有懷二人』是也，所謂『昊天曰明，無敢戲豫』是也。由是而養其『浩然之氣』，『其爲氣也，至大至剛，配義與道；以直養而無害，則塞於天地之間』〔三〕。孔子曰：『人之生也直。』〔四〕直者，生理也，生氣也。『自反而不縮』〔五〕，以任一己之事而不足；自反而縮，以通造化而有餘。天地有清純之氣，吾心之氣，與天地清純之氣相浹洽也；天地有正大之氣，吾心之氣，與天地正大之氣相往來也。涵之而爲性，仁、義、禮、智、信五德，理也，亦氣也。擴之而爲情，惻隱、羞惡、辭讓、是非四端，皆氣〔六〕也。竊嘗徵之於經，古之聖賢，清明在躬，志氣如神也。又嘗考之於史，古之豪傑，力可拔山，氣可蓋世也。縱横九垓，上下千禩，無往而非學也，無往而非氣也。」

氣節家言曰：「吾嘗登首陽山，片石矗雲表，鬱鬱葱葱，其氣佳哉！黄、農没矣，薇蕨芳矣。伯夷聖之清者也，飽則氣濁，餓則氣清，豈不然歟？百世而下，聞者莫不興起，興起者，興氣也，而況於親

〔一〕本《禮記・大學》「好人之所惡，惡人之所好，是謂拂人之性，菑必逮夫身」意。
〔二〕《孟子・告子上》文。
〔三〕《孟子・公孫丑上》文。
〔四〕《論語・雍也》文。
〔五〕《孟子・公孫丑》載曾子語。
〔六〕朱熹《孟子集注》注「四端」云：「惻隱、羞惡、辭讓、是非，情也。」唐先生本朱子立義。

炙之者乎！親炙者，炙氣也。橫覽吾中國二十四史，忠臣、孝子、義士、烈婦，其慷慨激烈、悲壯嗚咽之氣，恒百折而不撓。齊太史簡、晉董狐筆，是氣也；秦子房椎，漢子卿節，是氣也；文文山之作《衣帶銘》，楊椒山之却蚺蛇膽，是氣也。在《易》之義，上水下澤，其卦爲《節》，水澤者氣也。鬱積而爲氣之苦，苦節不可貞也；調和而爲氣之甘，甘節往有尚也。沿及後世，藺相如之怒髮衝冠，氣之麤者也；婁師德之唾面自乾，氣之餒者也。推而及於漢之黨錮、五代之清流，皆未聞乎大道者也。往者齊大饑，黔敖爲食於路，有餓者貿貿然來，終不食嗟來之食。氣勁哉！豈夷、齊之亞與？蓋蹴爾而與，乞人不屑，所欲有甚於生，所惡有甚於死者〔一〕，葆此氣也。人不可以無耻，無廉耻則無氣也。奈之何『宮室之美、妻妾之奉、所識窮乏者得我』〔二〕，一入仕途，無非尸居之餘氣，譬諸入大冶之鑪，舉鎔化其氣骨，殆哉！」

養生家言曰：「天以氣養人，地以味養人。味以培體，氣以完神，故人非氣不存。儒者之道，『節嗜慾，定心氣』〔三〕，此言何謂也？《月令》一書，非衛生權輿乎？宋之大儒，首推朱子，作《調息箴》曰：『鼻端有白，我其觀之。』白者氣也。觀之者，觀氣也。字義，自心爲息；自者，鼻之省文也；自

〔一〕此二句出《孟子·告子上》。
〔二〕《孟子·告子上》文。
〔三〕《禮記·月令》文。

心相應謂之息。『綿綿若存，用之不竭』〔一〕，《道德》真詮，於今未絶。抑又聞之，真人之息以踵，常人之息以喉。以喉，氣出於肺也，形而上者也；以踵，氣萃於足也，形而下者也。善而用之，勿忘勿助。氣之輕清者上，氣之重濁者下〔二〕；神將守形，形乃常存，此呼吸之法也。《黄帝内經》曰：『至人者，服天氣而通神明。』《淮南子》曰：『服氣者，神明而壽。』藐姑神人，不食五穀，吸風飲露，乘氣御飛龍，而翺翔乎杳冥之外。震爲東方，太陽萌光，吞吐絪緼，去故納新，此服氣之法也。」

旁有宗教家聞而笑曰：「彼説與我大類。『精氣爲物，遊魂爲變』〔三〕，此言何謂也？鬼神之德，體物不遺。『其氣發揚於上爲昭明』〔四〕，『神之格思』〔五〕，氣之感思也。『誠之不可揜』〔六〕，氣之不可滅也，『載魂魄抱一，能無離乎』〔七〕。凡人富貴利達惑其中，奔走營求逐其外，氣浮矣消矣！氣滯矣絶矣！雖欲不離魂、不落魄也得乎？」

〔一〕《道德經》第六章文，原作：「綿綿若存，用之不勤。」

〔二〕「氣之輕清者上，氣之重濁者下」二句脱胎於《淮南子》。《淮南子·天文訓》云：「氣有涯垠，清陽者薄靡而為天，重濁者凝滯而為地。」

〔三〕《易·繫辭》云：「原始反終，故知死生之説。精氣爲物，遊魂爲變，是故知鬼神之情狀。」

〔四〕《禮記·中庸》文。

〔五〕《禮記·中庸》所引《詩·大雅·抑》句。

〔六〕接上《中庸》文。

〔七〕《老子》第十章文。

於是有天文家之言氣，以爲日月星辰，皆氣之所斡運也；有地學家之言氣，以爲華嶽河海，皆氣之所包舉也；有文學家之言氣，以爲典章禮樂，秀氣所發皇也；有科學家之言氣，以爲聲光化電，空氣所傳嬗也。於是慎獨子評而斷之曰：「甚矣論氣者之夥也！夫盈天地間皆氣也，難以更僕數，請就其切近者言之。

「吾人修身之要旨，辨氣之善惡而已。『雞鳴而起，孳孳爲善者，舜之徒也。』〔一〕舜之徒善氣何如也？『孳孳爲利者，蹠之徒也。』蹠之徒惡氣何如也？『積善之家，必有餘慶；積不善之家，必有餘殃。』〔二〕豈造物者都省記之與？積善之氣有餘而百慶應之也，人見其慶而不知其爲善氣也；積不善之氣有餘而百殃應之也，人見其殃也，而不知其爲惡氣也。是故一身有善氣，一家一國有善氣，天下感之，皆有善氣；一身有惡氣，一家一國有惡氣，天下感之，皆有惡氣。一家仁，一國興仁；一人貪利，一國作亂〔三〕。其機如此，其氣如此也。『君子之澤，五世而斬』〔四〕，君子之善氣薰蒸而爲澤及於五世也；『小人之澤，五世而斬』，小人惡氣漸漬而爲澤及於五世也。氣有盈虚，世亦隨之爲消長也。

〔一〕《孟子·盡心上》文。
〔二〕《易·坤卦·文言傳》文。
〔三〕《禮記·大學》文。
〔四〕《孟子·離婁下》文。

是故周文王之肅肅雝雝，緝熙敬止〔一〕，其善氣之久長緜延至於八百載；戰國時，『爭地以戰，殺人盈野；爭城以戰，殺人盈城』〔二〕，乖戾之氣，充塞宇宙，如火之燎於原。嗚呼！五行之火氣不可鄉邇，其猶可撲滅。不數十年，而秦政出，焚書坑儒，君子驗其氣之惡極而知之；曹操、司馬懿奸回險詐之氣，歷久不沫，浸淫及於六朝，而士大夫咸被其毒。痛乎悲夫，至五世而猶不能蕩滌而掃除之也！吾人何以知衆甫之狀哉？識衆甫之氣也。意者音也，察其人之心音而善惡可知也；氣者气也，審其人之口气而善惡可知也。『與善人居，如入芝蘭之室，久而不聞其芳』，芳氣可親也。『與惡人居，如入鮑魚之肆，久而不聞其臭』〔三〕，臭氣胡可近也！食《詩》《書》之氣，子弟鮮有不雋穎者；沾銅臭之氣，子弟未有不蠢愚者。感名山大川之氣，其人多傑而靈、壽而樂者，氣清嘉也；溺膏粱醉飽之氣，其人多齷齪以貪、狂惑以疾者，氣酖毒也。扁鵲見齊桓公，望而却走，醫家之辨氣也；范增望沛公之氣，皆爲龍虎，兵家之占氣也。君子『終日乾乾』，所以培養其朝氣也；『嚮晦入晏息』〔四〕，所以振作其暮氣也。歷代名儒，心無昏惰之氣，躬無邪僻之氣；孝弟忠信以勵其氣，居仁由義以充其氣。喜怒哀樂之未發，氣

〔一〕約《詩·大雅·文王》句。
〔二〕《孟子·離婁上》文。
〔三〕劉向《説苑》文。
〔四〕《易·隨卦·象辭》云：「澤中有雷，隨，君子以嚮晦入宴息。」

也；發而皆中節，氣也。『致中和，天地位焉，萬物育焉』〔一〕，吾之氣順，則天地之氣亦順也。參經綸，贊化育者〔二〕，氣也；轉否爲泰，轉困爲孚者，氣也；化愚爲明，化柔爲强者，氣也。是故古聖人所以主静，立人極者，内省乎己之善惡之氣，外析乎人之善惡之氣而已。且夫五方雜遝，風氣攸殊也；羣生軋茁，氣質萬變也。化工不言，四時行，百物生，默示其陰、陽、晦、明、風、雨之六氣。上古樂官，伶倫通其微，截爲六律十二管，吹葭驗氣，節宣陰陽；後人又析之爲四，是爲二十四氣之始。因人之氣配天之氣，而陰陽、剛柔、善惡判焉。剛者爲清、爲直、爲斷、爲嚴毅、爲幹固，氣之善者也；爲猛、爲隘、爲驕、爲傲、爲强梁，氣之惡者也。柔者爲慈、爲和、爲順、爲巽，氣之善者也；爲僞、爲懦、爲弱、爲庸闇、爲畏葸、爲邪佞，氣之惡者也。夫反諸己者，亦濟其陰陽、剛柔之偏而已矣。出辭氣而無倍也，持志氣而無暴也。居一室，千里之外應之〔三〕，氣乎！其君子之樞機乎！慎乎謹乎！氣之發乎！大哉氣乎！斯言其至矣乎！」衆皆曰：「旨哉！慎獨子乃詮釋之，俾天下萬世之含生禀氣者知所宗仰」云。

放恣横縱，惟意所適；牢籠萬有，馳騁百家。學者熟讀之，可得鍊氣之法。

〔一〕《禮記·中庸》文。
〔二〕約《中庸》「唯天下至誠，爲能經綸天下之大經，立天下之大本，知天地之化育」文。
〔三〕《易·繫辭上》云：「君子居其室，出其言善，則千里之外應之，況其邇者乎。」

高瞻遠矚法

宜先養浩然之氣，與天地清明之氣相接，開拓萬古心胸，推倒一時豪傑；惟道德品行至高者，乃能爲之，忌廓落。

《孟子》「好辯」章

公都子曰：「外人皆稱夫子好辯，敢問何也？」孟子曰：「予豈好辯哉！予不得已也。天下之生久矣，一治一亂。當堯之時，水逆行，氾濫於中國。蛇龍居之，民無所定。下者爲巢，上者爲營窟。《書》曰：『洚水警余。』洚水者，洪水也。使禹治之，禹掘地而注之海，驅蛇龍而放之菹。水由地中行，江、淮、河、漢是也。險阻既遠，鳥獸之害人者消，然後人得平土而居之。

「堯、舜既没，聖人之道衰。暴君代作，壞宫室以爲汙池，民無所安息；棄田以爲園囿，使民不得衣食。邪説暴行又作，園囿、汙池、沛澤多而禽獸至。及紂之身，天下又大亂。周公相武王，誅紂伐奄，三年討其君，驅飛廉於海隅而戮之。滅國者五十，驅虎、豹、犀、象而遠之。天下大悦。《書》曰：『丕顯哉，文王謨！丕承哉，武王烈！佑啓我後人，咸以正無缺。』

「世衰道微，邪説暴行有作，臣弑其君者有之，子弑其父者有之。孔子懼，作《春秋》。《春秋》，天子之事也，是故孔子曰：『知我者其惟《春秋》乎！罪我者其惟《春秋》乎！』

「聖王不作，諸侯放恣，處士横議，楊朱、墨翟之言盈天下。天下之言不歸楊，則歸墨。楊氏爲我，是無君也；墨氏兼愛，是無父也。無父無君，是禽獸也。公明儀曰：『庖有肥肉，廄有肥馬，民有飢色，野有餓莩，此率獸而食人也。』楊、墨之道不息，孔子之道不著，是邪説誣民，充塞仁義也。仁義充塞，則率獸食人，人將相食。吾爲此懼，閑先聖之道，距楊、墨，放淫詞，邪説者不得作。作於其心，害於其事；作於其事，害於其政。聖人復起，不易吾言矣。昔者禹抑洪水而天下平，周公兼夷狄驅猛獸而百姓寧，孔子成《春秋》而亂臣賊子懼。《詩》云：『戎狄是膺，荆舒是懲，則莫我敢承。』無父無君，是周公所膺也。我亦欲正人心，息邪説，距詖行，放淫辭，以承三聖者；豈好辯哉？予不得已也。能言距楊、墨者，聖人之徒也。」

凡作文分段起處，最宜講究。此文每段起處，皆用「高瞻遠矚法」。而「天下之生」節、「昔者禹抑洪水」節、「我亦欲正人心」節，俱有「振衣千仞岡，濯足萬里流」〔一〕之概。孟子論浩然之氣，「塞於天地之間」，殆亦自道其文歟！

〔一〕左思《咏史八首》句。

《孟子》「伊尹割烹」章

萬章問曰：「人有言『伊尹以割烹要湯』，有諸？」孟子曰：「否，不然。伊尹耕於有莘之野，而樂堯、舜之道焉。非其義也，非其道也，禄之以天下弗顧也；繫馬千駟，弗視也。非其義也，非其道也，一介不以與人，一介不以取諸人。湯使人以幣聘之，囂囂然曰：『我何以湯之聘幣爲哉？我豈若處畎畝之中，由是以樂堯、舜之道哉？』湯三使往聘之，既而幡然改曰：『與我處畎畝之中，由是以樂堯、舜之道，吾豈若使是君爲堯、舜之君哉？吾豈若使是民爲堯、舜之民哉？吾豈若於吾身親見之哉？天之生此民也，使先知覺後知，使先覺覺後覺也。予，天民之先覺者也。予將以斯道覺斯民也，非予覺之而誰也？』思天下之民，匹夫匹婦有不被堯、舜之澤者，若己推而内之溝中。其自任以天下之重如此，故就湯而説之，以伐夏救民。吾未聞枉己而正人者也，況辱己以正天下者乎！聖人之行不同也，或遠或近，或去或不去，歸潔其身而已矣。吾聞其以堯、舜之道要湯，未聞以割烹也。《伊訓》曰：『天誅造攻自牧宫，朕載自亳。』」

此文以「堯、舜之道」作主，而以「吾」字、「予」字作綫索，皆有挺然自任之意，則其身之貴重於天地間爲何如，故曰「歸潔其身而已矣」。凡人生當世，必當爲天下第一等人。然有任聖之志氣，必須有任聖之道德學問。徒放言高論，無益也。願吾國之學者勉之。

《孟子》中「高瞻遠矚法」最多，如「公孫衍張儀」章、「宋句踐」章、「尚志」章、「由堯、舜至于湯」章均是。蓋孟子有論世知人之志，故其文抱負與人不同，吾輩當學其所養。

韓退之《伯夷頌》

士之特立獨行，適於義而已，不顧人之是非，皆豪傑之士，信道篤而自知明者也。一家非之，力行而不惑者寡矣；至於一國一州非之，力行而不惑者，蓋天下一人而已矣；若至於舉世非之，力行而不惑者，則千百年乃一人而已耳。若伯夷者，窮天地亘萬世而不顧者也。昭乎日月不足爲明，崒乎泰山不足爲高，巍乎天地不足爲容也。

當殷之亡，周之興，微子賢也，抱祭器而去之。武王、周公聖也，從天下之賢士與天下之諸侯而往攻之，未嘗聞有非之者也。彼伯夷、叔齊者，乃獨以爲不可。殷既滅矣，天下宗周，彼二子乃獨耻食其粟，餓死而不顧。繇是而言，夫豈有求而爲哉？信道篤而自知明也。今世之所謂士者，一凡人譽之則自以爲有餘，一凡人沮之則自以爲不足。彼獨非聖人而自是如此。夫聖人乃萬世之標準也，余故曰：若伯夷者，特立獨行，窮天地亘萬世而不顧者也。

雖然，微二子，亂臣賊子接迹於後世矣。

俗世滔滔，清流皓皓，讀此文可以增長志氣，激勵名節，曾文正所謂「寐寐周、孔，落落寡羣」〔一〕，其庶幾近之。

《莊子》云：「彼亦一是非，此亦一是非。」是非之不明於天下久矣。王荆公謂夷、齊扣馬而諫，采薇而食，餓死首陽諸事，皆無有者〔二〕，可謂妄論。如此則《論語》亦不足據矣。要知武、周之事，乃天下之通義；夷、齊之事，蓋千古之常經。彼其非聖人而自是者，固有所不得已也，其心迹與日月爭光矣。韓子此文結處，實足包掃一切。

〔一〕曾國藩《古文八境贊》文。

〔二〕王安石《伯夷》曰：「蓋二老所謂天下之大老，行年八十餘，而春秋固已高矣；自海濱而趨文王之都，計亦數千里之遠；文王之興以至武王之世，歲亦不下十數，豈伯夷欲歸西伯而志不遂，乃死於北海邪？抑來而死於道路邪？抑其至文王之都，而不足以及武王之世而死邪？如是而言，伯夷其亦理有不存者也。」（《臨川先生文集·論議》卷六三。）

翕純皦繹法

適用於論著之文，知此法，則鍊氣鍊局變化無方，要在純任自然，行乎其所不得不行，止乎其所不得不止；若有意爲之，則弊矣。

賈生《過秦論》

【釋】此篇大體從《史記·秦始皇本紀》。

秦孝公據殽函之固，擁雍州之地，君臣固守而窺周室，有席卷天下，包舉宇内，囊括四海之意，并吞八荒之心。當是時，商君佐之，内立法度，務耕織，脩守戰之備，外連衡而鬭諸侯，於是秦人拱手而取西河之外。

孝公既没，惠王、武王蒙故業，因遺册，南取漢中，西舉巴、蜀，東割膏腴之地，收要害之郡。諸侯恐懼，會盟而謀弱秦，不愛珍器重寶肥美之地，以致天下之士，合從締交，相與爲一。當是時，齊有孟嘗，趙有平原，楚有春申，魏有信陵。此四君者，皆明智而忠信，寬厚而愛人，尊賢重士，約從離横，并韓、魏、燕、楚、齊、趙、宋、衛、中山之衆。於是六國之士，有寧越、徐尚、蘇秦、杜赫之屬爲之謀，齊明、周最、陳軫、昭滑、樓緩、翟景、蘇厲、樂毅之徒通其意，吴起、孫臏、帶佗、兒良、王廖、田忌、廉頗、趙奢之朋制其兵。嘗以十倍之地，百萬之衆，叩關而攻秦。秦人開關延敵，九國之師，逡巡遁逃而不敢進。秦無亡矢遺鏃之費，而天下諸侯已困矣。於是從散約解，爭割地而奉秦。秦有餘力而制其敝，追亡逐北，伏尸百萬，流血漂鹵。因利乘便，宰割天下，分裂河山，彊國請服，弱國入朝。延及孝文王、莊襄王，享國日淺，國家無事。

及至秦王，續六世之餘烈，振長策而御宇内，吞二周而亡諸侯，履至尊而制六合，執棰柎以鞭笞天下，威振四海。南取百越之地，以爲桂林、象郡，百越之君，俛首係頸，委命下吏。乃使蒙恬北築長城而守藩籬，却匈奴七百餘里，胡人不敢南下而牧馬，士不敢彎弓而報怨。於是廢先王之道，焚百家之言，以愚黔首。隳名城，殺豪俊，收天下之兵，聚之咸陽，銷鋒鑄鐻，以爲金人十二，以弱黔首之民。然後斬華爲城，因河爲池，據億丈之城，臨不測之谿以爲固。良將勁弩，守要害之處；信臣精卒，陳利兵而誰何，天下已定。秦王之心，自以爲關中之固，金城千里，子孫帝王萬世之業也。

秦王既没，餘威振於殊俗。然而陳涉甕牖繩樞之子，甿隸之人，而遷徙之徒也，才能不及中人，非有仲尼、墨翟之賢，陶朱、猗頓之富，躡足行伍之間，而倔起什伯之中，率罷散之卒，將數百之衆，轉而攻秦。斬木爲兵，揭竿爲旗，天下雲集響應，贏糧而景從，山東豪俊，遂竝起而亡秦族矣。

且夫天下非小弱也，雍州之地，殽函之固自若也。陳涉之位，非尊於齊、楚、燕、趙、韓、魏、宋、衛、中山之君；鉏耰棘矜，非銛於鉤戟長鎩也；適戍之衆，非抗於九國之師；深謀遠慮，行軍用兵之道，非及鄉時之士也。然而成敗異變，功業相反也。試使山東之國，與陳涉度長絜大，比權量力，則不可同年而語矣。然秦以區區之地，致萬乘之權，招八州而朝同列，百有餘年矣。然後以六合爲家，殽函爲宫，一夫作難而七廟隳，身死人手，爲天下笑者，何也？仁義不施，而攻守之勢異也。

《論語》子語魯太師樂「翕、純、皦、繹」[一]之法，此即始終條理。文章構局，要不外是，余以之律古文大家之中多有相合者。此文自「秦孝公」起，至「拱手而取西河之外」，振攝全篇之局，所謂「翕如」也。「當是時」以下，連接「於是」數段，所謂「從之純如皦如」也。末段「且夫」以下，八音齊奏，絡繹不絶，所謂「繹如以成」也。文章本天成，妙手偶得之，若有心造作，則淺妄可笑矣。

文氣雄駿，大波瀾中伏無數小波瀾；千回百折，朝宗於海。漢、唐以後，未有能及之者。

袁爽秋先生云：「『仁義不施』言失政，『攻守不同』言失勢。圖終見匕首祇一寸

[一]《論語·八佾》載：「子語魯大師樂，曰：『樂其可知也。始作，翕如也。從之，純如也，皦如也，繹如也，以成。』」

鐵，老吏斷案祇一兩語定讞耳。使上文層層筆墨，化爲煙雲，可稱極至之作。」

編者謹按：唐先生《賈生〈過秦論〉研究法》〔二〕云：

一、翕純皦繹法

鄙人編《國文經緯貫通大義》卷七「翕純皦繹法」首列本篇，原評云（以下引述前論，故略）。

二、抑揚擒縱法

《論》共三篇，上篇過始皇，中篇過二世，下篇過子嬰。兹專選上篇。過之者，抑之也，然惟揚之愈高，則抑之愈深，而擒縱之法，即在其中。縱之愈遠，則擒之愈有力。此論首段用揚法，「於是從散約解」一揚，至「弱國入朝」頓足，盤旋作勢；「及至秦王」乃更一揚，至「子孫帝王萬世之業也」，揚足重頓，更足「秦王既没」二句，至「然而陳涉」一抑，乃有千鈞之力。「且天下」一段作比較法，又復一揚；「然而成敗異變」，又復一抑。凡揚處皆縱法，抑處皆擒法。曾文正所謂：「跌宕頓挫，捫之有芒。」此擒縱法之妙也。文章家開闔變化，馳騁縱横，終不外此。

三、用虚字作綫索及偶句疊句法

〔二〕文載無錫國專《學術世界》第一卷第五期，一九三五年，頁一〇一至三。又題《賈生〈過秦論上〉》，載《辰光》創刊號，一九三九年，頁九至一一；收入《交通大學演講録》第二集下卷（文學類）第十二期。三篇内容一致。

文之妙者，常以虛字作綫索，余於韓子《原道篇》中詳論之。此篇用四「於是」，一路作縱法；用兩「然而」作擒法；第三段「然後」二字與末段「然後」二字，遥遥相應，亦皆縱法。至起處即用偶句，二段「當此之時」以下，用叠句；「及至秦王」下至「遂並起而亡秦族矣」一段，多用偶句；「且夫天下」一段，多用叠句，又用偶句相間。魏、晉以後，文多用偶句而文體衰；唐、宋以後，文多用單行而文氣弱，是文章一大關鍵。近代陽湖惲子居用本篇法作《辨微論》二篇，亦能大氣包舉。善學古人者，遺貌取神，心知其意，當從此等處悟入。

四、全篇起法結法

文章起法，以退之爲最善，以其能破空而來，如「伯樂一過冀北之野，而馬羣遂空」「大凡不得其平則鳴」「太行之陽有盤谷」等是也。蘇子瞻《韓文公廟碑》，「匹夫而爲百世師，一言而爲天下法」，實即用韓文起法。

至結法以《國策》爲最善，硬住處如屹然矗立，虚住處則悠然不盡，綽有餘味。如「蘇秦始將連横」一段，結云「勢位富厚，蓋可以忽乎哉」；「馮諼焚券」一段，結云「狡兔有三窟，可以高枕而卧矣」；「聶政刺韓隗」一段，結云「其姊不避葅醢之誅以揚其名也」，俱有餘韻。「鄒忌脩八尺有餘」一段，結云「此所謂戰勝於朝廷」；「顔斶見齊宣王」一段，結云「歸真返璞則終身不辱」；「豫讓報仇」一段，結云「死之日，趙國之士聞之，皆爲涕泣」，俱有斬釘截鐵之概。

本篇「秦孝公據殽函之固」，乃直起法；二段「孝公既没」、三段「及至秦王」，俱銜接法；末段「一夫作難」三句，乃硬接法；結處「仁義不施」二句，如千山萬壑赴荆門、江漢朝宗於海，又如萬騎奔騰、懸崖勒馬，可謂雄奇已極。

韓退之《原道》

博愛之謂仁，行而宜之之謂義，由是而之焉之謂道，足乎己無待於外之謂德。仁與義爲定名，道與德爲虚位。故道有君子小人，而德有凶有吉。老子之小仁義，非毁之也，其見者小也。坐井而觀天，曰天小者，非天小也。彼以煦煦爲仁、孑孑爲義，其小之也則宜。其所謂道，道其所道，非吾所謂道也；其所爲德，德其所德，非吾所謂德也。凡吾所謂道德云者，合仁與義言之也，天下之公言也。老子之所謂道德云者，去仁與義言之也，一人之私言也。周道衰，孔子没，火於秦，黄老於漢，佛於晉、魏、梁、隋之間。其言道德仁義者，不入於楊，則入於墨；不入於老，則入於佛。入於彼必出於此。入者主之，出者奴之；入者附之，出者污之。噫！後之人其欲聞仁義道德之説，孰從而聽之？

老者曰：「孔子，吾師之弟子也。」佛者曰：「孔子，吾師之弟子也。」爲孔子者，習聞其説，樂其誕而自小也，亦曰：「吾師亦嘗師之云爾。」不惟舉之於其口，而又筆之於其書。噫！後之人雖欲聞仁義道德之説，其孰從而求之？甚矣，人之好怪也，不求其端，不訊其末，惟怪之欲聞。古之爲民者四，今之爲民者六；古之教者處其一，今之教者處其三。農之家一而食粟之家六，工之家一而用器之家六，賈之家一而資焉之家六，奈之何民不窮且盜也！

古之時，人之害多矣。有聖人者立，然後教之以相生養之道，爲之君，爲之師。驅其蟲蛇禽獸而處之中土。寒然後爲之衣，飢然後爲之食；木處而顛，土處而病也，然後爲之宫室；爲之工以贍其器用，爲之賈以通其有無，爲之醫藥以濟其夭死，爲之葬埋祭祀以長其恩愛，爲之禮以次其先後，爲之樂以宣其湮鬱，爲之政以率其怠倦，爲之刑以鋤其彊梗。相欺也，爲之符璽、斗斛、權衡以信之；相奪也，爲之城郭、甲兵以守之。害至而爲之備，患生而爲之防。今其言曰：「聖人不死，大盜不止、剖斗折衡，而民不争。」嗚呼！其亦不思而已矣！如古之無聖人，人之類滅久矣。何也？無羽毛鱗介以居寒熱也，無爪牙以争食也。是故君者出令者也，臣者行君之令而致之民者也，民者出粟米麻絲、作器皿、通貨財以事其上者也。君不出令，則失其所以爲君；臣不行君之令而致之民，則失其所以爲臣；民不出粟米麻絲、作器皿、通貨財以事其上，則誅。今其法曰，必棄而君臣，去而父子，禁而相生養之道，以求其所謂清静寂滅者。嗚呼！其亦幸而出於三代之後，不見黜於禹、湯、文、武、周公、孔子也；其亦不幸而不出於三代之前，不見正於禹、湯、文、武、周公、孔子也。

帝之與王，其號雖殊，其所以爲聖一也。夏葛而冬裘，渴飲而飢食，其事雖殊，其所以爲智一也。今其言曰：「曷不爲太古之無事？」是亦責冬之裘者曰：「曷不爲葛之之易也？」責飢之食者曰：「曷不爲飲之之易也？」

《傳》曰：「古之欲明明德於天下者，先治其國；欲治其國者，先齊其家；欲齊其家者，先修其身；欲修其身者，先正其心；欲正其心者，先誠其意。」〔一〕然則古之所謂正心而誠意者，將以有爲也。今也欲治其心而外天下國家，滅其天常，子焉而不父其父，臣焉而不君其君，民焉而不事其事。孔子之作《春秋》也，諸侯用夷禮則夷之，進於中國則中國之。經曰：「夷狄之有君，不如諸夏之亡也。」〔二〕《詩》曰：「戎狄是膺，荆舒是懲。」今也舉夷狄之法而加之先王之教之上，幾何其不胥而爲夷也！

夫所謂先王之教者何也？博愛之謂仁，行而宜之之謂義，由是而之焉之謂道，足乎己無待於外之謂德。其文《詩》《書》《易》《春秋》，其法禮、樂、刑、政，其民士、農、工、賈，其位君臣、父子、師友、賓主、昆弟、夫婦，其服麻絲，其居宫室，其食粟米、果蔬、魚肉。其爲道易明，而其爲教易行也。是故以之爲己則順而祥，以之爲人則愛而公，以之爲心則和而平，以之爲天下國家無所處而不當。是故生則得其情，死則盡其常。郊焉而天神假，廟焉而人鬼饗。曰：「斯道也，何道也？」曰：斯吾所謂道也，非向所謂老與佛之道也。堯以是傳之舜，舜以是傳之禹，禹以是傳之湯，湯以是傳之文、武、周公，文、武、周公傳之孔子，孔子傳之孟軻。軻之死不得其傳焉。荀與揚也，擇焉而不精，語焉而不

〔一〕《禮記・大學》文。
〔二〕《論語・八佾》文。

詳。由周公而上，上而爲君，故其事行；由周公而下，下而爲臣，故其説長。「然則如之何而可也？」曰：不塞不流，不止不行。人其人，火其書，廬其居，明先王之道以道之。鰥、寡、孤、獨、廢疾者有養也，其亦庶乎其可也。

自「博愛之謂仁」起，至「有凶有吉」止，涵蓋全篇，爲「翕如法」。自「周道衰」以下，爲「從之純如皦如法」。末段「夫所謂先王之教者」以下，與《過秦論》末段體格相似，爲「繹如以成法」。變化縱横，不可方物。

凡文章程度之較淺者，或拈一二字作綫索，或屢用複筆作綫索；惟神化者隨手用虚字作綫索，如《過秦論》之用「於是」「然後」。此篇之用「今其言曰」「今也」等是也。末段驅使風雲，自「爲道易明」以下，自然成韻，尤有天機鼓蕩之樂。

袁爽秋先生云：「觀《莊子·天下篇》，黄老之術，與莊絶異。魏默深論甚精。此篇所引『聖人不死，大盜不止』，係《莊子·外篇》，亦以之歸獄老子，未免深文周内。」又云：「『周道衰』以下，從老卸到佛，轉折無痕。『民不窮且盜也』以上，兼闢佛老。『無爪牙以争食也』以上，專攻老。『清静寂滅者』以上，專攻佛。『飲之之易也』以上，又專攻老。『胥而爲夷也』以上，又專攻佛。」

編者謹按：唐先生《韓退之〈原道篇〉研究法》及《〈原道〉研究法補》〔一〕更詳説云：

一、段落法

自首句起至「惟怪之欲聞」爲第一段，正仁義道德之名，所謂「始作翕如」法。「周道衰」以下爲「從之純如」法。

自「古之爲民者四」起至「窮且盜也」止，爲第二段〔二〕。自「古之時」起至「無爪牙以争食也」爲第三段。自「是故君者」起至「周公孔子也」爲第四段，言聖人作爲，皆切於民生日用之不容已。自「帝之與王」起至「飲之之易也」爲第五段，言聖人因時立法，不能效太古之無事。自「傳曰」起至「胥而爲夷也」爲第六段，言不宜離事而求心。自「夫所謂」起至末爲第七段。其聲音纍纍乎端如貫珠，其氣勢如萬派朝宗於海，所謂「繹如以成」法。而無意成韻，尤妙合天然。讀者必先分清層次，方知立言有序之法。此篇自「老者曰」以下，是兼闢老佛；「今其言曰聖人不死」一段是專闢老；「今其言曰必棄爾君臣」一段是專闢佛；「今其言曰曷不爲太古」一段是專闢老；「今也欲治其心」一段是專闢佛。長鎗大戟中，兼有細鍼密縷，所謂「皦如法」，皦者明也。

〔一〕文載無錫國專《學術世界》第一卷第一期，一九三五年，頁一四七至一四八。兩篇併收入《交通大學演講録》第一集下卷（文學類）第八期，題《韓退之〈原道〉（太陽氣勢）》，其中差異，隨文注明。

〔二〕唐先生此處所述《原道》分段，與前所載分段不同。

二、綫索法

凡善爲文者，雖縱横馳驟，出奇無窮，而其天然之法，大都以虚字作綫索，間亦用實字。如《詩·生民篇》以「誕」字作綫索，《左氏》「張骼輔躒致師」以「皆」字作綫索，《孟子》「離婁之明」章以「故曰」作綫索，《莊子·繕性篇》連用「古之所謂」句，賈生《過秦論》連用「於是」句作綫索。此篇連用「今其言曰」，又連用「今也」二字，皆用虚字作綫索法也。然須知本篇首段、末段外，自第二段「古之爲民者」起，至第六段止，皆論古今之異宜，是以隨手拈來，都成妙諦矣，非有意而爲之也。

三、設喻佐證穿插法

曾文正謂：「説理之文，易涉平庸，古來惟退之《原道》、朱子《大學章句序》最爲出色。」余謂説理文之所以平庸者，由於不得其法。韓子之文摹仿《孟子》，《孟子》文約有三法。

一曰設喻。如「齊桓晉文」章言仁政，自「以羊易牛」起至「鄒人與楚人戰」連用設喻；「富歲」「牛山之木」兩章言性，皆用設喻，此類不勝枚舉。本篇「老子小仁義」下，即疾速用「坐井觀天」；「帝王其號殊」下，即用「裘葛飲食」，此設喻法也。

二曰引證。如「好辯」章「當堯之時」節引《書》「洚水警余」，「周公節」引《書》「丕顯哉」，「孔子」節引孔子曰「知我者其惟《春秋》乎」，結束處復引《詩》「戎狄是膺」。此外引《詩》《書》者亦不勝枚舉。又有引事實作證者，如「雪宫」章引齊景公事、「明堂」章引文王、公劉、太王事是也。

本篇第五段兩引《傳》曰、又引《詩》曰，亦引證法也。

三曰穿插。如「致爲臣」章，忽插入「季孫曰」節，帶起「龍斷」；「不仁者」章，忽插入「孺子歌」兩節，帶起「自取」，俱如天外飛來。本篇第一段闢老佛，忽插入「古之爲民者四」云云；第四段闢佛下，忽插入「帝之與王」云云，皆穿插法也。

學者熟此三法，則縱横變化，不可方物，極文章之樂事矣，何平庸枯寂之足患！

四、叠句對句法〔一〕

賈生《過秦論》多用雙句法，故其氣磅礴。本篇用雙句法外，更多用叠句法，如首段「博愛之謂仁」四句，叠句法也；「仁與義爲定名」，雙句法也。

第二段「古之爲民者四」四句，雙句法也；「農之家」三句，叠句法也。

第三段用十七「爲之」，叠句法也；第四段「君者出令者也」九句，叠句法也；「其亦幸而」四句，對句法〔二〕也。

第五段「帝之與王」，純係對句法；末段「夫所謂」以下，純係叠句法，是以其氣渾灝流轉。

〔一〕此法原是《〈原道〉研究法補》文，載《學術世界》第一卷第一期，一九三五年，頁一四八。唐先生並補入《交通大學講義録》本篇講義中。

〔二〕又稱雙句法。

論者〔一〕謂《原道》有子書之精深，無子書之沈悶。要其所以不沈悶者，奥窔實在用以上諸法也〔二〕。

柳子厚《封建論》

天地果無初乎？吾不得而知之也。生人果有初乎？吾不得而知之也。然則孰爲近？曰：有初爲近。孰明之？由封建而明之也。彼封建者，更古聖王堯、舜、禹、湯、文、武而莫能去之。蓋非不欲去之也，勢不可也。勢之來，其生人之初乎？不初，無以有封建。封建非聖人意也。彼其初與萬物皆生，草木榛榛，鹿豕狉狉，人不能搏噬而且無毛羽，莫克自奉自衛，荀卿有言：「必將假物以爲用者也。」〔三〕夫假物者必争，争而不已，必就其能斷曲直者而聽命焉。其智而明者，所伏必衆；告之以直而不改，必痛之而後畏，由是君長刑政生焉。故近者聚而爲羣。羣之分，其争必大，大而後有兵有德。又大者衆羣之長，又就而聽命焉，以安其屬，於是有諸侯之列。則其争又有大者焉。德又大者，諸侯之列，又就而聽命焉，以安其封，於是有方伯、連帥之類，則其争又有大者焉。德又大者，方伯、連帥之類，又就而聽命焉，以安其人，然後天下會於一。是故有里胥而後有縣大夫，有縣大夫而後有

〔一〕指錢基博。
〔二〕此句《〈原道〉研究法補》作「奥窔實在於此」。
〔三〕約《荀子·勸學》「君子生非異也，善假於物也」句。

諸侯，有諸侯而後有方伯、連帥，有方伯、連帥而後有天子。自天子至于里胥，其德在人者，死必求其嗣而奉之，故封建非聖人意也，勢也。

夫堯、舜、禹、湯之事遠矣，及有周而甚詳。周有天下，裂土田而瓜分之，設五等，邦羣后，布履星羅，四周於天下，輪運而輻集。合爲朝覲會同，離爲守臣扞城。然而降于夷王，害禮傷尊，下堂而迎覲者。歷於宣王，挾中興復古之德，雄南征北伐之威，卒不能定魯侯之嗣。陵夷迄于幽、厲，王室東徙，而自列爲諸侯。厥後，問鼎之輕重者有之，射王中肩者有之，代凡伯、誅萇宏者有之。天下乖盭，無君君之心。余以爲周之喪久矣，徒建空名於公侯之上耳！得非諸侯之盛彊，末大不掉之咎歟？遂判爲十二，合爲七國，威分于陪臣之邦，國殄于後封之秦，則周之敗端，其在乎此矣。

秦有天下，裂都會而爲之郡邑，廢侯衛而爲之守宰，據天下之雄圖，都六合之上游，攝制四海，運於掌握之内，此其所以爲得也。不數載而天下大壞，其有由矣。亟役萬人，暴其威刑，竭其貨賄。負鋤梃謫戍之徒，圜視而合從，大呼而成羣。時則有叛人而無叛吏，人怨于下，而吏畏于上，天下相合，殺守劫令而竝起。咎在人怨，非郡邑之制失也。

漢有天下，矯秦之枉，徇周之制，剖海内而立宗子，封功臣。數年之間，奔命扶傷而不暇，困平城，病流矢，陵遲不救者三代。後乃謀臣獻畫，而離削自守矣。然而封建之始，郡國居半，時則有叛國而無叛郡。秦制之得，亦以明矣。

繼漢而帝者，雖百代可知也。唐興，制州邑，立守宰，此其所以爲宜也。然猶桀猾時起，虐害方域者，失不在於州而在於兵，時則有叛將而無叛州。州縣之設，固不可革也。

或者曰：「封建者必私其土，子其人，適其俗，修其理，施化易也。守宰者，苟其心，思遷其秩而已，何能理乎？」余又非之。周之事迹，斷可見矣。列侯驕盈，黷貨事戎。大凡亂國多，理國寡。侯伯不得變其政，天子不得變其君。私土子人者百不有一。失在於制，不在於政，周事然也。秦之事迹，亦斷可見矣。有理人之制，而不委郡邑是矣；有理人之臣，而不使守宰是矣。郡邑不得正其制，守宰不得行其理，酷刑苦役，而萬人側目。失在於政，不在於制，秦事然也。漢興，天子之政行於郡，不行於國；制其守宰，不制其侯王。侯王雖亂，不可變也；國人雖病，不可除也。及夫大逆不道，然後掩捕而遷之，勒兵而夷之耳。大逆未彰，奸利浚財，怙勢作威，大刻于民者，無如之何。及夫郡邑，可謂理且安矣。何以言之？且漢知孟舒于田叔，得魏尚于馮唐，聞黄霸之明審，覩汲黯之簡靖，拜之可也，復其位可也，卧而委之以輯一方可也。有罪得以黜，有能得以賞。朝拜而不道，夕斥之矣；夕受而不法，朝斥之矣。設使漢室盡城邑而侯王之，縱令其亂人，戚之而已。孟舒、魏尚之術，莫得而施；黄霸、汲黯之化，莫得而行。明譴而導之，拜受而退已違矣。下令而削之，締交合從之謀，周于同列，則相顧裂眦，勃然而起。幸而不起，則削其半。削其半，民猶瘁矣，曷若舉而移之以全其人乎？漢事然也。今國家盡制郡邑，連置守宰，其不可變也固矣。善制兵，謹擇守，則理平矣。

或者又曰：「夏、商、周、漢，封建而延，秦郡邑而促。」尤非所謂知理者也。魏之承漢也，封爵猶建。晉之承魏也，因循不革。而二姓陵替，不聞延祚。今矯而變之，垂二百祀，大業彌固，何繫於諸侯哉？

或者又以爲：「殷、周，聖王也，而不革其制，固不當復議也。」是大不然。夫殷、周之不革者，是不得已也。蓋以諸侯歸殷者三千焉，資以黜夏，湯不得而廢；歸周者八百焉，資以勝殷，武王不得而易。徇之以爲安，仍之以爲俗，湯、武之所不得已也。夫不得已，非公之大者也，私其力於己也，私其衛於子孫也。秦之所以革之者，其爲制，公之大者也；其情私也，私其一己之威也，私其盡臣畜於我也。然而公天下之端，自秦始。夫天下之道，理安斯得人者也。使賢者居上，不肖者居下，而後可以理〔二〕安。今夫封建者，繼世而理。繼世而理者，上果賢乎？下果不肖乎？則生人之理亂，未可知也。將欲利其社稷，以一其人之視聽，則又有世大夫，世食禄邑，以盡其封略。聖賢生于其時，亦無以立于天下，封建者爲之也。豈聖人之制使至於是乎？吾固曰：「非聖人之意也，勢也。」

「天地果無初乎」一段起，蒼蒼茫茫，爲「翕如法」。要知此等大文字，起處極難。子厚必先定全篇格局命意，乃爲此破空而來之法。自「堯、舜、禹、湯之事」以下，爲「從之純如法」；中間千條萬緒，脈絡分明，「皦如法」尤顯著矣。末段「或者又以爲」

〔二〕「理」字原作「治」。

下，爲「繹如以成法」，與退之《原道》並峙争雄，爲後代獨一無二文字。

袁爽秋先生云：「柳州貶謫後，嘗作詩云：『多壘非予耻，無謀祇自憐。』可見子厚講求經世之務，非若後世尋行數墨文人，但知求工於一字一句，直醯雞甕裏天幾大也。」又評末段「公天下之端自秦始」句云：「一句逆入，通篇主腦，勢若駿馬奔平川，中塗勒破千里足。以志帥氣，使奔者以渟，散者以疑。」余謂：此句與《過秦論》「仁義不施」二句，鍊氣運機極相似，開學者無上法門。

國文經緯貫通大義卷八

叙事精錬法

適用於紀人紀事之文，事繁語約，綫索一貫，如百川歸海，斷非易到。

《左傳·晉侯殺其世子申生》（僖公四年）

初，晉獻公欲以驪姬爲夫人，卜之不吉，筮之吉。公曰：「從筮。」卜人曰：「筮短龜長，不如從長。且其繇曰：『專之渝，攘公之羭。一薰一蕕，十年尚猶有臭。』必不可！」弗聽，立之。生奚齊，其娣生卓子。及將立奚齊，既與中大夫成謀，姬謂大子曰：「君夢齊姜，必速祭之！」大子祭于曲沃，歸胙于公。公田，姬寘諸宫六日。公至，毒而獻之。公祭之地，地墳。與犬，犬斃。與小臣，小臣亦斃。姬泣曰：「賊由大子。」大子奔新城。公殺其傅杜原款。或謂大子：「子辭，君必辯焉。」大子曰：「君非姬氏，居不安，食不飽。我辭，姬必有罪。君老矣，吾又不樂。」曰：「子其行乎？」大子曰：「君實不察其罪，被此名也以出，人誰納我？」十二月戊申，縊于新城。姬遂譖二公子曰：「皆知之。」重耳奔蒲，夷吾奔屈。

此文妙處全在「賊由大子」「皆知之」二語，空際傳神，如聞其聲，與《穀梁傳》「驪姬下堂而啼」，筆法迥異，而同爲神品。

「既與中大夫成謀」，舊注以爲里克，實與上下文語意不接。余謂中大夫即優施；成謀者，成殺大子之謀也。

方存之云：「『公殺其傅杜原款』下，原可直接『十二月大子縊於新城』，然而平直，且大子仁孝之心事不明。有或謂大子兩折筆，將大子仁孝傳神。傳大子仁孝之神，正所〔一〕以形容獻公之昏也。」〔二〕

〔一〕「所」字脱，據方氏文補入。
〔二〕方宗誠《春秋左傳文法讀本·僖公五年》眉批。

《穀梁傳·晉殺其大夫里克》（僖公十年）

「晉殺其大夫里克。」

稱國以「殺」，罪累上也。里克弑二君與一大夫，其以「累上」之辭言之，何也？其殺之不以其罪也。其殺之不以其罪奈何？里克所爲弑者，爲重耳也。夷吾曰：「是又將殺我乎？」故殺之，不以其罪也。其爲重耳弑奈何？晉獻公伐虢，得麗姬，獻公私之。有二子，長曰奚齊，稚曰卓子。驪姬欲爲亂，故謂君曰：「吾夜夢夫人趨而來，曰：『吾苦畏。』胡不使大夫將衛士而衛冢乎？」公曰：「孰可使？」曰：「臣莫尊於世子，則世子可。」故君謂世子曰：「麗姬夢夫人趨而來曰『吾苦畏』，女其將衛士而往衛冢乎？」世子曰：「敬諾。」築宫。宫成，麗姬又曰：「吾夜者夢夫人趨而來，曰：『吾苦飢。』世子之宫已成，則何爲不使祠也？」故獻公謂世子曰：「其祠。」世子祠。已祠，致福於君。君田而不在，麗姬以酖爲酒，藥脯以毒。獻公田來，麗姬曰：「世子已祠，故致福於君。」君將食，麗姬跪曰：「食自外來者，不可不試也。」覆酒於地而地賁，以脯與犬，犬死。麗姬下堂而啼，呼曰：「天乎天乎！國子之國也，子何遲於爲君？」君喟然歎曰：「吾與女未有過切，是何與我之深也！」使人謂世子曰：「爾其圖之。」世子之傅里克，謂世子曰：「入自明。入自明則可以生，不入自明則不可以生。」世子曰：「吾君已老矣，已昏矣。吾若此而入自明，則麗姬必死。麗姬死，則吾君不安。所以使吾君不安者，吾不若自死。吾寧自殺以安吾君。」以重耳爲寄矣。刎脰而死。故里克所爲弑者，爲重耳也。夷吾曰：「是又將殺我也。」

驪姬意在致禍，而先從衛冢入手，伏機遠而挑釁微，令人不測。「天乎」數語，皆中獻公之忌。寫驪姬作僞如真，寫獻公昏迷如夢，而寫申生之辭，則又慘慘悽悽不忍聞。比較左氏，似勝一籌矣。

結處與起處天然呼應，子長常用此等筆法。

《左傳·晉文公回國》（僖公二十三、二十四年）

晉公子重耳之及於難也，晉人伐諸蒲城。蒲城人欲戰。重耳不可，曰：「保君父之命，而享其生禄，於是乎得人。有人而校，罪莫大焉。吾其奔也。」遂奔狄。從者狐偃、趙衰、顛頡、魏武子、司空季子。狄人伐廧咎如，獲其二女：叔隗、季隗，納諸公子。公子取季隗，生伯儵、叔劉；以叔隗妻趙衰，生盾。將適齊，謂季隗曰：「待我二十五年不來而後嫁。」對曰：「我二十五年矣，又如是而嫁，則就木焉。請待子。」處狄十二年而行。

過衛，衛文公不禮焉。出於五鹿，乞食於野人。野人與之塊，公子怒，欲鞭之。子犯曰：「天賜也。」稽首受而載之。

及齊，齊桓公妻之，有馬二十乘，公子安之。從者以爲不可，將行，謀於桑下。蠶妾在其上，以告姜氏。姜氏殺之，而謂公子曰：「子有四方之志，其聞之者，吾殺之矣。」公子曰：「無之。」姜曰：「行也。懷與安，實敗名。」公子不可。姜與子犯謀，醉而遣之。醒，以戈逐子犯。

及曹，曹共公聞其駢脅，欲觀其裸。浴，薄而觀之。僖負羈之妻曰：「吾觀晉公子之從者，皆足以相國。若以相，夫子必反其國。反其國，必得志於諸侯。得志於諸侯而誅無禮，曹其首也。子盍蚤自貳焉。」乃饋盤飧，寘璧焉。公子受飧反璧。

及宋，宋襄公贈之以馬二十乘。

及鄭，鄭文公亦不禮焉。叔詹諫曰：「臣聞天之所啓，人弗及也。晉公子有三焉，天其或者將建諸，君其禮焉。男女同姓，其生不蕃。晉公子，姬出也，而至于今，一也。離外之患，而天不靖晉國，殆將啓之，二也。有三士足以上人而從之，三也。晉、鄭同儕，其過子弟，固將禮焉，況天之所啓乎！」弗聽。

及楚，楚子饗之，曰：「公子若反晉國，則何以報不穀？」對曰：「子女玉帛則君有之，羽毛齒革，則君地生焉。其波及晉國者，君之餘也，其何以報君？」曰：「雖然，何以報我？」對曰：「若以君之靈，得反晉國，晉、楚治兵，遇於中原，其辟君三舍。若不獲命，其左執鞭弭、右屬櫜鞬，以與君周旋。」子玉請殺之。楚子曰：「晉公子廣而儉，文而有禮。其從者，肅而寬，忠而能力。晉侯無親，外内惡之。吾聞姬姓，唐叔之後，其後衰者也，其將由晉公子乎。天將興之，誰能廢之。違天必有大咎。」乃送諸秦。

秦伯納女五人，懷嬴與焉。奉匜沃盥，既而揮之。怒曰：「秦、晉匹也，何以卑我！」公子懼，降服而囚。他日，公享之。子犯曰：「吾不如衰之文也。請使衰從。」公子賦《河水》，公賦《六月》。趙衰曰：「重耳拜賜。」公子降，拜，稽首，公降一級而辭焉。衰曰：「君稱所以佐天子者命重耳，重耳敢不拜。」

二十四年春王正月，秦伯納之，不書，不告入也。及河，子犯以璧授公子曰：「臣負羈紲，從君巡於天下，臣之罪甚多矣。臣猶知之，而況君乎！請由此亡。」公子曰：「所不與舅氏同心者有如白水。」投其璧于河。濟河，圍令狐，入桑泉，取臼衰。二月甲午，晉師軍于廬柳。秦伯使公子縶如晉師，師退，軍於郇。辛丑，狐偃及秦、晉之大夫盟于郇。壬寅，公子入于晉師。丙午，入于曲沃。丁未，朝于武宮。戊申，使殺懷公于高梁。不書，亦不告也。

方存之云：「『得人』二字，一篇之主。從者五人，文公所以能復國興霸業者在此，故首揭之爲全篇綱領。」[一]以下或叙事實，或於他人口中先後揭出，叙次歷落，峰巒叠見，可謂絶妙文字。余按：此文不獨叙得人之盛，并以數女子事聯絡點綴，匠

[一] 方宗誠《春秋左傳文法讀本·僖公二十四年》眉批。

心尤屬巧妙。

秦伯與晉公子如何接洽，概從簡略，而專叙賦詩以寫心心相印之意。下段「及河，子犯以璧授公子」，略作停頓之筆，濟河以後，乃勢如破竹矣。此等叙事之妙，恐子長亦不能及。

讀此文不徒賞其風霜閱歷，文境絶佳，應玩其困心横慮、徵色發聲之處。具徵建大事業者，必出於憂患之中，可增志氣十倍。

《左傳・趙盾弑其君》（宣公二年）

晉靈公不君：厚斂以彫牆；從臺上彈人，而觀其辟丸也。宰夫胹熊蹯不熟，殺之，寘諸畚，使婦人載以過朝。趙盾、士季見其手，問其故而患之。將諫，士季曰：「諫而不入，則莫之繼也。會請先，不入，則子繼之。」三進及溜，而後視之。曰：「吾知所過矣，將改之。」稽首而對曰：「人誰無過？過而能改，善莫大焉。《詩》曰：『靡不有初，鮮克有終。』夫如是，則能補過者鮮矣。君能有終，則社稷之固也，豈唯羣臣賴之。又曰：『衮職有闕，唯仲山甫補之。』能補過也。君能補過，衮不廢矣。」猶不改。宣子驟諫，公患之，使鉏麑賊之。晨往，寢門闢矣，盛服將朝，尚早，坐而假寐。麑退，歎而言曰：「不忘恭敬，民之主也。賊民之主，不忠；棄君之命，不信。有一於此，不如死也。」觸槐而死。

秋九月，晉侯飲趙盾酒，伏甲將攻之。其右提彌明知之，趨登曰：「臣侍君宴，過三爵，非禮也。」遂扶以下，公嗾夫獒焉。明搏而殺之，盾曰：「棄人用犬，雖猛何爲。」鬭且出，提彌明死之。

初，宣子田於首山，舍于翳桑，見靈輒餓，問其病。曰：「不食三日矣。」食之，舍其半。問之，曰：「宦三年矣，未知母之存否。今近焉，請以遺之。」使盡之，而爲之簞食與肉，寘諸橐以與之。既而與爲公介，倒戟以禦公徒而免之。問何故，對曰：「翳桑之餓人也。」問其名居，不告而退，遂自亡也。

乙丑，趙穿攻靈公於桃園。宣子未出山而復。大史書曰：「趙盾弒其君。」以示於朝。宣子曰：「不然。」對曰：「子爲正卿，亡不越竟，反不討賊，非子而誰？」宣子曰：「嗚呼！『我之懷矣，自詒伊慼』，其我之謂矣！」孔子曰：「董孤，古之良史也，書法不隱。趙宣子，古之良大夫也，爲法受惡。惜也，越竟乃免。」

宣子使趙穿逆公子黑臀于周而立之。壬申，朝于武宮。

方存之云：「『不君』二字，一篇之主。中間叙公好淫戲，叙公妄殺，叙公飾非文過，叙公拒諫與謀殺諫臣，皆詳『不君』之事。」又云：「『良大夫』三字，一篇結束，中間『將諫』、『驟諫』、『不忘恭敬』，皆良大夫所爲。但此篇必是趙盾子孫强盛，肆爲誣罔

之辭。贊董狐，真孔子言也。贊趙盾，非孔子言也。理無兩是，既書弒君之賊，而豈稱之爲良大夫哉？」〔一〕

余按：宣子「田於首山」一段，百忙中着一閑筆，是爲左氏最擅長處。然「鉏麑賊之」一段，誰見之而誰聞之？靈輒不告姓名而自亡，其名又誰知之？論者以爲「左氏浮夸」，竊意鉏麑必爲趙氏所殺，此等文字，皆後人所增入耳。惟就文論文，則確有法度。

《公羊傳·晉趙盾弒其君》（宣公六年）

六年春，晉趙盾、衛孫免侵陳。

趙盾弒君，此其復見何？親弒君者趙穿也。親弒君者趙穿，則曷爲加之趙盾？不討賊也。何以謂之不討賊？晉史書賊曰：「晉趙盾弒其君夷獋。」趙盾曰：「天乎無辜！吾不弒君，誰謂吾弒君者乎？」史曰：「爾爲仁爲義，人弒爾君，而復國不討賊，此非弒君而何？」趙盾之復國奈何？靈公爲無道，使諸大夫皆内朝，然後處乎臺上，引彈而彈之，已趨而辟丸，是樂而已矣。趙盾已朝而出，與諸大夫立於朝，有人荷畚，自閨而出者。趙盾曰：「彼何也？夫畚曷爲出乎閨？」呼之不至，曰：「子大夫

〔一〕方宗誠《春秋左傳文法讀本·宣公二年》眉批。

也，欲視之，則就而視之。」趙盾就而視之，則赫然死人也。趙盾曰：「是何也？」曰：「膳宰也，熊蹯不熟，公怒，以斗摮而殺之，支解，將使我棄之。」趙盾曰：「嘻！」趨而入。靈公望見趙盾，愬而再拜。趙盾逡巡北面，再拜稽首，趨而出。靈公心怍焉，欲殺之。於是使勇士某者往殺之，勇士入其大門，則無人門焉者；入其閨，則無人閨焉者；上其堂，則無人焉。俯而闚其户，方食魚飧。勇士曰：「嘻！子誠仁人也。吾入子之大門，則無人焉；入子之閨，則無人焉；上子之堂，則無人焉，是子之易也。子爲晉國重卿，而食魚飧，是子之儉也。君將使我殺子，吾不忍殺子也。雖然，吾亦不可復見吾君矣。」遂刎頸而死。靈公聞之怒，滋欲殺之甚，衆莫可使往者。於是伏甲于宫中，召趙盾而食之。趙盾之車右祁彌明者，國之力士也，仡然從乎趙盾而入，放乎堂下而立。趙盾已食，靈公謂盾曰：「吾聞子之劍，蓋利劍也，子以示我，吾將觀焉。」趙盾起，將進劍，祁彌明自下呼之曰：「盾食飽則出，何故拔劍於君所？」趙盾知之，躇階而走。靈公有周狗謂之獒，呼獒而屬之，獒亦躇階而從之。祁彌明逆而踆之，絶其頷。趙盾顧曰：「君之獒，不若臣之獒也。」然而宫中甲鼓而起，有起干〔一〕甲中者，抱趙盾而乘之。趙盾顧曰：「吾何以得此于子？」曰：「子某時所食，活我于暴桑下者也。」趙盾曰：「子名爲誰？」曰：「吾君孰爲介？子之乘矣，何問吾名？」趙盾驅而出，衆無留之者。趙穿緣民衆不説，起弑靈公，然後迎趙盾而入，與之立于朝，而立成公黑臀。

〔一〕「干」字原作「于」。

張榜云：「此傳字字飛躍，段段精神，叙事如畫，摹景如覩。讀之津津有味，趨流頤頰。」〔一〕

儲同人云：「叙事手筆，繼左氏而開龍門，不必言矣。更當賞其每下一二虚字，神情逼現如生，此爲獨絶。伏甲一段，頃刻百變，絶處逢生，細細描寫，亦整亦暇。使史遷爲之，恐尚遜一籌。」〔二〕余謂：此文精采，實勝於左氏矣。

《左傳・楚靈王乾谿之難》（昭公十二、十三年）

楚子狩于州來，次于潁尾，使蕩侯、潘子、司馬督、囂尹午、陵尹喜，帥師圍徐以懼吴。楚子次于乾谿，以爲之援。雨雪，王皮冠，秦復陶，翠被，豹舄，執鞭以出。僕析父從。右尹子革夕，王見之，去冠、被，舍鞭，與之語曰：「昔我先王熊繹，與吕伋、王孫牟、燮父、禽父竝事康王。四國皆有分，我獨無有。今吾使人於周，求鼎以爲分，王其與我乎？」對曰：「與君王哉！昔我先王熊繹，辟在荆山，篳路藍縷，以處草莽。跋涉山林，以事天子。唯是桃弧棘矢，以共禦王事。齊，王舅

〔一〕張賓王評《公羊傳・宣公六年・晉趙盾衛孫免侵陳》語，見引於鍾惺《周文歸》。

〔二〕儲欣選評《古文七種》之《公羊選・六年春晉趙盾衛孫免侵陳》評語，文中「更當賞其每下一二虚字」作「尤愛其每下一二虚字」；「使史遷爲之，恐尚遜一籌」作「此等酷摹左氏，史遷尚遜一籌」。

也；晉及魯、衛，王母弟也。楚是以無分，而彼皆有。今周與四國，服事君王，將唯命是從，豈其愛鼎？」王曰：「昔我皇祖伯父昆吾，舊許是宅。今鄭人貪賴其田，而不我與。我若求之，其與我乎？」對曰：「與君王哉！周不愛鼎，鄭敢愛田？」王曰：「昔諸侯遠我而畏晉，今我大城陳、蔡、不羹，賦皆千乘，子與有勞焉。諸侯其畏我乎？」對曰：「畏君王哉！是四國者，專足畏也；又加之以楚，敢不畏君王哉！」

工尹路請曰：「君王命剥圭以爲鏚柲，敢請命。」王入視之。析父謂子革：「吾子，楚國之望也。今與王言如響，國其若之何？」子革曰：「磨厲以須，王出，吾刃將斬矣。」王出復語。左史倚相趨過。王曰：「是良史也，子善視之。是能讀《三墳》《五典》《八索》《九丘》。」對曰：「臣嘗問焉。昔穆王欲肆其心，周行天下，將皆必有車轍馬迹焉。祭公謀父作《祈招》之詩，以止王心，王是以獲没於祗宫。臣問其詩而不知也，若問遠焉，其焉能知之！」王曰：「子能乎？」對曰：「能。其詩曰：『祈招之愔愔，式昭德音。思我王度，式如玉，式如金。形民之力，而無醉飽之心。』」王揖而入，饋不食，寢不寐，數日不能自克，以及於難。

仲尼曰：「古也有志：『克己復禮，仁也。』信善哉！楚靈王若能如是，豈其辱於乾谿？」

楚子之爲令尹也，殺大司馬薳掩而取其室。及即位，奪薳居田，遷許而質許圍。蔡洧有寵於王，王之滅蔡也，其父死焉，王使與於守而行。申之會，越大夫戮焉。王奪鬬韋龜中犨，又奪成然邑，而使爲郊尹。蔓成然故事蔡公，故薳氏之族，及薳居、許圍、蔡洧、蔓成然，皆王所不禮也。因羣喪職之族，啓越大夫常壽過作亂，圍固城，克息舟，城而居之。

觀起之死也，其子從在蔡，事朝吴，曰：「今不封蔡，蔡不封矣。我請試之。」以蔡公之命，召子干、子晳，及郊而告之情，强與之盟，入襲蔡。蔡公將食，見之而逃。觀從使子干食，坎，用牲加書，而速行。己徇於蔡曰：「蔡公召二子，將納之，與之盟而遣之矣，將師而從之。」蔡人聚，將執之。辭曰：「失賊成軍，而殺余何益？」乃釋之。朝吴曰：「二三子若能死亡，則如違之，以待所濟。若求安定，則如與之，以濟所欲。且違上，何適而可？」衆曰：「與之。」乃奉蔡公，召二子而盟于鄧，依陳、蔡人以國。楚公子比、公子黑肱、公子棄疾、蔓成然、蔡朝吴，帥陳、蔡、不羹、許、葉之師，因四族之徒以入楚。

及郊，陳、蔡欲爲名，故請爲武軍。蔡公知之，曰：「欲速。且役病矣，請藩而已。」乃藩爲軍。蔡公使須務牟，與史猈先入，因正僕人，殺大子禄及公子罷敵。公子比爲王，公子黑肱爲令尹，次于魚陂。公子棄疾爲司馬，先除王宫。使觀從從師于乾谿，而遂告之，且曰：「先歸復所，後者劓。」師及訾梁而潰。

王聞羣公子之死也，自投于車下，曰：「人之愛其子也，亦如余乎？」侍者曰：「甚焉。小人老而無子，知擠于溝壑矣。」王曰：「余殺人子多矣，能無及此乎？」右尹子革曰：「請待于郊，以聽國人。」王曰：「衆怒不可犯也。」曰：「若入於大都，而乞師於諸侯。」王曰：「皆叛矣。」曰：「若亡於諸侯，以聽大國之圖君也。」王曰：「大福不再，祇取辱焉。」然丹乃歸于楚。王沿夏，將欲入鄢。芋尹無宇之子申亥曰：「吾父再奸王命，王弗〔一〕誅，惠孰大焉？君不可忍，惠不可棄，吾其從王。」乃求王，遇諸棘闈，以歸。夏五月癸亥，王縊于芋尹申亥氏。申亥以其二女殉而葬之。

觀從謂子干曰：「不殺棄疾，雖得國，猶受禍也。」子干曰：「余不忍也。」子玉曰：「人將忍子，吾不忍俟也。」乃行。國每夜駭曰：「王入矣。」乙卯夜，棄疾使周走而呼曰：「王至矣！」國人大驚。使蔓成然走告子干、子皙曰：「王至矣。國人殺君司馬，將來矣。君若早自圖也，可以無辱。衆怒如水火焉，不可爲謀。」又有呼而走至者曰：「衆至矣！」二子皆自殺。丙辰，棄疾即位，名曰熊居。葬子干于訾，實訾敖。

殺囚，衣之王服，而流諸漢，乃取而葬之，以靖國人。使子旗爲令尹。楚師還自徐，吴人敗諸豫章，獲其五帥。平王封陳、蔡，復遷邑，致羣賂，施舍寬民，宥罪舉職。召觀從，王曰：「唯爾所欲。」對曰：「臣之先佐開卜。」乃使爲卜尹。使枝如子躬聘于鄭，且致犨、櫟之田。事畢弗致。鄭人請曰：「聞諸道路，將命寡君以犨、櫟，敢請命。」對曰：「臣未聞命。」既復，王問犨、櫟。降服而對曰：「臣過失命，未之致也。」王執其手曰：「子毋勤。姑歸，不穀有事，其告子也。」他年，芋尹申亥以王柩告，乃改葬之。

〔一〕「弗」字原作「勿」。

初，靈王卜曰：「余尚得天下。」不吉，投龜詬天而呼曰：「是區區者而不余畀，余必自取之。」民患王之無厭也，故從亂如歸。初，共王無冢適，有寵子五人，無適立焉。乃大有事于羣望而祈曰：「請神擇於五人者，使主社稷。」乃徧以璧見於羣望，曰：「當璧而拜者，神所立也，誰敢違之？」既乃與巴姬密埋璧於大室之庭，使五人齊而長入拜。康王跨之，靈王肘加焉，子干、子皙皆遠之。平王弱，抱而入，再拜皆厭紐。鬬韋龜屬成然焉，且曰：「棄禮違命，楚其危哉！」

方存之評前篇云：「此篇用筆，先反後正，極力騰挪，得文章頓挫曲折之妙。」「『昔穆王』以下一段，起勢甚遠，極難切合靈王之事，乃用『因風轉舵法』，不知不覺，直刺王心。不説正面一字，亦不正諫一句，衹就古事敘述，令王自然心動，可謂神化不測。」又評次篇「靈王卜曰」一段云：「此段補叙楚靈之貪暴，以應首段。且以見上不順天，下不順人，所以亡國殺身也。是文中停頓法，又是推原法。」〔一〕

余按：前篇「工尹路請曰」一段，次篇「國每夜駭曰」一段，及末「靈王卜曰」

〔一〕方宗誠《春秋左傳文法讀本·昭公十二年》眉批；其中「極難切合靈王之事，乃用『因風轉舵法』」作「極難打合王身上，極難入諫論正面，而因風轉舵」。

「共王無冢適」二段，叙事參差錯落，精鍊至極，已有「神光離合」之法，學者切宜熟玩。

次篇起處，提挈綱領，歷落布置，與晉惠公之入、秦穆姬屬賈君一段極相似，自爲左氏最擅長處。凡叙事之繁重者，皆當用此等研練法，自然舉重若輕矣。

硬語聱牙法

普通適用，出於性之所近，非可强致；若僞飾之，則不成文理矣。

屈子《天問》（節録）

曰：遂古之初，誰傳道之？上下未形，何由考之？冥昭瞢闇，誰能極之？馮翼惟像，何以識之？明明闇闇，惟時何爲？陰陽三合，何本何化？圜則九重，孰營度之？惟兹何功？孰初作之？斡維焉繫？天極焉加？八柱何當？東南何虧？九天之際，安放安屬？隅隈多有，誰知其數？天何所沓？十二焉分？日月安屬？列星安陳？出自湯谷，次于蒙汜。自明及晦，所行幾里？夜光何德，死則又育？厥利維何，而顧菟在腹？女歧無合，夫焉取九子？伯强何處，惠氣安在？何闔而晦，何開而明？角宿未旦，曜靈安藏？不任汩鴻，師何以尚之？僉曰何憂，何不課而行之？鴟龜曳銜，鮌何聽焉？順欲成功，帝何刑焉？永遏在羽山，夫何三年不施？伯禹腹鮌，夫何以變化？纂就前緒，遂成考功。何續初繼業，而厥謀不同？洪泉極深，何以寘之？地方九則，何以墳之？應龍何畫？河海何歷？鮌何所營？禹何所成？康回馮怒，墜何故以東南傾？九州安錯？川谷何洿？東流不溢，孰知其故？東西南北，其修孰多？南北順墮，其衍幾何？崑崙縣圃，其尻安在？增城九重，其高幾里？四方之門，其誰從焉？西北辟啓，何氣通焉？日安不到？燭龍何照？羲和之未揚，若華何光？何所冬暖？何所夏寒？焉有石林？何獸能言？焉有虬龍，負熊以遊？雄虺九首，儵忽焉在？何所不死，長人何守？靡蓱九衢，枲華安居？一蛇吞象，厥大何如？黑水玄趾，三危安在？延年不死，壽何所止？陵魚何所？鬿堆焉處？

「岣嶁山尖神禹碑，字青石赤形模奇」〔一〕，此文庶幾近之。

「靈均放逐，旁皇山澤。見楚有先王之廟，及公卿祠堂，圖畫天地山川神靈，琦瑋僪佹，及古賢聖怪物行事。因書其壁，呵而問之，以渫憤懣。」〔二〕蓋惟胸有奇氣，而後

〔一〕韓愈《岣嶁山》詩句。
〔二〕此節録王逸《楚辭章句》文。

有此奇文也。

退之云：「周誥殷盤，詰屈聱牙。」嘗謂殷盤文頗有鬼氣，周誥文詰屈，以《多士》《多方》爲最，在《大誥》《康誥》之上。而《召誥》文尤以義理勝。《甫刑》文響亮激越，曾文正最喜誦之。惜多不可解處，並以文繁未録。學者均宜參考而熟讀之。

樊紹述《蜀緜州越王樓序》

緜之城，帝獄猲，掀明威，彌石硝，馳涪瀨。左陵凌紅稉，簪天地，送行壬癸，且掬蛇踢於西北，蟠紅頳青。越王貞故爲樓，重軒疊飛，門明窻蒙傘，蹇蹇予始登，謂日月昏曉，可窺其背。雷電合，風雲遇，霜辛露酸，星辰介行，鬼神變化；草木顯繡，髻銜蓑芰，皆可察極。既縈視其江帶，又極視其土岡，斷暴遠近，山嶮嶮若闋之東皇。天原開，見荆山，我其黃河瞷然，爲曲直；淚雨落，不可掩。因口其心曰無害，若其日杲，星星過歸，尚悲不能自解。重爲詩以釋，益不可顧。謂郡中諸君能無有意綴以華黼。其念蓄云：

危樓倚天門，如闤星辰宫。榱薄龍虎怪，洄洄繞雷風。徂秋試登臨，火靍屯喬空。不見西北路，老懷益凋窮。石瀨薄濺濺，上山杳穹穹。昔人傖爲逝，所適酡顏紅。今我兹之來，猶校成歲功。輟田植科畝，游圃歌芳叢。地財無聚厚，人室安取豐。既乏富庶能，千萬慙文翁。

擅用代字訣，故爾詰屈。雖係傷懷惜别，然其中自有浩然不可磨滅之氣，退之所謂「天得」者是也。

余初讀此文，用孫淵如《續古文苑》本。後得紹述後裔漱圃君贈余胡氏菊潭注本，頗有不同。爰重加校正，其句讀悉依胡注云。

樊紹述《絳守居園池記》

絳即東雍，爲理所守，爲禀參實沈分，氣畜兩河潤。有陶唐冀遺風餘思，晉、韓、魏之相剥剖。世説總其土田士人，令無磽雜擾。宜得地形勝瀉水施法，豈新田又蕞猥不可居？州地或自有興廢，人因得附爲奢儉。將爲守説至平理與，益侈心耗物害時與。自將失敦窮華，終披夷不可知。陴緬孤顛，跒倔玄武踞，守居割有北。自甲辛苞太池泓，横硤旁，潭中癸次，木腔暴三丈，餘涎玉沫珠。子午梁貫亭曰洄漣，虹蜺雄雌，穹鞠覷蠡，礙俍島坻，淹淹委委。莎靡縵，蘿蓄翠蔓、紅刺相拂綴。南連軒井，陣中湧曰香，承守寢晬思。西南有門曰虎豹，左畫虎搏立，萬力千氣底發；彘匿地，努肩腦口牙快抗，電火雷風黑山震將合。右胡人鬅，黄帑累珠，丹碧錦襖，身刀囊韡鞜縚；白豹玄斑，飫距掌脾，意相得。東南有亭曰新，前含曰槐，有槐肙護，霿鬱蔭後頤，渠決決緣池西直南折廡赴，可晏可衎。又東鶱渠曰望月。又東鶱窮角池，研雲曰柏，有柏蒼青官士，擁列與槐朋友，巉陰洽色。北俯渠，憧憧來，刮級面西，巽喁閒，黃原玦天，汾水鉤帶，白言謁。行旦艮閑，遠崗青縈，近樓臺井閭點畫察。可四時合奇士，觀雲風霜露雨雪，所爲發生收斂賦歌詩。正東曰蒼塘，遵瀕西漭望，瑤翻碧瀲，光文切鏤，梨深撓撓收窮。正北曰風堤，乘攜左右，堤執北回股努，墆捩蹴墉，銜渠歆池。南楯楹，景怪爥，蛟龍鉤牽、寶龜、靈鼉，文文章章，陰欿墊㰦。煙潰靄聚，桃李蘭蕙，神君仙人衣裳雅冶，可會脱赤熱。西北曰鼇，蝝原，開咍儲，虛明茫茫，嵬眼澒耳，可大客旅鐘鼓樂。提鷗，挈鷺，倡池豪渠，憎乖憐圍。正西曰白濱，薈深憐梨，素女雪舞百佾。水翠披，唧唧千幅。迎西引東土長崖，挾橫埒。日卯酉，樵途隝徑幽委，蟲鳥聲無人。風日燈火之，晝夜漏刻詭絢施化。大小亭館池渠閒，走池堤上亭後前。隉乘墉，如連山羣峰擁；地高下，如原隰堤谿壑。水引古，自源三十里，鑿高，槽絶，竇墉，爲池溝沼渠瀑潨潺終出。汩汩街街畦町阡陌閒，入汾。巨樹木，資土悍，水沮。宗族盛茂，旁蔭遠映，錦繡交果枝香，畹麗麗絶他郡。

考其臺亭沼池之增，蓋豪王才侯，襲以奇意相勝，至今過客，尚往往有指可創起處。余退常吁，後其能無果有不補建者。池由於煬，及者雅、文安，發土築臺爲拒，幾附於污宮。水本於正平軌，病井滷生物瘠，引古沃澣人便，幾附於河渠。嗚呼！爲附於河渠則可，爲附於汙宮其可。書以薦後君子。長慶三年五月十七日記。

用《尚書·顧命》《康王之誥》文作體格，運以漢賦之氣，而變化其造句法，退之所謂：「萬物畢具，海涵地負；放恣横縱，無所統紀。」〔一〕於此可以想像得之。

余初讀此篇，亦用《續古文苑》本。後得潄圃君贈余《絳守居園池記注》凡六家，此本句讀係用趙仁舉本，據南村陶宗儀所題小引云：「此記艱深奇澀，讀之往往昧其句讀，況義乎哉！韓文公謂其文不蹈襲前人一言一句，觀此記則誠然矣。宋王晟、劉忱，嘗爲解釋，今〔二〕不復有。偶得灤陽趙仁舉箋注本，句分字析，詞理焕然，因爲傳之，以便披覽。有未解者，須觀其全注」〔三〕云云。余按：樊子文傳於天壤間者，僅有二篇。今並得善本句讀，可謂幸矣。潄圃君善述之功，豈不尤可佩哉！

韓退之《貞曜先生墓誌銘》

唐元和九年，歲在甲午，八月己亥，貞曜先生孟氏卒。無子，其配鄭氏以告，愈走位哭。且召張籍會哭。明日，使以錢如東都供葬事，諸嘗與往來者，咸來哭弔。韓氏遂以書告興元尹故相餘慶。閏月，樊宗師使來弔，告葬期，徵銘。愈哭曰：「嗚呼！吾尚忍銘吾友也夫！」興元人以幣如孟氏賻，

〔一〕韓愈《南陽樊紹述墓志銘》文。
〔二〕「今」字原作「全」，據陶宗儀原文爲正。
〔三〕陶宗儀《南村輟耕録·園池記》文，文中「因爲傳之」作「因其書記，傳其句讀」。

且來商家事。樊子使來速銘，曰：「不則無以掩諸幽。」乃序而銘之。

先生諱郊，字東野。父庭玢，娶裴氏女，而選爲崑山尉，生先生及二季酆、郢而卒。先生生六七年，端序則見，長而愈騫，涵而揉之，内外完好，色夷氣清，可畏而親。及其爲詩，劌目鉥心，刃迎鏤解，鉤章棘句，掐擢胃腎，神施鬼設，間見層出。唯其大翫於詞，而與世抹摋，人皆劫劫，我獨有餘。

有以後時開先生者，曰：「吾既擠而與之矣，其猶足存邪？」年幾五十，始以尊夫人之命，來集京師，從進士試。既得即去。間四年，又命來，選爲溧陽尉，迎侍溧上。去尉二年，而故相鄭公尹河南，奏爲水陸運從事，試協律郎。親拜其母於門内。母卒五年，而鄭公以節領興元軍，奏爲軍參謀，試大理評事。

挈其妻行之興元，次於閿鄉，暴疾卒，年六十四。買棺以斂，以二人輿歸，酆、郢皆在江南。十月庚申，樊子合凡贈賻而葬之洛陽東，其先人墓左，以餘財附其家而供祀。將葬，張籍曰：「先生揭德振華，於古有光，賢者故事有易名，況士哉！如曰貞曜先生，則姓名字行有載，不待講説而明。」皆曰：「然。」遂用之。

初，先生所與俱學同姓簡，於世次爲叔父，繇給事中觀察浙東，曰：「生吾不能舉，死吾知恤其家。」銘曰：

於戲貞曜！維執不猗，維出不訾；維卒不施，以昌其詩。

精神全在中權，讀之亦不覺劌目鉥心。

王伯厚《困學紀聞》載晁以道日課識十五字。韓退之云：「凡爲文辭，宜略識字。」[一]子雲文所以卓絶一時者，以其多識奇字也。可見爲文章者，必先從小學入，腹儉者烏足以語此！

選韻精純法

適用於詩賦銘頌之類，爲學音聲者最要之訣，前人未有發明之者。

《詩·天保篇》

天保定爾，亦孔之固。俾爾單厚，何福不除。俾爾多益，以莫不庶。
天保定爾，俾爾戩穀。罄無不宜，受天百禄。降爾遐福，維日不足。
天保定爾，以莫不興。如山如阜，如岡如陵，如川之方至，以莫不增。

〔一〕韓愈《科斗書後記》文。

吉蠲爲饎，是用孝享。禴祠烝嘗，于公先王。君曰卜爾，萬壽無疆。

神之弔矣，詒爾多福。民之質矣，日用飲食。羣黎百姓，徧爲爾德。

如月之恒，如日之升，如南山之壽，不騫不崩，如松柏之茂，無不爾或承。

文治嘗學五言律詩，先君教之云：「仄字宜多用入聲韻，平字宜多用東、陽、庚、蒸、真、支等韻。仄字用入聲韻，如『星隨平野闊』『氣蒸雲夢澤』『晚來天欲雪』『地猶鄒氏邑』等皆是也，讀之自然響亮，即上溯之《詩經》用韻亦然。」文治因以其法，推之於古人用韻之文，莫不皆然，乃大悟選韻之法。如此詩第二、第五章用入聲韻，第三、第六章用蒸韻，第四章用陽韻，最爲脗合。兹者距先君棄養九閱月矣，述之不禁涕泗之交流也。

此《詩序》以爲下報上也，君能下下以成其政，臣能歸美以報其上焉。謝疊山云：「上三章願天賜君以福壽〔一〕，下三章願祖宗錫君以福禄。五章民之德本君之德，

〔一〕「壽」字原作「禄」，據謝枋得文爲正。

故民之福皆君之福。」[一]余按：「羣黎百姓，徧爲爾德」，即所謂「明明德於天下」也。《内則》「后王命冢宰，降德於衆兆民」，此德即孝德也。文王能以孝道創率天下，使養其老，羣黎百姓，皆能感化而爲孝德，是以「保佑命之，自天申之」。周初忠厚之風，傳世至八百載，治天下當知所本矣。

《詩・大明篇》

明明在下，赫赫在上，天難忱斯，不易維王。天位殷適，使不挾四方。
摯仲氏任，自彼殷商，來嫁于周，曰嬪于京；乃及王季，維德之行。太任有身，生此文王。
維此文王，小心翼翼，昭事上帝，聿懷多福。厥德不回，以受方國。
天監在下，有命既集。文王初載，天作之合。在洽之陽，在渭之涘。文王嘉止，大邦有子。
大邦有子，俔天之妹。文定厥祥，親迎于渭。造舟爲梁，不顯其光。
有命自天，命此文王，于周于京。纘女維莘，長子維行，篤生武王。保右命爾，燮伐大商。
殷商之旅，其會如林。矢于牧野：「維予侯興。上帝臨女，無貳爾心。」

[一] 謝枋得《詩傳注疏・小雅・天保》文。

牧野洋洋，檀車煌煌，駟騵彭彭。維師尚父，時維鷹揚。涼彼武王，肆伐大商，會朝清明。

第一、二章陽韻；第三、四章入聲韻；第五、六章陽韻；第七章侵韻，通蒸韻；第八章陽韻，通庚韻；氣勢乃益浩瀚發皇。

此《詩序》以爲文王有明德，故天復命武王也。謝疊山云：「明明在下者，王之德也。赫赫在上者，天之命也。王德與天命常對立而並行，故曰：『永言配命，克配上帝。』《召誥》曰：『皇天上帝，改厥元子，兹大國殷之命，我有周受命。』此言天命之難諶〔一〕也。此《詩》與《召誥》同意。」〔二〕余按：周公作詩，時時以敬畏天命爲主，謝説極精確。

《詩・長發篇》

濬哲維商，長發其祥。洪水芒芒，禹敷下土方，外大國是疆。幅隕既長，有娀方將，帝立子生商。

〔一〕「諶」字原作「忱」，據謝枋得文爲正。
〔二〕謝枋得《詩傳注疏・大雅・大明》文。

玄王桓撥，受小國是達，受大國是達。率履不越，遂視既發。相土烈烈，海外有截。
帝命不違，至于湯齊。湯降不遲，聖敬日躋。昭假遲遲，上帝是祗。帝命式于九圍。
受小球大球，爲下國綴旒，何天之休。不競不絿，不剛不柔，敷政優優，百禄是遒。
受小共大共，爲下國駿厖，何天之龍。敷奏其勇，不震不動，不戁不竦，百禄是總。
武王載旆，有虔秉鉞，如火烈烈，則莫我敢曷。苞有三蘖，莫遂莫達，九有有截。韋顧既伐，昆吾夏桀。
昔在中葉，有震且業。允也天子，降予卿士。實維阿衡，實左右商王。

首章陽韻，次章入聲韻，三章支韻，五章東韻，六章入聲韻，七章起用入聲韻，末用陽韻作結；聲音之發皇，無過於此矣。

此《詩序》以爲大禘而作，而末乃叙及阿衡，其推崇功臣如此。《洛誥》所謂「以功宗作元祀」，亦此意也。

《詩·殷武篇》

撻彼殷武，奮發荆楚。罙入其阻，裒荆之旅，有截其所，湯孫之緒。
維女荆楚，居國南鄉。昔有成湯，自彼氐羌，莫敢不來享，莫敢不來王，曰商是常。

天命多辟，設都于禹之績。歲事來辟，勿予禍適，稼穡匪懈。天命降監，下民有嚴。不僭不濫，不敢怠遑。命于下國，封建厥福。商邑翼翼，四方之極。赫赫厥聲，濯濯厥靈。壽考且寧，以保我後生。陟彼景山，松柏丸丸。是斷是遷，方斲是虔。松桷有梴，旅楹有閑。寢成孔安。

二章陽韻，三章入聲韻，四章陽韻兼入聲韻，五章入聲韻兼庚韻；宫商協律，與《長發詩》相亞。

此《詩序》以爲祀高宗而作。謝疊山評第三章云：「高宗舊勞於外，知稼穡艱難，知小人勤勞，周公於《無逸》言之矣。伐楚成功，所以命四方諸侯來朝者，惟曰以歲事之豐凶來告於王；諸侯無禍無適者，惟曰稼穡匪懈而已。」〔一〕吾國以農立國，此可謂探本之論。

又按：末章以「寢成孔安」作結，蓋即《斯干》詩之意。

〔一〕謝枋得《詩傳注疏·商頌·殷武》文。

《楚辭·九歌·東皇太乙》

吉日兮辰良，穆將愉兮上皇。撫長劍兮玉珥，璆鏘鳴兮琳琅。瑤席兮玉瑱，盍將把兮瓊芳？蕙肴蒸兮蘭藉，奠桂酒兮椒漿。揚枹兮拊鼓。疏緩節兮安歌，陳竽瑟兮浩倡。靈偃蹇兮姣服，芳菲菲兮滿堂。五音紛兮繁會，君欣欣兮樂康。

《楚辭·九歌·雲中君》

浴蘭湯兮沐芳，華采衣兮若英。靈連蜷兮既留，爛昭昭兮未央。蹇將憺兮壽宮，與日月兮齊光。龍駕兮帝服，聊翱遊兮周章。靈皇皇兮既降，猋遠舉兮雲中。覽冀州兮有餘，橫四海兮焉窮？思夫君兮太息，極勞心兮忡忡。

《楚辭·九歌·湘君》

君不行兮夷猶，蹇誰留兮中洲？美要眇兮宜修。

沛吾乘兮桂舟。令沅湘兮無波，使江水兮安流。望夫君兮未來，吹參差兮誰思？駕飛龍兮北征，邅吾道兮洞庭。薜荔拍兮蕙綢，荃橈兮蘭旌。望涔陽兮極浦，横大江兮揚靈。揚靈兮未極，女嬋媛兮爲余太息。横流涕兮潺湲，隱思君兮悱惻。桂櫂兮蘭枻，斲冰兮積雪。采薜荔兮水中，搴芙蓉兮木末。心不同兮媒勞，恩不甚兮輕絶。石瀨兮淺淺，飛龍兮翩翩。交不忠兮怨長，期不信兮告余以不閑。鼂騁騖兮江皋，夕弭節兮北渚。鳥次兮屋上，水周兮堂下。捐余玦兮江中，遺余佩兮澧浦。采芳洲兮杜若，將以遺兮下女。時不可兮再得，聊逍遥兮容與。

首篇氣象喬皇，次篇更有鳳凰翔於千仞之概，由其用陽韻也。第三篇雲水蒼茫，煙波無際，由其用庚韻兼用入聲韻也。

古來言情之文，首推《離騷》，可配《葩經》。然讀《離騷》，應先讀《九歌》，方能領會其音節之妙。

韓退之《南陽樊紹述墓誌銘》

樊紹述既卒且葬，愈將銘之，從其家求書。得書號《魁紀公》者三十卷，曰《樊子》者又三十卷，

《春秋集傳》十五卷〔一〕，表、牋、狀、策、書、序、傳記、紀誌、説論、今文讚銘，凡二百九十一篇，道路所遇及器物門里雜銘二百二十，賦十，詩七百一十九。曰：多矣哉！古未嘗有也。然而必出於己，不襲蹈前人一言一句，又何其難也！必出入仁義，其富若生蓄萬物，必具海含地負，放恣横從，無所統紀，然而不煩於繩削而自合也。嗚呼！紹述於斯術，其可謂至於斯極者矣。

生而其家富貴，長而不有其藏一錢。妻子告不足，顧且笑曰：「我道蓋是也。」皆應曰：「然。」無不意滿。嘗以金部郎中告哀南方，還言某師不治，罷之，以此出爲綿州刺史。一年徵拜左司郎中，又出刺絳州。綿、絳之人，至今皆曰：「於我有德。」以爲諫議大夫，命且下，遂病以卒，年若干。

紹述諱宗師。父諱澤，嘗帥襄陽、江陵，官至右僕射，贈某官。祖某官，諱泳。自祖及紹述三世，皆以軍謀堪將帥，策上第以進。

紹述無所不學，於辭於聲，天得也。在衆若無能者。嘗與觀樂，問曰：「何如？」曰：「後當然。」已而果然。銘曰：

惟古於詞必己出，降而不能乃剽賊，後皆指前公相襲。從漢迄今用一律，寥寥久哉莫覺屬，神徂聖伏道絶塞。既極乃通發紹述，文從字順各識職。有欲求之此其躅。

〔一〕「卷」字原誤作「傳」。

銘辭專用入聲韻，横絶宇宙，亦有海含地負之槪。

韓退之《給事中清河張君墓誌銘》

張君名徹，字某，以進士累官至范陽府監察御史。長慶元年，今牛宰相爲御史中丞，奏君名迹，中御史選，詔即以爲御史。其府惜不敢留，遣之，而密奏：「幽州將父子繼續，不廷選且久，今新收，臣又始至，孤怯，須强佐乃濟。」發半道，有詔以君還之，仍遷殿中侍御史，加賜朱衣銀魚。至數日，軍亂，怨其府從事，盡殺之，而囚其帥，且相約：「張御史長者，毋侮辱轢蹙我事，毋庸殺。」置之帥所。

居月餘，聞有中貴人自京師至。君謂其帥：「公無負此土人。上使至，可因請見自辯，幸得脱免歸。」即推門求出。守者以告其魁，魁與其徒皆駭曰：「必張御史。張御史忠義，必爲其帥告此餘人。不如遷之别館。」即與衆出君。君出門罵衆曰：「汝何敢反！前日吴元濟斬東市，昨日李師道斬於軍中。同惡者父母妻子皆屠死，肉餧狗鼠鴟鵶。汝何敢反！汝何敢反！」行且罵，衆畏惡其言，不忍聞，且虞生變，即擊君以死。君抵死口不絶罵，衆皆曰：「義士義士！」或收瘗之以俟。

事聞，天子壯之，贈給事中。其友侯雲長佐鄆使，請於其帥馬僕射，爲之選於軍中，得故與君相知張恭、李元實者，使以幣請之范陽，范陽人義而歸之。以聞，詔所在給船轝，傳歸其家，賜錢物以葬。長慶四年四月某日，其妻子以君之喪葬於某州某所。

君弟復，亦進士，佐汴、宋。得疾，變易喪心，驚惑不常。君得間即自視，衣褥薄厚，節時其飲食，而匕箸進養之。禁其家無敢高語出聲。醫餌之藥，其物多空青、雄黄，諸奇怪物，劑錢至十數萬；營治勤劇，皆自君手，不假之人。家貧，妻子常有飢色。

祖某，某官。父某，某官。妻韓氏，禮部郎中某之孫，汴州開封尉某之女，於余爲叔父孫女。君嘗從余學，選於諸生而嫁與之。孝順祗修，羣女效其所爲。男若干人曰某，女子曰某。

銘曰：

嗚呼徹也！世慕顧以行，子揭揭也；噎喑以爲生，子獨割也；爲彼不清，作玉雪也；仁義以爲兵，用不缺折也。知死不失名，得猛厲也；自申於闇，明莫之奪也。我銘以貞之，不肖者之呾也。

按：《通鑑》唐穆宗長慶元年，盧龍軍亂，囚節度使張弘靖，推朱克融爲留後。中載張徹死事，即節取此文。文中所稱牛宰相，即牛僧孺〔一〕。

此文之神，在「推門」、「出門」四字。蓋君之求出門罵死久矣。下言「或收瘞之以俟」，官止神行，即開下「歸葬」一段。「家貧」在醫弟珍奇藥品後點出，是「蔽掩法」。

銘詞絶奇，嘗爲之注云：「慕顧：瞻慕顧慮也。揭揭：獨行貌。噎喑者，禁不

〔一〕「孺」字原誤作「儒」。

敢言也。割：吉列切，音孑，害也；言獨甘受害也。闇：讀如諒陰之陰。咀：《廣韻》：『相呵』義，言口矢所集也。」「徹」「揭」「割」「雪」「折」「厲」「奪」「咀」，皆用入聲韻。「行」「生」「清」「兵」「名」「闇」「貞」，皆用庚韻隔句，各自爲韻。仿《詩》「魚麗於罶」用韻法，而奇倔之致，哀感之情，千載下猶有生氣。

歐陽永叔《秋聲賦》

歐陽子方夜讀書，聞有聲自西南來者，悚然而聽之，曰：「異哉！」初淅瀝以蕭颯，忽奔騰而砰湃，如波濤夜驚，風雨驟至。其觸於物也，鏦鏦錚錚，金鐵皆鳴；又如赴敵之兵，銜枚疾走，不聞號令，但聞人馬之行聲。」予謂童子：「此何聲也？汝出視之。」童子曰：「星月皎潔，明河在天，四無人聲，聲在樹間。」

予曰：「噫嘻悲哉！此秋聲也。胡爲乎來哉？蓋夫秋之爲狀也：其色慘淡，煙霏雲斂；其容清明，天高日晶；其氣慄冽，砭人肌骨；其意蕭條，山川寂寥。故其爲聲也，淒淒切切，呼號奮發。豐草緑縟而争茂，佳木葱蘢而可悦，草拂之而色變，木遭之而葉脱。其所以摧敗零落者，乃一氣之餘烈。

「夫秋，刑官也，於時爲陰；又兵象也，於行為金。是謂天地之義氣，常以肅殺而爲心。天之於物，春生秋實。故其在樂也，商聲主西方之音，夷則爲七月之律。商，傷也，物既老而悲傷。夷，戮也，物過盛而當殺。

「嗟乎！草木無情，有時飄零。人爲動物，惟物之靈。百憂感其心，萬事勞其形；有動乎中，必搖其精。而況思其力之所不及，憂其智之所不能。宜其渥然丹者爲槁木，黟然黑者爲星星。奈何非金石之質，欲與草木而争榮？念誰爲之戕賊，亦何憾乎秋聲！」

童子莫對，垂頭而睡。但聞四壁蟲聲唧唧，如助予之歎息。

自《天保》《大明》諸詩，以陽庚韻與入聲韻間用，退之用之作《張徹墓銘》，永叔用之作《秋聲賦》，而皆間一句以成韻，音節之妙，乃「繹如以成」，古人三昧法全在於此，學者切宜熟讀注意。

彭剛直遊泰山集成句作聯云：「我本楚狂人，五嶽尋仙不辭遠。地猶鄒氏邑，萬方多難此登臨。」其聲音之所以響亮者，在「人」字、「臨」字係真韻，而「嶽」字、「邑」字係入聲字故也。又曾文正作揚州梅花館史忠正公祠堂聯云：「心痛鼎湖龍，半壁江山雙血淚。魂歸華表鶴，二分明月萬梅花。」其聲音之所以響亮者，在五字句用東韻入聲韻，而「壁」字、「血」字、「月」字又都係入聲字故也。於此可悟作對聯之法。

編者謹按：　唐先生《歐陽永叔〈秋聲賦〉研究法》〔一〕云：

首段將「秋聲」二字摹繪盡情，二段始點出「秋聲」二字，其法仿於《論語·微子篇》「楚狂接輿」三章，將隱者情狀寫足，至「丈人」章中間始點出「隱者」二字，分外有力。李遐叔《弔古戰場文》「亭長告余曰：　此古戰場也」、本篇「此秋聲也，胡爲乎來哉」、蘇子瞻《方山子傳》曰：「嗚呼，此吾故人陳慥季常也」，皆用此法。本篇用「予謂童子」點綴，神氣射到末段，更覺栩栩欲活。二段用秋色、秋容、秋氣、秋意四層，俱陪襯法。「豐草緑縟」二句，乃推開硬接法。

古詩古文中，聲音響亮而激越者，多以陽、庚、青、蒸、真、文、元、侵諸韻，與入聲韻參用，如《長發》詩首章用陽韻，二章用入聲韻，六章用入聲韻，七章亦用入聲韻，而以庚、陽韻作結；《殷武》詩二章用陽韻，三章用入聲韻，五章亦用入聲韻，而以庚韻作結；《天保》詩二章用入聲韻，三章用蒸韻，四章用陽韻，五章用入聲韻，六章用蒸韻作結；《大明》詩首二章用陽韻，三、四章用入聲韻，五、六章用陽韻，七章用侵、蒸韻，末章用陽韻作結，氣勢皆雄壯發皇。《葩經》中此法甚多，韓退之《張徹墓誌》銘辭，「徹」「揭」「割」「雪」「折」「厲」「奪」「呾」，皆用入聲韻；「行」「生」「清」「兵」「名」「闇」「貞」，皆用庚韻，隔句各自爲韻，激烈悽惻，哀感動人。

本篇即用此法，首段用庚韻處，滿紙秋聲；二段「淒淒切切」起，即用入聲韻；三段以蒸、

〔一〕文載無錫國專《學術世界》第一卷第一期，一九三五年，頁一四八。補充本載《交通大學講演録》第一集下卷（文學類）第四期，題《歐陽永叔〈秋聲賦〉（少陰情韻）》。

侵韻與入聲韻並用；四段以庚韻與入聲韻，隔句爲韻；末以唧、息韻作結。一唱三歎之中，其聲清越以長，丰神無匹，以其善用《詩經》選韻法也。（鄙人所選《國文經緯貫通大義》第八卷「選韻精純法」，學者當參考。）文文山先生《正氣歌》，起處用庚、青韻，續用入聲韻，接用元韻；至「隸也實不力」以下結末「古道照顏色」，俱用入聲韻。千載下讀之，凜凜然猶有生氣。古人三昧法，實在於此，特揭之以示諸生。

編者謹按：唐先生於《歐陽永叔〈秋聲賦〉（少陰情韻）》補充云：

一、點題法

《論語·微子篇》「楚狂接輿」「沮溺」「丈人」三章，摹繪隱者氣象，極爲酣足，而於「丈人」章點出曰：「隱者也。」三章神氣，俱栩栩欲活。唐李遐叔《弔古戰場文》首段，寫足古戰場淒慘情狀，末乃點出曰「此古戰場也」。此文首段，摹繪一片秋聲，第二段乃點出曰「此秋聲也」。蘇子瞻《方山子傳》首段寫足陳季常陰騺之概，二段點出曰「此吾故人陳慥季常也」，實皆脱胎《論語》筆法。惟此等點題，首段務須將題面隱藏，以下方有畫龍點睛之妙，否則索然乏味矣。

二、陪襯法、慨歎法

此文分四段。起處至「聲在樹間」爲第一段，「予曰」至「一氣之餘烈」爲第二段，「夫秋」至「物過盛而當殺」爲第三段，「嗟夫」至「何憾乎秋聲」爲第四段，末四句結束。

第二段用秋色、秋容、秋氣、秋意四層，俱係陪襯「聲」字，下接「故其爲聲也」，乃倍有力。第三段以樂音陪秋聲，潛氣内轉。四段慨歎，更有神味。「思其力之所不及」兩句，與「念誰爲之戕賊」兩句，唤醒世人知覺。彼熏心富貴，設計營求，沈溺老死於水火中者，可以鑒矣。

三、選韻法、間句用韻法

古人詩賦箴銘等，凡發揚蹈厲者，多用東、陽、庚、蒸等韻，與入聲韻間用。蓋東、陽等韻合於宫音，故發皇；入聲韻合於徵音，故激越（次之用支、先、豪、尤韻，各相題之所宜）。《天保》詩第二章以下，及《大明》全篇、《商頌·長發》《殷武》等篇，選韻皆係此法，所以格外響亮。《楚辭·九歌·東皇太一》陽韻，《雲中君》兼用陽、東韻，《湘夫人》第二章庚韻，以下入聲韻，其音皆縹緲於虚無之表。厥後韓退之用之作《張徹墓銘》，永叔用之作此文（見末段）及《黄夢升墓誌銘》，皆間一句以成韻。文文山先生《正氣歌》，起處用青、蒸韻，繼用入聲韻；後半篇用蒸韻、入聲韻，亦係此法。音節之妙，繹如以成。古人三昧法，全在於此，學者宜熟讀注意。

近代彭剛直遊泰山集成句作聯云。（編者謹按：此段與前全同，故略。）

議論錯綜法

普通適用，學至此，如造父爲御，六轡在手，一塵不驚；非才氣縱横者，不能望其項背矣。

《史記·十二諸侯年表序》

太史公讀《春秋曆譜諜》，至周厲王，未嘗不廢書而歎也。曰：嗚呼！師摯見之矣！紂爲象箸而箕子唏。周道缺，詩人本之袵席，《關雎》作。仁義陵遲，《鹿鳴》刺焉。及至厲王，以惡聞其過，公卿懼誅，而禍作，厲王遂奔于彘，亂自京師始，而共和行政焉。

是後或力政，彊乘弱，興師不請天子。然挾王室之義以討伐爲會盟主，政由五伯，諸侯恣行，淫侈不軌，賊臣篡子滋起矣。齊、晉、秦、楚，其在成周微甚，封或百里，或五十里。晉阻三河，齊負東海，楚介江、淮，秦因雍州之固，四海〔一〕迭興，更爲霸〔二〕主，文武所褒大封皆威而服焉。是以孔子明王道，干七十餘君，莫能用，故西觀周室，論史記舊聞，興於魯而次《春秋》，上記隱，下至哀之獲麟，約其辭文，去其煩重，以制義法，王道備，人事浹。

七十子之徒口受其傳指，爲有所刺譏〔三〕褒諱挹損之文辭，不可以書見也。魯君子左丘明，懼弟

〔一〕「海」字原作「國」，據《史記》爲正。按：曾國藩《經史百家集鈔》本與原本相同。

〔二〕「霸」字原作「伯」，據《史記》爲正。按：曾國藩《經史百家集鈔》本與原本相同。

〔三〕「刺譏」，原作「譏刺」，據《史記》爲正。

子人人異端，各安其意，失其真，故因孔子史記具論其語，成《左氏春秋》。鐸椒爲楚威王傅，爲王不能盡觀《春秋》，采取成敗，卒四十章，爲《鐸氏微》。趙孝成王時，其相虞卿，上采《春秋》，下觀近勢〔一〕，亦著八篇，爲《虞氏春秋》。吕不韋者，秦莊襄王相，亦上觀尚古，删拾《春秋》，集六國時事，以爲《八覽》《六論》《十二紀》，爲《吕氏春秋》。及如荀卿、孟子、公孫固、韓非之徒，各往往捃摭《春秋》之文以著書，不可勝紀。漢相張君《曆譜五德》，上大夫董仲舒推《春秋》義，頗著文焉。

太史公曰：儒者斷其義，馳説者騁其辭，不務綜其終始。曆人取其年月，數家隆于神運，譜諜獨記世謚，其辭略，欲一觀諸要難。於是譜十二諸侯，自共和訖孔子，表見《春秋》《國語》，學者所譏盛衰大指著於篇，爲成學治古文者要删焉。

方望溪謂：「《史記》諸序，開示學者法門，最爲詳盡，作文之法都備於此。」余按：方先生此説，蓋謂其叙次錯落變化，無一重複耳。具翕純皦繹之致，而才氣絲毫不露，是又能鍊氣而歸於收斂矣，故爲文學家之祖。「要難」者，結轖處也。「譏」，察也。「要删」二字，爲學者實事求是之良法。退之「記事者必提其要，纂言者必鈎其

〔一〕「勢」字原誤作「世」，據《史記》爲正。

玄」[一]本此。

吴辟疆云：「諸年表序，每節[二]皆别有寓意，言在此而意在彼；高情微旨，深遠不測。」「此篇嘆稱《春秋》以自喻其《史記》，後半歷引各家説《春秋》者，皆不當意，所以自負也。」[三]

《史記·六國表序》

太史公讀《秦記》，至犬戎敗幽王，周東徙洛邑，秦襄公始封爲諸侯，作西畤，用事上帝，僭端見矣。《禮》曰：「天子祭天地，諸侯祭其域内名山大川。」今秦雜戎翟之俗，先暴戾，後仁義，位在藩臣，而臚於郊祀，君子懼焉。及文公逾隴，攘夷狄，尊陳寶，營岐雍之間，而穆公修政，東竟至河，則與齊桓、晉文中國侯伯侔矣。

是後陪臣執政，大夫世禄，六卿擅晉權，征伐會盟，威重於諸侯。及田常殺簡公，而相齊國，諸侯

[一] 韓愈《進學解》文。
[二] 「節」字原作「篇」，據吴氏文爲正。
[三] 吴闓生《桐城吴氏古文法·史記序贊解》評語。

晏〔一〕然弗討，海内争於戰功矣。三國終之卒分晉，田和亦滅齊而有之，六國之盛自此始。務在彊兵並敵，謀詐用，而從衡短長之説起。矯稱蠭出，誓盟不信，雖置質剖符，猶不能約束也。

秦始小國僻遠，諸夏賓之，比於戎翟，至獻公之後，常雄諸侯。論秦之德義，不如魯、衛之暴戾者；量秦之兵，不如三晉之彊也。然卒并天下，非必險固便，形勢利也，蓋若天所助焉。或曰「東方物所始生，西方物之成熟」。夫作事者必於東南，收功實者常於西北。故禹興於西羌，湯起於亳，周之王也，以豐鎬伐殷，秦之帝用雍州興，漢之興自蜀漢。

秦既得意，燒天下《詩》《書》，諸侯史記尤甚，爲其有所刺譏也。《詩》《書》所以復見者，多藏人家，而史記獨藏周室，以故滅。惜哉惜哉！獨有《秦記》，又不載日月，其文略不具。然戰國之權變，亦有可頗采者，何必上古。秦取天下多暴，然世異變，成功大。《傳》曰「法後王」，何也？以其近己而俗變相類，議卑而易行也。學者牽於所聞，見秦在帝位日淺，不察其終始，因舉而笑之不敢道，此與以耳食無異。悲夫！

余於是因《秦記》，踵《春秋》之後，起周元王，表六國時事，訖二世，凡二百七十年，著諸所聞興壞之端。後有君子，以覽觀焉。

〔一〕「晏」字原誤作「宴」。

用《秦記》作底本，貫串六國時事，故中間之用「秦」字作提筆凡三處，皆震盪有神。「東方物所始生」一段，無端插入，尤爲錯綜有致。

吴辟疆云：「凡作文，每篇必有一定主義。主義既定，通篇議論，均必與其本義相發，乃不背謬支蔓，所謂一意到底，所謂綫索牢〔一〕也。如前篇以遭亂著述爲主，故起處便説箕子、師摯等。此篇以無道而得天下爲主，故發端即以秦之僭事上帝爲言，無一字閑文。」

又云：「『秦雖小國』下，其意均不在秦。『若天所助』句，歸功於天，極妙。凡議論他人，指爲天助，便是菲薄語。漢高得天下，功德甚薄，史公意頗輕之。其論秦處，意皆注在漢也。下『何必上古』句，亦譏漢治之蔑棄三代，專用秦法，特借史記爲詞耳；『議卑易行』，妙極〔二〕，亦薄漢之襲用秦制。至『悲夫』一結，轉譏學者誦説三代，不敢道秦爲迂謬。詞旨激詭，而意則深痛矣。」〔三〕余按：此評極精細，殆得自摯甫先

〔一〕「所謂綫索牢」五字脱，據吴闓生《桐城吴氏古文法·六國表序》文補入。
〔二〕「妙極」二字脱，據吴闓生文補入。
〔三〕吴闓生《桐城吴氏古文法·六國表序》評語。

生也。

《史記・漢興以來諸侯王〔一〕年表序》

太史公曰：殷以前尚矣。周封五等：公，侯，伯，子，男。然封伯禽、康叔於魯、衛，地各四百里，親親之義，襃有德也；太公於齊，兼五侯地，尊勤勞也。武王、成、康所封數百，而同姓五十五，地上不過百里，下三十里，以輔衛王室。管、蔡、康叔、曹、鄭，或過或損。幽、厲之後，王室缺，侯伯彊國興焉，天子微，弗能正。非德不純，形勢弱也。

漢興序二等。高祖末年，非劉氏而王者，若無功上所不置而侯者，天下共誅之。高祖子弟，同姓爲王者九國，惟獨長沙異姓，而功臣侯者百有餘人。自雁門、太原以東，至遼陽，爲燕、代國；常山以南，太行左轉，度河、濟，阿、甄以東薄海，爲齊、趙國；自陳以西，南至九疑，東帶江、淮，穀、泗，薄會稽，爲梁、楚〔二〕、淮南、長沙國，皆外接於胡、越。而內地北距山以東，盡諸侯地，大者或五六郡，連城數十，置百官宮觀，僭於天子。漢獨有三河、東郡、潁川、南陽，自江陵以西至蜀，北自雲中至隴西，與內史凡十五郡，而公主列侯頗食邑其中。何者？天下初定，骨肉同姓少，故廣彊庶孽，以鎮撫四海，

〔一〕「王」字原誤。
〔二〕原「楚」下有「吴」字，據《史記》爲正。按：曾國藩《經史百家集鈔》本與原本相同。

用承衛天子也。

漢定百年之間，親屬益疏，諸侯或驕奢，忕邪臣計謀爲淫亂，大者叛逆，小者不軌于法以危其命，殞身亡國。天子觀於上古，然後加惠，使諸侯得推恩分子弟國邑，故齊分爲七，趙分爲六，梁分爲五，淮南分三，及天子支庶子爲王，王子支庶爲侯，百有餘焉。吴楚時，前後諸侯或以適削地，是以燕、代無北邊郡，吴、淮南、長沙無南邊郡，齊、趙、梁、楚支郡，名山陂海，咸納於漢。諸侯稍微，大國不過十餘城，小侯不過數十里，上足以奉貢職，下足以供養祭祀，以蕃輔京師。而漢郡八九十，形錯諸侯間，犬牙相臨，秉其阨塞地利，彊本幹，弱枝葉之勢也，尊卑明而萬事各得其所矣。

臣遷謹記高祖以來至太初諸侯，譜其下益損之時，令後世得覽。形勢雖彊，要之以仁義爲本。

包舉天下形勢，參差錯落，陽開陰闔，一絲不亂。以之經緯萬端，何本不立？何文不行？

吴辟疆云：「『天子觀於上古』三句，此當時所借之口實如此，實則乃削奪諸侯之計。」「至『以適削地』，則無所用其藉口，而明明以罪謫削矣。」

又云：「『上足奉貢職』三句，極有騰挪。蓋漢廷之意，以爲藩國如此已足，『强本幹』句，顯揭其本謀如是。『尊卑明』加贊一句，尤入〔一〕妙，皆探測廷議爲詞，藩國胥見剥削〔二〕，漢郡占其形勝，則朝廷之意〔三〕，以爲天下從此太平矣。」

又云：「結處以微諷作收，不然，全篇爲諛詞矣。蓋漢初大封同姓，以制反側。後見其弊，乃恣意削奪之，前後皆非治體。史公見其然，雖不加呰議，而情實自見言表。」〔四〕余按：此評亦精細。漢分海内而立宗子，封功臣，不得已也。始封時如何，削奪後如何，兩兩相形，抑何可慨！

曾滌笙《孫芝房侍講芻論序》

咸豐九年三月，善化孫芝房侍講鼎臣，以書抵余建昌軍中，寄所爲《芻論》，屬爲裁定。凡二十五篇，曰論治者六，論鹽者三，論漕者三，論幣者二，論兵者三，通論唐以來大政者七，論明賦餉者一。其首章追溯今日之亂源，深咎近世漢學家言，用私意分别門户，其語絶痛。明年四月，復

〔一〕「入」字脱，據吴闓生文補入。
〔二〕「剥削」原作「削奪」，據吴闓生文爲正。
〔三〕「則朝廷之意」五字脱，據吴闓生文補入。
〔四〕吴闓生《桐城吴氏古文法·漢興以來諸侯王年表序》評語。

得芝房書，則疾革告别之辭，而芝房以三月死矣！既爲位而哭，且以書告仁和邵君懿辰。於是爲叙諸簡首，而歸諸其孤。蓋古之學者，無所謂經世之術也，學禮焉而已。《周禮》一經，自體國經野，以至酒漿廛市、巫卜繕稾、夭鳥蠱蟲，各有專官，察及纖悉。吾讀杜元凱《春秋釋例》，歎丘明之發凡，仲尼之權衡萬變，大率秉周之舊典。故曰：「周禮盡在魯矣。」自司馬氏作史，猥以《禮書》與《封禪》《平準》並列。班、范而下，相沿不察。唐杜佑纂《通典》，言禮者居其泰半，始得先王經世之遺意。有宋張子、朱子益崇闡之。聖清膺命，巨儒輩出。顧亭林氏著書，以扶植禮教爲己任。江慎修氏纂《禮書綱目》，洪纖畢舉。而秦樹灃氏遂修《五禮通考》，自天文、地理、軍政、官制，都萃其中；旁綜九流，細破無内。國藩私獨宗之，惜其食貨稍缺，嘗欲集鹽漕、賦稅、國用之經，别爲一編，附於秦書之次。非徒廣己於不可畔岸之域，先聖制禮之體之無所不賅，固如是也。以世之多故，握槧之不可以苟，未及事事，而齒髮固已衰矣。

往者漢陽劉傳瑩茮雲，實究心漢學者之説，而疾其單辭碎義，輕筦宋賢。間嘗語余：「學以反求諸心而已，泛博胡爲？至今有事於身與家與國，則當一一詳核焉，而求其是，考諸室而市可行，驗諸獨而衆可從。」又曰：「禮非考據不明，學非心得不成。」國藩則大韙之，以爲知言者徒也。未幾茮雲即世。臨絶，爲先令處分後事，壹秉古禮。國藩既銘其墓，又爲家傳，粗道漢學得失、主客之宜，藏諸劉氏之祏。

君子之言也，平則致和，激則召争。辭氣之輕重，積久則移易世風，黨仇訟争，而不知所止。曩者良知之説，誠非無蔽；必謂其釀晚明之禍，則少過矣。近者漢學之説，誠非無蔽；必謂其致粤賊之亂，則少過矣。《芻論》所考諸大政，蓋與顧氏、江氏、秦氏之指爲近。彼數子者，固漢學家所奉以爲歸者也。而芝房首篇，譏之已甚，其果有剖及毫釐千里者耶？抑將憤夫一二鉅人長德，曲學阿世，激極而一鳴耶？芝房之志大而鋭進也與茱雲同。其卒也，寄書抵余，以告永訣，亦與茱雲同。其自《芻論》外，别有詩十卷，文十一卷，《河防紀略》四卷。著書之多，與茱雲異，而其博觀而慎取則同。其嫉夫以漢學標揭也亦同，而立言少異。余故稍附諍論，以明不忍死友之義〔一〕，亦以見二子者之不竟其志，非僅余之私痛也。

王益吾先生云：「曲折離合，惟所投之，其氣能負山嶽而趨，非他人所能學步也。」〔二〕余按：此文自「《周禮》一經」下，全仿《史記·十二諸侯年表序》法，自「漢陽劉傳瑩茱雲」以下，則用「比較錯綜法〔三〕」，遂如黄河一瀉千里，固是文正生平極得意文字。而其摹仿古人之迹，自可推尋矣。

〔一〕「義」字原作「誼」，據曾氏原文為正。
〔二〕王先謙《續古文辭類纂》評曾國藩《孫芝房侍講芻論序》語。
〔三〕「綜法」原誤作「法綜」。

曾滌笙《歐陽生文集序》

乾隆之末，桐城姚姬傳先生鼐，善爲古文辭，慕效其鄉先輩方望溪侍郎之所爲，而受法於劉君大櫆，及其世父編修君範。三子既通儒碩望，姚先生治其術益精。歷城周永年書昌爲之語曰：「天下之文章，其在桐城乎！」由是學者多歸嚮桐城，號桐城派，猶前世所稱江西詩派者也。

姚先生晚而主鍾山書院講席，門下著籍者，上元有管同異之、梅曾亮伯言，桐城有方東樹植之、姚瑩石甫。四人者，稱爲高第弟子，各以所得傳授徒友，往往不絶。在桐城者有戴鈞衡存莊，事植之久，尤精力過絶人，自以爲守其邑先正之法，嬗之後進，義無所讓也，其不列弟子籍。

同時服膺，有新城魯仕驥絜非、宜興吴德旋仲倫。絜非之甥爲陳用光碩士，碩士既師其舅，又親受業姚先生之門，鄉人化之，多好文章。碩士之羣從，有陳學受藝叔、陳溥廣敷。而南豐又有吴嘉賓子序，皆承絜非之風，私淑於姚先生，由是江西建昌有桐城之學。

仲倫與永福吕璜月滄交友，月滄之鄉人有臨桂朱琦伯韓、龍啓瑞翰臣、馬平王拯〔一〕定甫，皆步趨吴氏、吕氏，而益廣求其術於梅伯言。由是桐城宗派，流衍於廣西矣。

昔者國藩嘗怪姚先生典試湖南，而吾鄉出其門者，未聞相從以學文爲事。既而得巴陵吴敏樹南

〔一〕「拯」字一作「錫振」。

屏，稱述其術，篤好而不厭。而武陵楊彝珍性農、善化孫鼎臣芝房、湘陰郭嵩燾伯琛、溆浦舒燾伯魯，亦以姚氏文家正軌，違此則又何求。最後得湘潭歐陽生。生吾友歐陽兆熊小岑之子，而受法於巴陵吴君、湘陰郭君，亦師事新城二陳。其漸染者多，其志趨嗜好，舉天下之美，無以易乎桐城姚氏者也。

當乾隆中葉，海内魁儒畸士，崇尚鴻博，繁稱旁證，考覈一字，累數千言不能休。別立幟志，名曰「漢學」，深擯有宋諸子義理之説，以爲不足復存，其爲文尤蕪雜寡要。姚先生獨排衆議，以爲義理、考據、詞章三者不可偏廢；必義理爲質，而後文有所附，考據有所歸。一編之内，推此尤兢兢。當時孤立無助，傳之五六十年，近世學子，稍稍誦其文，承用其説。道之廢興，亦各有時，其命也歟哉？

自洪、楊倡亂，東南荼毒。鍾山石城，昔時姚先生撰杖都講之所，今爲犬羊窟宅，深固而不可拔。桐城淪爲異域，既克而復失。戴鈞衡全家殉難，身亦歐血死矣。余來建昌，問新城、南豐，兵燹之餘，百物蕩盡，田荒不治，蓬蒿没人。一二文士，轉徙無所。而廣西用兵九載，羣盜猶洶洶，驟不可爬梳，龍君翰臣又物故。獨吾鄉少安，二三君子，尚得優游文學，曲折以求合桐城之轍。而舒燾前卒，歐陽生亦以瘵死。老者牽於人事，或遭亂不得竟其學，少者或中道夭殂；四方多故，求如姚先生之聰明早達，太平壽考，從容以躋於古之作者，卒不可得。然則業之成否，又得謂之非命也耶？

歐陽生名勳，字子和，殁於咸豐五年三月，年二十有幾。其文若詩，清縝喜往復，亦時有亂離之慨。莊周云：「逃空虚者，聞人足音跫然而喜。」而況昆弟親戚之謦欬其側者乎！余之不聞桐城諸老之謦欬也久矣，觀生之爲，則豈直足音而已！故爲之序，以塞小岑之悲，亦以見文章與世變相因，俾後之人得以考覽焉。

叙述桐城宗派，如石之列，直者欹者；如風之激，叫者譹者；如潮之流，湍激者瀠洄者。而經緯分明，絲絲入扣，末段遂如百川歸海矣。善學《史記》，擴而張之，而聲音尤極清明廣大。元明以來，殆未有能及此者。

文正集中各碑記，俱可傳之百世，學者皆當熟讀。惟其文繁，且不僅議論錯綜法，故未録。

編者謹按：唐先生《曾滌笙〈歐陽生文集序〉研究法》[一]云：第一期講「讀文法」，内引《論語》「孔子語魯太師曰：樂其可知也。始作翕如也，從（音縱，放也）之純如也、皦如也、繹如也，以成。」文章通於樂理，故「翕」「純」「皦」「繹」四字爲作文佈局、練氣要訣。翕如者，謂起處當翕收通篇氣局，涵蓋一切。純如皦如者，和而明，謂放

〔一〕載無錫國專《學術世界》第一卷第三期，一九三五年，頁九〇至九二；復刊於《交通大學演講録》第一集下卷（文學類）第二期，題《曾滌笙〈歐陽生文集序〉（太陽氣勢）》，兩篇内容一致。

縱之後，聲音和雅，條理分明也。繹如者，謂結束全文，意義輻輳，絡繹不絶，如八音齊奏，萬派朝宗也。

此篇第一段起處至「江西詩派者也」爲翕如法。第二段「金陵桐城」，第三段「江西」，第四段「廣西」，第五段「湖南」，第六段「桐城文派三大要旨」，爲純如皦如法。第七段，總結以上各段，以慨歎出之，一絲不亂，爲繹如法。熟讀自可領會。

文章積句而成段，積段而成篇。故讀古人文，段落先須分明。而每段起處結處，尤宜留意變化之法。本篇第二段起處，「姚先生主講」云云；第三段起處忽以魯絜非、吴仲倫二人並提；而第四段接以吴仲倫，綰合廣西學派；第五段以「昔者國藩」一提，開湖南文派。第六段「當乾隆中葉」，第七段「自洪、楊倡亂」，均用提筆法，神情高遠，皆宜體會。至每段結處，句法無不變化，實則皆用「頓」字訣，當與前講「讀文法」參會貫通。

湘鄉之文，其門人黎蒓齋先生評之云：「歐陽永叔後，一人而已。」〔一〕吴摯甫先生云：「以韓文爲間架，以歐文爲氣骨精神。」二説皆精當。余謂其大氣之磅礴，局度之雄闊，自韓子以外，未有能及之者，桐城諸老，俱當退避三舍。故近人别稱爲湘鄉派，以其勝於桐城也。曾門

〔一〕黎庶昌《拙尊園叢稿・續古文辭類纂叙》曰：「至湘鄉曾文正公出，擴姚氏而大之，並功德言爲一塗，挈攬衆長，轢歸掩方，跨越百氏，將遂席兩漢而還之三代，使司馬遷、班固、韓愈、歐陽修之文絶而復續，豈非所謂豪傑之士，大雅不羣者哉！蓋自歐陽氏以來，一人而已。」

四大弟子：武昌張裕釗濂亭、桐城吴汝綸摯甫、遵義黎庶昌蒓齋、無錫薛福成叔耘，張、吴卓然成大家，黎、薛亦成名家。《曾集》中碑銘傳記諸篇，皆凜然有忠義之氣，學者宜熟讀而深味之。學其文即當師其人，豪傑之士，能無奮然興起乎？

鍊氣歸神法

普通適用，學至此，如百鍊精金，光彩内斂，蓋大而化之矣；以寒儉學之者，大誤。

《史記·秦楚之際月表序》

太史公讀秦、楚之際，曰：初作難，發於陳涉；暴戾滅秦，自項氏；撥亂誅暴，平定海内，卒踐帝祚，成於漢家。五年之間，號令三嬗。自生民以來，未始有受命若斯之亟也。

昔虞、夏之興，積善累功，數十年德洽百姓，攝行政事，考之於天，然後在位。湯、武之王，乃由契、后稷，修仁行義十餘世，不期而會孟津八百諸侯，猶以爲未可，其後乃放弒。秦起襄公，章於文、穆，獻、孝之後，稍以蠶食六國，百有餘載，至始皇乃能并冠帶之倫。以德若彼，用力如此，蓋一統若斯之難也。

秦既稱帝，患兵革不休，以有諸侯也，於是無尺土之封，墮壞名城，銷鋒鏑，鉏豪傑，維萬世之安。然王迹之興，起於閭巷，合從討伐，軼於三代，鄉秦之禁，適足以資賢者爲驅除難耳。故發憤其所爲天下雄，安在無土不王。此乃傳之所謂大聖乎？豈非天哉，豈非天哉！非大聖，孰能當此受命而帝者乎？

吴辟疆云：「憤激卓詭，跌宕恣肆，滂沛噴薄，雄奇萬變，史公極〔一〕得意文字。」〔二〕余按：此文極言三代與秦得天下之難、漢得天下之易，結處則語語菲薄漢家，不可爲訓。惟鍊氣之神妙，實爲千古作者所不能及。

《史記》諸傳贊中，多「鍊氣歸神法」，如《孔子世家贊》《留侯世家贊》《魏公子列傳贊》等皆是也。當與世家、列傳本文並讀，故未録。然本編中之《屈原傳贊》《魏其武安侯傳贊》，亦可見一斑矣。

《史記·高祖功臣侯者年表序》

太史公曰：古者人臣功有五品，以德立宗廟、定社稷曰勳，以言曰勞，用力曰功，明其等曰

〔一〕「極」字脱，據吴闓生原文補入。
〔二〕吴闓生《桐城吴氏古文法·秦楚之際月表序》評語。

伐，積日曰閲。封爵之誓曰：「使河如帶，泰山若厲。國以永寧，爰及苗裔。」始未嘗不欲固其根本，而枝葉稍陵夷衰微也。余讀高祖侯功臣，察其首封所以失之者，曰：異哉所聞！《書》曰：「協和萬邦。」遷于夏、商，或數千歲。蓋周封八百，幽、厲之後，見於《春秋》。《尚書》有唐虞之侯伯，歷三代千有餘載，自全以蕃衛天子，豈非篤於仁義、奉上法哉？

漢興，功臣受封者，百有餘人。天下初定，故大城名都散亡，户口可得而數者十二三，是以大侯不過萬家，小者五六百户。後數世，民咸歸鄉里，户益息。蕭、曹、絳、灌之屬，或至四萬；小侯自倍，富厚如之。子孫驕溢，忘其先，淫嬖。至太初百年之間，見侯五，餘皆坐法殞命亡國，秏矣。罔亦少密焉，然皆身無兢兢於當世之禁云。

居今之世，志古之道〔一〕，所以自鏡也，未必盡同。帝王者各殊禮而異務，要以成功爲統紀，豈可緄乎？觀所以得尊寵，及所以廢辱，亦當世得失之林也，何必舊聞？於是謹其終始，表見其文，頗有所不盡本末；著其明，疑者闕之。後有君子欲推而列之，得以覽焉。

抑揚頓挫，語皆有神，兼一唱三嘆法。前以「異哉所聞」一提，後以「未必盡同」「何必舊聞」作結，遥相呼應，則慨嘆漢高誅戮功臣之慘，盡歸尺幅之中矣。此爲鍊氣

〔一〕《禮記・哀公問》載孔子語云：「生今之世，志古之道。」

「静」字訣兼「浄」字訣，静之至而神自出，浄之至而神愈有味也。

韓退之《送董邵南序》

燕、趙古稱多感慨悲歌之士。董生舉進士，連不得志於有司，懷抱利器，鬱鬱適茲土。吾知其必有合也。董生勉乎哉！

夫以子之不遇時，苟慕義彊仁者，皆愛惜焉。矧燕、趙之士，出乎其性者哉！然吾嘗聞風俗與化移易，吾惡知其今不異於古所云邪？聊以吾子之行卜之也。董生勉乎哉！

吾因子有所感矣。爲我弔望諸君之墓，而觀於其市，復有昔時屠狗者乎？爲我謝曰：「明天子在上，可以出而仕矣。」

文僅數行，而曲折有四。奇情壯志，都寓其中，絶不外露。其諷董生之不當遠游耶？抑憤世嫉俗，而故爲反言以喻之耶？皆令人自行體會。惟能味於無味者，始能知之。

韓退之《祭柳子厚文》

維年月日，韓愈謹以清酌庶羞之奠，祭於亡友柳子厚之靈。

嗟嗟子厚，而至然邪？自古莫不然，我又何嗟！人之生世，如夢一覺，其間利害，竟亦何校！當其夢時，有樂有悲，及其既覺，豈足追維？

凡物之生，不願爲材，犧樽青黄，乃木之菑。子之中棄，天脱羇羈，玉佩瓊琚，大放厥辭。富貴無能，磨滅誰紀？

子之自著，表表愈偉。不善爲斲，血指汗顔，巧匠旁觀，縮手袖間。子之文章，而不用世，乃令吾徒，掌帝之制。

子之視人，自以無前，一斥不復，羣飛刺天。

嗟嗟子厚，今也則亡。臨絶之音，一何琅琅！徧告諸友，以寄厥子，不鄙謂余，亦託以死。凡今之交，觀勢厚薄，余豈可保，能承子託？非我知子，子實命我，猶有鬼神，寧敢遺墮？念子永歸，無復來期，設祭棺前，矢心以辭。嗚呼哀哉！尚饗。

退之與子厚同舉御史，交情極摯。此文鍊至細筋入骨，不能多著一字，而沈痛之意、哀憤之情，令人自然隕涕。

韓退之《祭田横墓文》

貞元十一年九月，愈如東京，道出田横墓下，感横義高能得士，因取酒以祭，爲文而弔之。其辭曰：

事有曠百世而相感者，余不自知其何心。非今世之所稀，孰爲使余歔欷而不可禁？余既博觀乎天下，曷有庶幾乎夫子之所爲？死者不復生，嗟余去此其從誰？當秦氏之敗亂，得一士而可王。何五百人之擾擾，而不能脱夫子於劍鋩？抑所寶之非賢，亦天命之有常？昔闕里之多士，孔聖亦云其遑遑。苟余行之不迷，雖顛沛其何傷！自古死者非一，夫子至今有耿光。跽陳辭而薦酒，魂髣髴而來享。

破空而來，不可方物，文境高淡已極，全在虛際傳神。《禮記·樂記》云：「壹倡三歎，有遺音者矣。」「大羹不和，有遺味者矣。」遺者，言遺忘也。讀此文不覺忘音而忘味矣。惜抱謂：「此是公少作，故猶取屈子成句。」[二]然惡可以少作而輕之。田横之節，本足以廉頑而立懦。退之胸中有一段不可磨滅之氣，故因此文以發之。

唐蔚芝《論語鄉黨篇大義》

嘻吁！世皆機也。機，殺多而生少也。物就生以避殺，而人常就殺以避生者，物能見有形之網，

[二] 姚鼐《古文辭類纂·哀祭類》韓愈《祭田横墓文》評語。

而人不能見無形之網也。

子曰「鳳鳥不至」，有子曰「鳳凰之於飛鳥」，接輿曰「鳳兮鳳兮」。孔子，鳳也，何爲乎言雉哉？我知之矣。《衛風》之詩曰：「雄雉于飛，泄泄其羽。」《王風》之詩曰：「有兔爰爰，雉離于羅。」雉易入網羅者也，而「山梁之雌雉」，能不陷於殺機何也？審於機而善自藏也。孔子贊之曰：「時哉時哉！」此非孔子自贊，記者更無庸贊一辭也，而不得謂非贊辭也。

《鄉黨篇》記孔子之居鄉居朝、爲擯出使、衣服飲食，以逮辭受取予、居常處變、造次顛沛，無一不合於中道，而不入春秋時之網羅者，聖人之善韜晦也。故不言鳳而言雉；不獨言雉，而言雌雉；且不獨言雌雉，而先引起之，曰「色斯舉矣，翔而後集」，喻聖人之審於機也。《老子》曰：「知其雄，守其雌，爲天下谿。」忍而默之，露斯爲滅矣！

噫吁！德輝莫下，吾安適矣！羽毛既豐，行自惜矣！鳳兮鳳兮，不可諫而猶可追矣！雉兮雉兮，吾見其舉而不見其集矣！

凡論人宜即學其人之文，如論荀宜學荀子之文，論莊、屈宜學莊子、屈子之文。《鄉黨篇》是化工文字，此篇亦是化工文字；遥情勝概，均入於静斂，莫之爲而爲，方足當一「神」字。《易傳》曰：「神也者，妙萬物而爲言者也。」

神光離合法

普通適用，學至此，離奇夭矯，如羣龍見首，變化無方，蓋不可知之謂神矣；以淩雜學之者，大誤。

《左傳・晉楚鄢陵之戰》（成公十六年）

晉侯將伐鄭，范文子曰：「若逞吾願，諸侯皆叛，晉可以逞。若唯鄭叛，晉國之憂，可立俟也。」欒武子曰：「不可以當吾世而失諸侯，必伐鄭。」乃興師。欒書將中軍，士燮佐之；郤錡將上軍，荀偃佐之；韓厥將下軍，郤至佐新軍，荀罃居守。郤犨如衛，遂如齊，皆乞師焉。欒黶來乞師，孟獻子曰：「有勝矣。」戊寅，晉師起。

鄭人聞有晉師，使告于楚，姚句耳與往。楚子救鄭，司馬將中軍，令尹將左，右尹子辛將右。過申，子反入見申叔時，曰：「師其何如？」對曰：「德、刑、詳、義、禮、信，戰之器也。德以施惠，刑以正邪，詳以事神，義以建利，禮以順時，信以守物。民生厚而德正，用利而事節，時順而物成。上下和睦，周旋不逆，求無不具，各知其極。故《詩》曰：『立我烝民，莫匪爾極。』是以神降之福，時無災害，民生敦厖，和同以聽，莫不盡力以從上命，致死以補其闕。此戰之所由克也。今楚內棄其民而外絶其好，瀆齊盟而食話言，奸時以動，而疲民以逞。民不知信，進退罪也。人恤所底，其誰致死？子其勉之，吾不復見子矣！」姚句耳先歸，子駟問焉，對曰：「其行速，過險而不整。速則失志，不整喪列。志失列喪，將何以戰？楚懼不可用也。」

五月，晉師濟河。聞楚師將至，范文子欲反，曰：「我僞逃楚，可以紓憂。夫合諸侯，非吾所能也，以遺能者。我若羣臣輯睦以事君，多矣。」武子曰：「不可。」六月，晉、楚遇於鄢陵。范文子不欲戰。郤至曰：「韓之戰，惠公不振旅；箕之役，先軫不反命；邲之師，荀伯不復從：皆晉之恥也。子亦見先君之事矣。今我辟楚，又益恥也。」文子曰：「吾先君之亟戰也有故。秦、狄、齊、楚皆彊，不盡力，子孫將弱。今三彊服矣，敵楚而已。唯聖人能外內無患，自非聖人，外寧必有內憂，盍釋楚以爲外懼乎？」

甲午晦，楚晨壓晉軍而陳。軍吏患之。范匄趨進曰：「塞井夷竈，陳於軍中，而疏行首。晉、楚唯天所授，何患焉？」文子執戈逐之，曰：「國之存亡，天也。童子何知焉？」欒書曰：「楚師輕窕，固壘而待之，三日必退。退而擊之，必獲勝焉。」郤至曰：「楚有六間，不可失也：其二卿相惡，王卒以舊，鄭陳而不整，蠻軍而不陳，陳不違晦，在陳而囂。合而加囂，各顧其後，莫有鬬心。舊不必良，以犯天忌。我必克之。」楚子登巢車以望晉軍，子重使大宰伯州犂侍於王後。王曰：「騁而左右何也？」曰：「召軍吏也。」「皆聚於中軍矣。」曰：「合謀也。」「張幕矣。」曰：「虔卜於先君也。」「徹幕矣。」曰：「將發命也。」「甚囂且塵上矣。」曰：「將塞井夷竈而爲行也。」「皆乘矣，左右執兵而下矣。」曰：「聽誓也。」「戰乎？」曰：「未可知也。」「乘而左右皆下矣。」曰：「戰禱也。」伯州犁以公卒告王。苗賁皇在晉侯之側，亦以王卒告。皆曰：「國士在且厚，不可當也。」苗賁皇言於晉侯曰：「楚之良在其中軍王族而已，請分良以擊其左右，而三軍萃於王卒，必大敗之。」公筮之，史曰：「吉。其卦遇《復》，曰：『南國蹙，射其元，王中厥目。』國蹙王傷，不敗何待？」公從之。

有淖於前，乃皆左右相違於淖。步毅御晉厲公，欒鍼爲右。彭名御楚共王，潘黨爲右。石首御鄭成公，唐苟爲右。欒、范以其族夾公行，陷於淖。欒書將載晉侯，鍼曰：「書退！國有大任，焉得專之？且侵官，冒也；失官，慢也；離局，奸也。有三罪焉，不可犯也。」乃掀公以出於淖。癸巳，潘尫之黨，與養由基蹲甲而射之，徹七札焉。以示王，曰：「君有二臣如此，何憂於戰？」王怒曰：「大辱國。詰朝爾射死藝。」吕錡夢射月，中之，退入於泥。占之曰：「姬姓日也，異姓月也，必楚王也。射而中之，退入於泥，亦必死矣。」及戰，射共王，中目。王召養由基，與之兩矢，使射吕錡，中項，伏弢。以一矢復命。郤至三遇楚子之卒，見楚子必下，免冑而趨風。楚子使工尹襄問之以弓，曰：「方事之殷也，有韎韋之跗注，君子也。識見不穀而趨，無乃傷乎？」郤至見客，免冑承命，曰：「君之外臣至，從寡君之戎事，以君之靈，間蒙甲冑，不敢拜命。敢告不寧，君命之辱。爲事之故，敢肅使者。」三肅使者而退。晉韓厥從鄭伯，其御杜溷羅曰：「速從之！其御屢顧，不在馬，可及也。」韓厥曰：「不可以再辱國君。」乃止。郤至從鄭伯，其右茀翰胡曰：「諜輅之，余從之乘而俘以下。」郤至曰：「傷國君有刑。」亦止。石首曰：「衛懿公唯不去其旗，是以敗於熒。」乃內旌於弢中。唐苟謂石首曰：「子在君側，敗者壹大。我不如子，子以君免，我請止。」乃死。楚師薄於險，叔山冉謂養由基曰：「雖君有命，爲國故，子必射！」乃射。再發，盡殪。叔山冉搏人以投，中車折軾，晉師乃止。囚楚公子茷。欒鍼見子重之旌，請曰：「楚人謂夫旌子重之麾也，彼其子重也。日臣之使於楚也，子重問晉國之勇。臣對曰：『好以衆整。』曰：『又何如？』臣對曰：『好以暇。』今兩國治戎，行人不使，不可謂整。臨事而食言，不可謂暇。請攝飲焉。」公許之。使行人執榼承飲，造於子重，曰：「寡君乏使，使鍼御持矛。是以不得犒從者，使某攝飲。」子重曰：「夫子嘗與吾言於楚，必是故也，不亦識乎！」受而飲之。免使者而復鼓。旦而戰，見星未已。

子反命軍吏，察夷傷，補卒乘，繕甲兵，展車馬，雞鳴而食，唯命是聽。晉人患之。苗賁皇徇曰：「蒐乘補卒，秣馬利兵，修陳固列，蓐食申禱，明日復戰。」乃逸楚囚。王聞之，召子反謀。穀陽豎獻飲於子反，子反醉而不能見。王曰：「天敗楚也夫！余不可以待。」乃宵遁。

晉入楚軍，三日穀。范文子立於戎馬之前，曰：「君幼，諸臣不佞，何以及此？君其戒之！《周書》曰：『唯命不于常。』有德之謂。」楚師還，及瑕，王使謂子反曰：「先大夫之覆師徒者，君不在。子無以爲過，不穀之罪也。」子反再拜稽首曰：「君賜臣死，死且不朽。臣之卒實奔，臣之罪也。」子重使謂子反曰：「初隕師徒者，而亦聞之矣。盍圖之？」對曰：「雖微先大夫有之，大夫命側，側敢不義？側亡君師，敢忘其死？」王使止之，弗及而卒。

方望溪云：「此篇大旨在爲三郤之亡、厲公之弑張本，故以范子之言貫串通篇，而中間『國之存亡，天也』二語，尤前後之樞紐。蓋鄭之叛服，關晉、楚之興衰，欒書知之。晉之勝，孟獻子知之；楚之敗，申叔時知之，姚句耳知之；楚有間可乘，郤至知之，苗賁皇知之。而晉之逃楚可以紓憂，倖勝轉爲亂本，則衆人皆不知。蓋衆人所知者，人事之得失；而文子所憂者，天命之去留。」「衆人夢夢，再告以國憂而不喻，故推極于天命之存亡以警之。既勝之後，又正言天命無常，惟德是與，以警其君也。」[一]

又評「癸巳」句云：「記事書日，常法也。已叙戰事，復追叙未戰時事，措筆甚難。直舉日子，便顯可知爲甲午前一日事，而承接無間。」「又因養由基之射，連類而及呂錡夢中之射，遂以『及戰』二字，直入『射王，中目』，何等神奇！」[二]又云：「欒鍼見子重之旌，與郤至遇楚子之卒相映。行人執榼以飲子重，與工尹持弓以問郤相映。子

[一] 方苞《左傳義法舉要·鄢陵之戰》評語。
[二] 方苞《左傳義法舉要·鄢陵之戰》評語。

重受飲免使者而復鼓，與郤子〔一〕肅使者而免胄相映。至二卿之從鄭伯，杜溷羅謂『可及』，韓厥止之；茀翰胡謂『可俘』，郤至止之；晉侯中目之筮、吕錡射月之占，又其顯焉者也。」〔二〕

余按：此篇一離一合，一閃一爍，神光忽隱忽現，可謂至矣。《左傳》五大戰〔三〕，皆有「神光離合法」，而此篇楚晨壓晉軍而陳、楚子登巢車以望晉師，神光尤妙，故專録之。此外四篇，學者亦均宜熟玩。望溪謂：「左氏後叙次戰功，莫若《史記》項羽救趙之師。然其辭意精采，頗顯而易見，不若左氏五戰〔四〕，千巖萬壑，風雲變現，不可端倪。」〔五〕此説誠然。然余謂學《史記》易，學《左傳》難；學《史記》而不至，猶不失爲鍊氣之文；學《左傳》而不至，則成畫虎矣。

〔一〕「子」字後原誤衍「至受弓」三字，據方苞文爲正。

〔二〕方苞《左傳義法舉要·鄢陵之戰》評語。

〔三〕五大戰指晉楚城濮之戰（僖公二十八年，前六三二年）、秦晉崤之戰（僖公三十三年，前六二七年）、晉楚邲之戰（宣公十二年，前五九八年）、齊晉鞌之戰（成公二年，前五八九年）、晉楚鄢陵之戰（成公十六年，前五七五年）。

〔四〕「五戰」二字脱，據方苞文補入。

〔五〕方苞《左傳義法舉要·鄢陵之戰》評語。

《公羊傳·盜竊寶玉大弓》(定公八年)

「盜竊寶玉大弓。」

盜者孰謂?謂陽虎也。陽虎者曷爲者也?季氏之宰也。季氏之宰,則微者也,惡乎得國寶而竊之?陽虎專季氏,季氏專魯國。陽虎拘季孫,孟氏與叔孫氏迭而食之,睋而鋟其板,曰:「某月某日,將殺我于蒲圃,力能救我則於是。」至乎日若時而出。臨南者,陽虎之出也,御之。於其乘焉,季孫謂臨南曰:「以季氏之世世有子,子可以不免我死乎?」臨南曰:「有力不足,臣何敢不勉?」陽越者,陽虎之從弟也,爲右。諸陽之從者,車數十乘,至於孟衢,臨南投策而墜之,陽越下取策。臨南駷馬,而由乎孟氏,陽虎從而射之,矢著于莊門。然而甲起於琴如,弒不成,却反舍于郊,皆說然息。或曰:「弒千乘之主而不克,舍此可乎?」陽虎曰:「夫孺子得國而已,如丈夫何?」睋而曰:「彼哉彼哉!趣駕。」既駕,公斂處父帥師而至,慬然後得免,自是走之晋。寶者何?璋判白,弓繡質,龜青純。

變化離奇,恍恍惚惚,不可方物。蓋練極而神光乃出,是《公羊傳》中第一篇文字,恐丘明、子長亦將斂手佩服。

叙「鋟板」一段,恍惚之至,實則爲「甲起」張本。甲者,公斂處父所帥也。而公斂處父至末始露出，此斂藏神光之法，亦即離合法也。

季孫何由鋟板？孟氏何由知之？公斂處父何由伏甲？絶不叙出，所以神奇。結處尤奇勁。

《史記·范雎列傳》（節録）

范雎者，魏人也，字叔。游説諸侯，欲事魏王，家貧，無以自資，乃先事魏中大夫須賈。須賈爲魏昭王使於齊，范雎從留數月，未得報。齊襄王聞雎辯口，乃使人賜雎金十斤及牛酒，雎辭謝不敢受。須賈知之，大怒，以爲雎持魏國陰事告齊，故得此饋，令雎受其牛酒，還其金。既歸，心怒雎，以告魏相。魏相，魏之諸公子，曰魏齊。魏齊大怒，使舍人笞擊雎，折脅摺齒。雎佯死，即卷以簀，置廁中。賓客飲者醉，更溺雎，故僇辱以懲後，令無妄言者。雎從簀中謂守者曰：「公能出我，我必厚謝公。」守者乃請出棄簀中死人。魏齊醉，曰：「可矣。」范雎得出。後魏齊悔，復召求之。魏人鄭安平聞之，乃遂操范雎亡，伏匿，更名姓曰張禄。

當此時，秦昭王使謁者王稽於魏。鄭安平詐爲卒，侍王稽。王稽問：「魏有賢人可與俱西遊者乎？」鄭安平曰：「臣里中有張禄先生，欲見君，言天下事。其人有仇，不敢晝見。」王稽曰：「夜與俱來。」鄭安平夜與張禄見王稽。語未究，王稽知范雎賢，謂曰：「先生待我於三亭之南。」與私約而去。王稽辭魏去，過載范雎入秦。至湖關，望見車騎從西來。范雎曰：「彼來者爲誰？」王稽曰：「秦相穰侯東行縣邑。」范睢曰：「吾聞穰侯專秦權，惡内諸侯客，此恐辱我，我寧且匿車中。」有頃，穰侯果至，勞王稽，因立車而語曰：「關東有何變？」曰：「無有。」又謂王稽曰：「謁君得無與諸侯客子俱來乎？無益，徒亂人國耳。」王稽曰：「不敢。」即别去。范睢曰：「吾聞穰侯，智士也，其見事遲，鄉者疑車中有人，忘索之。」於是范睢下車走，曰：「此必悔之。」行十餘里，果使騎還索車中，無客，乃已。王稽遂與范睢入咸陽。

范睢既相秦，秦號曰張禄，而魏不知，以爲范睢已死久矣。魏聞秦且東伐韓、魏，魏使須賈于秦。范睢聞之，爲微行，敝衣閑步之邸，見須賈。須賈見之而驚曰：「范叔固無恙乎？」范睢曰：「然。」須賈笑曰：「范叔有説於秦邪？」曰：「不也。睢前日得過於魏相，故亡逃至此，安敢説乎！」須賈曰：「今叔何事？」范睢曰：「臣爲人庸賃。」須賈意哀之，留與坐飲食，曰：「范叔一寒如此哉！」乃取其一綈袍以賜之。須賈因問曰：「秦相張君，公知之乎？吾聞幸于王，天下之事，皆決於相君。今吾事之去留，在張君。孺子豈有客習於相君者哉？」范睢曰：「主人翁習知之。唯睢亦得謁，睢請君爲見於張君。」須賈曰：「吾馬病，車軸折，非大車駟馬，吾固不出。」范睢曰：「願爲君借大車駟馬於主人翁。」

范睢歸，取大車駟馬，爲須賈御之，入秦相府。府中望見，有識者皆避匿。須賈怪之。至相舍門，謂須賈曰：「待我，我爲君先入通于相君。」須賈待門下，持車良久，問門下曰：「范叔不出，何也？」門下曰：「無范叔。」須賈曰：「鄉者與我載而入者。」門下曰：「乃吾相張君也。」須賈大驚，自知見賣，乃肉袒膝行，因門下人謝罪。於是范睢盛帷帳，待者甚衆，見之。須賈頓首言死罪，曰：「賈不意君能自致于青雲之上，賈不敢復讀天下之書，不敢復與天下之事。賈有湯鑊之罪，請自屏於胡貉之地，唯君死生之！」范睢曰：「汝罪有幾？」曰：「擢賈之髮，以續賈之罪，尚未足。」范睢曰：「汝罪有三耳。昔者楚昭王時，而申包胥爲楚却吴軍，楚王封之以荆五千户，包胥辭不受，爲丘墓之寄於荆也。今睢之先人丘墓亦在魏，公前以睢爲有外心於齊，而惡睢於魏齊，公之罪一也。當魏齊辱我於廁中，公不止，罪二也。更醉而溺我，公其何忍乎？罪三也。然公之所以得無死者，以綈袍戀戀，有故人之意，故釋公。」乃謝罷。入言之昭王，罷歸須賈。須賈辭於范睢，范睢大供具，盡請諸侯使，與坐堂上，食飲甚設。而坐須賈於堂下，置莝豆其前，令兩黥徒夾而馬食之。數曰：「爲我告魏王，急持魏齊頭來。不然者，我且屠大梁。」須賈歸，以告魏齊。魏齊恐，亡走趙，匿平原君所。

秦昭王聞魏齊在平原君所，欲爲范睢必報其讎，乃佯爲好書遺平原君曰；「寡人聞君之高義，願與君爲布衣之友，君幸過寡人，寡人願與君爲十日之飲。」平原君畏秦，且以爲然，而入秦見昭王。昭王與平原君飲數日，昭王謂平原君曰：「昔周文王得吕尚以爲太公，齊桓公得管夷吾以爲仲父，今范君亦寡人之叔父也。范君之仇在君之家，願使人歸取其頭來。不然，吾不出君於關。」平原君曰：「貴而爲友者，爲賤也；富而爲交者，爲貧也。夫魏齊者，勝之友也，在固不出也，今又不在臣所。」

昭王乃遺趙王書曰：「王之弟在秦，范君之仇魏齊在平原君之家。王使人疾持其頭來。不然，吾舉兵而伐趙，又不出王之弟於關。」趙孝成王乃發卒圍平原君家，急，魏齊夜亡出，見趙相虞卿。虞卿度趙王終不可説，乃解其相印，與魏齊亡，間行。念諸侯莫可以急抵者，乃復走大梁，欲因信陵君以走楚。

信陵君聞之，畏秦，猶豫未肯見，曰：「虞卿何如人也？」時侯嬴在旁曰：「人固未易知，知人亦未易也。夫虞卿躡屩擔簦，一見趙王，賜白璧一雙，黄金百鎰；再見拜爲上卿；三見卒受相印，封萬户侯。當此之時，天下争知之。夫魏齊窮困過虞卿，虞卿不敢重爵禄之尊，解相印，捐萬户侯，而間行。急士之窮而歸公子。公子曰『何如人』。人固不易知，知人亦未易也。」信陵君大慚，駕如野迎之。魏齊聞信陵君之初難見之，怒而自剄。趙王聞之，卒取其頭予秦。秦昭王乃出平原君歸趙。

「范雎至湖關」一段及「見須賈」一段，又魏齊亡走情形，俱是一片神光。

苧田某氏評云：「范雎之於魏、秦，所以僅而獲免者數矣。原諸人之意，亦莫不知雎之賢也，徒以一念媢嫉以惡之之私，遂貽後身許多怨仇之氣而不可復解。如篇首言雎在魏欲事魏王，而須賈、魏齊無能爲之先容者，乃居人籬下，逐隊隨行；而鄰國之君願聞名而致餽，言外便隱隱託出二人蔽賢罪案矣。及其後鄭安平知之，王稽知之，而穰侯以宰輔之尊，偏不能容一外來之客，於是又增一重蔽賢公案矣。厥後雎既得志，辱須賈，僇魏齊，逐穰侯，害人者適以自害。要之懷才之志，終不能抑之使居人下。後之君子，慎毋效三人之心勞日拙而卒以自禍也。」

又云：「『范雎見須賈』一段，寫得神情畢現，讀者皆以須賈爲范雎所賣，吾獨以爲范雎實爲須賈所賣。」〔二〕此説誠然。蓋須賈實係油滑之徒，觀其笑而問范叔有説於秦耶，又曰今叔何事，又欲其通謁相君，又欲其借大車駟馬，蓋逆知范雎必已得志，來見必無好意，故歷歷試之。至謝罪之辭，則一味油滑。而范雎數其三罪，則皆血性中語也。嗟乎！范雎雖非君子，而小人如須賈之流，真可畏矣。子長叙此等處，俱係神光所注，學者宜深味之。

〔二〕姚苧田點評《史記菁華録·范雎蔡澤列傳》文。

跋

余編讀文四十四法，名曰《國文經緯貫通大義》。既成，門人問曰：「先生兹編，高矣美矣，似不可及也。何不使彼爲可幾及乎？」

曰：初學作文，文宜從句法、段法、篇法始。所謂「積字乃可成句，積句乃可成段，積段乃可成篇」[一]也。兹編初選，原有「意義明顯法」，所選者如李習之《高愍女碑》、蘇子瞻《伊尹論》《宋襄公論》《留侯論》《賈誼論》之類。繼思此編原爲大學生徒而設，無取乎此，故删之。要知開人智慧，宜高宜美，不宜揣摩風氣，一味求淺，以致錮蔽人之聰明，窒塞人之靈性也。

問曰：「先生言法不盡於此，尚有幾類？」曰：法生於理，而從於心，悉數之不能盡也。有「旋氣内轉法」，如《過秦論》中「然而陳涉」一段、《送窮文》中「單獨一身，

[一] 曾國藩《復許振禕書》文，原文曰：「積字而爲句，積句而爲段，積段而爲篇」。

誰爲朋儔」等皆是也。此等法幾於篇篇有之。又有「操縱離合法」，如《辨微論》二篇、《論語微子篇大義》等皆是也，此等法亦幾於篇篇有之。至於「神光離合法」，則又就「操縱離合法」神而明之，微矣妙矣。要在學者自能尋覓會悟，不必多立門類也。

問曰：「如斯而已乎？」曰：有「斬關直入法」，如《左傳》齊侯問展喜何恃而不恐，對曰「恃先王之命」；楚子問王孫滿鼎之大小輕重，對曰「在德不在鼎」之類。又有「針鋒相對法」，如《孟子》「公都子問性無善無不善」章，「乃若其情」兩節，準對有性善有性不善；「惻隱之心」節，以有對無，準對無善無不善；「好是懿德」節，準對民好善好暴。又如《國策》齊宣王見顔斶，王曰「斶前」，斶亦曰「王前」、「士貴耳，王者不貴」，俱係「針鋒相對法」。此等亦須學者推類旁通，自然領會。若耳目紛繁，則轉覺其難矣。

問曰：「文家有所謂『欲吐仍吞法』『按而不斷法』，如何？」曰：曾文正言文章妙處有八字，曰：雄、直、怪、麗、茹、遠、潔、適。欲吐仍吞，「茹」字訣也。文正之贊詞曰：「衆義輻輳，吞多吐少。幽獨咀含，不求共曉。」云幽獨咀含，蓋「一唱三歎法」盡之矣，如《游俠列傳叙》《送徐無黨南歸叙》等皆是也。至「按而不斷法」，余於《國文大義》申論「依違之神」，曾略言之，兹亦散見於各法中，學者但須求言外之味。聖人有言：「舉一隅不以三隅反，則不復也。」是故知類通達，謂之大成。

問曰：「曾文正初見張濂卿時，教以讀王介甫《泰州海寧縣主簿許君墓誌銘》。先生最重讀法，此文不入選，何也？」曰：余素薄介甫之爲人，故未選録。然更有進焉。據吴評《古文辭類纂》云「文正在座中，讀此文抑揚遲速，抗墜斂侈，無不中節，張大有悟」云云。余夷考其文，其中段蓋「奇峰突起法」，亦即「移步换形」「避實擊虚法」也。許君本無事實可紀，是以介甫用此法。後人效之，乃不叙實事，不研真理，專於題外吞吐夷猶，無裨閎指，此則流於取巧，遁於空虚，爲文家之大弊矣。故兹編不列「避實擊虚法」。至《許君墓誌銘》，衹可補入「奇峰突起法」内，用備參考。

曰：「然則《柳子厚墓誌銘》中後兩段非歟？」曰：此乃「夾叙夾議法」，非避實擊虚也。豈特《子厚墓誌》，即如《史記·屈原列傳》《孟子列傳》，亦皆夾叙夾議，較諸「移步换形」者，不同日而語矣。

問曰：「有一文而兼二法者乎？」曰：是則夥矣。如《豐樂亭記》兼「奇峰突起法」，《送李愿歸盤谷序》兼「心境兩閑法」，《南海神廟碑》《英軺日記序》兼「琢句古雅法」，《過秦論》《原道》《封建論》兼「萬馬奔騰法」；余近撰《張生光炤哀辭》（見《茹經堂外集》〔一〕）兼「淒入心脾」「追魂攝魄」兩法，此外不勝枚舉。要之學者讀書窮理，貫串靡遺，惟爲文能經緯萬端，而後作事能經綸萬彙。是以聖門文學之科，基於德行，而達於言語政事，望諸生其共勉之。

問曰：「然則先生茲編，宗旨何所歸宿？」曰：通人情，達物理，正人心而已。學者之心理，不宜迂拘，不宜固塞，此今人之所知也。宜開拓心胸，務求高遠，寤寐周、孔，蔚成至高尚之人格，此則今人之所不知，而學者之所當知也。世道陵夷，人道將不勝其苦，非豪傑之士，孰與救之？然非提倡文化，陶淑人心，又安得豪傑之士乎哉？昔黄山谷《贈米元章詩》云：「滄江静夜虹貫月，定是米家書畫船。」茲編雖僅百數十篇，而菁華所萃，光氣熊熊，可燭霄漢，儻亦有虹貫月之象與？若夫筌蹄或有未密之處，皆粗迹也，俟後日補正焉。

問曰：「茲編宗旨，既得而聞之矣。嘗聞先生欲以孟子養氣之法施之於文，何如？」曰：難言也。約而語之，當從「跌宕頓挫」四字悟入。曾文正論文章「雄」字訣

〔一〕《茹經堂外集》即《茹經堂文集二編》。

云：「跌宕頓挫，捫之有芒。」然此豈特陽剛之文哉！陰柔之文爲尤美也。即以《孟子》論之，「莊暴」章陽剛之文也，「獨樂樂」兩節爲頓法；下兩節「父子不相見，兄弟妻子離散」，均爲頓法；「此無他，與民同樂也」「不與民同樂也」，均爲挫法；「今王與百姓同樂」句爲宕法。「尹士」章陰柔之文也，「予三宿」一節爲頓法，「夫出晝」句爲跌法，「予然後」句爲頓法，「予雖然」兩句爲跌法，「王猶足用爲善」以下爲頓法，「予豈若是」句爲跌法，「見於其君」三句爲宕法。又如《過秦論》陽剛之文也，「始皇既没」三句爲頓法，「然而陳涉」爲挫法，「山東豪俊」二句爲宕法，「且夫天下非小弱」以下均爲頓法，「然而成敗易變」爲挫法，「仁義不施」二句爲宕法。《寄歐陽舍人書》陰柔之文也，「然蓄道德而能文章者」五句爲頓法，「而世之學者」爲跌法，「況其子孫」二句爲宕法。

由是推之，大概可見。《易傳》曰：「一闔一闢謂之變，往來不窮謂之通。」人身一呼一吸之氣，與天地一闔一闢，清明廣大之氣相接，無形而不可見，惟聖人善養之。故其文章之跌宕頓挫，抑揚徐疾，合乎人心之喜怒哀樂，而悉得其中。並吾世者，賴吾文而傳；後吾世者，取吾文爲法。《易傳》曰：「聖人感人心而天下和平。」此精神教育之旨，即人心教育之本原也。由是而播之爲樂，《記》曰：「大樂與天地同和。」又曰：「流而不息，合同而化，而樂興焉。」文章之妙，要在感動人情，合同而化。讀「一唱三歎」「淒入心脾」「響遏行雲」諸法而可得其淺，讀「翕純皦繹」「議論錯綜」「鍊氣歸神」諸法，而可得其深。然斯詣也，必本於修德凝道、窮理盡性之功。人格愈高，善氣愈深，浩然之氣愈盛，而文章之程度乃愈進。可爲知者道，難與俗人言也。

乙丑（一九二五）冬十月蔚芝唐文治跋

附録一：文章講義

【釋】此七篇講義，皆出前數種專書之範圍，乃先生成書之後之講論，或補充説明者，於此足見先生日進無疆之治學精神。

《國語·吴語》勾踐報吴（太陽氣勢）（節録）

【釋】載《交通大學演講録》第一集下卷（文學類）第十二期（一九三八年）。按：唐先生於每段之末注明大意，顯示全文義脈之連貫，方便學子理解。

吴王夫差還自黄池，息民不戒。大夫種乃唱謀曰：「吾謂吴王將遂涉吾地，今罷師而不戒以忘我，我不可以怠。日臣嘗卜於天，今吴民既罷，而大荒薦饑，市無赤米，而囷鹿空虚，其民必移就蒲蠃於東海之濱。天占既兆，人事又見，我蔑卜筮矣。」越王曰：「善哉！」（以上大夫種之謀。）

乃大戒師，將伐吳。楚申包胥使於越，越王勾踐問焉，曰：「吳國爲不道，求踐我社稷宗廟，以爲平原，弗使血食。吾欲與之徼天之衷，唯是車馬、兵甲、卒伍既具，無以行之。請問戰奚以而可？」包胥辭曰：「不知。」王固問焉，乃對曰：「夫吳，良國也，能博取於諸侯。敢問君王之所以與之戰者？」王曰：「在孤之側者，觴酒、豆肉、簞食，未嘗敢不分也。飲食不致味，聽樂不盡聲，求以報吳。願以此戰。」包胥曰：「善則善矣，未可以戰也。」王曰：「越國之中，疾者吾問之，死者吾葬之，老其老，慈其幼，長其孤，問其病，求以報吳。願以此戰。」包胥曰：「善則善矣，未可以戰也。」王曰：「越國之中，吾寬民以子之，忠惠以善之。吾修令寬刑，施民所欲，去民所惡，積其善，掩其惡，求以報吳。願以此戰。」包胥曰：「善則善矣，未可以戰也。」王曰：「越國之中，富者吾安之，貧者吾與之，救其不足，裁其有餘，使貧富皆利之，求以報吳。願以此戰。」包胥曰：「善則善矣，未可以戰也。」王曰：「越國南則楚，北則齊，春秋皮幣、玉帛、子女以賓服焉，未嘗敢絶，求以報吳。願以此戰。」包胥曰：「善哉！蔑以加焉。然猶未可以戰也。夫戰，智爲始，仁次之，勇次之。不智，則不知民之極，無以銓度天下之衆寡；不仁，則不能與三軍共饑勞之殃；不勇，則不能斷疑以發大計。」越王曰：「諾。」（以上申包胥之謀。）

越王勾踐乃召五大夫，曰：「吳爲不道，求殘吾社稷宗廟，以爲平原，不使血食。吾欲與之徼天之衷，唯是車馬、兵甲、卒伍既具，無以行之。吾問於王孫包胥，既命孤矣；敢訪諸大夫，問戰奚以可？勾踐願諸大夫言之，皆以情告，無阿孤，孤將以舉大事。」大夫后庸乃進對曰：「審賞則可以戰乎？」王曰：「聖。」大夫苦成進對曰：「審罰則可以戰乎？」王曰：「猛。」大夫種進對曰：「審物則可以戰乎？」王曰：「辯。」大夫蠡進對曰：「審備則可以戰乎？」王曰：「巧。」大夫皋如進對曰：「審聲則可以戰乎？」王曰：「可矣。」（以上勾踐斷五大夫之謀。）

王乃命有司大令於國曰：「苟在戎者，皆造於國門之外。」王乃命於國曰：「國人欲告者來告，告孤不審，將爲戮不利，及五日必審之，過五日，道將不行。」（以上嚴謀。）

王乃入命夫人。王背屏而立，夫人向屏。王曰：「自今日以後，内政無出，外政無入。内有辱是子也，外有辱是我也。吾見子於此止矣。」王遂出，夫人送王，不出屏，乃闔左闔，填之以土，去笄側席而坐，不掃。王背檐而立，大夫向檐。王命大夫曰：「食土不均，土地之不修，内有辱於國，是子也；軍士不死，外有辱，是我也。自今日以後，内政無出，外政無入，吾見子於此止矣。」王遂出，大夫送王不出檐，乃闔左闔，填之以土，側席而坐，不掃。（以上勾踐與夫人及大夫别。）

王乃之壇列，鼓而行之，至於軍，斬有罪者以徇，曰：「莫如此以環瑱通相問也。」明日徙舍，斬有罪者以徇，曰：「莫如此不從其伍之令。」明日徙舍，斬有罪者以徇，曰：「莫如此不用王命。」明日徙舍，至於禦兒，斬有罪者以徇，曰：「莫如此淫逸不可禁也。」（以上嚴申軍法。）

王乃命有司大徇於軍，曰：「有父母耆老而無昆弟者，以告。」王親命之曰：「我有大事，子有父母耆老，而子爲我死，子之父母將轉於溝壑，子爲我禮已重矣。子歸，殁而父母之世。後若有事，吾與子圖之。」明日徇於軍，曰：「有兄弟四五人皆在此者，以告。」王親命之曰：「我有大事，子有兄弟四五人皆在此，事若不捷，則是盡也。擇子之所欲歸者一人。」明日徇於軍，曰：「有眩瞀之疾者，以告。」王親命之曰：「我有大事，子有眩瞀之疾，其歸若已。後若有事，吾與子圖之。」明日徇於軍，曰：「筋力不足以勝甲兵，志行不足以聽命者歸，莫告。」（以上寬謀。）

明日，遷軍接龢，斬有罪者以徇，曰：「莫如此志行不果。」於是人有致死之心。王乃命有司大徇於軍曰：「謂二三子歸而不歸，處而不處，進而不進，退而不退，左而不左，右而不右，身斬，妻子鬻。」（以上重申嚴法。）

於是吴王起師，軍於江北，越王軍於江南。越王乃中分其師以爲左右軍，以其私卒君子六千人爲中軍。明日將舟戰於江，及昏，乃令左軍銜枚泝江五里以須，亦令右軍銜枚逾江五里以須。夜中，乃命左軍、右軍涉江鳴鼓中水以須。吴師聞之，大駭，曰：「越人分爲二師，將以夾攻我師。」乃不待旦，且亦中分其師，將以禦越。越王乃命其中軍銜枚潛涉，不鼓不譟以襲攻之，吴師大北。越之左軍、右軍乃遂涉而從之，又大敗之於没，又郊敗之，三戰三北，乃至於吴。（以上出奇制勝之法。）

越師遂入吴國，圍王臺。吴王懼，使人行成曰：「昔不穀先委制於越君，君告孤請成，男女服從。孤無奈越之先君何，畏天之不祥，不敢絶祀，許君成，以至於今。今孤不道，得罪於君王，君王以親辱於敝邑。孤敢請成，男女服爲臣御。」越王曰：「昔天以越賜吴，而吴不受；今天以吴賜越，孤敢不聽天之命，而聽君之令乎？」乃不許成。因使人告於吴王曰：「天以吴賜越，孤不敢不受。以民生之不長，王其無死！民生於地上，寓也，其與幾何？寡人其達王於甬句東，夫婦三百，唯王所安，以没王年。」夫差辭曰：「天既降禍於吳國，當孤之身，寔失宗廟社稷。凡吳土地人民，越既有之矣，孤何以視於天下！」夫差將死，使人説於子胥曰：「使死者無知，則已矣；若其有知，吾何面目以見員也！」遂自殺。（以上勾踐不許吳成。）

越滅吳，上征上國；宋、鄭、魯、衛、陳、蔡，執玉之君皆入朝。夫唯能下其羣臣，以集其謀故也。（總結其謀。）

研究法

《吳語》爲《國語》第十九卷，作品極雄奇。本段係叙勾踐沼吳謀略，爲全篇第五段，中提智、仁、勇三者，實爲作戰根本。勾踐之煦煦爲仁不足言，惟其智深勇沈，足爲治軍模範。人皆謂得自陰謀家之范蠡，而不知先受教於端木子貢（見《史記·仲尼弟子列傳》），後人氣浮於上，言僞於外，必敗之道。《易》曰：「幾事不密則害成。」越其知之矣。（以上軍機貴密，深沉者勝，浮囂者敗。）

越卧薪嘗膽，歷二十年辛勤，又當艾陵、黄池兩役之後，吳驕而越怒，吳惰而越奮，吳亂而越整，不待兩軍相見，而勝負已決。且填土左闔，側席不埽，家室君臣，困苦若此，則戒懼之心，舉國一致，畏天之威深矣。古之善處勝者，能使人不吾復。《公羊傳》載晉敗齊師於鞌，齊侯歸，七年不飲酒食肉，晉侯聞之曰：「嘻！安有使人之君，七年不飲酒食肉者？」〔一〕盡歸之侵地，此齊所以終不能復晉也，晉之處勝有道矣，何夫差充耳不聞耶？檇李之役，闔廬喪將指〔二〕而殂，夫差使人立於庭，必謂己曰：「夫差而忘越王之殺而父乎？」則對曰：「唯！不敢忘。」〔三〕猶是勾踐之處心積慮也。夫椒之役，既雪檇李之耻矣，驟勝而驕，卒至亡國。哀哉！（以上言勝敗無常，畏天始能保國。）

本篇以「謀」字爲主腦，以「天」字爲樞紐，以廣侈吴王邪心爲骨子，一氣揮灑而出，直至本段圖窮匕見，咄咄逼人，將二十年生聚教訓經營，和盤托出。惟上半截仍紆迴蓄險，譬諸平流淺瀨，無數曲折。下半截則如風雨驟至，霹靂交加，令人膽落。尤奇者，慘謀血戰之中，結束處忽參以澹宕夷猶之筆；譬如長安車馬塵中，忽聞山寺鐘鳴，一清俗慮。文境之變幻，龍門〔四〕得於此者尤多也。故文家既熟於義法，必須明

〔一〕《春秋公羊傳·成公八年》文。
〔二〕將指，即拇指。
〔三〕《春秋左傳·定公十四年》文。
〔四〕指司馬遷。

變化。（以上文言原文不過依次敘事，而大法奇變，出神入化。）

歐陽永叔《蘇氏文集序》（少陰情韻）

【釋】原題《歐陽永叔〈蘇氏文集序〉研究法》，載無錫國專《學術世界》第一卷第四期，一九三五年，頁九九至一〇〇；後收《交通大學演講録》第一集下卷（文學類）第五期，題《歐陽永叔〈蘇氏文集序〉（少陰情韻）》，内容一致。

予友蘇子美〔一〕之亡後四年，始得其平生文章遺稿於太子太傅杜公〔二〕之家，而集録之，以爲十卷。子美，杜氏壻也，遂以其集歸之，而告於公曰：「斯文，金玉也。棄擲埋没糞土而不能消蝕，其見遺於一時，必有收而寶之於後世者。雖其埋没而未出，其精氣光怪，已能常自發見，而物亦不能揜也。故方其擯斥摧挫、流離窮厄之時，文章已自行於天下，雖其怨家仇人，及嘗能出力而擠之死者，至其文章，則不能少毁而揜蔽之也。凡人之情，忽近而貴遠。子美屈於今世猶若此，其伸於後世宜

〔一〕蘇舜欽，字子美。
〔二〕杜衍。

如何也？公其可無恨。」

予嘗考前世文章政理之盛衰，而怪唐太宗致治幾乎三王之盛，而文章不能革五代之餘習。後百有餘年，韓、李之徒出，然後元和之文，始復於古。唐衰兵亂，又百餘年，而聖宋興，天下一定，晏然無事。又幾百年，而古文始盛於今。自古治時少而亂時多，幸時治矣，文章或不能純粹，或遲久而不相及，何其難之若是歟？豈非難得其人歟？苟一有其人，又幸而及出於治世，世其可不爲之貴重而愛惜之歟？嗟吾子美，以一酒食之過，至廢爲民，而流落以死。此其可以嘆息流涕，而爲當世仁人君子之職位宜與國家樂育賢才者惜也。

子美之齒少於予，而予學古文，反在其後。天聖之間，予舉進士於有司，見時學者務以言語聲偶擿裂，號爲時文，以相誇尚。而子美獨與其兄才翁及穆參軍伯長，作爲古歌詩雜文，時人頗共非笑之，而子美不顧也。其後天子患時文之弊，下詔書，諷勉學者以近古，由是其風息，而學者稍趨於古焉。獨子美爲於舉世不爲之時，其始終自守，不牽世俗趨舍，可謂特立之士也。

子美官至大理評事集賢校理而廢，後爲湖州長史以卒，享年四十有一。其狀貌奇偉，望之昂然，而即之也温温，久而愈可愛慕。其才雖高，其人亦不甚嫉忌。其擊而去之者，意不在子美也。賴天子聰明仁聖，凡當時所指名排斥，二三大臣而下，欲以子美爲根而累之者，皆蒙保全，今並列於榮寵；雖與子美同時飲酒得罪之人，多一時之豪俊，亦被收采，進顯於朝廷，而子美獨不幸死矣！豈非其命也？悲夫！

研究法

填句法

歐公文所以丰神獨絶者，大都盤旋作勢，不肯數語説盡，故韓文祇叙七八句者，歐文可演至二三〔一〕十句而不覺其可厭。余曾於《五代史·一行傳序》詳論之，名之曰填句法。

此文首段至「其文章則不能少發而揜蔽之也」下，本可直接「公其可無恨」，乃偏填入「凡人之情」數句，更覺逶迤有致。以下一路曲折，「又幾百年而古文始盛於今」下，本可直接「豈非難得其人歟」，乃偏填入「自古治時少」數語，更覺紆徐爲妍。名手於唱歎之文多仿此法，文境曠遠，讀之益醰醰有味。

感嘆停頓法

學者讀文，於每段結處，務宜格外注意，學其停頓之法，余已於《讀文法》中略言

〔一〕「三」字原作「二」。

之。如昌黎《送李愿歸盤谷序》，第二段結處，「大丈夫遇知於天子」五句，三段「大丈夫不遇於時者」二句，四段「其於人賢不肖何如也」，皆用停頓法，此少陽文恬適之趣也。

本篇首段結處，「公其可無恨」；二段結處，「此其可以嘆息流涕」三句；三段結處，「獨子美爲於舉世不爲之時」四句，皆用唱嘆停頓。至四段結處，「而子美獨不幸死矣！豈非其命也？悲夫！」亦係重頓法。而各段之盤旋作勢，至頓住處，俱悽惋得神，少陰文悽惻之韻，當以此篇爲第一。

總論作詩文集序法

詩文集序，頗爲難作。若僅作贊美之詞，品斯下矣。余嘗謂：作序，大抵分四種：一，於人心世變時局，確有關係；二，交情誠摯，發於至性，足以感人；三，提要鈎元，表其人之微，摘抉全集之精奥；四，引他人作陪襯，或在題外憑空發議，結處到題。然用第四法已落下乘矣。此篇於第一第二法兼而有之，叙世變則抑揚反覆，叙交情則悲壯淋漓，《易傳》曰：「感人心而天下和平。」後世有用人之權者，宜鑒於斯文。

論士君子立品

子思子言：「素富貴行乎富貴，素貧賤行乎貧賤。」《孟子》言：「富貴不能淫，貧賤不能移。」士君子自有道德學問，境遇否塞，何足以動其心？《宋史》載蘇舜欽（字子美）會賓客於進奏院，王益柔作《傲歌》，王拱辰諷其僚，劾之，兩人既竄，同座者俱逐。時杜衍、范仲淹爲政，拱辰之黨不便，而舜欽衍之壻也，故因是傾之云云。子美誠屬冤抑，然余讀《子美集》，心境高曠，有翛然物外之概，度必能素位而行，歐公此文，特代鳴不平，而爲國家樂育人才者惜爾。乃後世文學之士，每因數奇不偶，侘傺無聊，甚至抑鬱以死。曾不思道德學問我有，良貴在也。嗚呼淺矣！余於歐公作《王夢升墓誌銘》中亦詳論之。

歐陽永叔《五代史・一行傳叙》（少陰淒惻之韻）

【釋】載無錫國專《學術世界》第一卷一期，一九三五年，頁一四八至一四九；題《歐陽永叔〈五代史・一行傳叙〉研究法》。於《國文陰陽剛柔大義》下之下（《高等學堂國文講義》卷八）下此題。

嗚呼！五代之亂極矣，傳所謂「天地閉，賢人隱」之時歟？當此之時，臣弑其君，子弑其父。而搢紳之士，安其禄而立於朝，充然無復廉耻之色者皆是也。吾以謂自古忠臣義士，多出於亂世，而怪當時可道者何少也！豈果無其人哉？雖曰干戈興，學校廢而禮義衰，風俗隳壞，至於如此，然自古天下未嘗無人也。吾意必有潔身自負之士，嫉世遠去而不可見者。

自古材賢，有韞於中而不見於外。或窮居陋巷，委身草莽，雖顔子之行，不遇仲尼而名不彰。況世變多故而君子道消之時乎！吾又以謂必有負材能、修節義，而沈淪下位，泯没而無聞者。求之傳記，而亂世崩離，文字殘缺，不可復得。然僅得者，四五人而已。處乎山林而羣麋鹿，雖不足以爲中道。然與其食人之禄，俛首而包羞，孰若無愧於心，放身而自得？吾得二人焉，曰鄭遨、張薦明。勢利不屈其心，去就不違其義，吾得一人焉，曰石昂。苟利於君，以忠獲罪，何必自明，有至死而不言者，此古之義士也，吾得一人焉，曰程福贇。

五代之亂，君不君，臣不臣，父不父，子不子，至於兄弟、夫婦，人倫之際，無不大壞，而天理幾乎其滅矣。於此之時，能以孝弟自修於一鄉，而風行乎天下者，猶或有之。然其事蹟不著，而無可紀次，獨其名氏或因見於書者，吾亦不敢没，而其略可録者，吾得一人焉，曰李自倫。作《一行傳》。

五代之時，百姓憔悴顛連，困苦已極，故歐公《新五代史傳叙》，每用「嗚呼」發端慨歎。此文上半篇用「吾以謂」「吾意」「吾又以謂」三層作綫索。

句法

顧研究歐公之文，其要法有二，曰填句法，曰曲折法。填句者，意義已盡，而復用數層或數句以填足之，轉覺意味無窮，曲折盡致。故二法實互相爲用，如《蘇子美文集序》《豐樂亭記》多用此法，而本篇爲尤著。本篇自「吾以謂」起，「而怪當時」句一折，「豈果」句一曲，「雖曰數」句又一曲，「然自古」句一折；本可直接下文「然僅得者四五人而已」，乃又用「吾意必有」一提，「自古材賢」又一提，「況世變多故」二句一折；再用「吾又以謂」一提，「求之傳記」數句一曲，始用「然僅得者四五人而已」，一折到題。無數曲折，不嫌重複者，曾文正公所謂「衆義輻輳，吞多吐少」，而其氣其音，翔於虛無之表故也。後人不善學之，則繁冗而可厭矣。

綫索

下半篇四層排列，以「吾得幾人焉」句作綫索，「與其食人之禄」及「勢利不屈其心」用偶句法；「故程福贇」一段，「苟利於君」用單行法；「五代之亂」一提，文勢更極開展；「猶或有之」下，本可直接「吾得一人焉」，乃又用「然其」句一曲，「獨其名氏」數句一折，始出李自倫，可謂一波三折矣。昔人云：「山窮水盡疑無路，柳暗花明又一村。」凡遊園林者，曲折愈多，則心境愈開曠。作文者具清明廣大之氣，曲折愈多，則文境愈高遠。曾文正《文章八字訣》中，贊「遠字訣」云：「寤寐周、孔，落落寡羣。」贊「適字訣」云：「心境兩閑，無營無待。」能熟讀《史記》及歐文各五六十篇，神明其法度，自然到此境界。然必須心境虛明，志意方能高遠，若私欲窒塞，則昏而腐矣。願學者勉旃。

編者謹按：唐先生講義《歐陽永叔〈五代史·一行傳叙〉（少陰淒惻之韻）》〔一〕說其「研究法」，則以曾國藩「茹字訣」爲說，異乎國專講義之用「遠字訣」，文云：

上半篇以「吾嘗以謂」「吾意必有」「吾又以謂」三句作綫索，曲折摇曳，曾文正「茹字訣」所謂「幽獨咀含，吞多吐少」者是也。余嘗謂韓文中以數句叙明者，歐文叙論必至數十句。蓋韓文尚矯健，故以簡爲貴；歐文則多填句法，故不嫌其繁。比如篇中「豈果無其人哉」下，可直接「然吾僅得者數人」云云，乃偏填入「雖曰干戈興」云云，作一曲折；「未嘗無人也」下，又可直接

〔一〕文載《交通大學演講録》第二集下卷（文學類）第六期。

「然僅得者數人」云云，乃偏以「吾意必有」句作一頓，此下又可直接「然僅得者數人」云云，乃偏以「自古材賢」云云推開，作一波瀾。「吾又以謂」句下，又可直接「然僅得者」云云，乃又以「求之傳記」四句，作一曲折。愈紆回，愈有神味。故曰韓文以簡爲貴，而歐文則多填句法，不厭其煩也。

中間叙鄭遨等人名，錯落有致。至五代之亂「君不君，臣不臣」云云一提，即篇首之意，而不嫌其重複者，以李自倫孝弟之行，足以矜式一鄉，當其時，難得而可貴也，却又以「然其事蹟不著，獨其名氏」數句作兩層曲折。《孟子》之論文曰：「觀水有術，必觀其瀾。」又曰：「不成章不達。」可謂至矣。

歐陽永叔《黄夢升墓誌銘》（少陰悽惻之韻）

【釋】載《交通大學演講録》第二集下卷（文學類）第四期。

予友黄君夢升，其先婺州金華人，後徙洪州之分寧。其曾祖諱元吉，祖諱某，父諱中雅，皆不仕。黄氏世爲江南大族，自其祖父以來，樂以家貲賑鄉里，多聚書以招四方之士。夢升兄弟皆好學，尤以文章意氣自豪。予少家隨州，夢升從其兄茂宗官於隨。予爲童子，立諸兄側，見夢升年十七八，眉目明秀，善飲酒談笑。予雖幼，心已獨奇夢升。後七年，予與夢升皆舉進士於京師。夢升得丙科，初任興國軍永興主簿，怏怏不得志，以疾去。久之，復調江陵府公安主簿。時予謫夷陵令，遇之於江陵，夢升顏色憔悴，初不可識，久而握手噓唏。相飲以酒，夜醉起舞，歌呼大噱。予益悲夢升志雖衰而少時意氣尚在也。

後二年，予徙乾德令。夢升復調南陽主簿，又遇之於鄧。間嘗問其平生所爲文章幾何，夢升慨然嘆曰：「吾已毁之矣！窮達有命，非世之人不知我，我羞道於世人也。」求之不肯出，遂飲之酒，復大醉起舞歌呼，因笑曰：「子知我者。」乃肯出其文。讀之，博辯雄偉，意氣奔放，若不可御。予又益悲夢升志雖困，而文章未衰也。

是時，謝希深出守鄧州，尤喜稱道天下士。予因手書夢升文一通，欲以示希深。未及而希深卒，予亦去鄧。後之守鄧者皆俗吏，不復知夢升。夢升素剛，不苟合，負其所有，常怏怏無所施，卒以不得志死於南陽。

夢升諱注，以寶元二年四月二十五日卒，享年四十有二。其平生所爲文曰《破碎集》《公安集》《南陽集》，凡三十卷。娶潘氏，生四男二女。將以慶曆年某月某日葬於董坊之先塋。其弟渭泣而來告曰：「吾兄患世之莫吾知，孰可爲其銘？」予素悲夢升者，因爲之銘曰：

吾嘗讀夢升之文，至於哭其兄子庠之詞曰：「子之文章，電激雷震。雨雹忽止，闃然滅泯。」未嘗不諷誦歎息而不已。嗟夫夢升！曾不及庠！不震不驚，鬱塞埋藏。孰予其有，不使其施？吾不知所歸咎，徒爲夢升而悲！

研究法

綫索

吴摯甫先生評此文云：「音節之美，句句可歌可泣。」〔一〕余謂此篇與《蘇子美墓誌銘》上半篇同工異曲。《蘇銘》由淺入深，此篇以文章意氣作雙柱。

自首句起至「少時意氣尚在也」爲第一段。「黄氏世爲江南大族」提筆法，即揭明「文章意氣」四字，而以「意氣尚在」作結。自「後二年」起至「文章未衰也」爲第二段，專叙文章。第三段哀夢升之死。末以「素悲夢升」應上兩段「悲」字。

銘辭亦以「悲」字結作綫索。「予嘗讀夢升之文」云云，因恐夢升文不傳，故特標數語以顯之，蓋銘辭變體也。末「庠」「藏」「施」「悲」，係明韻。「升」「驚」「有」「咎」，係暗韻。曾文正《古文四象·少陰情韻類》，分沈雄之韻、悽惻之韻，此文屬悽惻之韻。

〔一〕吴汝綸評語見引於徐樹錚輯《諸家評點古文辭類纂》卷四六「碑誌類」歐陽修《黄夢升墓誌銘》。

性情

人與人相處，至情至性而已，故《孟子》曰：「乃若其情，則可以爲善矣。」余前編《國文大義》，嘗曰：「天下有真性情者，乃能爲大文章。文必出於真性情，而後可垂諸久遠。」

此篇首段「余雖幼，心已獨奇夢升」，是總角時交情最摯者。「夜醉起舞，歌呼大噱」，雖大噱而其情大可悲也。二段「因笑曰子知我者」，見天下别無知我之人，雖强笑而其情更可悲也，皆所謂長歌當哭也。三段「手書夢升文一通」三句，交情彌摯，而追於天命之無可如何也。讀至「卒以不得志，死於南陽」句，令人潸然泣下矣。文章至此，方見真性情，夢升因以不朽。朋友爲五倫之一，後人鮮有知之者矣。

評論

曾南豐先生云：「銘者，蓋古人有道德志行〔一〕之美者，懼後世之不知，則必銘而見〔二〕之。」〔三〕可見志銘以表揚道德爲先。余所謂「評論」者，既評論歐公之文，更評論夢升之爲人也。

《孟子》曰：「君子所性，雖大行不加焉，雖窮居不損焉。分定故也。」吾人性分，廣大何如，富貴貧賤，不層攖其懷抱。乃古來文人名士，一不得志，侘傺無聊，甚至憂傷憔悴，夭折以死，是何爲者？《易傳》曰：「樂天知命故不憂。」先師王文貞公（鎮洋王紫翔先生，諱祖畬。）有言：「境遇之窮困，當隨時退一步想，人之不如我者正多也。學問之高深，當隨時進一步想，我之不如人者正多也。居易俟命，隨處皆樂境。升沈得失，奚足重輕？」讀此文當悲夢升之遇，不宜效夢升之爲人。

〔一〕「道德志行」四字，曾鞏原文作「功德材行志義」。
〔二〕「見」字原作「傳」，據曾鞏原文爲正。
〔三〕曾鞏《寄歐陽舍人書》文。

歐陽永叔《釋祕演詩集序》（少陽悽惻之韻）

【釋】文載滬《辰光》雜誌第一卷第三期，一九三九年，頁四一，題《歐陽永叔〈釋祕演詩集序〉研究法》；並載《交通大學演講録》第二集下卷（文學類）第八期。

予少以進士遊京師，因得盡交當世之賢豪。然猶以謂國家臣一四海，休兵革，養息天下以無事者四十年；而智謀雄偉非常之士，無所用其能者，往往伏而不出；山林屠販，必有老死而世莫見者，欲從而求之不可得。其後得吾亡友石曼卿。曼卿爲人，廓然有大志。時人不能用其材，曼卿亦不屈以求合，無所放其意，則往往從布衣野老，酣嬉淋漓，顛倒而不厭。予疑所謂伏而不見者，庶幾狎而得之，故嘗喜從曼卿遊，欲因以陰求天下奇士。浮圖祕演者，與曼卿交最久，亦能遺外世俗，以氣節相高，二人懽然無所間。曼卿隱於酒，祕演隱於浮圖，皆奇男子也；然喜爲歌詩以自娛，當其極飲大醉，歌吟笑呼，以適天下之樂，何其壯也！一時賢士，皆願從其遊，予亦時至其室。

十年之間，祕演北渡河，東之濟、鄆，無所合，困而歸，曼卿已死，祕演亦老病。嗟夫！二人者，予乃見其盛衰，則予亦將老矣！夫曼卿詩辭清絶，尤稱祕演之作，以爲雅健，有詩人之意。祕演狀貌雄傑，其胸中浩然，既習於佛無所用，獨其詩可行於世，而懶不自惜。已老，胠其橐，尚得三四百篇，皆可喜者。曼卿死，祕演漠然無所向，聞東南多山水，其巔崖崛峍，江濤洶湧，甚可壯也，遂欲往遊焉，足以知其老而志在也。於其將行，爲叙其詩，因道其盛時以悲其衰。

研究法

張濂亭先生評曰：「此文直起直落，直轉直接，具無窮變化，純是潛氣内轉，可與《史記》諸表序參看。」〔一〕可謂内家確評。蓋學者讀文作文，當專在轉接處注意。如第一段點石曼卿後，便直接「曼卿爲人」云云；「天下奇士」下，便直接「浮圖祕演」者云云，以下「然喜爲歌詩以自娱」「十年之間，曼卿詩辭清絶」「祕演狀貌雄傑」「曼卿死」等句，皆係硬接法。歐公文鍊氣，以《五代史·宦者傳序》與此篇爲最。惟《宦者傳序》一筆十數行下，而此篇則純以直接制勝，神明不測，變化無方，古人所由以韓、歐並稱也。

凡畫家畫人物，專畫一人，不免枯寂，必用兩三人點綴，便有神趣。如韓文公《送

〔一〕張裕釗評語，見徐樹錚輯《諸家評點古文辭類纂》卷八「序跋類」歐陽修《釋祕演詩集序》。

孟東野序》，點出孟東野後，即以李翺、張籍作陪；《送高閑上人序》以張旭草書作陪，便覺神來氣來。此文始終以石曼卿作陪，竟體渾灝流轉，此畫家點染烘托法也。國家平治，專賴人才，而求才不可囿於方隅。若執一偏之見，隘矣傎矣。歐公自少即隱求天下奇士，雖浮屠中之有才者，亦皆網羅不遺，此相度也。十室之邑，必有忠信；十步之内，必有芳草。昔人謂胸中具大度者，海涵地負，汪洋若千頃之波。後世爲國家求才者，當以歐公爲法，慎毋褊淺拘墟，以致交臂失人才也。

劉孟塗《與阮芸台論文書》（太陰識度）

【釋】載《交通大學演講録》第二集下卷（文學類）第一、二期。劉開（一七八四～一八二四），字明東，號孟塗，桐城人。姚鼐門下，與同鄉方東樹、上元管同、梅曾亮並稱姚門四大弟子；著有《劉孟塗詩文集》《駢文》《廣列女傳》《論語補注》。阮元（一七六四～一八四九），字伯元，號芸台，江蘇儀徵人。乾隆五十四年（一七八九）進士，官至雲貴總督、體仁閣大學士。官杭州時立詁經精舍，在廣州立學海堂，主編《經籍纂詁》，校刻《十三經注疏》，著有《疇人傳》《積古齋鐘鼎彝器款識》《揅經室集》。論文重文筆之分，以用韻對偶者爲文，無韻散行者爲筆，提倡駢偶，有異桐城派古文。

芸台先生執事。不奉教命，忽逾四年，感戀之私，未間時日。先生政高兩粵，威播八蠻，勛業之彪炳，聲聞之熏爍，海内之人，莫不誦之，何俟小子之言，所欲言者，文章而已。

本朝論文，多宗望溪，數十年來，未有異議。先生獨不取其宗派，非故爲立異也，亦非有意薄望溪也，必有以信其未然而奮其獨見也。夫天下有無不可達之區，即有必不能造之境；有不可一世之人，即有獨成一家之文。此一家者，非出於一人之心思才力爲之，乃合千古之心思才力變而出之者也。非盡百家之美，不能成一人之奇；非取法至高之境，不能開獨造之域。此惟韓退之能知之，宋以下皆不講也。五都之市，九達之衢，人所共由者也；昆崙之高，渤海之深，人必不能至者也，而天地之大有之。錦繡之飾，文采之輝，人所能致者也；雲霞之章，日星之色，人必不能爲者也，而天地之大有之。夫文亦若是而已矣。無決堤破藩之識者，未足窮高邃之旨；無摧鋒陷陣之力者，未足收久遠之功。縱之非忘，操之非勤。夫宇宙間自有古人不能盡爲之文，患人求之不至耳。衆人之效法者，同然之嗜好也。同然之嗜好，尚非有志者之所安也。夫先生之意，豈獨無取於望溪已哉？即八家亦未必盡有當也。雖然，學八家者卑矣，而王遵巖、唐荆川等皆各有小成，未見其爲盡非也。學秦、漢者優矣，而李北地、李滄溟等竟未有一獲，未見其爲儘是也。其中得失之故，亦存乎其人，請得以畢陳之。（以上言文貴窮百家之美，開獨造之成，不獨無取望溪宗派，即八家亦未必盡當。）

蓋文章之變，至八家齊出而極盛；文章之道，至八家齊出而始衰。謂之盛者，由其體之備於八家也，爲之者各有心得，而後乃成爲八家也；謂之衰者，由其美之盡於八家也，學之者不克遠溯而亦即限於八家也。夫專爲八家者，必不能如八家。其道有三：韓退之約六經之旨，兼衆家之長，尚矣。柳子厚則深於《國語》，王介甫則原於經術，永叔則傳神於史遷，蘇氏則取裁於《國策》，子固則衍派於匡、劉，皆得力於漢以上者也。今不求其用力之所自，而但規仿其辭，遂可以爲八家乎？此其失一也。漢人莫不能文，雖素不習者，亦皆工妙。彼非有意爲文也，忠愛之誼，悱惻之思，宏偉之識，奇肆之辨，詼諧之辭，出之於自然，任其所至而無不咸宜，故氣體高渾，難以迹窺。八家則未免有意矣。夫寸寸而度之，至丈必差。效之過甚，拘於繩尺而不得其天然。此其失二也。自屈原、宋玉工於言辭，莊辛之説楚王，李斯之諫逐客，皆祖其瑰麗。及相如、子雲爲之，則玉色而金聲；枚乘、鄒陽爲之，則情深而文明。由漢以來，莫之或廢。韓退之取相如之奇麗，法子雲之閎肆，故能推陳出新，徵引波瀾，鏗鏘鍠石，以窮極聲色。柳子厚亦知此意，善於造練，增益辭采，而但不能割愛。宋賢則洗滌盡矣。夫退之起八代之衰，非盡掃八代而去之也，但取其精而汰其粗，化其腐而出其奇，其實八代之美，退之未嘗不備有也。宋諸家叠出，乃舉而空之，子瞻又掃之太過，於是文體薄弱，無復沉浸醲郁之致、瑰奇壯偉之觀。所以不能追古者，未始不由乎此。夫體不備不可以爲成人，辭不足不可以爲成文。宋賢於此不察，而祖述之者，並西漢瑰麗之文而皆不敢學。此其失三也。且彼嘉謨讜議，著於朝廷，立身大節，炳乎天壤，故發爲文辭，沛乎若江河之流。今學之者，無其抱負志節，而徒津津焉索之於字句，亦末矣。此專爲八家者，所以必不能及之也。（以上言學八家者必不能如八家。）

然而有志於爲文者，其功必自八家始。何以言之？文莫盛於西漢。而漢人所謂文者，但有奏對、漢封事，皆告君之體耳。書序雖亦有之，不克多見。至昌黎始工爲贈送碑誌之文，柳州始創爲山水雜記之體，廬陵始專精於序事，眉山始窮力於於策論。序經以臨川爲優，記學以南豐稱首。故文之義法，至《史》《漢》而已備；文之體制，至八家而乃全。彼固予人以有定之程式也。學者必先從事於此，而後有成法之可循。否則，雖鋭意欲學秦、漢，亦茫無津涯。然既得門徑，而猶囿於八家，則所見不高，所抉不宏，斯爲明代之作者而已。故善學文者，其始必用力於八家，而後得所從入；其中又進之以《史》《漢》，而後克以有成。此在會心者自擇之耳。（以上言文章體制至八家乃全。）

然苟有非常絶特之才，欲争美於古人，則《史》《漢》猶未足以盡之也。夫《詩》《書》，退之既取法之矣。退之以六經爲文，亦徒出入於《詩》《書》，他經則未能也。夫孔子作《繫辭》，孟子作七篇，曾子闡其傳以述《大學》，子思困於宋而述《中庸》，七十子之徒，各推明先王之道以爲《禮記》，豈獨義理之明備云爾哉？其言固古今之至文也。世之真好學者，必實有得於此，而後能明道以修辭。於是乎從容於《孝經》以發其端，諷誦於典謨訓誥以莊其體，涵泳於《國風》以深其情，反覆於《變雅》《離騷》以致其怨。如是而以爲未足也，則有《左氏》之宏富、《國語》之修整，益之以《公羊》《穀梁》之情深。如是而以爲未足也，則有《大戴記》之條暢、《考工記》之精巧，兼之以荀卿、揚雄之切實。如是而又以爲未足也，則有老氏之渾古、莊周之駘蕩、列子之奇肆、管夷吾之勁直、韓非之峭刻、孫武之簡明，可以使之開滌智識，感發意趣。如是術藝既廣，而更欲以括其流也，則有《呂覽》之賅洽、《淮南》之瑰瑋，合萬物百家，以泛濫厥辭，吾取其華而不取其實。如是衆美既具，而更欲以盡其變也，則有《山海經》之怪艷、《洪範傳》之陸離、《素問》《靈樞》之奧衍精微，窮天地事物，以錯綜厥旨，吾取其博而不取其侈。凡此者，皆太史公所遍觀以資其業者也，皆漢人所節取以成其能者也。以之學道，則幾於雜矣；以之爲文，則取精多而用愈不窮，所謂聚千古之心思才力而爲之者也。而變而出之，又自有道。食焉而不能化，猶未足爲神明其技者也。（以上言文章當本原於六經諸子，合千古心思材力，變而爲之，方能自成一家。）

有志於文章者，將殫精竭思於此乎？抑上及《史》《漢》而遂已乎？將專求之八家而安於所習乎？夫《史》《漢》之於八家也，其等次雖有高低，而其用有互宜，序有先後，非先生莫能明也。且夫八家之稱何自乎？自歸安茅氏始也。韓退之之才，上追揚子雲，自班固以下皆不及，而乃與蘇子由同列於八家，異矣。韓子之文，冠於八家之前而猶屈；子由之文，即次於八家之末而猶慚。使後人不足於八家者，蘇子由爲之也；使八家不遠於古人者，韓退之爲之也。

吾鄉望溪先生，深知古人作文義法，其氣味高淡醇厚，非獨王遵巖、唐荆川有所不逮，即較之子由，亦似勝之。然望溪豐於理而嗇於辭，謹嚴精實則有餘，雄奇變化則不足，亦能醇不能肆之故也。夫震川熟於《史》《漢》矣，學歐、曾而有得，卓乎可傳。然不能進於古者，時藝太精之過也，且又不能不囿於八家也。望溪之弊與震川同。先生所不取者，其以此與？然其大體雅正，可以楷模後學，要不得不推爲一代之正宗也。學《史》《漢》者由八家而入，學八家者由震川、望溪而入，則不誤於所向，然不可以律非常絶特之才也。

夫非常絶特之才，必盡百家之美，以成一人之奇；取法至高之境，以開獨造之域。先生殆有意乎？其不安於同然之嗜好宜也。方將摩崑崙之高，探渤海之深，焕雲霞之章，揚日星之色，恢決堤破藩之識，奮摧鋒陷陣之力，用之於一家之言，由是明道修辭，以漢人之氣體，運八家之成法，本之以六經，參之以周末諸子，則所争美古人者，庶幾其有在焉。然其後先用力之序，彼此互用之宜，亦不可不預熟也。

芻蕘之見，皆先生所已知，不揣固陋，瀆陳左右，且以當面質也。近日斯文寥落甚矣，唯先生可聞斯言，唯開敢爲此言。伏惟恕狂簡之咎，而加之以教，幸甚。

研究法

孟塗先生之文，紆迴曲折，在桐城派中筆致較平。篇中以孟子列曾子、子思前，以揚雄爲切實，稍有未洽。然全篇牢籠萬有，貫串百家，指點學者門徑，無過於此。雖有小疵，不足掩大醇也。

文化盛衰，皆由時代爲之。自三代至春秋時文化衰矣，故春秋時代之文，不能與典謨訓誥同。至秦燔《詩》《書》，文化遭一大厄，故兩漢之文又不能如春秋戰國。至六朝時文化又遭一厄，故唐代之文不如兩漢。至五代時文化又遭一厄，故宋之文又不如唐。此後乃愈變而愈弱。然則文化之遷流，實與世運升降相爲維繫，皆天爲之也。豪傑之士，當各就性之所近而學之，庶幾卓然自立。近世文體日益卑劣，國民聰明知識，爲其所囿，良可痛心。

古書真僞，要當辨别。不獨《列子》《管子》《申子》《素問》《靈樞》而已。如《尚書》之今古文，《左傳》《禮記》經歆、莽所竄入者，皆宜詳辨。學者讀《望溪先生文集》及姚際恒《古今僞書考》，自能知之。篇中所舉應讀各書，漏去《國策》《墨子》《説文》《文選》《唐文粹》《宋文鑒》及《通鑒》等，亦一缺點。

姚姬傳《復魯絜非書》（太陰識度）

【釋】姚文互參唐先生《高等學堂國文講義》卷四《古人論文大義（下）》，不重出。講義載《交通大學演講録》第一集下卷（文學類）第一期；並載《中華》第一卷第一期，一九三八年，頁五。

研究法

此文論陰陽剛柔，開前人所未發。曾文正公本之以選《古文四象》，曰太陽氣勢、曰太陰識度、曰少陽趣味、曰少陰情韻。學者最宜熟玩，能得門徑，不獨極文章之樂，所以涵養性情，導揚志氣，感人心而天下和平者，莫大乎是已。

第一段謙抑語。須玩其曲折委婉處，若從「天地之道」起，原無不可，惟太嫌直率，非書説體矣。

第二段論《易》《詩》《書》《論語》所載。按：《周易・乾卦》陽剛之文，《坤卦》陰柔之文，《繫辭》上下傳太陰識度之文。《詩》《書》所載，宜參考四象。《論語》中如《先進篇》「子路曾皙」章爲少陽趣味之文，《子路篇》「定公問一言」章、《季氏篇》「將伐顓臾」章爲太陰識度之文。《孟子》文剛柔均有之。《史記》文多慨歎，偏於情韻者爲多。《漢書》中奏封，偏於識度者爲多。韓子文多太陽氣勢；歐陽子文多少陰情韻；蘇老泉文毗於陽剛，不免過亢；蘇東坡文以少陽勝，天資高也；曾南豐文毗於陰柔，不免稍弱。學者推類以盡其餘，會心不遠已。

「如霆如電」兩節，係從《周易・説卦傳》「乾爲天爲圜」節脱胎而出，變其面貌，後人不知也。「如霆如電」等境界，賈生《過秦論》、韓子《原道》《平淮西碑》各篇，足以當之。「如升初日如清風」等境界，《史記・伯夷列傳》《遊俠傳序》、歐陽子《伶官》一行傳序》《蘇子美文集序》各篇，足以當之。

文必根於性情心術。余嘗有言：「文之博大昌明者，其人必光明磊落者也；精深堅卓者，其人必忠厚篤實者也。」此文「觀其文，諷其音」數語，不獨爲讀文之法，即爲觀人之法，故作文先從立品始。

末段「陳理義必明斷」數語，爲初學入門要訣。能臻此境，已非易事。若夫「通於神明」者，必純熟爲規矩之中，乃能變化於規矩之外，必熟讀經史百家，斯能自成一子。天下惟第一等人，能爲第一等文，務望諸生勉之。

附録二：修辭學大義

【釋】《修辭學大義》講義抄本，内涵本題《修辭學大義》四節、《讀文法》，附録《〈論語〉文學示例》《孟子提綱》。《孟子提綱》即《十三經提綱》之《孟子提綱》；《讀文法》類歸於「讀文法講義」中。至於所附録《〈論語〉文學示例》，乃錢基博先生之講義。《修辭學大義》講義乃唐先生之講義，「修辭之派别」一節，即取自《無錫國學專修館學規》所述「文學」，又注明參《國文經緯貫通大義》，是在其書梓出之後，並徵引錢基博《韓愈志》之論，而錢著成於一九二九年；復考一九三三年出版之《無錫國學專修學校概況》，其「課程表」一欄，注明「修辭學」乃二年級必修科之一，而「用書」一欄注明「講義」，則此《修辭學大義》實爲當時使用之教材。唐先生甚重視修辭學，同時期所撰《詩經大義》與《孟子救世編》均立修辭或文辭專篇，是修辭學乃唐先生心學之組成部分也。本篇於理解唐先生修辭學説，甚具參考價值。

修辭之根本

「修辭」二字曷昉乎？昉於《周易·乾卦·文言傳》曰：「修辭立其誠。」是爲聖門傳授師法，故鄙人所講「修辭學」，與近人所講不同。蓋近人所講修辭學，專以潤色辭藻爲工，而鄙人所講修辭學，則專以「涵養心術」爲主。《左氏傳》劉子曰「人受天地之中以生」，「天地之中」即所謂性也。人爲天地之心，得天地之中理與中氣，陽剛陰柔性質，皆本於此；其散見至精者，乃爲文章。姚姬傳先生《答魯絜非書》云：「文者，天地之菁英，而陰陽剛柔之發也。」「陰陽剛柔，其本二端，造物者糅，而氣有多寡精絀，則品次億萬，以至於不可窮，萬物生焉，故曰一陰一陽之謂道，文之多變亦若是也。」此數語最爲精要，學者能體全〔一〕斯旨，則「致中和」之道在是矣。

韓昌黎論文曰：「氣盛，則言之短長與聲之高下皆宜。」〔二〕柳子厚論文曰：「未嘗敢以昏氣出之，懼其昧没而雜也。未嘗敢以矜氣作之，懼其偃蹇而驕也。」〔三〕人秉剛柔之性，懼其鄙倍，當知「養氣之法」。《孟子》言「浩然之氣，至大至剛」，而其養之也，則貴乎直而無害。《易傳》曰：「一闔一闢謂之變，往來不窮謂之通。」人身一呼一吸

〔一〕「全」字疑應作「會」。
〔二〕韓愈《答李翊書》文。
〔三〕柳宗元《答韋中立論師道書》文。

之氣，與天地一闔一闢，清明廣大之氣，相接無形而不可見，惟聖人善養之。故其文章之跌宕頓挫，抑揚徐疾，合乎人心之喜怒哀樂而悉得其中。並吾世者，賴文而傳；後吾世者，取吾文爲法。《易傳》曰：「聖人感人心而天下和平。」此「精神教育」之旨，即「人心教育」之本原也，由是而播之爲樂。《記》曰：「大樂與天地同和。」又曰：「流而不息，合同而化，而樂興焉。」故學校教人之法，養性怡情，胥成於樂。故後代文章之妙，必當感動人情，如樂之合同而化然。斯詣也，必本於修德凝道，窮理盡性之功，人格愈高，浩然之氣愈盛，而文章之程度乃愈進。鄙人嘗有言：「凡文之博大昌明者，必其人之光明磊落者也；文之精深堅卓者，必其人之敦厚篤實者也。」可爲知者道，難與俗人言也。此條與《經緯貫通大義》跋文參考。

修辭之方法

或曰：「近世以麗藻爲修辭，豈盡非與？」曰：亦是也，惟不完備，且恐其躐等耳。按：孔、孟修辭家法，見於《論語》載鄭國之爲辭命曰：「爲命，裨諶草創之，世叔討論之，行人子羽修飾之，東里子産潤色之。」是修辭確有階級矣。若未能草創討論修飾，而但務潤色，是直文理未通；而但求横通，不能造句，一味塗附，恐更流於不通矣。故修辭之法，先在草創，講格律，如造屋先畫圖然。《經緯貫通大義序》云：「迺左迺右，迺疆迺理，執事之法度也。殖殖其庭，有覺其楹，匠氏之秩序也。入其門，堂奥顯於前，餘屋㪘於外，其不知法度可知。登其堂，非三楹，非五軒，茅茨以爲牆，几筵以爲户，其不知秩序可知。惟一區一徑，一庭一壼，一草一木，皆得其所，而後謂之胸有丘壑。」是以修辭必先明布局方法。

大抵每篇首段宜籠罩全神，如屋之正門；次段盤旋擒題，如屋之廳事；三段發揮題奥，如屋之正寢；四段旁襯或去路，如餘屋。《周易》之「元亨利貞」，元，籠罩全神也；亨，主閎通盤旋擒題也；利，主收獲，發揮題奥也；貞下起元，則去路也。無論議論叙事，其格律大致相同。如賈生《過秦論》、韓昌黎《原道》、歐陽永叔墓誌銘中之淋漓得意者，大抵均用此法。初學先得此格局，再討論修飾，如前者宜移於後，後者宜移於前，實者宜運於虚，虚者宜徵諸寔。討論愈精，修飾愈密，自漸能變化而神明於法之外矣。此條與《經緯貫通大義》「翕純皦繹法」參考。蓋翕純皦繹，即所謂元亨利貞，天地間自然之文章也。

修辭之派别

孔子四教，其一曰文。文學之科，傳自游、夏。子游傳《禮》，子夏傳《詩》亦傳

《禮》，其後支與流裔，傳嬗不絶，遂分南北兩派；南方學者以華藻勝，北方學者以篤實勝，此其大概也。戰國時，諸子争鳴，文體悉備。至西漢，文章尤盛，董、賈、兩司馬，莫與抗衡，末復有揚子雲，皆爲修辭之祖。《漢書·藝文志》貫串六藝諸子、百家九流，特示蹊徑，最宜熟誦。

然而修辭精意，要以感動人心爲主。闡潛德，誅奸諛，發揮至性至情，百世而下，莫不興起，寔爲修辭者應負之責任。如諸葛武侯《出師表》、陸宣公奏議，可與屈子《騷經》同稱絶調。唐韓昌黎作《進學解》，自道所得曰「上規姚姒」云云，約其所言，共有九家，曰《書》、曰《易》、曰《詩》、曰《春秋左氏傳》、曰《莊子》、曰《離騷》、曰《史記》、曰子雲、曰相如，是九家者，韓子之師也。茅鹿門選《唐宋八大家文》，儲同人廣之爲十家，其文辭雄奇幽秀，各極其至。朱子瓣香南豐，爲文後海先河，曲折奥衍，是爲千古鉅觀。文文山對策、《正氣歌》，扶持名教，日月争光。

元、明以來，作者不逮於古，望溪崛奥，海峰、姬傳踵之，是爲桐城派。吾蘇惲子居、張皋文，亦自闢町畦，是爲陽湖派。曾滌生出，師承姚氏，發揮文家陰陽剛柔之旨，摘抉杳微，夐乎不可尚已。餘子如梅伯言、吴南屏、張廉卿，吴摯甫，其書滿家，允稱雄傑。劉孟塗《與阮芸臺書》言學者宜由望溪以求八家，由八家以求《史》《漢》，由

《史》《漢》以求六經諸子，循序以進，自不至誤入歧途矣。〔一〕劉書指示門徑極詳，亦宜熟讀。姚氏《古文辭類纂》義例及王、黎兩家《續選》義例，均閎博精奥，推之陳騤《文則》，劉融齋《藝概》及鄙人所編《古人論文大義》，皆論修辭之正軌也。

修辭學雜問

或問：「以上所言皆作文法，非修辭學，如何？」

答曰：子誤矣，欲知文辭之別，宜求諸於古書。孔子曰：「辭達而已矣。」孟子曰：「不以文害辭，不以辭害志。」如辭者，界於語言文字之間者也。故《左氏傳》曰：「子産有辭，諸侯賴之。」《説文》云：「辭，訟也。」乃别一義。有志而後有辭，有辭而後有文，故《易》之言文曰：「炳蔚」，《論語》之言文曰「焕乎」「郁郁乎」，蓋文者，辭之有章采而鴻

〔一〕劉開《與阮芸臺宫保論文書》曰：「學《史》《漢》者由八家而入，學八家者由震川、望溪而入，則不誤於所向。……由是明道修辭，以漢人之氣體，運八家之成法，本之以六經，參之以周末諸子，則所謂争美古人者，庶幾其有在焉。」

麗者也。阮芸臺作《易文言説》，以爲「有韻者乃謂之文」[一]，言近人誤以辭爲文，乃專以潤色繪彩當之；及其弊也，不過雕蟲小技，而大道無間焉，可慨也乎！

或問：「修辭練字法，如何？」

答曰：曾滌笙言：「積字而成句，積句而爲段，積段而爲篇，凡天下之名爲文者一也。」[二]試言用字之法。凡練字必先識字，韓昌黎言：「凡爲文辭，宜畧識字。」[三]曾滌笙謂：「欲着字之古，宜研究《爾雅》《説文》小學訓詁之書，嘗好觀近人王氏、段氏之説。」[四]蓋段氏書係《説文解字注》，王氏書係《廣雅疏證》《經傳釋詞》。然不獨此數書也，如《爾雅義疏》《小爾雅訓纂》《駢雅訓纂》等，皆當研究。

〔一〕阮元《文言説》文曰：「千古之文，莫大於孔子之言《易》，孔子以用韻比偶之法，錯綜其言，而名之曰『文』，何後人必欲反孔子之道，而自命曰『文』，且尊之曰古也？」

〔二〕曾國藩《復許振褘書》（咸豐十一年三月十一日）文曰：「古文者，韓退之氏厭棄魏晉六朝駢儷之文，而反之於六經、兩漢，從而名焉者也。名號雖殊，而其積字而爲句，積句而爲段，積段而爲篇，則天下之凡名爲文者一也。」

〔三〕韓愈《科斗書後記》文。

〔四〕曾國藩《復許振褘書》文。

以《詩經》練字法言之。如《月出》詩「月出皎兮，佼人僚兮」佼，姣也；僚，好也。「舒窈糾兮」舒，遲也；窈糾，舒之姿也。「勞心悄兮」，「皎」字、「僚」字、「窈糾」二字、「悄」字，皆練字法。

飄風則曰發發、零露則曰瀼瀼、風雨則曰瀟瀟淒淒、晝則曰噲噲、宵則曰噦噦，狀天文也。原隰則曰畇畇、梁山則曰奕奕、維石則曰巖巖，狀地文也。武夫則曰洸洸、虎臣則曰蹻蹻、碩人則曰俁俁、君子則曰陶陶、季文則曰有齊、周姜則曰思媚，狀人文也。

「或寢或訛」，宛然遊牧之圖；「濯濯鶴鶴」，譬彼萬生之苑，狀動物也。荇藻則曰參差、萇楚則曰猗儺、唐棣則曰翩反，狀植物也。

「如跂斯翼」「有覺其楹」，象物之形也。「築之登登」「有噴其鎑」，象物之聲也。天地萬物之情狀，潤色之，皆有極妙之姿態。然就初學言之，必須先知換字之法。換字者，俗者易之使雅，質者易之使豔，習見者易之使古奧也。

或問：「修辭造句之法，如何？」

答曰：曾滌笙言：「欲造句之古，宜倣效《漢書》《文選》，而後可砭俗而裁僞。」

惟此二書，搴採不易，如近人所纂之《文選集腋》《文選課虛》《漢書蒙拾》等，皆宜涉獵。劉彦和之《文心雕龍》，尤爲品藻之祖。然余更有爲滌笙先生進一解者，造句宜取法於經書。

《易》語之奇，如「大人虎變」「君子豹變」「見豕負塗」「載鬼一車」等句，及「乾爲天」八節，固屬「奇而法」矣。

《論語》云「魯無君子者」〔一〕，「斯焉取斯」四字，包涵多少意義；「人不間於其父母昆弟之言」〔二〕，「不間」二字，亦貫串多少意義。

又如《詩經》之「有力如虎」「執轡如組」，此體狀法也。「匪紹匪遊」「匪居匪康」，此疊字側用法也。「如圭如璋」「令聞令望」，此疊字平用法也。

「莫怨具慶」「勿替引之」，此兩字一讀，深一層法也。「君子攸芋」「攸躋」「攸寧」，此逐層推進法也。

〔一〕《論語·公冶長》文。

〔二〕《論語·先進》文。

「不我能慉」「不我告猶」，此倒字法也。

至於色澤之古，如《生民》《皇矣》《江漢》《常武》《玄鳥》《長發》諸詩，皆漢、唐詩所本，更宜熟讀。又《大東》詩末章，理想造句之奇，千古獨絶。

韓昌黎《曹成王碑》，著字造言，均與樊紹述文相類，所謂詰屈聱牙，橫空硬語，寔爲學古入門之法。然此亦有天資所近，時代所爲。倘勉强學步，不免爲大雅所哂。

或問：「修辭分段法，如何？」

答曰：曾滌笙言：「欲分段之古，宜熟讀班、馬、韓、歐之作，審其行氣之短長，自然之節奏。」此説誠然。

然余又有進一解者，以爲分段亦宜取法於經書，有小段最可愛者。如《論語》「子路曰不仕無義」一節，以起句作總冒，下分五轉。《孟子》「余三宿而後出晝」二節，共分七轉。韓昌黎《雜説》《獲麟解》，每篇四轉或五轉，有尺幅千里之勢，實本於此。

此外如《禮記·哀公問篇》《儒行篇》，或用順序脱卸法，或用逐段整齊法。《經緯貫通大義》中，局度整齊法、轆轤旋轉法、格律謹嚴法、奇峰突起法、段落變化法，開示最詳。

至宋玉《對楚王問》《莊辛説楚王》，段落亦極分明。而昌黎《送李愿歸盤谷序》，每段結處，皆有軒昂氣概，起處皆用硬接，初學最宜學步。曾氏《經史百家雜鈔》分段最明瞭。

或問：「修辭謀篇法，如何？」

答曰：曾滌笙言：「欲謀篇之古，則羣經諸子，以至近世名家，莫不各有匠心，以成章法；如人之有肢體，室之有結構，衣之有要領。大抵以力去陳言、戛戛獨造爲始事，以聲調鏗鏘、包藴不盡爲終事。」〔一〕此説極精。

余更推廣滌笙先生之説。嘗謂後代書史所以不及子長者，實由於謀篇之卑劣。子長作列傳，而貌各異，即在篇法之各異。如《伯夷傳》前後皆議論，而以傳文叙述於中；《孟子傳》本人事祇叙數行，下皆叙騶衍事；《屈原傳》則一段叙事，一段議論；《李廣傳》則叙瑣屑事。篇法何等神化！宜其能傲睨千古。

至去陳言之法，爲初學惟一要事。陳言者，淺言之，勦襲古人之説以爲己有，甚

〔一〕曾國藩《復許振禕書》文。

至連篇累牘，鈔集成文；深言之，每一題必有庸人思路共集之處，纏繞筆端，必須剥進一層，高出一層，方能不落凡近，此乃所謂去陳言也。

若聲調鏗鏘之法，功夫全在熟讀。以迹象求之，如《易・雜卦傳》「乾剛坤柔」一章、《書・洪範》「無偏無黨」一節、《禮記・禮運篇》「元酒在室，醴醆在户」一節、《孔子閑居篇》「無聲之樂」一節，皆天然協韻。尤奇者，《檀弓篇》「曾子易簀」章叙事文也，亦自然協韻。

後代作者，神明之至，筆歌墨舞，無意中亦有天籟，如昌黎《原道》，末段「以之爲天下國家，無所處而不當」以下，皆天然協陽韻，文境至此，幾於天工，非人力所及矣。《經緯貫通大義》中如「兩扇開闔法」「倒捲珠簾法」「翕純皦繹法」「錯綜變化法」，皆謀篇法之宜精研者。其音調最精純者，則有「一唱三嘆法」「响遏行雲法」「鐘鼓鏗鏘法」。

或問：「修辭疏密法，如何？」

答曰：吾友錢君子泉謂：「就時代論，唐文疏，宋文密；唐文直起直落，意到筆隨；宋文間架先定，出以經營。」此其大概也。「就造辭論，韓、柳疏而能密，而歐、蘇、曾、王則下筆駿快，能疏而不能密矣。就結篇論，韓、柳密而能疏，而歐、蘇、曾、王則匠心布置，能密而不能疏矣。」〔一〕由錢君之言觀之，可見謀篇造詞，皆有疏密。然更有進者。

要知鍊氣創意，皆有疏密；惟讀法有緩急，故運氣有疏密。大抵秦、漢之文，其氣厚，故覺其密。漢文若辭賦、奏對、封事，其氣皆密。唐、宋之文，其氣較薄，故覺其疏。宋歐、蘇文氣尤疏宕。然又有未可拘泥者，如《孟子》之文其氣疏，《荀子》之文其氣密，以「養氣」章與《勸學篇》相較可見。《史記》之文其氣疏，《漢書》之文其氣密，以韓信井陘之戰與光武昆陽之戰相較可見。此則因人而異，萬有不齊，在讀者自悟矣。

若夫命意疏密，因題而異，其用意之密而美者，紛綸輻湊，層出不窮，其弊也爲繁複，爲板滯窒塞；用意之疏而美者，清思一縷，老樹著花，其弊也爲散漫，爲單薄枯澀。吾輩爲文，總貴精心獨運，以期疏密相間，庶幾得之。

或問：「修辭有以實字或虚字作綫索變化，如何？」

答曰：此各有不同，有以形者，有以神者。形者用實，神者用虚。

〔一〕錢基博《韓愈志·韓文籀討集》文。

用實者，如《左傳·宋穆公疾篇》以「先君」二字作綫索，諸葛武侯《出師表》因之，用「先帝」二字作綫索，《左傳·取郜大鼎於宋篇》以「德違」二字作綫索，城濮之戰以「禮」字作綫索，韓昌黎《送孟東野序》以「鳴」字作綫索，蘇東坡《留侯論》以「忍、不忍」作綫索。

用虛者，如賈生《過秦論》用「於是」二字作綫索；韓昌黎《原道》以「古今」二字作綫索，或疊用「今其言曰」，或疊用「今也」，凡此皆在行文時隨意變化，不可方物。

至有用一虛字而變化不窮者，試舉一「不」字例：如《詩經》「不忮不求，何用不臧」，三「不」字有兩義；《左傳》「不備不虞，不可以師」，三「不」字有三義。《禮記·曲禮篇》「道德仁義，非禮不成」一段，疊用「不」字句法，並無變化。《論語》「不憤不啓」章，六「不」字四種用法；《易·繫辭傳》「小人不耻不仁」節，八「不」字六種用法。尤奇者，《論語》「食不厭精」章，十九「不」字；《禮記·儒行》全篇用數十「不」字，參差錯落，變化不測；修辭之妙，幾於巧奪天工，非神手不能也。

或問：「修辭脱胎法，如何？」

答曰：《易》《書》《詩》《春秋》《禮經》之文，皆出於創；孟、荀、老、莊、屈賦，下逮賈、董、兩司馬之文，亦皆創造；東漢而後，始有脱胎矣。以文體言之。如《封禪文》後有《典引》，《招魂》後有《大招》，《七發》後有《七啓》，無傷大雅。若如《法言》之仿《論語》，句摹字擬，不特勦體，抑且勦詞，則未免可笑矣。昔人謂昌黎最善學古，能襲取其精神，而盡變其面貌。如《平淮西碑》序文襲《書》、頌文襲《詩》；《袁氏先廟碑》《田弘正先廟碑》序文襲《書》，銘詞襲《詩》；《羅池廟碑》歌詞襲《九歌》，此皆有迹可尋者。

吾友錢君子泉謂：「《對禹問》『天之生大聖也不數』一段，意從《韓非·難勢》中段脱胎，而筆勢恣横；《雜説·談生之爲〈崔山君傳〉》一首，從《荀子·非相》《列子·黄帝》兩篇脱化而出；至《雜説·千里馬篇》及《爲人求薦書》，意義出於《國策·楚策·汗明説春申》；又如《答李翊書》句法氣味出於《莊子》；《答陳商書》神理出於《國策》。」〔一〕此則無迹象可窺矣。

且更有青出於藍而勝於藍者，如揚子雲之《解嘲》，已勝於東方朔《客難》、班孟堅《賓戲》矣，而昌黎之《進學解》，則更勝於《解嘲》，《送窮文》則更勝於《逐貧賦》，非所

〔一〕錢基博《韓愈志》一九二八年撰，上海商務印書館一九三五年出版。

謂前賢表後生者耶？他如歐陽永叔《職方志序》出於《史記·漢興以來諸侯王〔一〕年表序》，王介甫《上凌屯田書》出於昌黎《應科目時與人書》之類，一則以迹求，一則以神遇。此外仿古者，隨處皆有，不足道矣。

今兹科學盛行，學者當以物質理化之學，寓之於文，貴創而不貴襲。惟白話文字，俚俗之尤，澌滅文化，非吾所敢知也。

〔一〕「王」字原缺。

後記

《唐文治集》四種既成，唐先生一代醇儒，其一生述作，基本完整歸類保存。中國近現代思想學術領袖人物精神風範，統攝大成，艱苦卓絶，淑世安民，宏願有寄，非徒虚砌門面文字，翻卷即知。至於整理緣起，具載《唐文治文集》弁言，不煩再贅。然葳事之際，容有補述大略之一端者，蓋天道人心，廓然自在，不容長埋者也。其須表者，歐陽艷華博士十六年來成始成終，爲完善「性理學」「文章學」兩種，竟放棄其在香港樹仁大學中文系甚爲難得之專任助理教授教席，以便騰出時間，覆校補充，全力以赴，無怨無悔。何潔瑩博士堅持襄校整理，埋首日夜，爲此甘願延長畢業期限至八年之久，雖見面謗「愚蠢」而不較。二君皆澳門成長之學術菁英，雖身處物質豐盛與誘惑無窮之環境，依然初衷無改，奉獻青春與知識，參與整理。此余所親證，不容無視此天德之純而不表者也。上海古籍出版社常德榮先生多年來堅持不懈，爲聖神之文化事業，受盡折磨，遂令唐公集面世，得以精益求精，無愧先賢。高社長克勤先生與其領導團隊諸君子，鼎力襄持，乃至獲得國家之正視與支持，榮幸獲得「十三五國家重點圖書出版規劃項目」「國家古籍整理出版資助項目」「上海市文化發展基金會圖書出版項目」支持，方能順利梓出，爲繁榮祖國文化事業而堅持本分。饒公宗頤教授臨終前三年，熱情題簽，俱在意中華文化復興之心願。唐公有靈，得悉新世紀之初，有國家及如此多難能可貴之君子鼎力玉成其遺願，亦可開顔矣！

庚子三月大疫之際，後學　鄧國光　敬述